中国经济指南

Routledge Handbook of the Chinese Economy

主编 | 邹至庄 (GREGORY CHI-CHONG CHOW)
Dwight Heald Perkins

清华大学出版社
北京

内 容 简 介

本手册主要涉及中国经济的18个主题：①经济制度史；②清朝与中华民国；③中国计划经济；④经济改革历程；⑤经济增长与发展；⑥人口；⑦劳动力；⑧消费与投资；⑨宏观经济政策；⑩收入分配与贫穷；⑪农业；⑫国有和非国有企业；⑬对外贸易；⑭外国投资与中国对外投资；⑮银行与金融制度；⑯法律制度；⑰能源与环境政策；⑱未来增长前景与经济制度。这些章节都是由最专业的人士撰写的。各章节中的材料紧贴现实，语言平实。本手册对于想了解中国经济的专家和学生都非常有用。

图书在版编目(CIP)数据

中国经济指南/(美)邹至庄,(美)帕金斯(Perkins,D. H.)主编. —北京：清华大学出版社,2016(2016.5重印)
书名原文：Routledge handbook of the Chinese economy
ISBN 978-7-302-39475-4

Ⅰ.①中… Ⅱ.①邹… ②帕… Ⅲ.①中国经济—指南 Ⅳ.①F12-62

中国版本图书馆 CIP 数据核字(2015)第 053173 号

责任编辑：杜　星
封面设计：汉风唐韵
责任校对：王荣静
责任印制：王静怡

出版发行：清华大学出版社
　　　　网　　址：http://www.tup.com.cn，http://www.wqbook.com
　　　　地　　址：北京清华大学学研大厦 A 座　　　　　　邮　　编：100084
　　　　社 总 机：010-62770175　　　　　　　　　　　　邮　　购：010-62786544
　　　　投稿与读者服务：010-62776969，c-service@tup.tsinghua.edu.cn
　　　　质量反馈：010-62772015，zhiliang@tup.tsinghua.edu.cn
印 装 者：三河市中晟雅豪印务有限公司
经　　销：全国新华书店
开　　本：185mm×260mm　　　印　　张：17.75　　　　　字　　数：423 千字
版　　次：2016 年 1 月第 1 版　　　　　　　　　　　　印　　次：2016 年 5 月第 3 次印刷
印　　数：8001～10000
定　　价：58.00 元

产品编号：057928-01

作者简介

邹至庄（**Gregory C. Chow**），普林斯顿大学政治经济 1913 班名誉教授。他加入普林斯顿成为以其名字命名的经济研究项目主任之前，曾在麻省理工学院、科内尔、哈佛和哥伦比亚大学任教。他曾为中国的高层领导人提供咨询，并将经济学教育引入中国，撰写了 15 本著作以及 200 多篇文章，是中国大陆三大报纸以及中国香港和中国台湾各一家报纸的专栏作家，还获得了中山大学、岭南大学和中国香港科技大学的荣誉学位。

吴敬琏，中国经济学界的泰斗，当代中国杰出经济学家、著名市场经济学者、北京天则经济研究所理事。现任国务院发展研究中心研究员、国务院信息化专家咨询委员会副主任、国务院发展研究中心学术委员会副主任，国务院历届总理的座上宾，中国企业发展研究中心顾问。

雅克·迪莱尔（**Jacques deLisle**），宾夕法尼亚大学 Stephen A. Cozen 法学教授、政治学教授、中亚研究中心主任及当代中国研究中心副主任。其研究方向着重于中国的立法改革、法律和在解决中国危机中的作用以及中国在国际法律秩序方面所做的努力。

里查德·弗里曼（**Richard B. Freeman**），哈佛大学经济学 Ascherman 讲座教授，兼任哈佛法学院劳动力与工作生活计划部联合主任。他是美国国家经济研究局的科学与工程劳动力项目负责人，同时又是美国文理科学院董事。

郭凯，中国人民银行司长，获得北京大学的经济学硕士学位和哈佛大学的经济学博士学位，研究领域包括国际金融、宏观经济学、发展经济学（主要针对中国经济）和经济增长。

林毅夫，北京大学国家发展研究院（原北京大学中国经济研究中心）联合创始人、名誉院长、教授、博士生导师。中华人民共和国第七、八、九、十届政协全国委员会委员、第十一届全国人大代表，现任全国政协常委、经济委员会副主任、中华全国工商业联合会副主席，于2005 年获选第三世界科学院院士，2008 年 2 月，被任命为世界银行首席经济学家兼负责发展经济学的高级副行长。

黄季琨，中国科学院中国农业政策中心创办者兼负责人，地理科学与自然资源研究所教授，担任中国农业经济协会以及中国农业技术经济协会会长。他曾是国际食品与农业贸易政策委员会、国际农业生物技术应用服务组织和非洲农业技术基金等机构的理事会成员。黄博士于 1984 年获得南京农业大学的学士学位，于 1990 年获得了位于洛斯巴诺斯的菲律宾国立大学的博士学位。其研究领域为一系列的中国农业与农村发展问题，包括农业研发政策、水资源经济、价格与营销、食品消费、贫困、贸易政策以及气候变化等。

黄亚生，国际惯例教授，麻省理工学院斯隆管理学院副院长。其研究专注于与中国有关的政治经济与国际商业，曾在《经济学与统计学评论》《经济观察杂志》《英国政治科学杂志》《世界经济》《世界发展》《世界政策》等学术杂志上发表过文章，还出版了《中国通货膨胀与投资管理》(1995)、《中国外商直接投资》(1998)。

让-皮埃尔·拉法格（**Jean-Pierre Laffargue**），巴黎大学经济学教授，CEPREMAP 研究员。其研究领域包括劳动力、经济学和税收，获得了巴黎科学学院统计学博士学位和巴黎大学(Pantheon-Sorbonne)经济学博士学位。

李稻葵，Mansfield Freeman 经济学教授，清华大学经管学院中国与世界经济研究中心主任，教授有关经济转型、公司财务、国际经济学和中国经济等方面的课程。2013 年，他被任命为清华苏世民学者项目负责人。

林满红，著名历史学家，目前正在撰写书稿《太平洋之界：台湾商人的海外经济活动，1895—1945》，著有《银线：19 世纪的世界与中国》(*China Upside Down*: *Currency*, *Society and Ideologies*, 1808—1856)(哈佛亚洲系列，2006)。

德怀特·H. 帕金斯（Dwight H. Perkins），哈佛大学政治经济学 Harold Hitchings Burbank 讲座教授，自 1963 年起在哈佛任教。他是有关中国和其他东亚发展中经济体的 21 本著作及 100 多篇文章的作者、共同作者或编者。

卡尔·里斯金，纽约城市大学皇后学院杰出经济学教授，哥伦比亚大学 Weatherhead 东亚研究所高级研究员，《中国政治经济与全球化时代中国的不平等和贫困》一书的作者，他主要研究社会和人类发展问题。

斯科特·洛则勒（Scott Rozelle），享有斯坦福大学 Helen Farnsworth 捐赠教授职位，食品安全与环境项目、Shorenstein 亚太研究中心和 Freeman Spogli 学院（FSI）国际研究所高级研究员，还是农村教育行动计划负责人。罗泽尔博士的研究几乎完全专注于中国，关系到三大主题：①农业政策，包括农业项目中的供给、需求和贸易；②农村资源问题，特别是对水资源、森林和耕地的管理；③贫困经济学，注重教育和卫生经济学。

范世涛，北京师范大学讲师，主要从事中国经济史的研究，最新的论文包括"包容性制度、汲取性制度和繁荣的可持续性"以及"文革是怎样发动起来的？"。

宋立刚，澳大利亚国立大学 Crawford 经济与政府学院副教授，研究注重国际经济学、发展经济学和中国经济。他出版的著作包括一部专论《变化中的全球比较优势》(1996)，一部合写的《中国的私营企业》(2001)，以及另一部合写的《中国所有权转型：过程、结果、前景》(2005)。

彭希哲博士，获得伦敦政治经济学院人口研究博士学位。目前任复旦大学人口与发展研究教授，研究活动涉及广泛的人口问题。他撰写（或编辑）了 18 部著作和 150 篇刊物文章，包括在 2011 年《科学》上发表的"中国的人口历史与未来挑战"。

易纲，国家外汇管理局局长，中国人民银行副行长，是 1994 年参与创建的北京大学中国经济研究中心的教授。其研究领域包括货币、银行业务以及中国经济，最新出版的著作为《论中国金融改革》(2009)。

余永定，出生于 1948 年，中国社会科学院学部委员，高级研究员，牛津大学经济学博士。他从 1998—2009 年担任社科院世界经济与政治研究所所长，2003—2011 年担任中国世界经济学会会长。

俞肇熊，自 2012 年起担任香港珠海高等教育学院商学院院长，经济学讲座教授。当前研究领域为国际贸易与经济发展；中国经济。曾发表 100 多篇期刊文章。

张中祥，复旦大学经济学院特聘教授，《环境经济与政策研究》和《国际生态经济学和统计学杂志》的联合主编，还担任其他十种国际刊物的编委工作。他是亚太政策学会特邀会员，曾经发表了 200 多篇文章，撰写、编辑了 20 部著作以及国际杂志特刊。

目录

Contents

第1章

中国传统经济特点

作者：林满红（Man-Houng Lin）

本章描述了中国在 19 世纪中叶受到西方影响之前的 7 000 年内所形成的中国传统经济的特点。文中使用了文化综合体的概念，强调地域、生产方式、意识形态、经济制度以及时间变化之间的相互关系，进行了国际比较以突出中国特色。本章的目的是为了解当今中国的经济发展提供一个背景资料。

研究结果：中华文明独具特色地发源于黄土高原而非像其他文明那样出现在冲积平原上，从而促进了劳动密集型为主的经济的发展并培育了勤劳的中国人民。与 1949 年以后的经济不同的是，传统的中国经济主要是由人民而非政府发展起来的。自 11 世纪开始，经济中心历史性地从西北转移到了东南沿海地区，这使得东南沿海地区在现代发展起了国际间的合作。最终，尽管被许多自然和政治灾难所中断，但中国传统经济没有出现长期萧条，反而经历了持续的增长。

按照某些经济学家的观点，传统经济是其发展未受现代科学影响的经济，而现代科学是在 17 世纪欧洲技术革命中发展起来的（Kuznets，1966：第 1 章）。中国在 19 世纪中叶开始采用现代经济，但某些中国传统经济元素却一直持续至今。

有些学者认为中国传统经济不过是出现了早熟，之后会进入萧条。这一观点在 20 世纪 30 年代以及 1949 年后在中国学者中引起了争论（Schwartz，1954；Feuerwerker，1968）。本章将说明，尽管经济衰退及政治和自然灾害对上升趋势造成了某些干扰，但中国传统的农业和商业确实得以继续发展。

卡尔·A.魏特夫的《东方专制》以及其他马克思主义学者都试图通过一种有色眼镜来考察中国传统经济（Wittfogel，1957：371-411）。本章认为，尽管存在大国官僚，但小型私营经济机构却主宰着中国的传统经济。在早期帝制时期，政府与商人的关系主要表现为统治与服从的关系，但在帝制晚期，这种关系已经变成了相互依存的关系。1844 年一份允许平民开掘新矿的官方声明宣称："地球上的自然资源是供千百万人民使用的"，"它也是一种藏富于民的方法"，以及"官员再也不能压制或操纵一切事务"（Lin，2006：191）。本章旨在揭示这种大众财富分散的传统，这是一个起源于古代中国并记载于《汉书》中的概念（Zhu，1999：132）。

在古代中国，存在着两种与财富分配有关的著名平均主义思想学说：墨子的学说提倡财富的均衡分配而不考虑地位的差别，而孔子的学说则更趋向于在考虑地位差别的情况下进行平等主义分配。历史上，大多数从事平等主义研究的中国学者都遵循孔子学说的路线来阐释他们的思想（Li Quanshi，1928：18-19）。本章将证明，这一主流学派的经济思想是如何在小规模生产和交换活动,以及那些与同时代的社会相比,能够提振经济激励并促进更大社会流动的持久经济机构的主导下在中国经济中出现。

中国是一个集不同文化之大成的大国,各种文化都在以特定的形式和特定的步伐向前发展。小规模生产在大约公元前 5000 年开始出现在中国的西北地区。虽然西北地区是中华文化的发源地,但其经济中心则在 11 世纪(Chi,1936:78,89)转移到了东南部沿海地区。这种转移发生的原因包括:北方边境地区汉民族与非汉民族之间频繁的征战、北方灌溉工程的损毁、黄河流域洪水的威胁、南方发展农业和商业更加适宜的地理条件,以及东部地区国际商业活动的开展等。此外,中国经济中心从西北向东南的转移与欧洲经济中心从东南地区沿地中海沿岸向西北方向的北大西洋地区的转移是有所不同的。本章将把中国经济中心的转移与其在将近 7 000 年内传统经济所发生的变化加以联系并进行探讨。

本章分为六个小节:1.1 节描述由小规模生产和交换活动所构成的中国最广泛的社会基础;1.2 节讨论中国传统经济中所出现的科技进步;1.3 节说明地主租佃制度、资本积累体系、贸易,以及商人出现所形成的各种意识形态之间的共存性;1.4 节探讨中国紧密的城乡关系以及晚清时期得到加强的相当广阔的农村基础;1.5 节讨论政府角色;1.6 节对中国长期增长过程中的经济周期,特别是 19 世纪中叶中国遭遇西方后导致其在东亚秩序中主导地位下降的最终经济低迷加以描述。最后,在结束语中总结了与中国现代发展相关的传统经济的特点。

1.1　小规模生产与交换的经济制度

1.1.1　小规模农业的产生

早期的文化传播研究表明,农业首先起源于埃及和美索不达米亚的冲积三角洲地区,具有大规模的灌溉工程和生产单位。这些研究还表明,中国农业遵从了类似的模式。事实上,中国农业在西北黄土地上开始获得独立,所形成的小型农耕成为了中国生产方式和其他文化特征的主要方面。

1.1.2　黄土地上的劳动密集倾向

中华文明起源于黄河上游的黄土高原。平均海拔 50～150 米,平均降雨量 250～500 毫米,具有不规则的垂直下切的黄土地貌;不可能进行像古埃及和美索不达米亚文明那样的大规模小麦作物灌溉。中国农业取而代之地进行小规模的粟米种植,这种作物不需要更多地浇水并能更好地吸收黄土地所含有的水分和矿物质。不规则下切的黄土地同样无法进行大规模的牲畜管理,这就意味着中国无法依靠动物资源来扩大农业生产规模。由此所造成的劳动密集型科技倾向刺激了人口的增长以及勤劳精神。对人口增长的重视还催生了对祖先的崇拜,从而强调了血统的扩展(Ho,1975)。

1.1.3　较少的牲畜投入

在之后的历史阶段,这种没有明显的牲畜投入的劳动密集型农业生产模式扩展开来。而使用多套耕牛进行耕作的大规模农庄则在西汉时期(公元前 206 年—公元 25 年)得到发展和推广,这种习惯在后汉时期由于缺少耕牛而被单套耕作所取代(Wang Zhirui,1964:100;Li Jiannong,1981a:155)。在东汉时期(公元25—220年),一种667平方米的更小的农田单位代替了前汉时期流行的较大的831平方米(125×125尺,汉代的一尺等于23.09厘米)的农田单位(Li Jiannong,1981a:156—158)。在宋朝(公元960—1279年)以后,当中国的经济中心从北向南转移时,由于畜牧业因这些地区高密度的人口而更加难以发展,依靠劳动密集型科技的趋势愈演愈烈(Wang Zhirui,1981:99-100)。此外,过高的人口密度还会加速传染病的传播。

鉴于一英亩用来生产小麦的土地在丰收年景里能够提供2 988 000大卡的热量;如果将这样一片土地用来放羊,仅能提供318 750大卡的热量。简单比较下来,如果一块播种小麦的土地产生100大卡的热量,则养猪将产生7大卡、养羊产生11大卡、乳制品43大卡、稻米131大卡、大豆129大卡、马铃薯260大卡,而甜薯则为482大卡。由于农田提供了超过放牧场10~70倍大卡的热量来养活人口,因此大规模的畜牧业就不受鼓励了(Majia,1930:202-204)。

其结果,宋代以后人力耕作就变得比牛耕更加常见(Majia,1930:209;Sudo,1962:73-138)。在20世纪10年代,畜牧业仅占中国农业生产的大约1%(Perkins,1969:30)。

1.1.4　血统观

劳动密集型科技发展趋势使中国强调扩张家族的血统。中国人世袭观念的扩展与日本人不同,日本人讲究家族品格或威信的扩展。自17世纪以来,由于在战国时期人们的生活更具挑战性,日本人的遗产制度是以长子继承制为特征的。日本人通过这种制度,希望培养一位能干的儿子,或促使他们从其他家庭领养一个能干的儿子,以便延续一个传统家族的品格或威望。

比较而言,中国自汉代(公元前206年—公元220年)就采用了公平分配的方法,关于这种方法有很多种解释。在秦始皇统一中国以前的封建或半封建时期,世袭权力包括了封建等级在内。由于等级是无法以同样的方式像经济资源那样进行划分,因此是与经济资源一起由一个继承者继承的。在封建或半封建制度被帝国所取代以后,每一个注册的家庭都需要向政府纳税;公平分配的继承制度为纳税提供了基本保证。此外,儒家均贫富的主张、中国人对血统延续的强调以及传统中国小规模的生产模式,都为这种方法提供了可能。

这种继承制度的重要性在于,中国的制度使得男性结婚比率比日本人要高,因为就结婚来说中国男性拥有更好的经济基础。中国还有童养媳制度,这种制度将收养的女孩当作女儿并在年龄适宜时与继父较大的儿子结婚。这一制度使得贫穷的男子没有机会为继承而结婚。另外,纳妾制度使得富人能生养更多的儿女。

中国男性和女性的结婚比例都高于欧洲,中国的男性结婚比例高于日本。在中国,婚龄较欧洲更为年轻,并且鼓励再婚。中国的家庭观念实际采用了孔子的思想:"男大当婚女大当嫁",以及"理想的国家应当是没有未婚的成年男女"(Lin,1991)。

经过生育控制,传统中国家庭的规模与欧洲或日本的大致相同。然而,中国的高结婚率或低结婚年龄,与其他的外部因素一起,导致了中国更快的人口增长。

1.1.5 人口增长

北宋时期(960—1127年),中国的人口增加到了1亿(1086年),相比来说,西汉时期(公元前206年—公元25年)则仅达到了7 000万人。在清代早期(1760年左右),中国人口达到了2亿;1790年左右,人口增长到了3亿;到1850年,达到了4.3亿(Durand,1960;Liu与Hwang,1979:88)。德怀特·帕金斯(Dwight Perkins)估测了中国1400—1957年的年平均人口增长率为0.39%(Perkins,1969:81)。汉利与山村估测,1721—1846年日本的年平均人口增长率为0.03%(Hanley-Yamamura,1977:63)。因而日本在整个德川晚期的年人口增长率显著低于1400—1957年的中国。

1.1.6 小规模农业

典型的中国农民家庭平均有5.5口人(Durand,1960),耕种着一两公顷的土地(Wu,1947:49)。尽管中国实行地主制度,但土地的持有通常是分散的,每个单独的地块都很小。其原因在于这些土地可能是在不同的时间购买的、分配给了几个儿子,或由几个佃户耕种(Wu,1947:55-56)。

1.1.7 小规模商业活动

中国政府的长期铜铸币反映了中国在传统时期小规模交换的盛行。西周时期(公元前1046—前771年),中国人开始使用铜铸贝币。在战国晚期,硬币的形状从纺车形变为中间带有方孔的圆形铜币(Peng,1954:78)。之后的2 000年内,铜币在中国是标准的零售交易货币(Peng,1954:67-92,179)。

中国广泛使用的铜币与其他国家的习惯有所不同。在17世纪,日本大约有3/4的货币是用金银铸造的。到了18世纪,这一比例下降到了将近1/2,之后在19世纪又上升到了大约90%(Ohkura与Shimbo,1978:118-119)。在早期的现代法国,皇室造币厂铸造的钱币主要为金银材料,只是到了17世纪这些金属出现短缺,同时日本的铜金属进口到了法国,法国才开始铸造供穷人使用的铜币(Miskimin,1984:127-260)。

中国在1800年前后铸造的铜币其价值仅相当于银币的1%。在大规模和长距离的交易中,使用铜币数目太过庞大(Lin,2006:4)。从哥伦布到达美洲到金本位于19世纪70年代被广泛采用,这一时期内,银的价值相对于金维持在1(金):14.5(银)~1:15.1(Peng,1954:611)。中国使用的银是从市场上获得的,但不是由国家铸造的。在中国的传统时期没有管理货币系统的中央银行,金属货币除了某些时候被转化为法定货币,在某种程度上面值膨胀以外,都被用来作为反映其实际内在价值的实际货币。中华帝国铸造的铜币的长期普遍使用,表明了传统中国小规模交换的主导地位。

中小规模的商人是"会馆"这种省际老乡协会的主要成员,大多数是在明清时期形成的,从事地区间的贸易。中小规模商人有时会参与到国际贸易中。来自福建金门岛的一个商人家庭Taiyi Hao,于1850年在长崎定居,从事日本、中国台湾与中国大陆之间的贸易活动,也只雇用了大约十名雇员(Lin,1998:28)。

尽管中国的生产与交换大多是由那些促进了财富更公平分配的小农民与小商人进行的,但中国依然经历了科技进步并拥有社会流动性的机构。

1.2 科技进步的存在

在 20 世纪 20 年代,R. H. Tawney 观察到,中国的农民"在欧洲使用木犁耕地时就使用铁犁了,但却在欧洲使用钢犁的时候仍然使用铁犁"(Tawney,1966:11)。这一奇怪现象通常意味着早期中国科技的发达及后期的停滞。事实上,中国除了铁犁外,还发生了其他方面的科技进步。

1.2.1 来自海外的科技转移

大约公元前 1300 年,小麦、大麦、牛羊和车轮等从西方传入了中国;釉料、玻璃、黄瓜和葡萄等从西方传入了汉朝(公元前 206—公元 220 年);茶叶和木棉等从东南亚传入了汉朝(Ho,1978:第 2 章;Liu Boji,1951:第 4 章)。

1.2.2 灌溉

沟渠是在西汉时期发明的,而人造池塘则是在东汉时期出现的(Huang Yaoneng,1978)。从低处向高处泵水的水车出现在汉代末期(Li Jiannong,1981a:45)。水坝创造于明代(1368—1644 年)(Needham,1971—1973:44)。灌溉工程的数量在汉代为 56,在唐代为 254,宋代为 1 116,明代为 2 270,而在清代则为 3 234(Chi,1970:36)。

1.2.3 种植系统的变化

种植系统最初的变化包括汉代消除休耕(Li Jiannong,1981a:155)以及东汉从播撒种子转变为将种子播种在特定区域,以方便在同一块地里随时进行除草、浇水施肥、间种或套种(Perkins,1969:41;Majia,1930:204)。在公元 2—3 世纪,中国人开始学习如何改善种子的种类,以便根据自然灾害进行调整(Majia,1930:176-177)。在秋季收获了春播稻谷后种植冬小麦的方法起始于汉代末期——传入水车进行小麦磨粉之后。桑树、大麻、茶叶和小麦是在唐宋时期从北方传入中国南方的。11 世纪唐宋过渡完成后,传入了来自安南的早熟稻米;15—16 世纪,从美洲传入了甜薯、玉米、花生和土豆(Ho,1956:200-218)。当庞大的人口消耗了大量来自慢生森林中的木材时,人们开始种植速生竹子来作为建房材料及燃料的替代品(Majia,1930:139-140,170)。

1.2.4 保持土壤肥沃

美索不达米亚文明衰落的原因是土壤肥力的流失(Fairsewis,1967:42)。保持农田的肥力达 7 000 年之久以供养庞大的人口是一项艰苦的工作。特别是一部分土地还要用来生产纤维材料。

在西欧,羊毛在 15—16 世纪代替了大麻与亚麻作为织物生产的主要原料,棉花则在 18—19 世纪代替了羊毛。中国除北方一些地区外,其他地区都没有经历过羊毛制品的时期。5 世纪棉花进入中国,在 12—14 世纪成为了最重要的织物生产原料。棉花、大麻和丝绸(丝绸的秘密已经在数千年前就被人们发现了)的生产都需要耕地(Majia,1930:90,139)。

中国人采用以下的方式来保持土地的肥力：

（1）种植大豆或其他植物。从汉代开始，中国农民认识到，大豆能够增加土壤的氮含量，于是在播种谷物前先种植大豆。同时种植不同的植物，或在同一块土地上按季改种不同的作物，也是能够改善土壤肥力的。

（2）谷壳燃烧与排灌。在 4 世纪，中国农民就学会了燃烧之前所种作物的谷壳来保持土壤肥力。此外，中国人在灌溉技术上的领先使其可以使用排灌技术来保护土壤不被盐化。

（3）种植需肥较少的植物。中国种植了越来越多的稻米，玉米和小米，这些谷物需要的土壤肥力比小麦、大麦或燕麦都要小。

（4）使用肥料。大量使用肥料一直是中国农业技术的一大特色。在周朝（公元前1046—前256年），人们开始用牲口粪便、骨汤和草木灰来制造肥料。在春秋战国时期，人们还开始制作绿肥（Majia，1930：135-179，218）。宋代以后，中国拥有了大规模的企业从事人类排泄物的收集（Hucker，1975：343）。公元 1500 年前后，人们发明了用豆饼做肥料（Perkins，1969：70）。

总地来说，宋代以前产生了很多节省劳力的农业技术发明——犁、锄、水车、水渠等——到了宋代以后，却产生了更多劳动密集型或土地密集型的农业技术，如早熟稻米、拉丁美洲作物、豆饼和水坝等。随着宋代以后中国不断增长的人口受到扩张的经济的充分滋养，人们更加注意的就是人的关系了。这一转变分散了如西方那样在很大程度上用于科学、技术和经济生产上的精力（Tang Qingzeng，1975：6）。然而，与西方相比，宋代前后的传统中国在综合技术进步方面却是取得了杰出的成就。

1.2.5　中国的技术进步

农业：直到 17 世纪，西欧才实施了中国汉代所遗留的土地休耕制度（Majia，1930：175-176）。直到欧洲农业革命时期，绿肥才出现，而中国早在战国时期（公元前 475—前 221 年）就开始使用了（Majia，1930：139，142）。

工业与采矿业：中国人发现铁的时间晚于西方，但中国出现铸铁的时间却早于西方。1050 年，中国人就开始用煤炭取代木炭作为能源了，而欧洲则是在工业革命的前夜才开始使用（Hartwell，1962）。

科学技术：早期的科学技术是从亚洲传入西方的，而中国在其中起到了重要作用，包括：胸带挽具（4—6 世纪）、马镫（8 世纪）；马项圈挽具和炮兵的简单投石机（10 世纪）；磁力指南针、船尾舵、造纸、风车、手推车、平衡锤投石机（12 世纪）；火药、丝绸机械、机械钟、拱桥、制造铸铁的鼓风炉、雕版印刷、活字印刷（13—14 世纪）；发射叶轮、直升机陀螺、水平风车、珠链飞轮、漕运闸门（15 世纪）；风筝、赤道仪和赤道坐标、无限空间学说、悬索桥、航海运输（16 世纪）；瓷器技术、旋转扇风选机和海船防水设备（18 世纪）（Needham，1964：299-300）。

由于这些进步以及其他原因，中国的可耕地面积从 1400 年的 3.7 亿亩增加到了 1770 年的 9.5 亿亩，到 1850 年为 12 亿亩。每亩的农业产出在 1400 年为 139 斤（当时的一斤为0.681 公斤），在 1770 年增加到 203 斤，到 1850 年为 243 斤（Perkins，1969：16-17）。

中国的版图辽阔，因而科技的传播需要一定的时间。因此，在有些地区仍在使用旧技术的时候，其他地区已经采用新技术了（Li Jiannong，1981b：45）。

1.3　经济制度与发展相协调

1.3.1　土地所有

所有权的概念在中国可以追溯到新石器时代。在这一概念出现之前,由于采集的可能性更多地取决于运气而非人类的努力,因此采集经济仍意味着公有。在结婚的夫妇安住下来进行土地耕作后的这一时期,由于所有权的概念能够提供激励作用,因而开始出现(Deng,1942:45-46)。古代中国在很大程度上被其学者看作是封建社会。这种封建的概念是基于卡尔·马克思对欧洲中世纪的理解,农民在这种制度下是封建地主的奴隶,不能购买自己的土地。相反在中国,土地私有在春秋时期就开始了(公元前770—前476年)。

"地主"一词是在魏晋时期(220—420年)产生的(Shu,1963:33-64)。即使在魏晋至唐代的土地所有权再分配制度下,私有土地仍旧保持着。只有在战争中赢得的公有土地才会在遭受战争的人民当中进行平等分配——这种土地中的某些部分可以被儿子继承并一直作为私有的土地使用(Shu,1963:46)。

宋代以后,私有土地所有权可以通过书面合同的形式得以保证(Wang Zhirui,1964:118-119)。由外族征服者建立的各个朝代,如辽(907—1125年)、金(1125—1234年)、元(1206—1368年)和清(1616—1911年),还有由汉族建立的明朝(1368—1644年),都是由天子家族以私有的形式占有土地。

1865年,私有土地占整个国家的92.2%;而包括学校、宗族、贵族和军人所使用的公有土地仅占全部土地的4.1%,其余土地则为政府所有。1947年,私有土地占全部土地的93.3%,而包括学校、宗族、庙宇和军人以及福利所使用的公有土地占全部土地的5.7%,政府土地占1.0%(Wu,1947:108-109)。这种土地私有化引起了社会地位的分化。

1.3.2　租佃

在早期的共和时期,中国的租佃率低于澳大利亚、英国、日本和新西兰,而与比利时和美国大致相当,高于德国、荷兰、法国、奥地利、匈牙利和丹麦。因此中国的租佃率并不是很高。是否较高的租佃率不利于农业生产力的提高呢?在日本,租佃率较高,农场小而分散,但这个国家在近现代都经历着农业的增长(Ohkawa 和 Rosovsky,1960:56-68)。

在中国,南方的租佃率比北方高。在南方,租佃进一步分为拥有土地所有权的底层地主和拥有土地使用权的表层地主。佃农从表层地主那里租用土地进行耕种,而表层地主则从底层地主那里租赁土地。但南方的农业生产力却高于北方(Wu,1947:139,142;Perkins,1969:102)。因此较高的租佃率并不一定会导致较低的农业生产率。

从原理上讲,自耕应当能够增强农民提高生产力的积极性,但一份合理的租佃合同也会促进农业的发展。在英国,租佃率很高,但租赋很低,农业生产力因而不断上升。

在中国,在周朝的井田制度下,农民在某种意义上是政府的佃农,因为他们耕种的是封建地主的土地,但他们又更像奴隶,因为他们的生活要受到地主的安排。秦朝(公元前221—前206年)以后,地主与佃农只有经济关系。汉朝至唐朝期间,尽管有些佃农试图通过放弃自由而从属于有权有势的地主来逃避政府所征收的沉重税负,但他们依然可以离开地主而重新受制于政府。自唐朝(618—907年)起,由于商业的进一步发展,农民的非农收入增加,佃农对其地主的劳动义务大部分消失了。在唐朝之前和期间,租赋大多数是将收成在地主和佃农之间进行五五分成;宋朝以后,租赁合同往往设定为一个固定的租赋,而不管收成的好坏。

对于承担固定租赋的佃农,地主会提供更多的资金与技术指导。那些按合同需要支付固定租赋的佃农有着很强的动机去提高生产力,因为他们会因此而留下更多收成。近代在发达地区,由于收成不固定,因此固定租赋率就成为了惯例(Perkins,1947:167)。

北宋(960—1127年)之前,华北存在着更多的固定和绝对租赋,而华南则更多为固定比率租赋。北宋以后,这种情况发生了反转(Perkins,1963)。在20世纪30年代,根据中央农业实验所对22个省进行的一项调查,固定比率租赋在欠发达的西北、华北和西南地区较为流行。总地说来,从宋朝到民国期间,固定数额合同所占的百分比在全中国都有所上升。20世纪30年代,在民国期间,固定数额的租赁合同已经上升到了78%,而固定比率的租赋则下降到了22%(Wu,1947:211)。强制劳动制度只能在西藏、西康、云南南部和四川西部见到。中国的租佃情况于是在很大程度上从强制劳动制度转变为固定比率制度,随后则转变为固定数额制度。

1.3.3　促使商人出现的制度与意识形态

当商朝时期(公元前1600—前1046年)开始出现物物交换时,中国还没有商人,贸易是由生产者自己完成的。直到西周时期(公元前1046—前771年)才出现专门的商人,主要通过向封建贵族提供所需物品而服务于他们。只是到了春秋(公元前770—前476年)和战国时期(公元前475—前221年),当时的农业技术得到了很大的改善,家庭才能保留充足的剩余产品,也才使得专门的商人发现为普通人服务也有利可图(Sa,1966:29)。

周朝(公元前1046—前256年)以后,出现了以家庭关系为基础的商人行会(Chuan,1978)。隋朝(581—618年)和唐朝(618—907年)以前,商人可以在商人行会所在地的有限的地点开设商店。隋唐以后,对店址的限制取消了。明清及以后,长途贸易商开始以乡土为基础组织行会,这在一定程度上表明更多的地区间贸易发展起来了(Kato,1978:68-69)。

一些长途贸易进一步扩展。历史上,中国与中亚和西南邻邦开展了大陆贸易,并与东南亚、日本、非洲和美洲开展了海上贸易。大陆贸易在唐代早期以及元代甚为繁荣;而在汉代和六朝时期有所发展却并不繁荣,到了宋代,由于其他政治势力的阻碍则有所衰落,而到了明清时期则在某种程度上再度发展起来。相比而言,海上贸易从唐代到明朝颁布海上禁令之前以及清朝早期都十分昌盛(Kato,1978:80-88)。因此,不同的贸易催生了不同类型的商人。

合伙最早出现于宋代,并于19世纪晚期和20世纪在中国流行,合伙的出现还促成了资本的积累(Lin,1998:70-72)。与马科斯·韦伯(Max Weber)所写的相反,这一资本积累的方式并不限于家庭成员内(Max Weber,1951:95)。

与低内在价值的货币相比,便于资本积累的高内在价值货币在中国也能够得到。中国从战国到汉朝就使用黄金或高质量的青铜来储存大笔的财富以及进行更大规模的交换。汉代有时还使用银和鹿皮进行价值储存。六朝至唐代,由于北方入侵者的入侵,以可兑换的货币兑换货物的信用衰退,因而基于织物产品的物物经济开始盛行。从宋代一直到明代早期,大规模交换主要使用可兑换的纸质交易票据。从明代中期到1933年,白银取代了纸质交易票据的作用(Peng,1954:257-290;370-392;429-460;521-565)。由于白银主要得自于商人所从事的国际贸易,同时受到政府的规范用于税收和长途贸易,因而晚期的帝王中国经济与带有中央银行的现代国家有很大的不同。商人们掌握着主币——白银,而政府控制着辅币——铜币(Lin,2006:简介与第一章)。这种货币布局大大方便了商人的资本积累。

从中唐由禅宗僧人兴起,在明代由王阳明学派的儒家学者和道家传人发展起来的知识世俗化,为明清时期的商业指南印刷提供了便利。这些指南推动了社会将勤劳、诚实和仁慈地工作作为商业道德规范。同时鼓励商人们通过行善来获得宗教价值并得到社会的尊重。

1.4 紧密的城乡关系

借助于相当广泛的社会基础和十分通融的社会灵活性,中国在其传统经济体内发展出了特别紧密的城乡关系。

尽管一个城市掌握着比一个农村地区更多的资源,但总体来看,城市所占有的资源比农村要少。在民国时期,只有7%～8%的农村产品被销售到了距离产地30英里以外的地区。在清代,城市人口只占总人口的5%～6%(Skinner,1977:表4)。

政府税收构成了一种从农村到城市的资源流向。在清代,土地税收仅占全部国民收入的大约2%(Wang Yeh-chien,1973:133)。艾伯特·费维恺(Albert Feuerwerker)计算了国家的收入在国民收入中的比例为:北宋1080年前后为13%,明代1550年前后为6%～8%,清代1750年前后为4%～8%,清代19世纪80年代为7.5%,而清代1908年前后为5%～10%(Feuerwerker,1984:297-326)。

政府贷款从周朝以后就存在了(Peng,1954:62)。一般来说,政府贷款能够惠及农民的份额少之又少。1933年,一项对22个省850个地区进行的农民家庭人口普查表明,56%的农民家庭需要借钱。从他们的贷款来源看,现代合作社占1.3%,亲属占8.3%,地主占9%,富农占45.1%,商人占17.3%,当铺占8.7%,而粮储机构或教堂占10.1%(Mantetsu cho sakai,1936)。

有一个说法形象地描绘了中国的传统经济:男耕女织。丝制品、竹制品和木制品制作等乡村手工业开始于周朝并延续至今(Moritani,1936:47-52)。然而,在L.巴克于民国早期进行的农村调查中,只有20%的农村家庭从事乡村手工业,从这些乡村手工业产品中所产生的收入仅占全部农业收入的3%(Potter,1968:174-212)。因此,农庄自身不能构成一个自给自足的经济单位。

根据斯金纳的研究,在一个开放平坦的地区,大约每18个村庄就会定期举办标准的集市,以便人们相互进行交易。这种被一个标准集市包围的区域也构成了一个有着共同的度量衡、方言和民族信仰的区域。这类集市还方便了信使和办事员发放税收通知以及接受铜或银作为缴纳的税赋。当地的老者还会抓住这个机会为乡亲们宣读皇室法令或者儒家教诲(Skinner,1964-1965)。

城市上层阶级由贵族和商人组成。由于皇室科举考试没有实行严格的等级限制,大量的贵族都是由那些来自农村的乡绅组成。1947年,潘光旦与费孝通对1862—1908年的进士进行了分析,发现北京52.5%的进士来自大城市,6.3%来自于市镇,而41.2%则来自于农村。从山东、安徽、河南和山西的进士来看,36.6%来自于大城市,7.6%来自于市镇,而55.9%则来自于农村(Skinner,1977:266-267)。

中国的佃农并未被束缚在他们所耕种的土地上,他们能够走出去做自己的生意。由于经商具有风险,而法律的保护在传统中国是不可靠的,商人们于是趋向于通过血统关系集团或故里集团组成合伙关系。故里主要是指标准集市区域,城市的商人们从知晓他们的集市区域那里雇用学徒并对其家中的父母负责。这就是为什么中国商人都是按照地域组成集团的,比如:山西、陕西、安徽、福建和广东。传统的商业组织如本地银行和当铺,以及广州的洋行商人和出现于19世纪中叶以后的新买办商人,大多都是基于血缘纽带和故里关系而在农村地区建立的(Murphey,1977:180-196)。

一项在1941年对国民党重庆政府统治下的12个省份所进行的调查显示,72.6%的地主生活在农村(Wu,1947:116)。来到城市的贵族和商人成员,有时会将家庭留在农村。他们在城市挣到的钱会被汇往家里,以救济他们的亲属或投资不动产。在中国,农村与城市间的关系比西方国家紧密得多(Mote,1970)。

中国清代的社会结构似乎比德川时代的日本更加基础化。当时的日本虽然在人口上只是清代中国的1/10,但却拥有与北京一样大的东京。德川时代的200多年间,日本的城市人口增加了2.5倍,其社会群体越来越集中在首都的周围。相比而言,当清代的人口增加两到三倍时,中国地方市镇的人口增长远远超过行政中心的增长(Rozman,1973:15,60,281,282,285,298)。同时,中国的一个地主可能会拥有总共达15 000亩的土地(Wu,1947:118-119),这样的不动产如果与欧洲庄园主动辄数十万公顷的土地相比则大为逊色了(Tawney,1966:31-32)。这些证据表明,中国更趋向于公平的收入分配。

1.5　政府、商人与经济

中国有了广泛的社会基础和紧密的城乡关系后,哪里还会有威特所描述的专制政府呢?政府与商人之间的关系,或者说政府与传统中国经济之间的关系到底是什么样的呢?

1.5.1　政府与经济

帝国的政府以轻税维持着相对稳定的收入。由于拥有广大的版图,当某个管辖区域出现了财政赤字,其余的管辖区就会帮助其缓解所遇到的困难。帝国不需要向商人课以重税,反而常常是让商人们毫无干扰地经营自己的生意。通过稳定的收入,国家保留着自己的粮库,以帮助救济饥荒(Wong,1997:132-139)。通过发行铜币和保有粮库,政府能够在一定程度上平抑物价。此外,由于兴建水利设施、鼓励种植新作物以及发展运输途径,政府为经济增长提供了极大的便利。

连接中国南北方的大运河始建于春秋时期(公元前770—前476年),建成于隋代(581—618年),并在元代(1206—1368年)得到了改善。在唐(618—907年)宋(960—1279年)时期,打通了三峡以连接长江的上游与下游(Bai,1937:101-102)。

邮驿制度从周朝(公元前1046—前256年)开始,到元代(1206—1368年)达到鼎盛。帝国的马路在秦代开始修建,仅供君主使用。邮路则可以为百姓服务而且距离更长。在清代,总共有1 956个邮局,邮路达8万里。每个省都有数百至上千个分局。每个邮局都设有驿站,主要为官员或军队服务。平民的通信必须经过那些可能会使用这些邮路的朋友、信使、轿夫或行者来传递(Cheng,1970:37)。

1.5.2 政府与商人

《史记》和《汉书》记载,在汉代早期,政府为商人订立了几项限制:商人不得为吏、不得名田、不得乘骑车马、不得穿着华丽衣服以及重其租税。这些往往被用来概括历代中国政府对待商人的政策。事实上,即使在汉代早期,这些政策也并未真正实施。人们注意到,历代官员都在私下涉足商业(Wang Xiaotong,1965)。

杨联升(Yang Lien-sheng)与艾蒂安·巴拉兹(Etienne Balazs)认为,历代对于商人大抵管制与利用并施。在管制方面,政府往往要求商人彼此互保,而商人则拥有自己的特殊家庭户籍。但是,从唐代(618—907年)开始,管制就非常松弛了。政府不再依靠行会对商人加以管制。商人可以通过捐纳来赢得官位,而政府公款可以存到商人的店铺里挣得利息。有些政府专卖事业也发包给商人获取利润。在隋(581—618年)、唐(618—907年)和辽(907—1125年)时期,商人及其子孙不得从政。在宋代(960—1279年),商人本人不得进入官场。明代和清代(1368—1911年),盐商子弟拥有特殊的名额,允许其中一些人参加科考,商业税负降低,商人地位获得改善(Yang,1970;Balazs,1970:第4章)。

清代官僚与商人间的共生关系将中国的传统商人与亨利·皮雷纳所称的在欧洲扩张进程中出现的自治城市商人区别开来。在顶级的行会中,是那些跨越台湾海峡做生意的商人们,清代时这些商人来自于福建,有些则来自于福建官宦之家,或者有家庭成员位居四川总督和广东、广西总督这样的高位(Lin,2001:131-132)。晋商的出现与乾隆年间的十大战役所需的军需物资有关。从太平天国初年开始,汇兑银行就开始在各省进行国家收入的分配(Lin,1998:68-70)。

1.5.3 政府与市场

至于政府与市场的关系,1820—1850年中国出现的货币危机全方位、深入地揭示了中国专制的政府间结构或政府—市场关系的分歧。在这次危机中,政府发行的货币——铜币相对于国际市场通过商人而提供的银质货币贬值了大约一半。在皇室与省级官员之间进行的政府间讨论中,关于使用更多铜币来取代银质货币的建议因省级政府的拒绝而搁置。

政府发行的铜币从现代意义上来说并非国家货币,它们是由各省发行的,主要在省内使用。在19世纪初,同样价值的铜币比银币要重240倍。因此铜币很难代替银来进行长途贸易。各省的铸币厂发行他们所铸造的铜币以使用铜来支付士兵的薪水。此外,各省铸币厂还用铜币来支付政府购买的某些民品或服务,因此促进了铜币流通。官价是1两白银等于1 000文铜币。但无论如何,白银与铜币的市场兑换率在此期间从1:1 000上升到了1:2 500。逐渐地,士兵和百姓都拒绝接受支付给他们的铜币了。

政府需要花费白银来铸造铜币,以及从遥远的中国西南或日本来收购铜。随着对铜币的需求增加及其价值的下跌,用来制造铜币所需要的白银达到四倍于所铸铜币能兑换到的白银的价值。由于清朝政府没有能力收集信息并对浮动的兑换率做出反应,因而就不能以市场兑换率取代1:1 000这一官方兑换率。其结果就是,被认为是中国帝制历史上最为专制的清朝只好选择关闭大多数的省级铸币厂,或者发行更少的铜币。

成书于汉代(公元前 206 年—公元 220 年)的《盐铁论》被认为是中国传统干涉主义的政治经济意识形态的象征。在 1820—1850 年的货币危机期间,由于人们清楚地看到了国家对市场的无能为力,因而有关市场对政府的主导作用的理解与观点受到了越来越多的社会支持。著名人物魏源(1794—1856 年,进士,曾担任佐幕、知州等官位)曾建议政府允许普通百姓开办银矿,并称,"私人矿产早在 1133 年即与政府经营的矿产并存"。魏源的历史回顾在某种程度上揭示了在帝制中国,针对像矿产这样的战略资源,政府与商人之间的关系(Wei,1878:14 卷 36a-b 页)。

用于零售贸易的铜币大多在标准集市区域使用。由于铜币是由政府发行的,因而正如许多早期研究所表明的,皇权所能达到的最低层次不是地区一级。铜币的供给仍然影响到了最底层人民的日常生活。一方面,银币大多在城市中使用,而由城市中的银铺确定的银铜币之间的兑换率,则会影响到农村地区用以支付依据银币所确定的税负的铜币的数量。因此,国家和社会都处在掌握着银币的商人们的控制之下(Lin,2006:简介,第 1、3、4、8 章)。

1.6　长期增长过程中的经济周期

超过数千年的中国传统经济,除了在农业或商业领域偶尔出现一些波动外,总体上是长期增长的。在这一趋势中,除了外部入侵外,存在着间隔大约 250 年的朝代循环。

朝代循环是按以下形式发生的:建立了新朝代的君主会重建经济并进行基础工程建设,如水利、运输、垦荒以及仓储,从而滋养更多的人民。其朝代继承者可能由于无能或谨慎而未能投资维护或加强基础设施。这就导致了在某个时期内人口增长超过了经济的增长,从而刺激了农村人口向城市地区的迁移,在一段时期内形成了城市地区的繁荣。富裕起来的商人会使用其资金购买农村土地,因此加大了贫富之间的社会差距。很快,无地的游民就会形成不满因素,增加了大规模反抗的机会。相应的损失会导致各朝政府税收的增加并损害农村经济。而没有良好的农村市场,城市经济就会衰退。这种社会动荡常常会引来外部入侵。其结果将是旧王朝的崩溃、人口锐减以及新王朝的建立。这样一个 250 年的循环间隔,比起现代每五十年、十年或三四年出现一次的经济周期要长得多(Fei,1935:1-13;Feuerwerker,1968)。

中国城市与农村地区的经济是紧密联系在一起的。当农村经济强大时,农村地区为城市地区提供了市场、资金和劳动力;当城市经济衰退时,如果没有其他因素的影响,农村经济就会消亡。农村地区经济危机的主要来源就是人口压力,而在城市地区,则主要是由于市场的紧缩(Lin,2004;Lin,2006:126)。

有些危机是同时由这两种原因引起的。例如,许多学者认为,18 世纪清代中国的经济就是从繁荣衰落到了萧条。繁荣的一个早期信号就是可耕地翻番、更大的地区间贸易、新谷物的种植以及手工业的发展,供养了在半个世纪内史无前例地增长至原来两至三倍的人口。但是,到了 1748 年前后,饥荒的问题出现了。

这不仅是人口增长所造成的,也是人均能支配的货币供给减少造成的。从 16 世纪以后,中国的货币供给越来越依赖于海外进口的白银。1550—1700 年,日本供给中国的白银多于拉丁美洲,而从 1700 年以后,拉丁美洲则成为了更重要的白银来源。1748 年人口就出现了增长,而由于日本的白银供给下降,拉丁美洲的白银增长落后于人口的增长,因此白银供给没有出现与人口的同步增长。在 1775 年到 1795 年的 20 年间,人口增长速度放缓,拉丁美洲的白银增加,人均收入得到改善。其结果就是,1748 年的饥荒问题得到缓解(Lin, 2004)。

在 1820—1850 年,人口增长率依然缓慢,但国际市场上的白银供给随着拉丁美洲独立运动的到来而急速下降;于是,中国人的生计受到影响,在太平天国运动和随后内战爆发的背景下,社会紧张形势加剧。这些战争夺走了将近 4.3 亿人口中 1/20～1/9 的人们的生命。这一晚期的帝国经济危机导致的结果是中国和日本在亚洲地域政治秩序中相对地位的逆转。掌握着白银的日本,没有受到拉丁美洲所产生的白银供给危机的影响,这一点在明治维新时期愈加突出(Lin, 2006:第 1～3 章)。

结　　语

本章所讨论的中国传统经济的特点为从以下四个方面讨论现代中国经济提供了背景和对照:

1. 人口庞大的勤劳国度的深厚文化基础

中国西北黄土高原到处是下切的小台地,传统经济在这样独特的条件下起步,致使其缺少动物能量的供给。黄土地的肥沃与降水的偏少决定了人们要勤奋劳作。这种中国式的勤劳特征与人口增长所带来的需要,在宋代当国家经济中心从北方转移到南方时更加突出,因为人口土地比例随着多山的地理基础而上升。这种深厚的传统为当时的中国带来了庞大的人口,使其占到了全世界人口的 1/5。

2. 有限的政府角色

魏特夫对中国传统的武断的理解是基于中国帝制时期早期兴建的集中水利系统而做出的,那时对水的控制代表着权力,即所谓的亚洲生产方式(Wittfogel, 1957:第 9 章:369-411)。并且,正如本章所描述的,尽管中国政府为经济的进步提供了基础设施和宏观经济方案,但传统的中国经济依然更多是由人民建立起来的。地主/租佃制度中的科技进步与制度激励,以及货币与资本形成系统都随着帝权的演化而不断加强。小规模生产与交换单位占主导地位,私人所有权的存在,人们迁移的自由以及选择职业的自由,都有助于国家的富有,以及使财富更为平均地在人民当中进行分配。即使在清代[正如内藤柯南(Naito Konan)所武断描述的],包括重要的通货在内的大多数的资源都是由人民掌控着的(Lin, 2006:第 1 章)。

中华帝国有着大约 250 年的经济周期。太平天国运动的爆发使刚刚开始与近代西方发生接触的中国受到了极大的损害,特别是与日本的明治维新相比。伴随着太平天国运动以及不断的内外战争,中国的国力有所增强(Lin, 2006:第 8 章)。但最重要的是,私有权与市场经济一直维持到了 1949 年。1949 年以后,经济的集权化使得中国传统经济发生彻底的断裂。

3. 经济发展的不均衡空间分布

随着中国经济中心从西北到东南的长期转移,当西方国家在 19 世纪中叶来到中国时,他们首选的就是与中国繁荣的东南沿海地区进行合作。这部分沿海地区得到了大量的技术和市场,同时沿海与内地的地区差异也进一步加大。杰弗里·G. 威廉森(Jeffrey G. Williamson)

注意到,如果近代国际贸易开放的地区同时又是食品和工业材料生产中心的话,这种双重经济问题就愈发严重(Williamson,1965:3-45)。由于中国的长期发展历史,它恰恰具有这样一种经济格局。

罗兹·墨菲(Rhoads Murphey)使用双重经济模型来描述1840年以后中国条约口岸与内地之间的关系,认为进口的外国货物在很大程度上仅用于协约口岸地区,因此这些协约口岸形成了一种飞地经济。与中国的传统城市不同,协约口岸与中国农村基本没有联系(Murphey,1970:52-57)。

Lin(2005)对这一理论进行了更正。在19世纪70年代至1906年间,满足以下条件的内地产品依然在销往国际市场:①其利润足以覆盖中国内陆到沿海的运输成本的产品,如本土鸦片、猪鬃或棉布;②其生产需要较少资金的产品以及其生产技术易于学习的产品,如火柴;③其原材料来自于农村的产品,如陶器。在1850—1949年的其余时间,中国沿海地区与国际经济的联系相比与内陆经济的联系更加紧密,且中国沿海地区的经济资源过分集中。虽然1949年后中国做出了极大的努力,但中国繁荣的沿海地区与贫穷内陆地区之间的差距至今依然存在(Lin,2005:179-197)。

4. 历史传统发展的需要

经过对许多欠发达国家的研究,A. Gerschenchron指出,在从传统经济到现代经济的转型过程中,只有坦率承认现有传统的优势并试图加以充分发展,而不是扼杀这样的传统,才能顺利实现现代经济(Gerschenchron,1962:30)。19世纪中叶中国与西方建立联系以后,传统的本土银行与外国银行开展竞争以便为进出口贸易提供信贷。出现这一情况的一个主要原因是,中国社会仍是基于血缘关系或乡里关系的,本土银行能够通过这种传统纽带而经营得比外国银行更好。中国最早的现代工业包括纺织、纺丝以及煤矿等大部分都是在传统工业已经存在的地方起步的(湖北大学1985:234-235)。

在一年的土地集体化过程中,虽然家庭农场仅占全国农业土地总和的6.4%,但其生产总值却占到了30%。同时,由于公有土地的产出归政府所有,虽然其占到耕种总量的88.8%,但其产量仅为全国农业产值的66%(Gao,1973:321-322)。中华人民共和国在1979—1989年的十年间,其主要由农村社办企业组成的集体经济以每年20%的惊人速度增长。与其他经济成分在这十年中每年总体增长9.5%的速度相比,这一经济成分远远超过了它们(Huang,1993:238-239)。

尽管许多之前的研究都认为,中国的传统经济是处于停滞的,但实际上正如本章所描述的,其经历了一个长期的经济增长,只是受到了自然灾害与政治灾难的干扰。中国的历史传统与其经济发展之间的关系是一个值得重视的话题。

参 考 文 献

Amano Motonosuke. 中国当铺. 满洲里铁路研究学会月刊. Mantetsu chosakai, 16:9,1936(Showa 11)/ 9/ 15,1963, pp. 69-90.

Bai Shouyi. 中国交通史. 上海:商务印书馆,1937.

Balazs E. 中华文明与官僚机构. H. M. 赖特,译. 纽黑文:耶鲁大学,1970.

Cheng Y. 中国邮政通信及其现代化,1860—1896. 剑桥,MA:东亚研究中心,哈佛大学,1970.

Chi C. 中国历史上的重要经济区域：公共水利设施发展所揭示的. 伦敦：George Allen & Unwin Ltd,1936.

Deng Chumin. 中国社会史教程. 桂林：文化供应社,1942.

Durand J D. 中国人口统计,公元 2—1953 年. 人口统计,1960(13)：209-256.

Fairsewis W A. 早期文明的起源、特征与衰落. 美国博物馆通讯,1967,第 2303 号.

Fei Ssu. 中国社会史分期之商榷. 食货(半月刊),1935,2(11)：1-13.

Feuerwerker A. 共产主义中国史. 剑桥,马萨诸塞州,及伦敦：The M. I. T. Press,1968.

Feuerwerker A. 后帝制中国的国家与经济. 理论与社会. 1984,13(3)：297-326.

Gerschenkron A. 经济落后历史观. 剑桥,马萨诸塞州：哈佛大学出版社,1962.

Hanley S B and Kozo Yamamura. 前工业时期日本的经济与人口统计学变化(1600—1868). 普林斯顿,新泽西：普林斯顿大学出版社,1977.

Hartwell R. 北宋时期中国炼铁与煤炭工业的革命(960—1126). 亚洲研究杂志,1962,21(2)：153-162.

Ho P. 中国历史上的早熟稻米. 经济史评,1956-1957：9.

Ho P. 中国人口研究(1368—1953). 剑桥,马萨诸塞州：哈佛大学出版社,1959.

Ho P. 东方发源地：对新石器时代和中国早期技术与思想之本土起源的质询,公元前 5000—1000 年. 芝加哥：芝加哥大学出版社,1975.

Huang P. 中国的"公共领域"/"公民社会"？ 国家与社会间的第三领域. 当代中国,1993,19(2)：216-240.

Huang Yaoneng. 中国古代农业水利史研究. 中国台北：六国出版社,1993.

湖北大学政治经济学教研组. 中国近代国民经济史. 湖北：高等教育,1958.

Hucker C O. 中华帝国的过去：中国历史与文化介绍. 斯坦福：斯坦福大学出版社,1975.

Jin Guantao 与 Liu Qingfeng. 兴盛与危机——论中国社会的超稳定结构. 中国台北：古风出版社,1987.

Kato Shigeru. 中国社会经济史概说. 杜正胜译,中国台北：华世出版社,1978.

Kuznets S. 现代经济增长：比例、结构与速度. 纽约：Feffer & Simons Co. ,1966.

Li Jiannong. 先秦两汉经济史稿. 中国台北：华世出版社,1981a.

Li Jiannong. 魏晋南北朝唐朝经济史稿. 中国台北：华世出版社,1981b.

Li Quanshi. 中国经济思想小史. 上海：世界书局,1928.

林满红. 日据时代台湾经济史研究之综合评介. 史学评论,1979,1(7)：161-210.

林满红. 不朽的血缘与家庭所有权：前工业时期的中国和日本不同的人口动力学要素. //中国现代化论文集. 中国台北：中央研究院近代史研究所,1991：165-208.

林满红. 台湾学术界对中国商业史的诠释倾向. 中国历史研究,1998,31(3)-(4)：65-94；另见 R. Gardella, A. McElderry,J. Leonard. 中国商业史,诠释倾向与未来的优先权. 纽约：M. E. Sharpe,第 4 章.

林满红. 衰退还是繁荣？ 行会商人的台湾海峡两岸贸易,1820s—1895. 现代亚洲商业网络. Sinya Sugiyama,Linda Grove. 伦敦：Curzon Press,2011：116-139.

林满红. 从东亚到世界的转移：十七到十八世纪后期中国经济中海上白银的作用. Wang Gungwu,Ng Chin-keong. 1750—1850 过渡时期的海上中国. 威斯巴登,德国：哈拉索威兹,2004：77-96.

林满红. 中国起伏的国际贸易关系中"双重经济"的发展,1842—1949. //杉原薰. 日本、中国与亚洲国际经济增长,1850—1949. 牛津：牛津大学出版社,2005,3(8)：179-197.

林满红. 银线：19 世纪的世界与中国. 剑桥,马萨诸塞州：哈佛大学亚洲中心,2006.

Liu Boji. 中西文化交通小史. 中国台北：正中,1951.

Liu P K C,Kuo-shu Huang. 自 1400 年以来中国大陆的人口变化与经济发展. C. Hou,T. Yu. 近代中国经济史,1979：61-94.

Liu Xinning. 由张家山汉简(二年律令)论汉初的继承制度. 中国台北：国立台湾大学,2007.

Majia. 中国农村经济之特性,宗华译. //中央研究院社会科学研究所农村经济参考资料,第 3 号. 上海：北新书局,1930.

Miskimin H A. 十五世纪法国的货币与权力. 纽黑文：耶鲁大学出版社,1984.

Moritani Katsuni. 中国社会经济史. 陈蔷薇,译. 中国上海:商务印书馆,1936.

Mote F W. 传统中国文明中的城市. Liu,W. Tu. J. T. C. 传统中国. 纽约:prentice-Hell,1970:42-49.

Murphey R. 协约口岸与中国现代化:出了什么问题?. 安阿伯,密歇根州:密歇根大学,中国研究中心,第7号,1970.

Murphey R. 局外人——西方人在印与在华经验. 安阿伯,密歇根州:密歇根大学出版社,1977.

Needham J. 科学及中国的世界影响. R. 道森. 中国遗产. 牛津:牛津大学出版社,1914.

Needham J. 中国之科学与文明. 陈立夫,译. 中国台北:商务印书馆,1971-1973.

Ohkawa K. ,Rosovsky H. 农业在现代日本经济发展中的作用. 经济发展与文化改变,1960,9(2).

Peng Xinwei. 中国货币史. 上海:群联出版社,1954.

Perkins D H. 中国农业发展,1368—1968. 芝加哥:Aldine Pub. Co,1969.

Potter J M. 资本主义与中国农民,一个香港村庄的社会与经济变化. 伯克利:加利福尼亚大学出版社,1968.

Quan Hansheng. 中国行会制度史. 中国台北:食货出版社.1935.

Rozman G. 清代中国与德川日本的城市网络. 普林斯顿,新泽西:普林斯顿大学出版社,1973.

Sa Mengwu. 中国社会政治史. 中国台北:三民书局,1966,1.

Schwartz B I. 有关中国的马克思主义辩论. 远东季刊,1954,13(2):143-153.

Shu Shicheng. 汉宋间的佃农地位//中华文史论丛. 中国台北:中华书局,1963:33-64.

Skinner G W. 后帝制中国的城市. 斯坦福:斯坦福大学出版社,1977.

Skinner G W. 中国农村的市场交易与社会结构. 亚洲研究杂志,1964,24(1):3-44;1965a,24(2):195-228;1965b 24(3):363-99.

Spooner F C. 法国的国际经济与货币运转 1493—1725. 剑桥,马萨诸塞州:哈佛大学出版社,1972.

Sudo Y. 宋代经济史,1962:73-138.

Takehiko Ohkura,Hiroshi Shimbo. 十八和十九世纪德川货币政策. 经济史探索,1978(15):101-124.

Tang Qingzeng. 中国上古经济思想史. 中国台北:古亭书局,1975.

Tawney R H. 中国的土地与劳动力. 波士顿:灯塔出版社,1966.

Wang Xiaotong. 中国商业史. 中国台北:商务印书馆,1965.

Wang Y. 帝制中国的土地税收,1750—1911. 剑桥,马萨诸塞州:哈佛大学出版社,1973.

Wang Zhirui. 宋元经济史. 中国台北:商务印书馆,1964.

Watanabe Xinichiro. 汉代与六朝的大土地所有制. *Toyoshi kenkyu*,1974,(33)1;(33)2.

Weber M. 中国的宗教. 纽约:自由出版社,1951.

Wei Yuan. 圣武记,1878.

Williamson J G. 地方不平等与国民发展过程:模式描述. 经济发展与文化改变,1965(13):3-45.

Wittfogel K A. 东方专制:整体权力的比较研究. 纽黑文:耶鲁大学出版社,1957.

Wong R B. 中国转变:历史变化与欧洲经验限制. 伊萨卡:科内尔大学出版社,1997.

Wu Wenhui. 中国土地问题及其对策. 上海:商务印书馆,1947.

Yang L. 中国皇权政府对城市商人的统治. 清华学报. 1970,8(1)&(2):186-209.

Yu Yingshi. 中国近世宗教伦理与商业精神. 中国台北:联经出版社,1987.

Zhu Zuyan. 汉语成语辞海. 武汉:武汉出版社,1999.

第2章

晚清至中华民国：制度大转型时期[①]

作者：陈顺源（Kenneth Shunyuen Chan）

晚清至中华民国，中国发生了一次深远的社会制度转型。晚清时期的传统制度与社会价值无法使中国从马尔萨斯陷阱中摆脱出来，走上现代经济发展的轨道。首先正是由于与帝国主义列强的战争失败促使中国进行这场制度大转型。本章概括了在高度僵化和集中的清代以及高度分散的中华民国时期，中国是如何应对外部环境变化的。在民国，虽然经济得到了发展，但由于国家的战乱，因而从未充分发挥出真正的潜力。

中国在唐宋过渡时期，社会制度发生了一次重大转型，中国从一个高度贵族化的社会转变成为了更加平民化的社会[②]。社会价值观如文化规范、社会习俗以及信仰也都经历了翻天覆地的变化。然而，中国从晚清到民国期间，发生了一次更加重大的制度转型。这次转型比起唐宋过渡时期的转型，影响更加深远。清代到民国的制度转型所产生的经济与社会影响将是本章介绍的重点。

本章的结构如下：2.1节总结了来自文献中的一些相关的理论经济模型及其未来预测。总的来说，这些预测均得到了历史事件的佐证。2.2节介绍了在高度集中制度下，清代不断变化的外部环境和社会经济情况。2.3节描述了处于高度分散制度下的中华民国时期的情况。在此期间由于国家战乱，尽管从未充分发挥出潜力，但经济进步有目共睹（Rawski，1989）。2.4节简述了对马尔萨斯主义者的一种解释以及与这一时期中国经济相关的现代经济增长模型。最后得出结论：正是几次重大的战争和挫败动摇了那些有可能阻碍中国现代发展的传统制度。

2.1 关于文献中的假设

以下来自文献中的话题与后面的讨论有关。

2.1.1 制度

诺斯（North）认为，制度是为社会中的人类互动提供激励和约束的游戏规则。这就是为什么制度对于经济发展十分重要。诺斯还指出，制度是持续的或缓慢变化的。为解释制

[①] 来自 Dwight Perkins，Gregory Chow，Tuan-Hwee Sng，J. P. Laffargue，Patrick Leung，Kent Deng，Man-houng Lin，C. Chen 的注解都得到了极大的公认。

[②] 这就是内藤假设，见宫川（1955）。

度对于发展的重要性及其持久性,阿西莫格鲁-鲁宾孙(Acemoglu-Robinson)(2012)对经济与政治制度进行了区分。经济制度是经济政策制订的基础,而政治制度则是政治权利分配的基础。他们认为,政治制度选择并支撑经济制度时,不仅以其效率和意识形态为基础,还以其对强大利益集团或精英们的分配结果为基础,这些利益集团或精英位于政治制度的核心并随时准备收获利益。经济收益与政治权利之间的相互作用有助于维护制度的持续性。因此,一种制度只能被意外的冲击(如战争和自然灾害等)所改变,因为这种冲击重新分配了利益集团或精英的政治权利。由此,他们作出了理论预言。

预言 1:要破坏利益集团的结构并最终带来制度的变化,需要意外的冲击。

2.1.2 正式与非正式制度之间的区别

一个正式的制度通过一个结构良好的组织进行管理,且通常是非个人色彩的并以规则为基础的。一个非正式的制度通过人群中的关系/网络进行管理,是以共同的社会价值观和规范为基础的(Williamson,2000)[①]。由于中国广袤的国土和众多的人口,以儒家社会主义精神为基础的中国非正式制度对于治理中国是至关重要的[②]。与正式制度类似,非正式制度也是持久的。同样有利益集团从现存的非正式制度中获益。由此,预测 1 也适用于非正式制度的情况。

2.1.3 集中与分散的正式制度

分权是指将政治权力下放到地方[③]。在处于发展状态的经济体中,对于产业化来说,既有好的分权也有不好的分权。一方面,地方政府是当地需求的更好,也是更负责任的管理者,因为他们更加了解当地的情况。权力下放还会引入更多的政府间竞争并产生机构间的相互制衡。但另一方面,与地方政府相比,一个强大的中央政府能够更好地在执行法律法令、保护财产权以及提供国家公共物资时利用规模经济的优势。它能更有效地协调各司法辖区而不是让地方政府在其间疲于应付。更重要的是,得到权力的地方政府能够很容易地被当地强大的精英们俘虏,而本地政府部门会以非精英们的利益为代价向他们提供支持。而来自一个集中权威部门的规定可以避免精英们劫持本地政府部门。

对人均 GDP 有价值的影响,无论来自于分权的还是集中的系统,最终都必定要面对收益递减。因此,应当存在一个中间地带,能够从两个系统中提供最佳优势。一个提供法律法令的集中权威机构可以打破霍布斯无政府状态的初始状态,促进经济的发展,提高人均 GDP,但这可能是短暂的。过度集中且刚性的制度将会扼杀经济,导致人均 GDP 下降。在图 2-1 中,沿着水平轴向右移动代表权威部门集中化的增加[④]。倒 U 形曲线上的 M 点表明最优程度的集中化提供了最高的人均 GDP。上述的讨论带来了预言 2。

预言 2:高度集中的或高度分散的制度最终将降低经济体的人均 GDP 水平。

---

① 有些作者更喜欢使用"社会资本"来代替"正式制度"[见 Nannicini 等(2010)]。

② 这就能够解释为什么清代统治者能够以一个小政府来进行有效的统治了[Myers-Wang(2002:576)]。亦可参见尾注 24。

③ 这与从中央到地方的功能行政授权不同,其中不发生权力的转移。本节的资料取自 Bardhan(2002)与(2011)。

④ 艾格特森(Eggertsson)(1990:317-326)提供了一个同样的图表,将模型建立在霍布斯的利维坦之上。艾格特森在水平轴上使用了"公共秩序"而非"集中化的权力"。

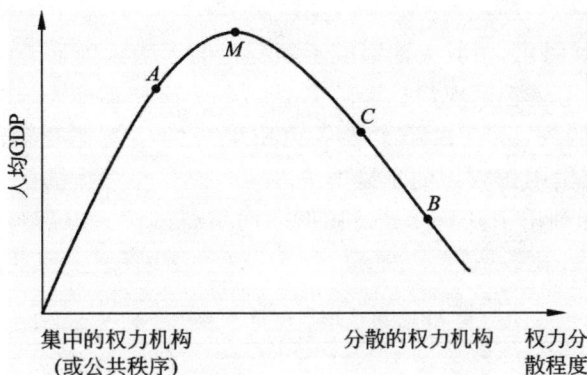

图 2-1 人均 GDP 与权力分散程度的关系

2.1.4 统治的味道

诺斯(1984:260)提出了一个问题：为什么独裁者及其各权威部门不采用有利于其国民经济增长的经济政策,他们不是从那里能够获得更多的拨款吗？诺斯认为,独裁者可能不会采用有利的经济政策,因为他们不希望他们的统治地位受到这些政策的威胁。由于一个高度集中的经济体较少存在威胁,独裁者面临着在他们自己的统治地位/权力与他们可以占用的经济产出之间进行权衡(见图 2-1 中的权衡的边界 MCB)。

注意,皇帝的效用不是经济动机所能驱动的。中国的皇帝、官僚和政治精英们需要通过占据坚固的社会层次结构顶部以及通过臣民的顺从行为来获得满足感。根据马斯洛(Maslow)的需要层次理论,较高层次的需要是自尊和地位。并且,对于皇帝来说,是权力、权威和荣耀。为简单起见,我们称之为"统治偏好"。儒家等级制度要求每一等级应顺从更高的等级。皇帝和精英们通过统治支配下属并经由这种统治而产生的最高社会地位来获得更大的愉悦和满足[①]。

商业与创新活动损害社会稳定性,并因此威胁到了皇帝的统治。正如熊彼特(Schumpeter)提出的,创新活动的创造性破坏会招致那些因为这些活动而受到损失的顽固精英们的反对(Parente-Prescott,2002)。这也威胁到了皇帝的统治。商业活动在跌宕起伏的过程中,会与创新活动有着相同的效果。因此,在和平时期,皇帝更加看重维护其统治地位,而非从被统治者那里获得更多可支配的收入。皇帝会选择如图 2-1 中的点 B 那样一个点。当面对一个不稳定环境时,如来自他国的战争或国内动荡的威胁,一个更加繁荣的经济会帮助皇帝来保卫他的国家。皇帝还会对国内各利益集团进行抚慰以赢得他们的支持。他会选择较高的收入并维护其统治地位(Chan,2008；Chan-Laffargue,2012a,b),如图 2-1 中的点 C 或点 M。以上的讨论将预言 1 缩小为一个更加具体的预言。

预言 3：一个不稳定的环境,如战争或内乱,为经济改革提供了一个重要的推动力,推动

---

① 这些点是由琼斯(Jones)(2003:109)发展出来的,所观察到的皇帝的引人注目的消费也是其发挥统治地位的一种工具："皇帝们都被阿谀者所包围。他们妻妾成群,但作为财富与权力的前提条件的并非这种现象,而是统治关系的维护以及把人当作物品来使用的倾向。积累一家一家的奴隶用于炫耀而非工作,可能也有相似的行为学意义。在察觉皇帝的个人支配地位时特别需要注意的是表示服从的动作符号,下跪、匍匐、磕头。"

了技术创新与商业活动。

　　集中的制度会导致僵化,使其无法适应不断变化的环境。到了清代中期,清政府的许多规章制度都是过时的,无法满足现代社会的需要。由于这种不匹配,腐败蔓延,破坏了制度的有效性。许多学者认为,正是由于集中权力所引起的机构僵化,导致了清朝制度的衰败[①]。这种衰败也会使集中化权力的掌控力下降。

　　表 2-1 按时间顺序列出了从清代到民国期间的主要事件。以后各节会按表 2-1 的时间顺序展开。

表 2-1　清代到民国重要事件记录

年　份	重　要　事　件	注　释
1644	明代灭亡清代开始	顺治年间
1662		康熙皇帝继位
1673—1681	中国南方三藩之乱	
1683	收复台湾	
1684	解除海禁;但保持对外贸的控制	
1689	与俄国签订《涅尔琴斯克条约》	
1720	进入西藏拉萨	
1723		雍正皇帝继位
1736		乾隆皇帝继位 康熙至乾隆时期是清代的鼎盛时期
1750—1760	征服当时新疆地区的领主准噶尔	
1757	限制欧洲国家与广州市的外贸	
1793	马嘎尔尼勋爵要求乾隆放松对英国贸易的限制,但遭到拒绝	
1796—1804	白莲教起义	嘉庆年间
1800—1820	中国北方连年洪水	
1821		道光年间
1839—1842	与英国的第一次鸦片战争	签订《南京条约》,赔偿 2 700 万两白银;香港割让给英国;开放 5 个通商口岸
1850—1864	太平天国运动爆发,2 000 万人死亡,清政府事实上分权	咸丰年间
1856—1860	与英法俄的第二次鸦片战争	签订《天津条约》和《北京条约》;进一步开放 11 个口岸;割让九龙给英国
1871—1897	与英法日俄开战	赔偿俄国 500 万两白银;赔偿日本 2 亿两白银;琉球群岛和台湾割让给日本
1861—1895	自强运动(洋务)探索 因中国近代的北洋舰队被日本打败而告终	短命的同治皇帝以及之后的光绪皇帝和慈禧太后统治期间
1898	年轻皇帝光绪发起百日维新,被慈禧太后领导的保守派所终结。许多改革者离开这个国家	

---

　　① 例如,见 Qian(2002)、Perkins(1967)和 Rankin-Fairbank-Feuerwerker(1986:53)。

续表

年　份	重　要　事　件	注　　释
1898	义和团运动主张对抗外国人,国内政治受挫。运动直指外国租界以及在中国的外国传教士	
1900	西方列强(八国联军)共同向中国宣战	赔偿 4.5 亿两白银
1908	战败后,慈禧太后和光绪皇帝发起了一次更加全面的改革,于 1908 年他们去世时告终	
1911	中国(辛亥)革命:广州起义和随后的武昌起义	清朝在不到 1 年内被推翻
1912	在孙中山的领导下,中华民国于 1 月 1 日成立;清朝末代皇帝溥仪退位;不久后,袁世凯被选为中华民国临时大总统	
1915—1916	袁世凯废除了国家和各省议会,并于 1915 年宣布自己为皇帝;1916 年袁世凯去世	
1917	张勋企图再次恢复君主制,让溥仪当皇帝,但在与国民政府的一次短暂的战役后不久宣告失败	
1919	作为对第一次世界大战末《凡尔赛条约》强加给中国的条款的回应,五四运动爆发	
1920	军阀混战:孙中山领导北伐军统一破碎的国家,直至 1925 年去世;蒋介石掌控了国民党和中国政府;蒋介石领导的国民政府带领北伐军讨伐各地军阀	
1912—1922	第一次世界大战爆发,随后于 1921—1922 年发生战后经济衰退	
1927	1921 年中国共产党成立;蒋介石发动剿共战争;毛泽东领导的共产党人开始进行长征,于 1927 年到达延安并建立起游击战根据地	
1931—1937	与日本人的冲突扩大化	
1937 年 7 月	中日战争爆发	
1945	日本投降;二次世界大战结束;毛泽东领导的共产党与蒋介石领导的国民党发生内战	
1949	国民政府战败后,中华人民共和国成立	

2.2　清朝(1616—1911)

在清朝,以汉族为主的中国被满族统治着。在所有的清朝皇帝中,顺治、康熙、雍正和乾隆这四位是最有能力的统治者。在他们的统治下,中国拥有了广袤的国土并战胜了大多数来自当时中国的北方和西北地区的游牧民族。

康熙统治下的清代朝廷制止了俄国人入侵蒙古西部,并通过 1689 年的《涅尔琴斯克条约》与其达成了协议。康熙皇帝和乾隆皇帝都与中国西北地区的一个强大帝国准噶尔进行了艰难的战争,并最终消灭了他们。在南方,曾与缅甸人、西南地区的瑶族和苗族势力集团、尼泊尔人进行过战斗,同时清军成功进入了越南,以及中国的西藏和台湾地区。这些胜利为清朝带来了长期的和平——尽管这对于国家来说利弊参半。中国在一个稳固的集中制度下得以繁荣起来。然而,国家层面所具有的和平、稳定与自治使得各利益集团迅速发展起来。这同时也使清朝政府产生了自满并在后期面对来自欧洲和日本的外部侵略时出现了经济停滞。具有讽刺意味的是,长期的和平为帝国本身的毁灭埋下了种子。

清朝政府与之前的明朝政府一样,属于高度集中和目光向内的。在清朝早期和中期没有外部威胁时,皇帝始终关注国内并提高其在国内的统治地位[①]。清代朝廷通过取消御史台这一历来用于监督皇权滥用的中国皇室政治机构来加强其统治。丞相公职被取消(像明朝那样),税收收入被集中(Myers-Wang,2002:604)。大兴文字狱以使汉族学者们不能畅所欲言。乾隆甚至设立保甲惩罚制度来控制他的子民[②]。

尽管政府规模很小,但清代朝廷却设有一套精密的间接检查和平衡系统,以确保对官员的有效控制。这包括双重地方官员设置,以相互监督遵从中央指令;对军队官员的家属进行监督;官员定期轮换,避免官员在家乡任职;使满族或蒙古族官员与汉族官员相互监督(Rowe,2009)。这种间接控制方法在清代早期还是基本有效的。

2.2.1　统治偏好

通过早期皇帝的行为可明显看出其对经济利益掌控的偏好。莫特(Mote)(1999:906)写道:雍正比其他皇帝更加注重维护和加强其权力,而乾隆则更关心其皇帝尊严不受侵犯而非国家的效率[③]。即使在1840年第一次鸦片战争失败之后,道光皇帝仍把自己的尊严看得比条约中的不平等条款和战争赔偿更重要。他要求英国官员在他的面前下跪,而不是坐在桌子旁。

2.2.2　清代早期对商人活动的过度控制

在清朝权力高压且没有外部威胁的时期,商人的活动都受到了严格的控制;足够的证据支持了2.1节的"预测3"。与农民维系在他们的土地上不同,商人是四海为家的。对游走的商人所从事的活动进行监视是非常严密的。农民的产出与活动易于监督,因而易于控制。康熙拒绝了商人们开发新矿山的要求,因为那需要投入庞大的劳动力量(Myers-Wang,2002:609)。

雍正皇帝则担心商人们会对稳定的农耕经济秩序构成威胁。他认为,地方官员会与商人们共谋,强化他们的权力而威胁皇帝的统治地位。1733年,为控制商人们的数量,他对在市场上经营的商人们实施了许可配额制度,以避免他们过量增长。只有诚信守法的商人才能获得该许可。这一政策是以大清朝廷从商业活动中所获得的税收为代价的。在1737年,政府从商人那里收取了190万两白银的税收。这一数量大约是中央政府全部税收收入的

[①]　见 Fairbank(1957),Qian(2002)和 Mote(1999)。

[②]　"保甲"制度是一种监督机制,邻里之间被划分为十组,每一组当中,所有的成员家庭都要为任何其他成员所从事的犯罪或不当行为承担责任。[见 Mote(1999:918-922)]。

[③]　对于乾隆,Mote(1999:920)认为,"然而,由于他的长期统治,皇帝的浮华显然更多地是为了他对个人满足的贪婪需要。"

5.4%。而在 1754 年，政府从商人那里收取了 560 万两的白银。这大约占政府全部税收的 13.1%（Myers-Wang，2002：606）。来自商业活动的税收并非无足轻重的。而清政府继续抑制商业活动，而不管这些活动对大清朝廷来说意味着有利可图的税收收入。乾隆皇帝甚至在 1758 年采用按比例的许可费来抑制商业活动。

第一次鸦片战争失败后，大清朝廷不得不对外国列强开放贸易①。这就导致了晚清时期在沿海地区商人阶层与商业的加速成长。

2.2.3　第一次鸦片战争（1840—1842）

第一次鸦片战争部分原因是清代早期的贸易管制所引发的。为维护皇帝在国内的统治地位，人们认为严格控制由于贸易所带来的外部影响是有必要的。康熙皇帝将贸易限制在了几个易于控制的沿海口岸。1682 年，他建立了一种半私人垄断的"商行"来从事对外贸易。

1757 年，乾隆年间，对于广东，由于山高皇帝远，北京无法对其进行控制，因此允许其与外国人开展贸易。但外国人只被允许在指定的住处居住，因为担心他们的生活方式和思想会污染并威胁到皇帝的统治地位，而广东则远离中国政体的主流。

为禁止消费鸦片，政府提出将高消费税作为首选的解决办法。但这很困难，因为朝廷在清代中晚期逐渐丧失了对其一线官员的控制，无法推行其政令。而且，一线的官员与当地的乡绅贵族们常常积极参与到有利可图的鸦片贸易和鸦片消费中。第二种解决办法是禁止鸦片进口。但禁止进口却刺激了走私，国内非法生产鸦片并有可能会引发与英国的战争而再次开放贸易，而这确实最终发生了。

中国在第一次鸦片战争失败后，签订了《南京条约》。结果，中国被迫将五个口岸向外国开放，除了其他赔款外，还将香港割让给英国。

2.2.4　太平天国运动（1850—1864）

太平天国运动是由广西和广东省无土地农民在饥荒日益恶化的情况下发起的农民起义。其宗教领袖洪秀全打着基督教的旗帜领导了这次起义。由于受到基督教和平与兄弟情义等思想的推动，太平军打仗十分勇猛。曾国藩受命镇压起义，曾在湖南和湖北训练了一支传统军队。直到 1864 年，清军才以 2 000 万到 3 000 万的死亡人数成功粉碎了这次起义。

起义的原因

清朝的人口到了清中期就翻了一番（见 Maddison 的数据，表 2-2）。人口的迅速增长是由几个因素造成的。首先，清朝初期的和平与繁荣使人口增长。农业税负较低，康熙皇帝对新生人口不收人头税的税收政策促进了人口增长。其次，美国甜薯于 16 世纪 70 年代首次引入，其营养价值极高。这种作物的应用在 1700—1800 年在中国迅速普及，成为了全国各地的第三大重要食品来源，仅次于稻米和小麦。

由于人口的迅速增长，农田即出现短缺。大量的无地农民聚集了起来。除了开展农田开垦或发展商业来吸收过剩人口外，清政府无所作为。清朝制度的僵化由此应当受到指责。

①　这种制度变化印证了"预测 1"。

更为糟糕的是,由于很难找到这些无地农民以及控制他们的活动,这些人于是被大清朝廷当做无地的反叛者加以抛弃(Zhang,2012:65-69)。

为了资助军队对抗叛乱,清政府不得不提高来自商业领域的税收。长期僵化的过时的反商业政策于是最终必然地被打破了。

太平天国运动平息后,汉人的社会地位得到了提升。满族人对汉人的压迫有所缓解。地方政府的政治权力也在中央政府的支持下得以增大。这就造成了晚清时期商业领域的扩张和繁荣。

表 2-2　1911—1937 年中国经济主要统计数据汇总

作　者	主　要　结　果				
张(1969)	Average annual industrial growth rates in sub-periods 各时期年均工业增长率				
	1912—1949	1912—1936	1912—1920	1923—1936	1936—1942
	5.6%	9.4%	13.4%	8.7%	4.5%
费维恺(1977)	• 经验调查结果 • 产量增加十分缓慢;人均 GDP 增加可忽略不计;偶有快速的工业增长 • 同时考虑了外国殖民主义的影响与社会的不稳定性				
帕金斯(1969,1975)与 Liu-Yeh(1965)的研究	• 从第一次世界大战到 1937 年:年均 GDP 增长 1.4% • 十年内战期间人均产量上升不到 10% • 以 1914 年作为基年,1936 年的 GDP(人均 GDP)增长了 20%～26%(3%～14%)				
罗斯基(1989)	对所有部门进行了综合的研究 从 1914—1918 年到 1931—1936 年: • 1.8%～2.0%的年均实际 GDP 增长率 • 1.2%的年平均人均实际 GDP 增长率 • 沿海地区增长要快得多				
	1914—1918=100	1931—1936	1946	1949	1952
	总产量	140	132	119	166
	实际人均产量	122.8	110.6	97.4	145.3
马(2008)	1914—1918 年以及 1931—1936 年,人均净国内生产增长率				
	中国	江浙两省	长江下游地区		日本
	0.53%	1.0%	1.1%		1.4%

2.2.5　第二次鸦片战争(1856—1860)与义和团运动

殖民主义的复活使得更多的欧洲列强紧跟英国的脚步共同参与掠夺。在对《南京条约》重新谈判未能取得成果后,第二次鸦片战争在 1856—1860 年爆发,中国要与英国、法国和俄国对抗。清军的最终失败促成了《天津条约》和《北京条约》的签订。1871—1897 年,中国又受到了来自欧洲列强和日本的入侵,结果让出了更多的领土并作出了战争赔款。

1898 年的义和团运动是一次对抗外国人引起的冲突,也是一次国内政治挫折。这一运动的目标是在中国的外国人以及传教士们。在德国大使被义和团起义者谋杀后,八国联军对华宣战。经过了又一次屈辱的失败以及北京圆明园被一场大火烧毁后,慈禧太后最终接受了一系列含有大量割让要求和赔款条件的和平条约。清政府在 19 世纪 90 年代拿出了大约 30％的开支用于支付赔款(见 Li,2003:9)。

2.2.6　晚清改革

正如之前在 2.1 节预测 3 中所讨论的,数次的战争与一系列的屈辱性失败,一起为之后的改革提供了动力。清朝晚期共发生了三次现代化的改革。第一次是 1861—1895 年的自强改革运动(洋务运动)。这次改革运动是由政府要员曾国藩及其同僚和学生李鸿章发起的。他们提出将制度、陆军和海军现代化,并派出学生到海外学习西方科学技术。这项改革是在当时的帝国制度框架基础上进行的。但拥有现代化装备却缺乏经验的北洋舰队在第一次中日战争中被日本人彻底消灭了。这一失败为自强运动的反对方提供了充分的理由来停止这项改革。

第二次改革运动称为百日维新,是在 1898 年由光绪皇帝及其内阁发起的。光绪皇帝发起了一个较之以前的自强运动更加全面的改革,制订了许多新的法律,废除了一些旧的规定;不再看重仅仅从旧的儒家阶层中通过考试选择官吏;教育课程现代化;私营企业受到鼓励等。然而,由于既得利益集团的反对,这次的改革运动仅持续了一百天。掌控着大清朝廷的慈禧太后废止了光绪皇帝的改革,并将皇帝软禁起来。

第三次改革运动是在 1900 年中国经历了被八国联军战败的耻辱之后。民众的强烈不满迫使慈禧太后和光绪皇帝发起了王朝的"新政",其中包括了一套迄今为止最为进步的改革计划——君主立宪政体计划。但该项改革在 1908 年因为他们的去世而终结[1]。

尽管这些改革失败了,但大清朝廷自上而下的管理体制因为这些改革尝试而松动。每次改革都使晚清朝着分权的方向迈出了一小步。更重要的是,改革的失败反而鼓舞了中国人民走向现代化,建立一种新的社会价值观。国家的经济也从这种松动的管理中有所受益。

经过多年的停滞,中国经济在晚清时期开始加速(Rosenthal-Wong,2011)。根据表 2-2 的数据,在清朝末期,以美元计算的人均 GDP 从 1870 年 530 美元的底部(开展自强运动的年代前后)上升到了 1900 年的 545 美元。图 2-2 中实际工资从生活必需水平向上的反弹也说明了这一拐点的存在[2]。林(Lin)(1983)证明了晚清所出现的商业活动萌芽。商业的组织和开展采用的是基于传统关系的方式,而初期的工业领域则是由官僚主义者带领的。林(1983)认为,晚清时期正式和非正式制度的缓慢变化进一步阻碍了工业的发展。腐败削弱了政府领导的工业化进程。而且,基于传统关系的经济得到了地方利益集团和人们传统儒家价值观的支持,这就使得基于现代规则的市场经济无法形成[3]。

---

① 包括战争在内的这些改革印证了"预测 3"。
② 这种反弹印证了"预测 2"。
③ 无论如何,当时在政治上不确定性似乎是阻碍工业化的最重要因素。我感谢 Perkins 教授指出了这一点。

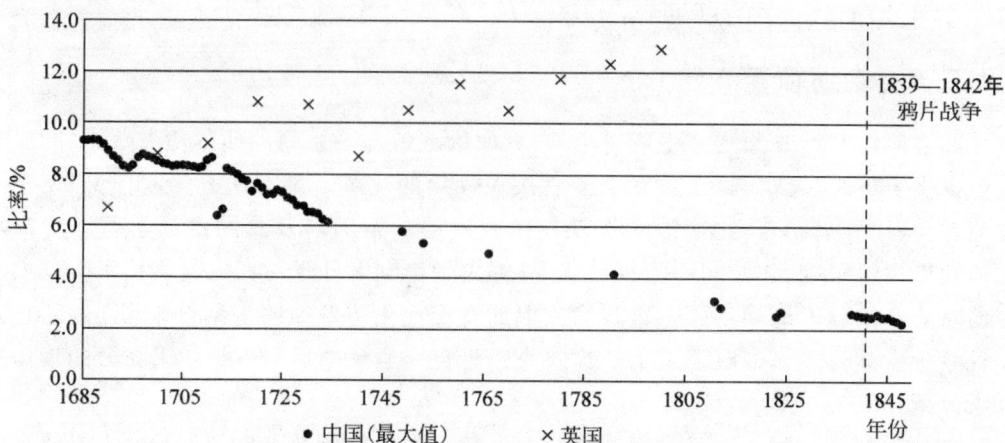

图 2-2　税收与 GDP 比率：中国与英国

2.2.7　制度僵化与清朝的财政收入

正如 2.1 节所提到的，高度集中的政治制度变得过于僵化，无法适应日益变化的经济环境。当政治制度及其所产生的政策与经济现实相协调时，就会滋生腐败并最终对原有的制度造成破坏。文献中，兰金-费正清-费维恺（Rankin-Fairbank-Feuerwerker）（1986：53）对清代高度集中的制度评论道："清政府结构充满了裂痕，但其崩塌在很大程度上并非来自于内部官僚政治的无能或朝廷的堕落，而是来自于无法进行社会发展调整。"帕金斯（Perkins）（1967：478）认为，"政府在两个领域中（科技和投资）都扮演着重要的角色……19 世纪中国清政府的失败恰恰是在这两个领域中。中国发展迟缓的工业化更主要是由于失职而非犯罪所造成的"。

清朝制度的堕落从清中期乾隆皇帝前后就开始了。腐败丑闻日益常态化。乾隆时期有一个著名的和珅腐败案件——他所聚敛的财富相当于清朝政府数年的支出。Ni-Van（2006）估计其贪腐数额大约为 1873 年农业产出的 22%。

清朝制度僵化的最重要影响莫过于国家税收随着时间而发生的萎缩（见 Sng，2010 和 Li，2003）。清初的财政状况良好（Li，2003），但在欧洲殖民主义者来到中国之前很早的清中期就逐渐恶化了。大多数的税收来自于土地税。Sng（2010）显示，人口与移民的增加导致了税赋征收机构成本（监控成本）的增加，同时也导致了腐败的大量滋生。下面所复制的图 2-2 显示了 Sng 所描述的国家收入的下降与英国同一时期情况的鲜明对比。Sng 的研究还表明，僵化的清代制度无法与不断变化的经济环境相适应，特别是与人口和移民的迅速膨胀相适应。

清政府没有经常性地调整僵化的税收制度。19 世纪初，由于制度不断放松，中国经济因农业生产的商品化以及有限的外贸扩大而得以加速。但僵化的制度不允许进行商业税改革，而这恰恰能成为清朝政府的一个重要财政来源。只有到了晚清时期才真正开始进行改革，而此时的财政状况已经完全恶化了。通过商业部门的税收以及对国际贸易活动设置关税，大清朝廷本来是可以迅速解决财政短缺问题并使其经济和军队现代化的。国家收入的下降也是其制度僵化的一个证明。

2.3 中华民国(1912—1949)

受到孙中山民主共和思想的鼓舞,以及出于对大清朝廷不断战败并无力进行改革的失望,中国人暗地里准备推翻清朝政府。武昌起义以及随后出现的其他起义从 1911 年 10 月 10 日开始陆续爆发,清政府很快倒台[①]。1912 年 3 月 12 日中华民国建立,其奠基人孙中山担任总统。

之后不久,孙中山被迫将政府移交给北洋军阀司令袁世凯。袁世凯最终取消了国家和各省议会。1915 年,他自称成为中国的皇帝。面对来自公众的强烈反对以及军队可能发生的兵变,袁世凯被迫于 1916 年退位,不久之后去世。袁世凯的前任官员张勋进行了另一次无效的尝试,以期恢复君主政体,这次失败引发了军阀混战。

1919 年,为反对第一次世界大战末《凡尔赛公约》强加给中国的条款,五四运动爆发,但很快发展成为了针对中国国内现状的一次社会运动。新儒家价值观受到质疑,许多价值观受到知识分子的改造。外国自由主义思想和马克思主义被作为主流所接受。

20 世纪 20 年代,孙中山在南方广东省建立了一支训练精良的部队。他提出要使用这支军队将分崩离析的国家重新统一起来。在 1925 年国民党第一次全体会议上,共产党也受邀参加。在孙中山于 1925 年去世后,他的一位指挥官蒋介石掌控了国民党。蒋介石发动了北伐战争,并成功收编了南方与华中的大部分军阀。蒋介石之后开始与北方军阀勾结并将注意力转向了中国共产党。他毫不留情地打击和围剿共产党根据地的军队及其领导者。由毛泽东领导的共产党人于 1934 年开始了跨越中国的著名的长征,在中国西北的延安建立了游击根据地。

1937 年,中日战争爆发。由于担心其军官兵变,蒋介石同意与毛泽东领导的共产党人进行合作来对抗日本人,接下来中国人民进行了艰苦的八年抗战。之后第二次世界大战全面爆发,在美国向日本投下两颗原子弹后,日本投降,从而结束了第二次世界大战。

2.3.1 中华民国到中日战争前的经济成就(1912—1937)

有些历史学家将中华民国描绘为停滞、混乱、半封建和半殖民地的国家。持这种观点的原因可能是缺乏数据进行深入的研究。事实其实正相反,除了政治和社会动荡外,中华民国的经济非常具有活力。

有人对中华民国早期的经济成就进行了一些估计。这些估计给出的人均 GDP 从较小的正增长到中等增长不等,大约为每年 1.2%。张(Zhang)的计算(1969)则以一个更为准确的图形对不同时期进行了细分。由于第一次世界大战之后的全球范围经济衰退,因此忽略了 1920—1922 这段时间。表 2-2 总结了主要研究成果的统计数据。

从表 2-2 的汇总来看,经济状况相当不错。以下将总结文献中所给出的中国经济实际的定性变化。

农业部门:这一部门的增长与其他部门相比较小,但无论如何足以养活那个时期每年接近 1% 的人口增长。Yeh(1965)与罗斯基(1989)的估计分别为 0.8% 和 1.4%~1.7%。这期间农业收入有所上升证明生产力的增长。

---

① 皇权制度的这种突然崩溃印证了"预测 1"。

工业和运输部门：尽管规模很小，但它们在中国经济中是增长最快的部门，每年增长2％(Perkins,1975：117)。最成功的棉花与纺织品行业由于采用了西方技术而获益。由铁路和汽船为代表的现代运输形式开始形成。

金融部门：商业银行业务以及现代的金融市场在上海以及其他沿海城市开始繁荣兴旺，代替了旧有的传统体系(钱庄)。以银行信用、支票和银行票据制度为基础的现代货币体系代替了传统的白银和铜板货币。

现代工业与传统工业开始并存。现代与传统工业都在充分竞争，在各自的产品领域内各显神通。与清朝不同，"中华民国"时期外国技术的转让从未减少过。业务往来既有基于相互关系进行交易的传统方法也有法律合同的形式。外国技术与本土方法的融合随处可见。这些经济活动与日本明治时期的情况极为相似(Rawski,1989)。这些都标志着资本主义经济开始蓬勃发展。

2.3.2　中华民国时期的制度变化

推翻清朝相对来说迅速而自然。令人惊奇的是，1911年爆发的革命在半年内就完成了。孙中山的那些训练中的民兵主要来自于知识分子、一些军官和士兵、强盗以及所有地区的地下武装。那是一场不是由农民或工人支持的革命。清政府基本是从内部，从失去统治的合法性开始被粉碎的。

推翻清朝后遗留下的许多地方利益集团继续得以生存。中国各地的军阀们跳出来抢夺清朝留下的战利品。这期间正式制度十分薄弱且分散。

值得注意的是，一旦合并，这些军阀的行为更像是固定的强盗而非周期性的强盗，奥尔森(Olson)(2000)这样区别他们，"与目标十分短视的周期性强盗相反，固定的强盗不会过度盘剥平民，否则这些平民可能会迁离而降低景气度，甚至揭竿而起。与短视的周期性强盗的不同还包括，固定的强盗甚至会在更加长期的公共财产上进行投资，以改善其子民的经济福利，从而达到最理想的盘剥"。军阀们相互之间也在进行争斗，为提高其相对于其他军阀的地位，他们也在促进经济的发展。事实上，东北沿海地区的繁荣以及贸易就为袁世凯所掌控的北洋军队提供了支持。广东省良好的经济基础和外贸也为孙中山北伐提供了资金帮助。

随着税收逐渐干涸，国家创办的工业及基础设施都十分不足。1932—1936年，国家的收入和支出很小，大约为GDP的3％(Rawski,1989：15)。而国家支出的大约40％用在了军事上，用于经济发展的部分就很小了。大多数的发展都是由私人部门和外国公司完成的。国家的破碎还阻碍了不同地区之间的贸易与人口流动。破碎的中国所造成的领土变化也推高了投资的成本。因此，中国经济一直没有发挥出最大的潜力。

与清代早期高度集中的制度相比，中华民国时期的正式制度如图2-1中的点A所示的那样，是高度分散的[①]。

2.3.3　五四运动

虽然中国的正式制度已经失去了掌控力，但非正式制度的革命则在稳步发展。社会价值观的转变不断获得动力，1919年的五四运动就是一个例证。有两个因素值得重视。第

---

① 这里印证了"预测2"。

一，与正式制度的情况类似，中国社会价值观的变化正如预料的那样是对外部威胁的一种反应。第二，社会价值观的转变是相当实质性的。社会价值观的重大转变包括：一个自由的、实用的写作风格代替了传统的文学风格；妇女解放和婚姻自由；个人自由与权利得到维护；商人的社会地位上升；对科学与技术抱有积极的态度；对民主政治和共产主义等外来意识形态的思想解放。一些旧的儒家礼节、社会的皇帝等级结构以及雇佣双方相互的忠诚等，即使没有完全抛弃，也都不再受到重视。然而，集体主义道德规范、家庭关系、尊重老者和朋友、公民基本道德、教育的价值、工作伦理道德以及节俭等，都未受到影响。中国正在朝着自由主义而非社会遵从的方向前进。其过程更是一种水到渠成的过程，而非是对新儒家价值体系的彻底破坏。可以得出这样的结论：一大半的旧价值观已经被消除或改变为适应了现代社会的发展。但并不否认正式制度的改革是天翻地覆的①。

在整个民国时期，新旧价值观之间的角力一直持续着。通过当时对中国到底应该采用君主立宪制、民选总统或共产党来治国的争论，我们能够瞥见原有旧价值观周期性的复活。但是，新的社会价值观占了上风。正是公众对君主立宪制治国的强烈反对，才使袁世凯及其嫡系恢复帝制的行动破产。

2.3.4　1945—1949年，第二次国共内战

蒋介石把孙中山的革命运动和三民主义民主思想转化为了军事独裁制度。运动早期的革命宣言被党派斗争和贪腐所消弭。日本于1945年投降后，蒋介石领导的国民党和毛泽东领导的共产党之间的战争再次爆发。更糟糕的是，无能的国民党政府与共产党人之间的战争造成了巨大的财政赤字，国民党政府不得不求助于通胀财政。在1937—1949年，通胀上升了2 000倍（Pepper，1986：741）。经过四年的战争，共产党人最终打败了国民党。中华人民共和国于1949年诞生。

2.4　相关的增长模式

欧洲的工业革命发生在大约清代中期的时候。为什么中国没有发生类似的工业革命呢？回答这个问题已经超出了本章的内容。但还是有一些值得注意的因素与此相关。首先，中国与欧洲制度的不同是非常重要的。英国的工业革命是由英国内战和1688年的光荣革命所引发的制度变革产生的。其次，中国的内部市场属于合理竞争却又过于复杂（Myers-Wang，2002）。但是这对于工业发展来说是不够的，还需要一个良好的制度（Pepper，2012）。正如帕金斯（1967：478）所指出的，"清朝官员不只是懂得商业，他们连自己都深深地卷入其中了……然而，更重要的问题是，是否一个合理复杂的商业体系会必然导致工业化。答案自然是否定的……对于较晚发展的国家（除英国以外的每个国家）来说，政府能够在两个领域（技术与投资）内发挥重要作用"。清朝的市场发展因此是一种"粗放的"增长形式，没有什么技术进步。最后，英国能够通过在制造中心附近获得便宜的煤炭资源以及从殖民地获得原材料而异常快速地扩张，但中国和其他国家则不行（Pomeranz，2000），见表2-3。

---

① 由战争所引起的对非正式制度的革新印证了"预测1"。

表 2-3　中国与西欧的比较

年份	中国			西欧	
	人口(百万)	GDP(十亿 1990 年国际美元)	人均 GDP(1990 年国际美元)	人口(百万)	人均 GDP(1990 年国际美元)
1	59.6	26.82	450	24.7	450
1000	59.0	27.49	466	25.4	400
1300	100.0	60.0	600	58.4	593
1400	72.9	43.2	600	41.5	676
1500	103.0	61.8	600	57.3	771
1600	160.0	96.0	600		
1700	138.0	82.8	600		
1820	381.0	228.6	600	133.0	1 204
1830	409.0				
1840	412.0				
1850	412.0	247.2	600		
1860	377.0				
1870	358.0	189.74	530		
1880	368.0				
1890	380.0	205.38	540.47		
1900	400.0	218.15	545.39		
1910	423.0				
1911	427.66				
1913	437.14	241.43	552.30	261.0	3 458
1920	472.00				
1929	487.27	274.09	562.50		
1930	489.00	277.57	567.62		
1931	492.64	280.39	569.16		
1932	496.31	289.30	582.91		
1933	500.00	289.30	578.61		
1934	502.64	264.09	525.41		
1935	505.29	285.40	554.83		
1936	507.96	303.43	597.36		
1937	510.64	296.04	579.75		
1938	513.34	288.65	562.31		
1950	546.82	244.99	448.02	304.9	4 579

注：数据来自麦迪森(1998).

表 2-3 中由麦迪森编辑的数据表明了中国与欧洲之间的巨大差异[①]。中国与欧洲之间的差异出现在大约 19 世纪初到 20 世纪初。但中国的人均 GDP 在宋朝达到了顶点,明清则保持平稳,在清朝中期开始下降直至清朝灭亡前 50 年。民国建立初期再次稳步上升,尽管再也没有上升到宋代时候的收入水平。由艾伦(Allen)等人(2009)和 Baten 等人进行的有关中国和欧洲实际工资的几项重要研究,也发现实际工资出现了下降的趋势,并接近生活费

---

① 选择 Maddison 的数据是因为其得自于一种基于对时间和对世界不同地方采用一贯的方法而进行的全面研究。

用水平（见图2-3），其主要的关注点在于人均收入或实际工资的下降。而彭穆兰（Pomeranz）（2000）对此无法加以解释。同时，人口迅速增长，在1820年清朝中期、太平天国运动之前突然翻番[①]。数据提示，马尔萨斯模型方差可能会有帮助[②]。

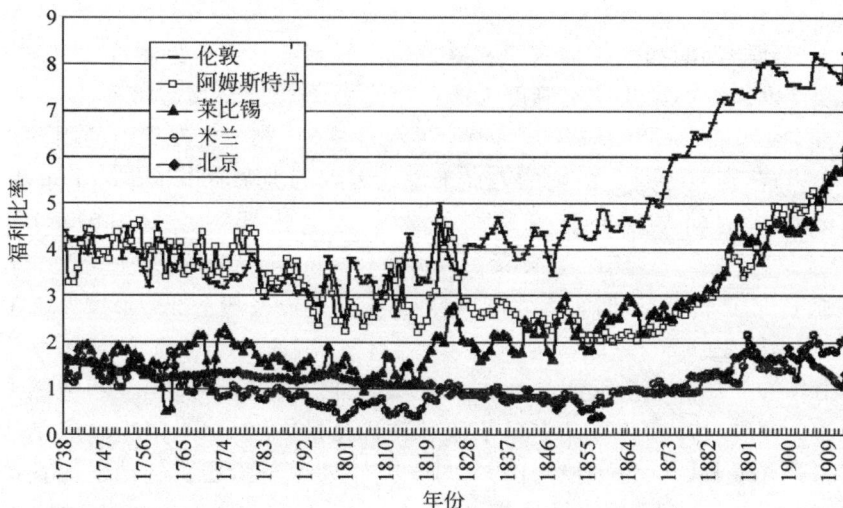

图2-3　18世纪到19世纪中欧实际工资比较

图2-3中，纵轴代表以福利比率表示的实际工资。所有中国的工资和欧洲的工资都转化为一种成为福
利比率的可比标准（见Allen等2009）。福利比率1代表生活费用.
资料来源：艾伦等（2009）。

艾文（Elvin）（1973）认为，在马尔萨斯（Malthusian）框架中，有着大量过剩劳动力的中国，可能是被困在了一个高水平的农业均衡陷阱中，在其中，前现代技术足以避免需要有较高起步资本的现代技术的使用。

加勒-威尔（Galor-Weil）（2000）以及其他许多人的模型显示，如果没有科技进步，马尔萨斯停滞无法转变为现代经济增长。尽管迅速增长的人口能够导致马尔萨斯人口停滞，但同时，庞大的人口数量又为技术革新提供了市场和需求。由于技术革新是一种公共福利，因而庞大的人口为革新产生了更大的供需以及新思想的迅速传播。为跳出加勒-威尔模型中的马尔萨斯人口陷阱，科技进步必须要超越一个特定的门槛，之后人均收入就会增长至生活费用水平之上。随着收入的提高，父母就会注重孩子的质量而非数量。此外，正如加勒-威尔所强烈认为的，科技进步提高了人力资本的回报率。进而，更大数量的人力资本就会进一步加快技术进步的速度，形成一个良性循环。

到清朝中期，中国的人口规模是有利于科技进步的。革新的"创造性破坏"（正如Schumpeter所称的）会损害承担责任的统治精英们的利益（Mokyr，1990，Parente-Prescott，2002），从而破坏皇帝的统治地位。此外，一开始还需要积极的政府发展政策为跨越加勒-威尔的技术门槛提供适当的条件。清政府的发展政策既不充分也不积极（Perkins，1967）。也

[①] 欧洲人口在那个时期前后也翻了一番。

[②] 两个世纪之前，托马斯·马尔萨斯的人口理论预言、人口增长的力量最终将会超过农业生产并迫使人类回到一个永远维持基本生活的水平上。

正是清朝制度的利益、过度集中以及僵化阻碍了科技的进步[①]。

结　语

从清朝早期到中期的和平时期滋养了集中僵化的制度。皇帝更注重其权力与统治地位的巩固而非经济发展。高度集中的制度无法适应日益变化的环境。继而在清朝中期,人均GDP 出现了下降。晚清时期面对西方列强的挑战且惨遭失败,高度集中的制度开始向外开放。繁荣再次出现,但对于避免清朝的灭亡来说这迟到的繁荣所以说是杯水车薪。

上述结论是从清朝早期的政府是高度集中这一传统观点得出的(Qian,2002 与Fairbank,1957:204-231)。修正主义者的观点(Rosenthal-Wong,2011,Pomeranz,2000,Deng,2012)则是完全不同的,他们认为清朝政府规模小以及税收低,无法为统治中国提供足够的资源,才是罪魁祸首[②]。除了遵从儒家"藏富于民"的仁政思想之外,清政府还选择与地方分享权力作为安抚和统治汉族的办法。清政府自愿在县郡一级止步,把更多的自主权留给地方汉族。乡绅贵族们负责地方事务和财政状况,这就解释了清朝政府是如何能够保持较小规模和较低税收的。为了控制地方,对于朝廷来说与阶层机构结盟比直接介入管理来得更经济实惠一些[③]。尽管在地方一级的自主权刺激了商业活动,但它也使得地方利益集团以奥尔森所描述的方式任意滋长。清代中期,一个新的贵族—商人混合阶层开始出现(Rowe,2009)。到 17 世纪中期,贵族的人口不到 1%,但却拥有着 25% 的农田(Crossley,2010:28),腐败到处出现。这些成长的既得利益集团很快成为了政治制度的一部分,使其更加僵化(Acemoglu-Robinson,2012)。不触动既得利益集团的堡垒,经济是不可能发展的。因此,清朝制度更加僵化和低效(Rowe,2009)。在某种程度上,传统观念与修正主义观念是可以互补的。

从君主国破壳而出的民国,将中国的制度从一个高度集中的皇权制度转变成为了军阀割据的高度分散的民主制度。尽管中国经济没能发挥最大潜力,但无论从量上还是质上来说,民国时期的经济进步都是有目共睹的。

民国时期最重要的变化就是普通人的社会标准和价值观。这种变化解放了所有的非正式机构[④]。许多学者认为,对共产主义与其他外来思想的接纳是由 1919 年的五四运动引起

[①]　战争打破了国内的利益集团,为制度带来了巨大变化(预测 1),为民国时期新技术的采用铺平了道路。Mokyr(1990)发现,历史上重大科技创新更容易在战争时期出现。

[②]　这里的疑问是,为什么大清朝廷不能解决这一问题。事实上,清初时期的税收—GDP 比率并不低。几乎与英国相同(见图 2-2)。之后税收—GDP 比率的下降则是由于 2.2.7 节所论述的制度僵化与腐败。

[③]　清政府还在平民阶层推行传统的儒家社会规范,以便通过非正式机构对人民进行较为严格的管理。在鲁迅(2003)那些反映晚清时期在儒家规范重压下的中国人民生活状况的短篇小说里,对这种管理有着生动的描述.
按照 Rozman[见 Chan(2008)]的说法,在帝制中国,包括市镇和市场所在地的城市可以分为行政城市和经济城市。前者的地理位置基于战略防御和宇宙哲学,而后者则具有市场和比较地理优势。由于这一区别,行政城市(Rozman 数据中的 1 级和 2 级)的人口份额可以直接或间接地用来作为皇帝的权力是否适当的证明,而经济城市(4、5、6 级)的人口份额可以用来作为经济是否繁荣或者人民是否幸福的证明。唐朝中期(公元 762 年)、宋朝中期(公元 1120 年)、明朝中期(1506 年)、清朝早期(1650 年)和清朝中期(1820 年,人口剧增之后)的行政城市的人口份额分别为 0.015、0.008、0.014、0.016 和 0.015。行政城市与经济城市的人口比分别为 0.484、0.238、0.318、0.348 和 0.414。从这些数字可以看出,清朝制度是非常适当和集中化的,与唐朝和明朝相当。

[④]　Williamson(2000)认为,非正式机构比正式机构对变革有更强的抵抗力。

的。这种在社会价值观上的变化为 1949 年中华人民共和国的诞生打下了重要的基础。[①]

结论是，与帝国主义国家的多次战争促成了中国伟大的制度转变。

参 考 文 献

Acemoglu D，Robinson J A. 国家为何灭亡：权力、繁荣与贫穷的起源. 纽约：Crown Business，2012.

Allen R，Bassino J，Ma D，Moll-Murata C，van Zanden J. 1738—1925 中国工资、价格与生活水平：与欧洲、日本和印度比较. LSE 经济历史论文，2009：123.

Bardhan P. 管理分散与发展. 经济观察杂志，2002：185-205.

Baten J，Ma D，Morgan S，Wang Q. 18—20 世纪中国的生活水平与人力资本演化：来自实际工资、年龄上升和人体测量学的证据. 经济历史探索，2010：374-59.

Chan K S. 中国宋明时期的对外贸易、商业政策与政治经济. 澳大利亚经济历史评论，2008，48(1)：68-90.

Chan K S，Laffargue J P. 外来威胁、科技进步与中华帝国的兴衰. 太平洋经济评论，2012a：280-303.

Chang J K. 前共产主义中国的工业发展：一种数量分析. 英国爱丁堡：爱丁堡大学出版社，1969.

Crossley P K. 摇动的支点：1800 年以来的中国. Wiley-Blackwell，2010.

Deng K. 现代中国政治经济：变化与经济结果，1800—2000. 阿宾登：Routledge，2010.

Eggertsson T. 经济行为与制度//剑桥经济文献调研系列. 剑桥：剑桥大学出版社，1990.

Elvin M. 中国过去的模式：一种社会与经济解释. 斯坦福：斯坦福大学出版社，1973.

费正清. 中国思想与制度. 芝加哥：芝加哥大学出版社，1957.

费维恺. 1912—1949 中华民国经济趋势. 密歇根中国研究论文，1977，31.

Galor O，Weil D N. 人口、技术与增长：从马尔萨斯停滞到人口统计学转变及其他. 美国经济观察，2000：806-828.

Jones E. 欧洲奇迹——欧亚历史中的环境、经济与地缘政治学.(第三版). 英国剑桥：剑桥大学出版社，2003.

Li M. 试论从历史制度角度看公共财政与经济发展：中国 1840—1911//博士论文：斯坦福大学，2003.

Liu T，Yeh K C. 中国大陆经济：1933—1959 国民收入与经济发展. 新泽西普林斯顿：普林斯顿大学出版社，1965.

鲁迅. 鲁迅选集. 中国：山东文艺出版社，2003.

Ma D. 1911—1937 中国长江下游地区的经济增长：量化的历史观点. 经济历史杂志，2008：385-392.

Maddison A. 中国长期经济发展. 发展中心研究. 巴黎：OECD，1998.

Miyakawa H. 内藤假说及其对日本的中国研究的影响. 远东季刊，1955：533-522.

Mokyr J. 财富杠杆：科技创造力与经济进步. 牛津：牛津大学出版社，1990.

Mote F W. 帝制中国，900—1900. 马萨诸塞州，剑桥：哈佛大学出版社，1999.

Myers R，Wang Y. 经济发展 1644—1800//剑桥中国历史. Fairbank J K，Twitchett D(编辑). 剑桥大学出版社，2002，9(10)：563-641.

Nannicini T，Stella A，Tabellini G，Troiano U. 社会资本与政治责任. 博科尼大学经济系，2010.

Ni S，Van P H. 中国明清深度腐败收入. 发展经济学杂志，2006：316-336.

North D C. 历史上的政府与交易成本. 经济历史杂志，1984：255-264.

Olson M. 权力与繁荣：成长中的共产主义与资本主义专政. 纽约：Basic Books，2000.

Parente S L，Prescott E C. 财富屏障. 马萨诸塞州剑桥：麻省理工学院出版社，2002.

Pepper S. 1945—1949 国民党与共产党的斗争//剑桥中国历史. Fairbank J K，Twitchett D(编辑). 剑桥大学出版社，1986(13)：723-782.

[①] 见毛泽东关于五四运动的文章，还可参见鲁迅(2003)的短篇小说。

Perkins D H. 作为工业化障碍的政府：十九世纪中国的案例. 经济历史杂志,1967：478-492.

Perkins D H. 1368—1968 中国农业发展. 芝加哥：Aldine,1969.

Perkins D H. (编辑). 从历史角度看中国的现代经济. 加利福尼亚斯坦福：斯坦福大学出版社,1975.

Pomeranz K. 大分歧：中国、欧洲与现代世界经济的发展. 新泽西普林斯顿：普林斯顿大学出版社,2000.

钱穆. 中国政治得失. 中国香港：三联书店有限公司,2002.

Rankin M B,Fairbank J K,Feuerwerker A. 现代中国历史导言//剑桥中国历史. Fairbank J K,Twitchett D (编辑). 剑桥：剑桥大学出版社,1986,13：1-49.

Rawski T G. 战前中国经济增长. 加利福尼亚伯克利：加利福尼亚大学出版社,1989.

Rosenthal J L,R Bin Wong. 分歧前后：中国与欧洲的经济转变政纲. 马萨诸塞州剑桥：哈佛大学出版社,2011.

Rowe W T. 中国最后的帝国：大清. 马萨诸塞州剑桥：哈佛大学出版社,2009.

Sng Tuan-Hwee. 规模与王朝衰落：1700—1850 帝制中国后期的委托代理问题//初步论文、西北大学,2010.

Williamson O E. 新制度经济：盘点现在,展望未来. 经济学文献杂志,2000：595-613.

Xu C. 中国改革与发展的基本制度. 经济学文献杂志,2011：49(4)：1076-1151.

张鸣. 从说中国近代史. 中国香港：Open Page Publication,2012.

第3章

中央计划的指令性经济(1949—1984)

作者：德怀特 H. 帕金斯（Dwight Heald Perkins）

当中国共产党于 1949 年得到了中国的领导权以后,便开始从根本上改变经济的统筹方式。最初的主要工作是控制住 1949 年以前多年的恶性通货膨胀,之后则是国家取得了大多数工业和商业领域的所有权。这之后又以农业生产者合作社(主要是在 1955—1956 年的冬季完成的)取代了家庭农业。随着工商业收归国有,政府于是开始改造生产和分配制度,这些领域本来是由市场力量操控的,通过采用中央计划体制,政府因而决定生产什么、谁来生产以及哪些企业能够得到这种生产所需要的投入。

这一政府管控的工业产品生产和配置体系模仿的是当时苏联所实行的制度。诸如以什么样的投入来生产什么这一类的决定是由一个中央计划部门做出的,中国称之为国家计划委员会(以下简称国家计委)。国家计委为各行业制订产出目标,包括了表明以什么样的投入和什么样的数量来生产各种产品的目标。这些产出和投入目标之后被分解为可比目标来下达到各个企业。这些企业的管理者需要完成这些国家计委所制订的目标中分配给他们的那一部分计划目标。政府采取了一系列的措施以确保管理者们能够严格执行计划,对这些措施将在下面进行描述。在这种制度下,工业投入和产出并非购自市场或销往市场,而是由在大多数情况下完全取代了市场的政府部门以行政方式进行配置。

由于这种体制在苏联和东欧的失败,以及在很大程度上被中国(从 1984 年开始)和苏联、东欧以及越南(从 1989 年开始)所抛弃,因此采用这样的体制从 21 世纪的观点来看是很难理解的。但中国当初决定采用这种体制并非像现在认为的那样是失去理性的。中国当初在经济管理上实行这种改造出于三个主要原因。

(1) 20 世纪 40 年代,在发展中国家,许多人将市场看作是与资本主义、帝国主义和殖民主义相联系的;市场被看成是压制发展中国家公民的工具。在中国这种观点得到了加强,因为中国共产党的意识形态是以马克思的劳动价值论为基础的,该理论认为市场是无理性的,而非进行产品有效配置的力量。

(2) 从苏联于 20 世纪 30 年代以及中国于 20 世纪 50 年代所使用的经济增长模型来看,国际贸易在这些经济体中所起到的作用微乎其微。其发展战略主要建立在"封闭式经济"的基础上,而在封闭式经济中,国家必须生产其所需要或短缺的所有产品,基本上不会选择从其他地方进口产品。国内生产者因而不仅要像大多数国家发展初期那样制造服装、鞋帽、食品,而且还必须生产为了国家基础设施建设和生产能力的发展所需要的钢铁、机械及其他重工业产品。中国在 20 世纪 50 年代早期很少有这种类型的重工业,因而必须白手起家进行建设。通过政府指令而实施的中央计划体制而非仅仅依靠可能的市场力量,对于创建这些新兴工业来说是最快的办法。重工业同时又是生产武器所必需的,并且中国像苏联一样,都认为自己的周围到处是敌人,又在1953年刚刚与美国打完朝鲜战争。在战争期间和战后,世界上大多数市场经济体都对中国实施了长达20年左右的贸易禁运。封闭式经济战略对21世纪的世界来说没有任何意义,但对于一个处于战争或有可能处于战争中的国家来说却是合理的。苏联在20世纪30年代采用这种体制的时候,正面临着可能与当时拥有最强大军事力量的纳粹德国发生战争。对苏联影响最大的模式就是德国于1914—1918年第一次世界大战期间所采用的经济体制。

(3)世界上大多数人也认为,20世纪50年代苏联的经济体制在取得较高经济增长率,成为能够抵抗德国的现代化经济体以及至少在军事竞争中保持能与美国抗衡等方面都是成功的。中国的领导人在将近一个世纪的时间里一直试图使国家"富有而强大",但没有取得成功,而苏联经济模式似乎能够实现这两个目标。到20世纪80年代,苏联和东欧经过了多年的经济停滞,中国也经历了缓慢增长,这种苏联体制被基本否定,但为时已晚。

3.1　中央计划指令体制的性质

中国从苏联学到的这种封闭式经济计划体制的性质是什么?一开始这种完全的苏联式中央计划指令体制主要被应用于工业领域。农业生产本身并不适合中央计划的方式。生产者合作社和公社成立后,产生了成千上万的农业生产单位,每个生产单位都面临着由气候、不同的土壤、不同的地形和很多其他因素决定着的生产状况。中央计划农业的努力很快被放弃,取而代之的是政府确定谷物和其他主要产品的统购配额。这些统购配额有效地为政府工作所强调的主要的农产品确定了最低的产量目标,以确保每一生产单位能够拿出一定数量的土地来种植谷物和其他重要农产品。从蔬菜到猪肉等许多农产品都根本没有被纳入计划,农业生产者通常能够在当地市场上销售这些产品。

工业计划体制制订之初,中央计划为每个行业确定产出目标以及生产这些产出所需的投入目标。最主要的计划是五年计划,而每个五年计划至少要在原则上被分解为五个逐年计划。确定这些计划所需的数据大部分是从那些被指定生产具体产品的企业收集上来的。数据由负责制订五年计划和逐年计划的国家计委收集。主要任务是确保所有的计划目标相互协调,以便各个企业和行业能得到其所需的投入,来生产所要求的产出。

在所有的经济体中,都必须有一种进行投入产出匹配的机制,以使企业能够获得数量合适的各种投入,以制造消费者、其他生产者或政府需要的各种产品。在一个市场经济体中,这种协调问题是由市场力量通过提高供给不足的产品价格(和利润)并降低供给过剩的产品的价格和利润来解决的。在中央计划指令经济体中,这一问题是由计划者(在中国是国家计委)来解决的。这一过程称为"物资平衡计划",计委工作人员决定是否提高或降低某个行业目标的具体方法涉及某种程序,而这种程序即使用比这篇文章还长的文章都很难描述[①]。本质上说,这是一种特别的程序,一个领域(如钢铁领域)内的计划者试图将其产出目标和所需投入与其他各紧密相关领域的产出目标与所需投入相匹配。这些计划者想要做的,可以

---

① 有关这一体制的各部分作用方式的描述,见(Chow,2007:36-41)。

采用投入—产出分析进行最深入的理解,即使中国(以及其他中央计划经济体)的中央计划者并没有正式使用投入—产出技术[①]。然而他们的特别方法确实接近了正式的投入—产出分析所得到的结论(如果这些计划准备提供一套合理有效的经匹配的投入和产出的话)。因此使用投入—产出分析来描述相对有效的计划所需要具有的性质,是表明一个中央计划指令系统的庞大信息需求的一种简洁方法。它同时还明确说明了中国在有效实施这一系统时面临巨大困难的原因。

投入—产出分析的核心是一个充满了各种系数的矩阵,告诉人们为生产一个单位的其他产品(如机械方面的产品)所需要的某种产品(例如钢铁)的数量。像一定量的钢铁一样,需要一定量的这种机械来生产一辆汽车。这些系数于是可以排列到一个矩阵中,矩阵的纵轴列出了被计划的产品的产出,而横轴则列出了所有的生产这些不同的产出所需要的投入。因此从矩阵中一列的顶部到底部,是为生产某一特定产品所需的投入的系数(每一有效列都列出了一种产品的投入,如服装中的棉花数量,或卡车中的钢铁和机械数量)。从一行的自左至右,则给出了表中一个单位的各种产品所使用的某一特定投入(如钢铁)的系数[②]。

中央计划者的首要任务就是估测整个矩阵中的系数。在中国的情况中,国家计委 1957 年负责计划 729 种产品,虽然可能只有大约 235 个被系统性地纳入了投入和产出坐标对中。如果这种匹配必须通过正式的投入—产出技术来处理的话,就需要一个维度为 235×235 的矩阵,或者说超过 55 000 个单独的数据输入,尽管矩阵中的许多元素可能都是零(在该具体产品中不需要某种投入)。实践中,正如已经指出的,中国使用了一种不很正规的匹配机制,但必须要进行估测的系数的数量仍然非常大。需要注意的是,这些系数都是未来一年或五年中投入产出关系的估测结果,而非刚刚过去这一年的实际关系。

在中国的情况中,除这些投入—产出系数的估测之外,计划者还必须相应地决定每种产品要生产多少。主要的指导方针来自于国家的政治领袖,但这些指导方针还必须要被转化为投入—产出分析中所称的"最终需求",尽管这一术语在中国的计划过程中未被使用过。最终需求是每种产品可被消费者消费的、出口的,或者投入到新的生产能力当中的总数量。

---

① 在雅诺什·科尔奈的领导下,指令经济时期内,匈牙利试图在制订五年计划时正式使用投入—产出分析,虽然最终计划部门由于其过多的特殊程序而放弃。如今包括中国在内的许多国家和分析家都使用投入—产出分析来研究不同的发展策略对经济各个领域的增长会产生什么样的影响,但这些计划和这种分析并未用于产生行业需要遵从的各种目标上。这种计划被称为"指导计划",因为它们指明了计划者认为的经济走向,并因此可以作为企业管理者可自愿采用的指南,以决定其产品需求的发展趋势。

② 正式的投入—产出分析可表示为 $X=AX+D$,其中 X 是所计划的每种产品的总产出向量,A 是投入—产出矩阵,包含了生产一个单位不同产品的全部投入,而 D 则是最终需求向量,是每种产品所保留下来可由消费者进行消费、投资者进行新的厂房设备投资、抑或用于出口的数量。AX 是每种用于生产其他产品的产品数量,是不能用于消费、投资或出口的。这可以转换为 $(I-A)^{-1}X=D$。在中国的实践中,由国家计划委员会完成的大量的计划工作都涉及为矩阵 A 找出合适的系数,即使这些系数并不实际地纳入正式的矩阵中去。另外一些重要的计划决策需要确保工业企业生产出最终需求向量 D 中足够的高优先产品。这些高优先产品往往是用于投资计划或军队的产品。D 中的消费产品在中国以及在其他指令式的经济体中往往是作为剩余产品而产生的,而在以消费者为中心的市场经济体中,D 中的消费产品会具有优先权。在实践中,如上所述,国家计划委员会在生产计划制订过程中并未使用正式的投入—产出分析,但他们实质上仍然必须知道每项产出所需要的投入数量(A 中的系数),即使他们并不把这些系数纳入到正式的矩阵当中。实际的产出计划目标(向量 X)因此就必须足够大但又不能过大,以便会提供足够的剩余(向量 D)用于投资和消费的需要。在实践中,中国的计划者可以简化这个过程,因为许多种投入都是唯一而独特的产品(例如棉花主要用于生产棉纱,并随后生产服装等,而在其他方面的用途则十分有限)。某些产品的许多投入可以在省内本地获得时情况也是如此,而在这种情况下协调问题可能就需要在省级来解决,而不需要所有事情都集中在北京解决。

计划者于是要看最终需求产品的期望清单是否可行——在大量的产出被作为生产过程的中间产品而使用之后，使整个投入足够提供最终需求所需的产出。如果不是这样，计划者就必须调整其最终需求目标，以便有足够的产出来满足这些目标。要知道，在这样复杂的系统中出现错误是在所难免的，如果在估测投入—产出系数时出现错误，某些最终需求产品可能就无法满足其目标，而另一些则可能超过某种投入的需要，或另外一种在生产中不能被立刻使用。在中国，如同在苏联一样，当投入发生短缺而不得不缩减某些产品的生产时，往往是生产资料部门或部队无论如何都具有获得产品的优先权。消费者往往具有较低的优先权，因而无法获得产品。除了生产计划之外，还有一种用于投资新产能的计划。这种投资计划是这种正规计划过程的一个方面，在中国于 20 世纪 80 年代末期和 90 年代基本放弃了中央计划转而依靠市场之后，依然继续实行。

然而，产出与投入目标的确定只是这个过程的开始。计划者还必须制订一系列的相关目标并进行一定程度的分解，以便每个单独的企业不论大小都能接受为其制订的具体目标[1]。直到 1957 年，每个企业每年要接受 14 项单独的目标，7 个以实际数量来表达，另外 7 个则以金额来表达。这些目标如下：

①主要产品产量；②职工总数；③新产品试制；④年末职工总数；⑤原材料消耗；⑥机械化水平；⑦设备利用率；⑧生产总值；⑨成本下降率；⑩成本降低配额；⑪总工资单；⑫平均工资；⑬劳动生产率；⑭利润。

在 1957 年之前，这些目标每一个的背后都具有正式的法律效力，但在 1957 年以后，只有四个被正式列为"强制性的"，其余都是"指导性的"。但现实中不可能为如此多的行业和企业制订如此多的目标，因为在制订这些目标时会不可避免地出现很大的误差。于是，1957 年之前和之后企业的管理者不得不选择哪个目标是最重要的，包括在四个强制性目标中选择应当把主要精力放在哪个之上[2]。答案通常是实际产量目标，因为不满足这些目标，特别是对于那些中间目标的生产者来说，就意味着下游的用户无法得到其所需要的投入，因而他们也就同样无法实现他们的产出目标。在这一机制中，利润并不是非常重要的，因为大部分利润都必须上缴给政府而不能留给企业。

这些目标确实具有法律效力，但这只是企业被迫服从这些目标的最初原因，且不是非常重要，因为很多这样的目标都被当作不切实际的事情而被忽略掉了。真正的年度计划和五年计划的强制机制不是这个。或许最重要的那个机制是：中国政府有责任为各个企业配置他们所需的大部分工业投入，而这种配置是以该企业的计划目标为基础的。如果计划要求某个企业接受 50 吨特定尺寸的钢板，政府配置部门就会按这个数量提供给该企业，既不多也不少。

根据计划来进一步为这种行政式的投入配置提供支持的，是中国的银行系统。中国的银行系统基本上就是单一的一家银行——一家垄断银行，其结合了中央银行和商业银行双重功能。这种银行有两个基本职责。

---

[1]　对于在 20 世纪五六十年代实际使用的计划过程的讨论，主要是以（Perkins，1968：597-636）和（Perkins，1966：第 V-VII 章）为基础的。

[2]　对于在某个特定行业中满足计划要求时所涉及的步骤进行更详细讨论，见（Chow，2007：271-275）。

（1）企业需要将他们大部分的剩余资金存入该银行，而银行的任务就是监督这些资金的使用，以确保其符合计划要求。原则上以及有时在实践中，如果资金的使用不符合计划要求，银行可以拒绝企业提取资金。

（2）银行会借钱给需要额外资金的企业，大多为短期资金，以满足其实现计划目标。

银行不会向那些生产企业提供用于长期投资的资金。在所有的行业里，投资是由企业单独完成的，用以进行基本建设提高生产能力，这种投资一般都是由政府预算外支付的。投资资金的一个基本来源是必须上缴政府的企业利润。当新的产能建设完成后，新工厂就会移交给生产企业进行经营。因此，生产工业产品的企业无权决定是否扩大其生产能力，也无法得到进行产能扩大所需的资金，控制权被牢牢地掌握在国家计委的手中。在 20 世纪60—70 年代，这种对投资的控制体系被多次改变，企业可以保留一小部分利润并用这些资金来改善企业的投资，主要是专门用于关键设备的升级。然而，在整个的中央计划与指令经济时期，专门用于以重大方式扩大产能的主要投资项目仍然受到国家计委或省级计委的控制。

市场营销在这种制度下基本发挥不了作用。20 世纪 80 年代初商业教授到中国去上市场营销课时，许多听课者发现，你居然可以讲授市场营销（或一个企业居然应当关心市场营销），那可是一个完全陌生的概念。企业管理者不需要去销售他们的产品。他们只需要把他们生产的产品交给国家分配部门就可以了，那些部门会将产品划拨到中央计划所规定的地方。笔者参观过中国的工厂，他们的产品都被简单地堆放到工厂大门外，任凭日晒雨淋，只是等待政府分配部门把它们收走。工厂经营者们确信，这些产品不再需要他们来负责了。

最终这种体制必须要设计出一种方法来与外贸接轨，因为没有哪个国家能够实行彻底的专制来排除所有的进出口贸易，并妄想实现可持续的经济增长。中央计划确定了具体产品的生产会在哪里出现短缺，于是就要进口所需的这种产品。类似地，计划能够估计出行业会在哪里出现产品过剩，超过国内的需要，并因此就要出口这种产品。20 世纪 50 年代，大多数中国的外贸都是与东欧和苏联进行的，中国与这些国家之间的贸易都是由双边或多边协议来决定的。计划的实施是由各行业以及农业领域内为进行外贸而专门成立的外贸公司进行的。工业企业本身不允许直接进行进出口谈判。外贸公司从计划者那里获得指令，进口产品则需要依照计划提供给最终用户。1960 年，由于中国打算与某些市场经济体进行进出口买卖，因而与苏联及其盟友的关系破裂，对这一体制不得不进行了某种程度的改变。然而，垄断性的外贸公司仍然负责着中国各地所有与潜在进口商和出口产品采购商的外贸会议，特别是在广州的贸易年会。外国供应商和采购商无法与使用他们产品或供应他们产品的企业直接接触。

3.2　实践中的中央计划经济

正式的计划制订与实施过程，在中国以及其他苏联式的经济体中是如何发挥作用的，这一点引起了很多讨论。有数据表明，在多个经济体中常常是有所不同的。

首先,计划制订过程产生出了五年计划,并且这个过程在 21 世纪任务依旧。然而,第一个五年计划针对的是 1953—1957 年,但直到 1955 年计划制订都没有完成。第二个五年计划的提出是针对 1958—1962 年的,但是 1958 年开始了"大跃进",所有的计划制订都被抛到了脑后。而且,在"大跃进"期间,企业受到了极大的政治压力,只能不断提高他们的计划目标来与其他企业相互比拼,丝毫不去考虑他们会不会得到投入或增加产能来实现这些过高的目标。到 1960 年,这种由政治激发的却又是非计划性的膨胀的结果导致了工业的混乱,因为缺乏任何形式的投入产出的实际匹配。1960 年,这一问题因中苏关系破裂而加剧,主要是针对对外政策问题,从而导致苏联停止技术援助并停止提供关键的工业投入。1960—1961 年,工业产出大幅度下降,包括了高度优先领域,如军工生产领域。

经过了 1962—1965 年的空白期之后,工业领域的秩序与协调得到了恢复,尽管这种协调大部分都是出现在省级或至少是理论上的。许多工业企业的所有权都转移给了各省和主要城市,因为考虑到这些省市在管辖权上更接近这些行业,因而能更好地发现问题和解决问题。第三个五年计划随后开始,旨在为 1966—1970 年的经济确定方向。1967 年工业增加值下降了 15.1%,1968 年则进一步下降了 8.2%。令人有些惊讶的是,工业部门在 1969—1970 年迅速恢复,1970 年与 1966 年相比上升了 40%。这些年里一定是继续制订了某种计划,因为除此之外没有采用其他替代的协调机制。

第四与第五个五年计划(1971—1975,1976—1980)处于毛泽东和周恩来生命中的最后几年,因此系统化的计划制订非常困难,但年度计划还必须要制订出来以指导生产和投入分配。1976 年,先是周恩来去世,接着是邓小平第二次下台,毛泽东去世,之后就是"四人帮"被逮捕。这一年之后秩序有所恢复,然而,在经济政策方面最显著的变化是在 1978 年邓小平复出时推出的改革进程,在之后 20 多年里将中国经济转变为以市场力量为主而非中央计划和政府指令为主的经济。第四个五年计划于是提前寿终正寝了。

这是在宏观层面的情况,但在微观层面上,在中央计划指令经济体制特点所形成的不同年份内,则还有很长的路要走。这一体制在微观层面上有三个基本的问题:

(1)这一制度的数据要求非常的庞大,而将这些要求用于一个现代会计实务以及其他数据收集程序都十分缺乏的发展中大国是有问题的。中国的工业企业相互之间的规模和复杂性差异巨大(甚至有时是在一个行业内部),在成本结构上同样差异很大,因此为制订计划而收集数据的工作变得非常困难。

(2)一个强调以实物目标衡量产出和投入的制度,不可避免地会将企业管理行为引导至出现质量问题和成本超支的情况。

(3)如果(部分地且只是部分地)由于错误的数据而无法将正确的投入用于恰当的地方,则会导致其他形式的成本提高行为。例如,由于生产者接收了多于其所需要的物资而不归还给计划者,就会导致库存增加。他们将这些物资放在仓库里,以备明年的需要,或者用它来与某些需要这些物资的企业进行交易,这种做法很常见,尽管在指令制度下是不合法的。

缺乏正确的数据无疑意味着无法确定接近实际情况的目标。第一个五年计划的数据见表 3-1。

表 3-1　第一个五年计划完成情况

类别 \ 年份	实现产出/计划产出＝指数				
	1953	1954	1955**	1956	1957
钢铁/万吨	143.2	164.9		96.9	169.5
电力	112.9	134.2		161.4	121.1
水泥/吨	210.8	208.7		105	112.7
煤炭/万吨	*	197.8		108.1	284.2
石油/吨	103.9	163.7		83.8	87.5
棉纱/支	148.1	193.5		113.3	97.6
纸张/吨	785.7	185.7		135.3	无数据
糖/千克	无数据	38.8		32.3	无数据
烟草/百支	无数据	30.1		36.2	无数据

"无数据"指的是作者在制作这张表时无法获得这方面的数据.

* 计划只需要煤炭产量略有增长或零增长,但实际上却增长了 300 万吨.

** 作者无法找到这一年有关计划完成情况的数据.

资料来源:本表是在 Dwight H. Perkins(1968)611 页表格的基础上修改而来的。

　　表 3-1 支持了两个结论。首先,中国在第一个五年计划期间的计划目标与实际的工业情况没有什么关系。其次,除了石油生产以外,那些没有实现计划目标的行业都处于消费产品领域,而这一领域与生产资料行业相比,在整个的中央计划指令经济期间只具有很低的投入优先权。表中的消费产品还要依赖于不断变化的棉花、甘蔗和烟草的收成。计划目标未实现部分达 50%～100%,都没有这些因素对企业决策的影响更大。

　　在这种制度下,以较低成本获得高质量产品中存在的问题是固有的。企业管理者的工作就是要满足公司的计划目标,而实际产量目标和总产值目标是最重要的。中央计划者很难也不可能足够详细地确定和分配这些目标来确保产品符合较高的质量标准,如 1% 的不合格率。直到产品进入使用阶段之前,没有人知道他们是否达到了该目标,而且即使到了那个时候,也搞不清楚为什么某个具体的产品会不合格。在市场经济中,通常较高的不合格率会被普遍传开,而用户就会停止购买该种产品,但在中国的情况则不一样,用户往往要与垄断着当地市场的供应商打交道,而由计划者决定的供应商不是购买企业。他们提供给你什么,你就要接受什么,你只能希望得到的是最好的。这种中间产品的生产者主要关注的是确保制造足够的机器或钢铁来达到其目标。在市场经济中,低质量产品的生产还可能会导致其价格的下降,但国家制订的价格则通常不会根据市场情况进行变动。无论什么情况,垄断者都不需要降低价格来销售某种基本的中间产品。

　　成本超支也是带有计划目标性质的类似问题所导致的。由于产量目标的重要性,因而对于企业管理者来说首要的任务就是满足该目标,即使这意味着需要使用比计划中所规定的更多的投入,并因而提高单位产出的成本。中央计划者于是为这些投入的使用专门制订目标,从而避免管理者过度投入,而且这种投入计划存在着几个问题。

　　第一,假定满足产出计划是更为重要的,企业管理者就会不顾投入计划。更为通常的做法是,企业管理者会试图与中央计划者协商来获得更多的关键投入。中央计划者在某种程度上依靠企业来为他们提供数据进行投入计划目标的制订,而企业则常常会试图让计划者确信他们单位产出的投入系数比实际情况要大得多。计划的制订过程更多的是计划者与企业之间进行协商的过程,后者试图得到尽可能低的产出目标(以便确保能够超过该目标)以及尽可能高的投入目标,但计划者知道企业的打算,因而会回绝。在苏联,计划者采用了前导式的计划制订方法,在确定投入计划和产出计划时,让计划的投入目标在实现产出目标时有一定的困难。然而在中国,前导式的计划制订方法不起作用,部分是因为计划者很难得出准确的投入与产出要求的估算,正如前面的描述所显示的,实现计划目标的偏差极大,不是过高就是过低。

第二,本应将正确的投入提供给正确的使用者的统配系统方面存在问题,也是成本超支的一个重要原因。企业无法到市场上购买那些计划者不能提供给他们的东西。对于中间产品的生产来说,也根本没有常规的市场。由于许多计划目标的不准确性,因此企业得到的给定投入常常要么多于要么少于它的需要。原则上来说,企业应将不需要的物资退还给政府统配部门,或要求统配部门提供更多其所短缺的物资。但在实践中,如果不是计划中规定的,企业要获得更多其所需要的物资十分困难,而要修改计划则是项艰巨的任务。所以,企业无论是否需要,都会把持着所有他们得到的过剩投入。其结果就是中国的企业像所有的苏联式经济体一样,都会囤积大量的投入品库存。

在市场经济体中,生产者常常保有其产品的库存以便满足对其产品可能增长的消费需求。但苏联式的生产者不会去保有其最终产品的库存,因为他们不负责去销售产品。与此相反,他们反而要保有大量的、通常是巨大数量的投入品库存,因为他们可以好好利用这些库存。他们既可以来年使用这些库存去生产更多产品以超过他们的产量目标,也可以用自己不需要的库存物资与另一个企业交换一些他们所需要的物资[①]。匈牙利经济学家雅诺什·科尔奈(Janos Kornai)使用这一现象制作出了一个国家以总投入库存比总产出库存的比例指标。这个比例越高,则该经济体就越是由中央计划指令主宰的,而市场经济体的这个比例往往很低。

需要注意的是,在苏联,企业间进行库存中剩余物资的交易从技术上来说是不可能出现的,这种做法会受到坚决的惩罚。然而,虽然有这种坚决的惩罚措施,大多数企业依然积极地从事这种交易,因为不这样做就无法达到计划的产出目标。相比而言,在中国,从来就没有过什么措施来强力禁止这种交易,反而会允许偶尔开办正式的交易活动来为其提供便利。

第三,这种计划制订方法的问题还会引发银行系统的问题。正如前面指出的,最重要的目标是产出目标,而对实现或超额实现产出目标产生干扰的任何事情在政府最高层来说都是需要加以反对的。因此,在保证企业账户上所有资金都要依照计划来使用方面,银行的权力在实际中就意味着,他们会允许大部分与满足计划产出目标相关的支出。同样的,如果一个企业需要短期贷款来满足某种需求,则只要符合计划需要,银行就会提供给企业。实践中,合法使用的定义是什么,不是由银行决定的,而是由地方和中央这些上级政治权威部门决定的。类似的,个别投资企业的投资资金需求也会通过政治权威强加给银行,使其通过贷款来满足那些政府预算不足以提供资金的投资项目需要。

在这样的背景下,中国人民银行与其银行垄断地位所应当表现出的力量相比却十分虚

---

① 关于为什么短缺经济会导致投入品库存的逻辑讨论见(Kornai 1992:249-250)。

弱。在市场经济体中,中央银行的独立性通常被认为是将政治排除在贷款业务之外并确保通货膨胀处于可控范围内的关键。在中国的中央计划指令时期,通胀压力是由国家计委而非人民银行来控制的。由国家计委和更高的政府部门来确定劳动就业目标,并确定所有的城市工资。企业需要通过政府的劳动局来雇用人员,这些局机关会推出计划目标。大部分工资由国家规定,与劳动力市场无关。劳动力市场也根本不存在。消费市场上的通货膨胀通过确保工资总额(平均工资乘以从业人员总人数)加上农民的货币收入(来自于以国家定价向政府采购部门销售产品)不大于市场上消费品的可购买总额,且这是计划部门而非人民银行的工作。因无法抗衡政治压力而造成的银行系统虚弱一直持续到1978年后的改革时期。

由于这一体制中存在的这些问题,经济虽然增长了,但却十分缓慢。1953—1978年官方估计的GDP增长率为每年6.1%,1958—1978年为每年5.4%,但因为使用了较高的工业产品国家定价从而夸大了工业增长对GDP增长的贡献率,这些GDP增长率都被放大了。以2000年的中国市场价格调整的GDP则把这两个时期的GDP增长率分别降低到了每年4.4%和3.9%(Perkins与Rawski,2008:859)。假定这几年的人口增长率平均为每年2.0%,且GDP中用来进行投资的部分增加,那么普通中国家庭的消费增长在1957—1978年不会超过每年1%。

3.3　中央计划指令制度的改良与之后的放弃

中国的领导层从一开始就对用这种集中体制来管理经济不是非常满意。1957年当中央计划体制第一次建立起来之后不久,政府曾经在那些中央计划和政府指令无法很好发挥作用的地方运用了市场力量。但这种尝试十分短暂,因为要给"大跃进"让路,要加快增长速度并赶超西方国家。

正如上面所说的,"大跃进"确实将工业决策权下放给了企业,但没能提供任何的机制来协调投入和产出。反而导致企业在时代精神的鼓舞下大幅度提高他们的产出目标,而不管有没有可能获得必要的中间投入以及投资品来实现这些膨胀了的计划。一个非常极端的做法就是使用建在后院的炼铁和炼钢炉来熔化还完全可以使用的农具等物品,将它们变为低质量的钢铁。到1959—1960年,工业经济崩溃,包括那些具有高度优先权的部门如军工部门。

20世纪60年代早期在工业计划领域恢复了秩序,但并没有回归到苏联式的高度集中的体制上,苏联在20世纪50年代极力鼓动中国把首要工作放在建立中央计划指令经济上。取而代之的则是上面提到的,大量的工业企业都被放权给省级和大城市一级,由他们所有并进行控制(包括制订计划)。小规模的企业,特别是在20世纪70年代被称为农村小型工业的企业,都移交给了县、公社和大队来进行管理。这种权力下放简化了中央部门计划制订的程序,因为大多数这样的较小企业都被权力下放了,并从拥有它们的行政单位那里获得了许多投入。因此,没有外省或外县更多地牵涉进来,就可以进行良性的协调了。国家级的战略行业大多仍保留在中央政府和国家计委的控制之下,即使其中有些可能一直是由省市所正式拥有的。

"大跃进"失败之后,中央政府也曾定期地尝试改善企业管理水平。这些尝试包括了各种各样的办法,从提供奖金或其他物质刺激到允许企业为管理者和工人保留一部分利润等。

但是这些运用利润手段的改变很少能够对企业的效率产生什么影响，这主要是因为强调完成和超额完成产出目标依然在起着主导作用。

在"大跃进"的热潮中，各种形式的物质刺激都受到了攻击，而到了"无产阶级文化大革命"时期又再次受到攻击，并在一段时间内被完全废止，之后才得以恢复。招工受到严格控制，城市工人队伍在 1960—1962 年从 6 100 万人大幅下降到了 4 500 万人，之后在 1978 年才又得以再次扩大到 9 500 万人（国家统计局，2009：609）。农民工几乎不被允许迁移到城市，因此城市就业人数的增加都是发生在已经注册为城市居民的人口及其子女中。这种限制农村向城市迁移的一个积极结果是，企业雇用了更多的已经注册为城市居民的妇女，以补充男性的不足，但为了补充注册的城市工人的不足，企业还使用了更多本来不需要的资本密集型技术进行生产。

高度熟练工人，特别是大学毕业生，都被分配从事那些计划者认为最需要他们的工作，尽管这有时意味着要让夫妻分居两地。这种对于熟练工人的工作分配制度加上对于农村非熟练工人迁移到城市给予的严格限制，并未随着 1978 年 12 月十一届三中全会的召开后开始的经济改革而一夜间消失。对农民工的某些限制，特别是他们不能获得城市医疗和其他城市福利，一直持续到 21 世纪。

20 世纪 80 年代早期开始的改革主要涉及了农业——特别是回归到家庭农业和废除公社制度——以及对外开放以扩大对外贸易。然而，对外贸易的扩大在一段时间里依然是采用 20 世纪 70 年代早期所实行的方法进行管理。外贸公司继续垄断着其所在行业的进出口，许多贸易都是在广交会上协商而成的。这种情况在后来的 20 年里逐渐有所改变，首先扩大贸易公司的数量，最终使企业在有些情况下有可能直接与其供应商和出口市场进行对接（Lardy，1992）。到 20 世纪 90 年代，以及 21 世纪的最初十年里，中国对外贸的大部分重要控制几乎都是通过使用从所有市场经济体中学到的宏观经济措施进行的，包括对外汇汇率的管理。

工业计划与管理方式的改变大多是在 1984 年 10 月开始的改革之后出现的。虽然在这之前，政府也做了进一步的努力，类似于较早时候增加利润的作用或者给予企业管理层更多自主决策权。然而，真正有所不同的改变，是出现在 1984 年政府决定开放中间工业产品市场并允许这些市场来为产品确定价格的时候。国有企业曾反对过这种改变，因为他们已经习惯了以国家确定的价格来获得这些投入，通常这些价格远低于新型市场所确定的价格。为解决这一行政问题，政府引入了价格双轨制，使国有企业仍旧能够以较低的国家定价来得到其政府所提供的中间投入品（但仅限于一定的数量内，其余的投入需要这些国有企业以市场价格购买）。而所有其他单位需要按市场价格从市场上购买这些投入品。

"所有其他单位"在这里意味着大多数被称为"乡镇企业"的农村小型工业，以及在城市地区的类似企业——"城市集体企业"。在 20 世纪 70 年代，农村小型工业也作为中央计划指令经济的一部分进行经营，只不过大多数的计划制订都是在县级或县级以下进行的[①]。如果农村工业能够在本地得到其所需的投入品，或能够自己生产这些投入品，就不需要与更高一级的计划部门打交道。但许多这样的工业企业需要国外的钢材和设备，对于这样的投

---

① 关于这些企业在 20 世纪 70 年代的中央计划指令体制下如何运行得更深入讨论见"美国农村小型工业代表团"（1977）。

入品,他们就必须要向通常优先照顾由省级或国家指令指导的大型企业的更高一级的计划主管部门进行申请①。因此1984年以后将这些重要的投入品投入市场,便使得这些企业只需走入市场就能够获得需要的东西。从这些市场上购买投入品的城乡企业不仅不怨恨较高的市场价格,反而对于他们能够获得所需产品而感到高兴。这种便利造就了如今到处可见的乡镇企业的繁荣,这些乡镇企业从20世纪80年代中期到20世纪90年代中期在中国高速增长的GDP中占有很大的比例。

价格双轨制还产生了另外一种正面影响和一种负面影响。正面影响是,由于市场价格越来越成为产品销售的主导价格,曾经享受较低国家定价的国有企业其低效率的问题变得越来越突出,许多开始出现亏损②。而负面影响是,价格双轨制为有政治势力的人提供了腐败的机会,他们以国家定价获得物资,再以市场价格迅速进行销售以获取高额利润。价格双轨制于20世纪90年代逐渐被取消,这并非主要由于政府的政令,而是由于生产这些中间投入品的企业更愿意以市场价格来销售其产品。实际上,企业有许多绕开政府规定的办法,这使得他们难以按国家定价来得到其所需的投入品,因此他们也就同样地走入市场了。

到20世纪90年代,低效率成为许多国有企业中日益严重的问题,不仅拖累了GDP增长,还成为了繁荣时期(如1988—1989年和1993—1995年)的通胀压力来源。工业的推动力大部分来自于迅速扩大的外商直接投资企业以及乡镇企业,这些企业主要面对的是市场力量而非国家计划。尽管做出了全部的改革努力,但国有企业最大的问题在于其依然面临着相对较小的竞争或其他压力,从而无法达到与其他企业相同的经营水平。中国的领导人,特别是朱镕基总理,借助2001年中国加入世贸组织,越来越多地使用外来的竞争压力,迫使国有企业提升到一个更高的经营水平。然而迄今为止,中央计划指令经济已经所剩无几,五年计划仍在继续制订,但其内容主要是确定政府的大政方针以及投资计划。国家计划委员会的名字也改成了国家发展与改革委员会(国家发改委)并仍旧是最有权力的政府经济组织,这主要是因为大规模的投资项目,不论是公共领域的还是私营领域的,都仍然需要这个委员会进行审批。无论如何,为企业制订计划目标已经基本上是过去的事情了,中国已成为一个市场经济体,但正像所有市场经济体那样,政府对经济产生影响主要是通过政府的基础设施投资计划以及宏观经济控制手段的使用。

21世纪头十年结束时,国家发改委继续制订着五年计划,但正如第12个五年计划(2011—2015)所表达的那样,这些计划的实施目标是宏观经济——为城市就业率的增长,为GDP中研究与发展的比例,为各种环境和能源的使用目标,以及各类经济改革与调整工作等,确定GDP增长的整体目标。审批这些目标的权力保留给了中共中央政治局及其常委,而国家发改委则是基本的实施部门(主要通过上面提到的发改委职权部门),对主要的投资项目进行审批或否决。国家发改委还对重大的专项计划直接负责,如西部开发计划以及能源领域的发展(还有国家石油储备的管理)。

---

① 在作者于1975年访问的一个农村小型企业中,企业实际上在使用当地基本上具有的或能够从其他旧设备上(如发动机上)得到的材料来生产一种简陋的卡车。在20世纪70年代,卡车的供应短缺并且对于这些企业来说通过计划分配程序是不可能得到的。

② 在价格双轨制下,国有企业确实获得了固定的补贴,因为他们能以较低的价格购买到的投入品的数量是有限的。获得固定的补贴,就其真是固定的且不需要进行协商来说,并未影响他们进行有效的决策。对价格双轨制以及如何和为什么在20世纪80年代的改革中由参与者书面提出等问题的讨论,见(Hua、Zhang、Luo,1993)。

第4章

中国的经济改革：过程、问题与前景(1978—2012)

作者：吴敬琏、范世涛[①]

本文分析了过去 30 多年里中国的经济改革过程、成就和不足。

在改革初期，中国采用了有限的一套方法来扩大国有企业的决策权。但当这些方法受到挫折时，非国有经济靠着"摸着石头过河"的方法开始成熟起来。20 世纪 80 年代中期，中国试图超越局部改革战略，并探索全面改革之路。

20 世纪 90 年代，中国的领导层决定恢复经济改革。1992 年，中国将市场经济确立为改革的目标。全面改革启动，1993 年之后取得了突破，1997 年后对所有制结构进行了全面的调整。到 20 世纪末，中国已经确立了市场经济的基本框架。

然而，中国的改革并未完全成功。国有部门仍然占据着国民经济的主导地位。实际上，中国实行的是"半指令、半市场"的体制。在这种体制下，经济与社会问题增加，中国在未来方向上再一次面临着历史性的选择。

导　　言

1953 年，当中国经济刚刚从长期战争的伤痛中恢复的时候，其领导人毛泽东推行"从资本主义到社会主义的过渡"。1956 年，"农业、手工业和资本主义工商业的社会主义改造"完成，建立起了一个模仿斯大林制度的指令性经济。1958 年，农业生产合作社进一步转变为结合了"工农兵学商"的人民公社。在这种全面国有化制度的基础上，又发动了"大跃进"运动，以便在几年内能够超英赶美。1966 年，毛泽东发动了"无产阶级文化大革命"，确定的目标是"清除党内外的资产阶级影响"。"文化大革命"持续了十年，给上亿的或者说整个人口 1/9 的官员和民众带来了痛苦，损失 3.8 万亿元（叶剑英，1978）。这些事情将中国社会带到了崩溃的边缘。1976 年毛泽东去世后，其继承人迅速行动逮捕了几个激进的追随者。之后，一场解放思想的启蒙运动席卷全国。1978 年 12 月，中国共产党十一届三中全会正式对毛泽东时代党的路线进行了批判，并宣布今后工作的重点将转移到经济发展与经济体制改革上来。从那以后，中国逐步实施了这一改革。

本章分析了过去 30 多年来中国的经济改革过程、成就和不足。4.1 节讨论了 1978—1983 年间指令性经济仍处于主导地位时的局部改革，以及从 1984—1988 年的全面改革结

---

① 作者十分感谢 Gregory Chow，Nancy Hearst，Nicholas Martin 和许成钢对本文所给予的耐心帮助、意见和建议。

果。4.2节讨论了1992—2002年市场经济改革的全面展开。4.3节讨论了最后10年半指令半市场经济结构所存在的问题。4.4节简要分析了中国改革的未来前景。

4.1　20世纪80年代早期的局部改革与80年代后半期的全面改革结果

在改革初期,中国采用了有限的一套方法来扩大国有企业的决策权。但当这些方法受到挫折时,非国有经济靠着"摸着石头过河"的方法开始成熟起来。20世纪80年代中期,中国试图超越局部改革战略,并探索全面改革之路。

4.1.1　"摸着石头过河"战略

20世纪70年代后期中国从"文化大革命"的混乱中走出来后,人们热切地盼望着通过改革来恢复经济。然而,对于如何进行改革却没有明确的思路。因此,中国政府派出代表团到世界各地区学习他国的经验。仅在1978年,中国就分20次派出了20位副总理和人大副主席及以上的领导到50多个国家访问。在访问朝鲜期间,邓小平对金日成说:"最近我们的同志出去看了一下,越看越感到我们落后。什么叫现代化? 50年代一个样,60年代不一样了,70年代就更不一样了。"(中国共产党文献研究室,1998:76-77)。

中国的改革者们首先关注的国家是东欧的社会主义国家,这些国家原来情况都非常相似,但到了20世纪中期,就已经开始进行改革了。其基本思路是实施市场社会主义(Brus,1987:337)[1],主要采取扩大国有企业经营自主权的方式。

在20世纪70年代后期,根据这一思路,四川省选择了六家国有企业进行扩大企业自主权试点。之后国务院决定将这一试点改革扩展到全国。到1980年,共有6 600多家国有企业进行了试点改革,其产值占国家预算工业产值的60%,占全国工业企业利润的70%。

扩大企业自主权的改革与苏联总理阿列克谢·柯西金于1965年推出的"全面经济核算系统"改革十分相似:首先,目标是简化计划目标并放宽计划控制;其次,目标是增加融资并加强对企业和工人的物质刺激。

在最初的几个月,企业自主权的扩大明显增强了企业员工提高产量和增加收入的积极性。但是问题很快出现了:温和的预算约束导致了企业支出、财政赤字和通胀压力的增加,使改革陷入困境并造成计划控制的回归。之后,市场社会主义不再被认为是中国改革的目标。

在这种情况下,中国的领导人提出局部改革战略,被称为"摸着石头过河"[2],并推出了各种试点改革。这些试点的重点在于对制度安排进行修改,以便调动人们的积极性,使陷入

---

[1]　市场社会主义,起源于东欧社会主义国家,在苏联和东欧国家的改革中是一种很有影响力的思想学说。根据其一位主要提倡者的定义,市场社会主义是一种经济体制理论模型,其中生产资料归国家或集体所有,资源的配置则遵从市场规则。W. Brus,"市场社会主义",见John Eatwell等编辑的《帕尔格雷夫新经济学词典》(伦敦:Macmillan,1987),3:337。

[2]　在1980年12月16日举行的一次中央工作会议上,其报告题为"经济状况与我们的经验教训",中共中央领导人陈云提出了改革的指导方针"摸着石头过河"(见《陈云文选》,北京:人民出版社,1995,2:152)。在大会闭幕式上,邓小平表示完全同意陈云的讲话。

困境的经济得以恢复和发展,同时保持指令性经济的主导地位。以下是几项最重要的制度安排:

首先,在农村土地依旧归集体所有的地方,采用了一种家庭承包制度来重建家庭农业。1980年,在担任了中共中央的实际领导职务后,邓小平允许全国的农民在自愿的基础上实行家庭承包制。在仅仅两年的时间里,当农民在租用的集体土地上建立起了自己的私营农场时,家庭承包制几乎在全国范围内取代了人民公社制度。最终,中国的农村经济实现了一次引人注目的转变。在1980—1985年,农业产值增加了61%[①],农村居民的人均可支配年收入从191元上升到了398元[②]。

其次,允许非国有企业发展,同时保持对国有经济的控制。改革之初,面对数千万的失业城市居民,必须刺激经济,创造就业机会。在几位经济学家的建议下,1980年中国政府开始允许个体劳动者建立私营企业。1981年,政府出台政策支持雇用人数不超过8个人的私营企业。1981年7月的"国务院关于城市非农私营经济的政策规定"表明,个体户在必要时可以"寻求1~2人的帮助;技术型企业或需要特殊技能的企业可以招收2~3名雇员和不超过5名的学徒"。但是到了1983年年初,在许多地方私营企业的雇员数大大超过了8人,因而引发了有关私营经济的争论。有些政客和理论家认为,资本主义正在全国复辟。然而,邓小平回应道,"不要争论……可以把问题搁置几年。"由此,私营部门在邓小平"不要争论"[③]的保护下得以发展。直到1987年党的十三大召开,私营经济的合法存在得到了正式的确认。

同时,在农村土地改革的基础上,乡镇企业也开始蓬勃发展起来。根据中国官方统计数据,这些企业被认为是集体部门的一部分,但实际上有些乡镇企业属于私营企业冒充的集体企业,以便获得行政上的保护。也有些社办企业产权不清。

最后,在缺乏一个完整市场的情况下,以"经济特区"形式出现的地方经济"生态系统"构成了与全球市场的连接。在1978年12月正式宣告"对外开放"政策之后,中国政府选择了广东和福建省实施"特殊政策与灵活办法"。1980年,政府建立了四个经济特区,1984年,14个港口城市对外开放,逐步在中国沿海、河流沿岸以及边境地区形成了一个开放地带系统。

在这些灵活的制度安排下,政府力求为市场导向的非国有经济提供生存和发展的空间。这就是中国最早的"渐进式改革"尝试。从那时起,中国在国有企业改革战略方面与大多数东欧国家分道扬镳了。

4.1.2 双轨制下的市场开发

渐进式改革战略所取得的最重要成就,就是非国有部门的发展,包括集体和私营企业。到20世纪80年代中期,占工业产出1/3的非国有部门赢得了不仅是工业生产而且是国民

---

① 国家统计局,《中国统计年鉴1989》,北京:中国统计出版社,1989:228。
② 基于国家统计局的资料计算,《中国统计年鉴1981》,《中国统计年鉴1985》,北京:中国统计出版社,1981,1985。
③ 在1984年10月,邓小平回忆道,"前些时候那个雇工问题,相当震动呀,大家担心得不得了。我的意见是放两年再看。"见邓小平"在中国共产党中央顾问委员会第三次全体会议上的讲话",《邓小平文选》(北京:人民出版社,1993,3:91)。在1992年南方讲话期间,邓小平说,"不搞争论,是我的一个发明。不争论,是为了争取时间干。一争论就复杂了,把时间都争掉了,什么也干不成。"见邓小平"在武昌、深圳、珠海和上海等地的谈话要点",《邓小平文选》(北京:人民出版社,1993,3:374)。

经济的一大部分份额。同时,非国有部门的零售业务份额也在以相当高的速度增长。到 20 世纪 80 年代中期,非国有经济占到了中国国民经济的 1/3 左右。因此形成了指令性经济和市场经济共存的格局,如表 4-1、表 4-2 所示。

表 4-1 经济中的各部门占工业总产值的比例(1978—1985) %

部门 \ 年份	1978 年	1980 年	1985 年
国有企业	77.6	76.0	64.9
集体所有制企业	22.4	23.5	32.1
其他*	0.0	0.5	3.0

* "其他"指的是私营企业和外商投资企业。

资料来源：国家统计局《中国统计年鉴 1978、1980、1985》。

表 4-2 经济中的各部门占零售业务总和的比例(1978—1985) %

部门 \ 年份	1978 年	1980 年	1985 年
国有企业	54.6	51.4	40.4
集体所有制企业	43.3	44.6	37.2
其他*	2.1	4.0	22.4

* "其他"指的是私营企业和外商投资企业。

资料来源：国家统计局《中国统计年鉴 1978、1980、1985》。

4.1.3 确定改革目标是建立"商品经济"

在灵活的改革政策取得了一定的成功之后,以邓小平为首的中国领导人感到有必要明确一个更为清晰的制度目标。

1984 年 10 月召开的中国共产党第十二届中央委员会第三次全体会议宣布,中国的改革目标是"建立一个以公有制为基础的有计划的商品经济社会"[①],这表明改革将基于以市场为中心的原则。然而,中国的领导人没有为"有计划的商品经济社会"确立一个清晰的基本框架或一个操作模式[②]。

1985 年进一步明确了改革的目标与基本道路。此时发生了 4 起重大事件：

第一,一个中外联合团队首次进行了一项综合调研。1984 年,在邓小平提议下,世界银行组建了一个大型的国际专家团队,由一个中国工作组协助,对中国经济进行了一项综合调研。1985 年,该团队发表了最终报告,题目为《中国：长期发展问题与选择》(世界银行 1985)。该报告不仅综合分析了中国经济所面临的主要问题,而且基于对其他国家经验的全

---

① "商品经济"是苏联用作"市场经济"的词语。然而,因为意识形态方面的原因,"市场经济"一词在 20 世纪 80 年代的中国很少使用。

② 中共十二届三中全会提出了关于建立"有计划的商品经济"的两个基本观点。第一,国有企业应当允许更加自治,以便使它们成为"相对独立的社会主义商品生产者和经营者"以及"增强企业作为经济体制改革中心环节的活力。"第二,国家干预的范围应逐渐缩小,价格浮动的范围和放开价格应当适当扩大,因为实现"价格体系的改革是整个经济体制改革成败的关键"。

面研究提出了这些问题的解决方案。

第二，首个"经济体制改革总体方案"出台。1985年5月，郭树清与中国社会科学院研究生院的两位研究生给国务院总理赵紫阳写了一封信，请求为全面改革制订一个总体方案。在赵的支持下，国家经济体制改革委员会（国家体改委）建立了一个由9位经济学家组成的小型研究小组，包括楼继伟、郭树清、许美征、王芹、刘吉瑞、李弘、邱树芳、宫著铭和贾和亭。该小组撰写了"经济体制改革总体方案思路（草案）"，建议改革应分两步走。第一步应集中在商品市场的价格改革上，同时进行企业、财政和税收制度以及金融系统的改革，并建立中央银行。第二步应当建立一个合理的要素市场，取消强制计划并完成计划经济到"商品经济"的过渡。

第三，1985年9月，国家体改委、中国社科院以及世界银行共同举办了宏观经济管理国际研讨会（即"巴山轮会议"），成为了中国改革的一个重要里程碑。参加这次会议的知名国际专家包括詹姆斯·托宾（James, Tobin）、亚历山大·凯尔克洛斯先生（Sir Alexander Cairncross）、雅诺什·科尔奈（Janos Kornai）、沃则米耶·布鲁斯（Wlodzimierz Brus）和奥特马尔·埃明格尔（Otmer Emminger）。中方参会者包括薛木桥、安志文、马洪、廖季立、项怀诚、高尚全等经济官员，以及刘国光、戴元晨、周淑莲、吴敬琏、张卓元、赵人伟、陈纪元、楼继伟、郭树清和田源等经济学家。

一开始，与会者在匈牙利经济学家雅诺什·科尔奈所阐明思路的基础上，对中国改革最适当的制度目标是什么进行了热烈的讨论。科尔奈将国家宏观经济管理体制划分为两个主要类型：以行政控制为主的（I）和以市场调节为主的（II）。前者可以分为直接的行政控制（IA）和间接的行政控制（IB）。后者可分为完全自由的市场调节（IIA）和市场调节受到宏观控制的（IIB）。科尔奈提出，社会主义国家的经济改革应该选择间接的行政控制（IB）或带有宏观控制的市场调节（IIB）的方式，并且认为，匈牙利的改革没有达到预期结果的主要原因就是长期以来一直徘徊在间接的行政控制（IB）阶段，这就使企业受到软预算的限制，并借此接受政府的行政保护。科尔奈的意见是IIB经济体制具有明确的优势（中国社科院经济研究所，1987：1-4）。外国经济学家扩展了科尔奈有关带有宏观控制的市场经济优势的分析，而牢固掌握了现代经济学的中国经济学家同意科尔奈的分析，并认为带有宏观控制的市场调节（IIB）是中国改革的最好选择。

随后，与会者还对转型期间应采用什么样的宏观经济政策进行了热烈的讨论。激烈争论的焦点是关于20世纪80年代早期中国扩张性政策的价值，人们广泛认为，西方经济学往往更支持这样的扩张性政策。"巴山轮会议"解决了这些争论（并纠正了中国对于有关西方经济学主流思想的理解），参加会议的大部分中国学者和外国与会者都认为，在过渡期内，中国应采取紧缩财政、货币和收入的政策，以消除通货膨胀和经济过热。

在经济学家和经济官员们达成共识的基础上，1985年，一套经济改革初期适度的宏观经济政策被纳入了第七个五年计划（1986—1990）当中，以创造一个有利的环境实施平稳的经济改革。

第四，1985年9月下旬，中共中央全体会议采纳了经济学家的研究结果，推出了"制订第七个五年计划（1986—1990）指导方针"，明确了以下目标：①将国有企业转变为自负盈亏的商品生产者；②发展由商品市场、资本市场和劳动力市场组成的市场体系；③逐步从国家直接进行经济管理为主过渡到间接管理为主。指导方针还建议，同时进行整体的经济体制改革,以便为新的经济体制打下基础。

4.1.4　有关改革路线图和政策变化的争论

确定了改革目标后,对于如何达到目标以及应采取什么样的政策则存在着不同的意见。争论的焦点集中在如何处理双轨制和双轨制价格方面。

在计划经济时代,原材料、设备以及其他生产资料都是依据计划进行分配的,其价格也由国家计划指导方针确定。随着改革以及 20 世纪 70 年代末开放政策的实施,有些国有企业得到了自主权,可以通过自有渠道销售超出指定配额的产出,而新的非国有企业需要从市场上购买他们的生产资料,因此产生了双轨制价格[①]。

双轨制价格对中国经济具有正反两方面的影响(吴敬琏、赵人伟,1987：309-318)。一方面,一个由市场支配的全新世界已经开放,并正在以全新的活力深入经济生活的各个角落。另一方面,双轨制价格的存在导致了寻租和腐败的蔓延,无法使企业在公平环境下进行竞争。有门路的人能够通过使用他们的权力倒卖国家统配物资而发家致富,最终引发了公众的强烈抗议(比较经济与社会制度编辑部等,1989)。因此在 20 世纪 80 年代中后期,一个主要的争论话题就是如何进一步指导双轨制价格的改革。

大体上,存在着两种截然不同的策略。第一种策略强调放开价格形成竞争性市场,同时放缓短期经济增长的脚步,以便促进市场导向的改革并建立一个稳定的宏观经济环境。第二种策略则强调国有企业的改革以及实施扩张性的宏观经济政策,促进经济的快速增长,以便为企业建立一个有利可图的经营环境(吴敬琏,2005：75-82)。20 世纪 80 年代中期,中国领导人采用了第一种策略。

1986 年 3 月,赵紫阳总理称,国家当时所面临的所有问题都是由于"新旧体制之间的僵持所带来的摩擦与产生的冲突"。他主张,"这种情况不能再拖延了。……我们应当在经济体制上取得更大的进步并实施间接的宏观经济管理,以使企业能真正为自己的盈利和亏损负责。我们还应当创造条件使企业在大致公平的基础上进行竞争,……特别是,对明年所要进行的改革的设计与研究应当集中在以下三个领域：①价格；②税收；③财政体制。……关键一点是定价机制的改革；所有其他改革都与此相关。"(赵紫阳,1986)

在国务院与中共中央金融工作领导小组的决定基础上,中国政府宣布,1986 年的工作应当重点放在为 1987 年采取决定性的改革步骤做准备上。同时,由国务院副总理田纪云牵头,成立经济改革方案讨论组。小组下设了一个由经济学家和官员组成的策划团队。其任务就是在赵紫阳三月讲话的基础上制订一套经济改革方案。8 月,经济改革规划办公室向国务院和中央财经工作领导小组提交了价格、税收、财政体制、银行以及贸易等领域的总体改革方案。该方案得到了中国政府的批准并受到邓小平的支持。

然而,由于经济状况的改变和政府人员的变动,该计划的实施在 1986 年秋天被搁置。从 1987 年开始,政府实施了国有企业承包制,同时采取了扩张性的宏观经济政策以保持经济的快速增长。

这时,第二种观点占据了主导地位。作为中国经济体制改革中的巨大创新,双轨制被认

---

　　① 1984 年 5 月,国务院规定,国有企业销售的超出计划部分的生产资料价格不能高于或低于国家定价的20%。然而,实际情况是,20%的限制并没有严格遵守。1985 年 1 月 1 日,政府取消了这一限制。

为是为一系列有中国特色的价格改革提供了可能性，甚至是一条全新的改革途径（华生等，1985）。双轨制会增加供给并在激活市场的过程中发挥积极作用，因此没有必要过早引入改革（华生等，1986）。

其他经济学家提倡减缓发展速度以形成一个相对有利的宏观经济环境，并快速推进价格改革以建立一个竞争性的市场。持有这种观点的学者包括中国资深经济学家薛木桥、全国政协常委千家驹以及密尔顿·弗里德曼（Milton Friedman）。

在 1988 年的全国政协委员会全体会议上，千家驹批判了双轨制价格，认为这一制度"无法反映市场中的供需关系"，并且会带来"普遍的行贿受贿"。他因此建议改革双轨制价格并将价格放开。由于资金投入过高，会导致财政赤字和超发货币，他指出："大力减少资金投入……能避免通货膨胀。"（千家驹，1992）

1988 年 9 月密尔顿·弗里德曼访问中国时，他坦白地告诉中国领导人："中国目前在许多产品上所实行的双轨制价格是为腐败和浪费敞开了大门。"他建议通过控制货币供给的增加以及迅速放开价格和工资并进行双轨制价格改革来抑制通货膨胀。他还建议结束外汇控制并以分权和私营控制来代替中央政府对经济和国有企业的控制（Friedman，1988：607-609）。

遗憾的是，这些建议没有被中国领导人接受。当 20 世纪 80 年代后期改革脚步放缓且货币过量发行后，中国面临了两个严重的问题：

一是由扩张性政策维持的快速发展，其必然的结果是货币发行量的大幅度增加和通货膨胀压力增大。1988 年夏天，当人们发现无法规避价格改革的时候，便尝试再度进行改革，而当时已经出现了一些抢购风，结果在 8 月刚一宣布进行新一轮的价格和工资改革，一波抢购潮便席卷了全国。1988 年和 1989 年，CPI 分别上升了 18.8％和 18％。严重的通货膨胀和迅速蔓延的抢购风潮将改革的声誉"一扫而光"。

二是强有力的指令性经济和处于附属地位的市场经济共存，以及生产资料双轨制价格和双轨制利率以及汇率为寻租活动提供了制度的温床。一位经济学家估计，在 1987—1988 年，这种寻租占据了 GDP 的 20％～30％之多（胡和立，1989）。这一巨大的寻租数量导致了利用资源配置的行政权力获取私人利益的腐败行为迅速蔓延。

通货膨胀和腐败引起了公众极大的不满，并酿成了 1989 年的政治动乱。之后，改革和开放政策发生了逆转。

4.2　全面推进的经济改革

1988 年的经济动荡及 1989 年的政治动乱后，中国的改革彻底停止。有关计划经济与商品经济的经济争论转变成了有关社会主义还是资本主义的政治争论。大量的"政治家"和"理论家"[①]都站在政府所宣称的"市场化就是向资本主义的和平演变"的立场上。他们认为："在最后的分析中，那些支持资产阶级自由化的人（所提出）的经济体制改革，将会首先用私有制代替公有制，然后再用市场经济代替计划经济"。（王忍之，1989）因此，实施了抑制私营经济的具体政策措施，包括发展乡镇企业、加强国有企业的主导地位。

[①]　这是邓小平在南行时向某些依然支持旧体制的"领导人"提出的参考意见。参见：邓小平"国际形势和经济问题"，《邓小平文选》（北京：外文出版社，1994，3：266）。

这些政策措施具有严重的后果,最突出的就是经济增长速度迅速回落,就业难问题开始出现。1989 年和 1990 年,GDP 增长仅分别为 4.1％和 3.8％。为避免爆发新的经济或政治危机,以邓小平为首的中国领导人下决心重启经济改革。

4.2.1　重新确立实施市场经济体制的目标

1990 和 1991 年,邓小平分别做了两次有关市场经济的重要讲话。第一次是在 1990 年 12 月 24 日十三届七中全会的前夕。在与江泽民和其他中央委员会领导人进行讨论时他说,"你们不能认为如果我们实行了一些市场经济就是在走资本主义道路。……不搞市场,连世界上的信息都不知道,是自甘落后"。在 1991 年初,邓小平还强调,"不要以为,一说计划经济就是社会主义,一说市场经济就是资本主义,不是那么回事,两者都是手段,市场也可以为社会主义服务"。(邓小平,1994:351,354)

与此同时,许多支持改革的中国共产党领导人开始考虑如何重启市场改革。1991 年 10 月至 12 月,中国共产党总书记江泽民主持了 11 次会议,其间领导人与经济学家对包括如何建立"中国特色的社会主义"在内的重大国际和国内问题进行了讨论①。所有的经济学家都反对退回到计划经济,提倡进行以市场为导向的改革。

1992 年 1 月和 2 月,邓小平前往中国南方的许多城市视察。在直接向基层领导人讲话时,他重申,"社会主义也有市场",并强调"改革开放胆子要大一些",我们应当"大胆地试,大胆地闯"(邓小平,1994:360-362)。邓小平的讲话受到干部群众的热烈欢迎。

之后,在 1992 年 6 月 9 日,江泽民在中央党校进行了一次讲话,他在讲话中提出建立"社会主义市场经济体系"。江批评了几位"很少考虑市场在激励企业间的竞争和促进经济发展方面所发挥的积极作用"的人。他还表示,"市场是一种有效配置资源和提供激励的方式"(江泽民,2010:1-190)。江的讲话被参加会议的高层领导干部普遍接受。

1992 年 10 月,中国共产党第十四次全国代表大会正式决定:"中国的经济调整目标是建立一个社会主义市场经济。"大会报告表明:"使市场在国家宏观调控下对资源配置起基础性作用"(江泽民,2006:10-11)。

4.2.2　贯彻新的改革战略:在关键领域取得全面突破性进展

当中国共产党第十四次全国代表大会将目标确立为建立市场经济时,改革尚未全面展开。各级政府都对增加投资以及推出投资项目十分热心。1992 年,非政府固定投资比 1991 年增加了 40％,1993 年比 1992 年增加了 50％。与此同时,1993 年的 CPI 上涨了 14.7％。

在这一背景下,中国政府采取了一套措施来阻止经济过热,并将精力放在实现市场经济改革的总体方案的设计上。

1993 年 6 月下旬,中共中央和国务院发布了"当前经济状况与增强宏观调控的指导方针"。在此基础上,对银行业进行了整顿,加强了宏观调控并冷却了过热的经济,从而为 1994 年进行全面改革创造了一个适宜的宏观经济环境。

为起草全面改革方案,1993 年 5 月建立了一个直接受中共中央领导的文件起草小组,其职责是起草全面的市场改革方案。中共中央的财经工作领导小组组织了 16 个共 300 多

---

① "具有中国特色的社会主义"首次由邓小平使用的一个特殊的词语,意思是中国将遵循一条与苏联不同的道路。

人的调研队伍,在各地区和部门开展彻底的调研,并编写背景资料供起草小组参考使用。

6月中旬,国家经济体制改革委员会、财政部和世界银行在大连举办了一次中国宏观经济管理国际研讨会。参会者包括诺贝尔经济学奖得主弗兰科·莫迪利安尼(Franco Modigliani)、伦敦经济学院教授尼古拉斯·斯特恩(Nicholas Stern)、被称为"台湾经济奇迹背后推手"的李国鼎,以及许多知名的中外学者。这次研讨会讨论了中央政府正在进行设计的改革事宜,包括将储蓄存款的实际利率提高到0以上、信贷封顶、统一人民币的两种汇率,并实施价格改革。

经过了150天的辛苦工作和8次修改,起草小组向中共中央提交了题为"中共中央关于建立市场经济若干问题的决定"的总体方案的草案。

1993年11月,中共中央十四届三中全会通过了上述"决定"。决定提出了将总体改革与关键领域的突破相结合的改革策略;号召在市场体系、企业性质、公共财政和税收制度、银行业系统、社会保障体系以及宏观经济管理等方面实施系统的改革;同时确立了在20世纪末将一个基本的市场经济体系建立完成的目标。

在刚刚完成的路线图基础上,全面改革迅速展开。汇率制度改革的进程和实际结果是最为显著的。

1993年12月1日,中国人民银行宣布,从1994年1月1日开始,废除双轨制汇率,实行以市场供求为基础的有管理的浮动汇率。人民币汇率将由市场决定,只有当汇率浮动超过了一定水平时,中央银行才会进入市场买卖外汇(以维持人民币汇率的稳定性)。1994年1月1日,汇率为1美元兑换8.72元人民币。这一比率低于汇率改革前外汇中心的最低汇率,其代表了比1美元兑换5.76元人民币的最高官方汇率下跌了51%。从那时起直到1997年10月亚洲金融危机爆发,人民币相对于美元的汇率上升至1美元兑换8.28元人民币。亚洲金融危机后,中国依据人民币在保持亚洲邻国稳定性中所起到的作用,始终保持这一汇率不变。然而,汇率机制随后变成为对美元固定并保持在1美元兑换8.27元人民币左右,一直到2005年7月21日,新一轮的汇率改革实施,人民币的价值才开始缓慢上升。

汇率改革成功实施后,从1994年开始,中国的进出口贸易保持了快速增长,支付余额从逆差的出现常常多于顺差的情况,转变为持续顺差(见图4-1),特别是在2001年11月中国正式成为WTO成员之后。经过了15年的谈判历程,中国大幅度降低了贸易壁垒,取消了进口配额,同时降低了贸易保护主义的水平。成为WTO成员后,从2002年1月1日开始,中国降低了5300多项关税,平均关税税率从15.3%下降到了11.3%,全面与全球市场接轨。指导出口的政策取得了巨大的成功。

除汇率改革外,其他方面的改革也取得了进展,综合的商品、信贷和外汇交易市场基础开始出现。

4.2.3 世纪之交所有权结构的变化

总体改革的另一个突破是在1997年召开的中共第十五次全国代表大会上重新调整了市场经济的所有制基础。

在20世纪90年代改革进行时,私营企业在国民经济中逐渐开始占据越来越重要的位置,而国有经济份额则出现下降。这就极大地冒犯了那些忠于旧制度的政客和理论家们,他们宣称"科学社会主义是以全体人民所有(国家所有)的制度作为最高所有制形式和必须要

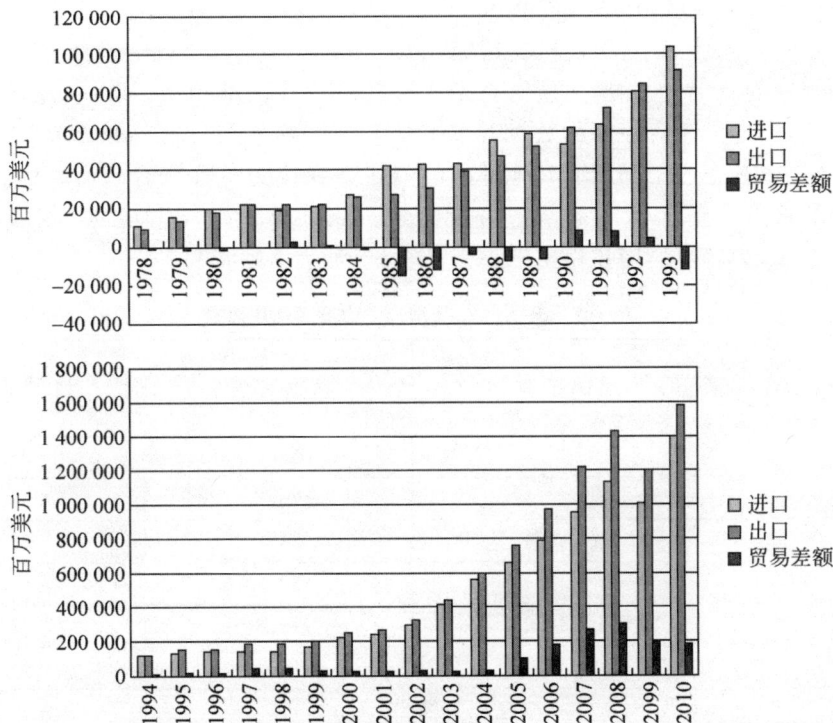

图 4-1　中国的进出口贸易（1978—2010）

资料来源：CEIC 数据银行

追求的目标"（特约评论员，1996）。

以市场为导向的改革的支持者则回击称，社会主义的根本是达到共同繁荣，而不是国有部门占主导地位。同时他们还认为，公有制有许多种形式，因此没有理由将国家所有作为"所有制的最高形式"。此外，从当前形势来看这个问题，他们指出"有限的国有资本无法支撑庞大的国有部门"。因此，"国有部门需要收缩范围……从一般竞争领域退出而集中于国际必须加以控制的战略领域"（吴敬琏等，1997）。

1997 年 9 月，中共全国代表大会公布了决定，宣告缩小国有经济的范围。大会指明"非公有部门"为"社会主义市场经济的一个重要组成部分"，并号召在"三个有利"[①]标准的基础上调整所有制模式，将国有资本逐步限制在"影响国计民生的重要行业和关键领域内"（江泽民，2010，2：1-50）。1999 年，党的十五届四中全会将"影响国计民生的重要行业和关键领域"重新定义为"影响国家安全的行业、从事天然垄断的行业、提供重要公用物资和服务的行业，以及支柱型和高科技型产业中的重点企业"，[②]从而进一步限制了其范围。

中共全国代表大会所做出的上述决定于 1998 年被写入了"中华人民共和国宪法修正案"中："国家在社会主义初级阶段，坚持公有制为主体、多种所有制经济共同发展的基本经

[①]　在 1992 年南巡期间，邓小平提出在社会主义社会判断正确与错误的标准应当基于其是否有利于促进生产力的增长，有利于增强社会主义的综合国力，以及有利于提高生活水平。参见：《邓小平文选》(北京：外文出版社，1994，3：360)。

[②]　中共中央委员会关于国有企业改革发展中涉及的若干重大问题的决定，第十五届中央委员会第四次全体会议通过，1999 年 9 月 22 日。

济制度。……非公有制经济,包括个体和私营经济,是我们社会主义市场经济的重要组成部分。……国家保护个体和私营经济的合法权利和利益。"

在上述规定的基础上,中国对所有权结构进行了大范围的调整。除许多大中型国有企业进行重组外,由地方政府控制的数百万乡镇企业中的绝大部分都转变成为私营企业。由此,中国经济从国有企业压制所有其他部门的模式转变成为各种所有制形式的企业共同发展。除很少的重点行业外,私营经济(包括私营部门和集体部门)逐渐占据了主导地位,同时也正是私营企业,为就业的增长做出了很大的贡献,如表 4-3 所示。

表 4-3　由不同经济部门产生的 GDP 比例　　　　　　　　　　　　%

部门 年份	国有部门	集体部门	私营部门*
1990	47.7	18.5	33.8
1995	42.1	20.2	37.7
1996	40.4	21.3	38.3
1997	38.4	22.1	39.5
1998	38.9	19.3	41.9
1999	37.4	18.4	44.2
2000	37.3	16.5	46.2
2001	37.9	14.6	47.5

* 私营部门包括所有的农村和城市中非国有或集体部门的经济实体。

资料来源:《中国统计年鉴》(相应各年);CEIC 数据银行。

向全球市场开放的市场经济的基本建立,解放了曾经长期以来被僵化的指令性经济所束缚的生产力。

首先,普通人因此可以开办企业了。随着改革的推进,人们开办企业的创业精神和热情开始迸发。到 20 世纪末,中国已有超过 3 000 万家私营企业,它们是中国经济增长背后最基本的推动力量。

其次,大量未充分使用的人力物力资源得到了有效的利用。随着人们开始设立新的企业,生产要素从生产率较低的行业流向生产率较高的行业。改革开始后的一段时间,大约 2.5 亿剩余农村劳动力迁移到了城市从事工商业的工作。同时,大约有 7 万平方公里的耕地,几乎相当于爱尔兰的面积,被转化为城市用地。

再次,在 20 世纪 90 年代,由于成功实施了出口导向型的工业化战略,中国利用发达国家低储蓄率所带来的机会扩大出口,并使用净出口需求来补偿疲弱的国内需求,从而保持快速的经济增长。

最后,先进设备和技术的引进,快速拉近了中国与发达国家 200 年间所累积形成的技术差距。

由于上述因素的推动,在 20 世纪 90 年代的后几年中国经济开始形成高增长低通胀的健康态势,如图 4-2 所示。

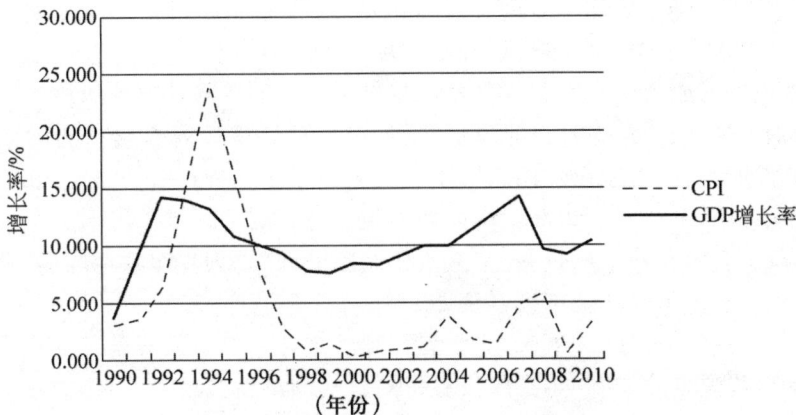

图 4-2　中国的经济增长, 1990—2010

资料来源：CEIC 数据银行。

4.3　中国的经济处在岔路口

20世纪末,中国宣布建立了一个市场经济的基本框架。然而,改革尚未完全成功,国有部门仍然占据着国民经济的主导地位。事实上,中国所具有的是一个"半指令半市场"的体制。在这样一个体制下,经济和社会问题不断增加,中国再次面临着一个有关未来方向的历史性选择。

4.3.1　半指令半市场经济与两条可能的发展道路

20世纪80年代中期,中国的官员、行业领袖以及学者们决定,中国的中期改革目标应当是建立一种像第二次世界大战以后日本和其他东亚国家所建立的所谓的"政府引导的"市场经济。在这样的经济体内,政府承担了一个比自由的市场经济体内还要重要的角色。世纪之交,中国几乎已经实现了这个目标。

然而,与其他东亚国家不同,中国的市场经济是从"国家辛迪加"或"党—国有限公司"演变过来的,正如列宁和东欧学者们所讨论的那样。国民经济的"制高点"始终被控制在由共产党所代表的无产阶级专政下的国有部门手中。因此,中国政府对经济的干预和控制要比诸如当初日本、韩国和新加坡快速发展时期专制的唯发展主义有过之而无不及。

首先,尽管到21世纪初大多数中小型国有和农村企业均已重组,且国有部门不再占据GDP的大部分,但国民经济的关键领域仍然由国家控制,包括大多数的战略行业如电力、石油、通信、铁路和金融等,这些企业的治理结构仍旧保留了其从指令经济时代继承而来的基本特征。

其次,各级政府掌握着重大的权力,控制着土地流动、资金以及其他重要的经济资源,且他们使用其可以随意支配的大量资源,通过支持他们所选择的国有企业和私营企业来形成短期的 GDP 快速增长。

最后,现代市场经济所必需的法律法规尚未建立起来,因此对权力的使用缺乏有效的约束。于是各级政府官员常常通过审批投资项目、以行政许可来控制市场准入,以及控制价格等方式直接干预企业的微观经济活动。

这种半指令半市场经济面临着两种可能的发展道路:一是政府会逐步减少其对微观经济活动的干预,加强其在宏观经济管理和在市场缺乏时提供公共财产等方面的作用,因而这种制度就会逐步发展成为一种基于规则的市场经济;二是政府对市场的控制和干预会持续加大,国有部门垄断组织的权力会继续扩张,因而这种经济体就会转变为国家资本主义经济。从中国的情况来看,很难避免国家资本主义进一步演变为权贵资本主义。

中国的改革者都清楚地意识到了制度的不足之处。其实,2003年中共十六届三中全会就指出,经济和社会的发展依然存在着"大量的制度障碍"。为克服这些障碍,全会通过了决议,号召进一步推进改革以改善市场经济[①]。

然而,随着经济似乎走向了繁荣,当权者们却越来越不愿意放弃他们的权力而坚定地实施改革。因此中共中央的2003年决议没有得到认真的贯彻执行。

改革步伐放缓的另一个原因是意识形态。在中国社会中,反对市场的"左"倾思想总是能够占上风,20世纪结束之前,腐败的蔓延以及贫富差距的加大,导致了早已被广大中国人民所抛弃的"极左分子"意识形态重新出现。一些旧制度的支持者们声称,当前的许多社会问题都是由于以市场为导向的改革所引发的,并寻求采用极端的方法——类似"文化大革命"时期的那些常见的方法,来解决中国社会中的问题[②]。

结果,在世纪之交建立起来的经济体制不仅不能有所改进,反而退化成为了国家资本主义。这突出表现在中国崛起的过程中所赋予"强大政府"的角色是以所谓的"中国模式"为主要特征的。

4.3.2　以"强大政府"为主要特征的"中国模式"

21世纪伊始,国家主义的兴起和城市化的加剧是有直接关系的。依据中国的法律,农村土地属于集体所有,而城市土地属于国家所有,这就意味着政府能够以极低的价格获得土地。利用这一体系,各级政府都获得了价值数万亿元的资产,极大地加强了他们的权力和国有部门的力量。

此外,由于重组国有企业的法律框架在世纪之交是不透明的,且由行政权力主导,于是有些有强大背景的人就得到了获取巨额公共资产的机会。这种情况为法律规则的建立提供了重要的推动力,但由于错误的宣传和对有影响的官员将公共资产私有化普遍不满,许多人就反对只会加强国有部门的进一步改革。

2006年12月,国务院国有资产管理局发布了新的措施以加强对经济和社会的控制,包括要求国有部门"保持对涉及国家安全和国民经济命脉的重要行业和关键领域的绝对控制",如军事、电力、石油和石化、电信、煤炭以及民航和船运等行业。此外,国有部门应当"保持对基础和支柱行业及领域内的重要骨干企业的相对较强的控制",包括设备制造、汽车、电子、建筑、钢铁、有色金属、化学工程、勘察设计以及科学技术等九大行业[③]。此后,国有部门的力量在有些行业和地区出现上升,而私营部门则出现下降,同时国家控股企业和国有企业

---

① 完善社会主义市场经济若干问题的决议,2003年10月14日,中国共产党第十六次代表大会第三次全体会议通过。

② 在2003年到2010年间,"www.wyzxsx.com"和其他"左倾"网站发表了大量文章,批评基于市场的改革以及号召回到"毛泽东的革命路线"上来。这类文章吸引了一些人的注意。

③ 见2006年12月5日国务院综合办公室发布的由国有资产管理监督管理委员会起草的"促进国有资本和国有企业重组的管理方针"。

对中小型的私营企业进行了收购或兼并,因此进一步强化了国有部门。

随着国有部门的加强以及国家干预的增加,一种反对法律、民主和市场导向的改革的替代方案,称为"中国模式",开始得势。其主要特点就是,市场由一个强大的政府"驱动",由国有部门引导国民经济。据说它可以"集中力量办大事",包括 2008 年北京奥运会的"奇迹",2010 年高速铁路的开通,以及重庆 15% 左右的 GDP 持续增长,它还能让中国经受住全球金融危机的暴风骤雨并成为其他国家的榜样。但本质上,它就是强大政府干预下的国家资本主义或专制的唯发展主义。

2009—2011 年,"中国模式"的概念开始产生影响,因此"中国向何处去?"的问题就摆在了中国人民和领导人的面前。

实际上,尽管取得了一些短期的经济效果,但国家资本主义和专制的唯发展主义并没有改善中国的经济和社会状况。

经济方面,最突出的问题就是日益增长的灾难性微观和宏观经济后果:专制的唯发展主义对强大的政府,大型国有企业和大量投资的依赖。

2003 年以后,各地大量投资于资本密集型产业并要求向重工业方向转移,以期促进GDP 快速增长。短期内保持高速增长当然是可能的,但从长期来看,这样的增长是不可持续的。最近几年,这种增长模式已经造成了资源枯竭、能源短缺和环境恶化等越来越严重的问题。

同时,国民经济中的投资率已经保持在了 50% 左右,而工人工资则增长缓慢,消费支出作为 GDP 的一部分则大幅下降(图 4-3)。为创造更大的外部需求,2005 年之前,政府采取的政策是避免人民币相对其他货币升值,而从 2005 年 7 月开始,政府采取了缓慢升值的政策。为控制人民币的升值步伐,央行购入了大量的外汇,同时向体制内释放了大量的流动性,从而导致了 M2/GDP 的快速上升(见图 4-4)并形成了资产泡沫,特别是在房地产方面。

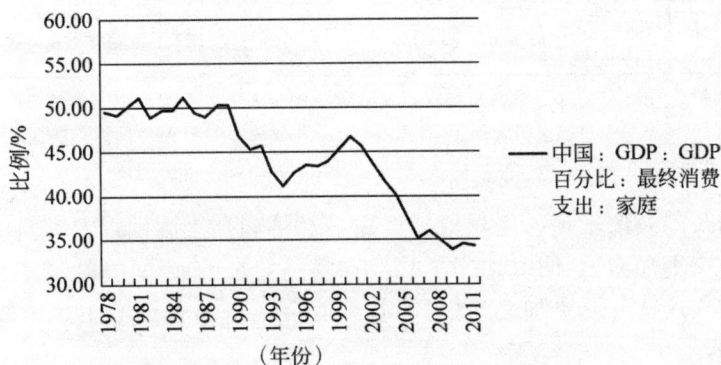

图 4-3　作为 GDP 的一部分,消费持续下降
资料来源:CEIC 数据银行。

此外,随着农村剩余劳动力供应逐渐出现以及中国制造业的技术水平逐渐赶上发达国家,为保持高速增长,中国必须越来越依靠创新来应对从投资驱动型增长向效率驱动型增长的转变。如果无法迅速克服体制障碍并转变经济增长模式,中国经济就无法避免出现发展速度急剧下降的情况。

在社会方面,由强大政府推动的增长已经引发了两个主要问题:

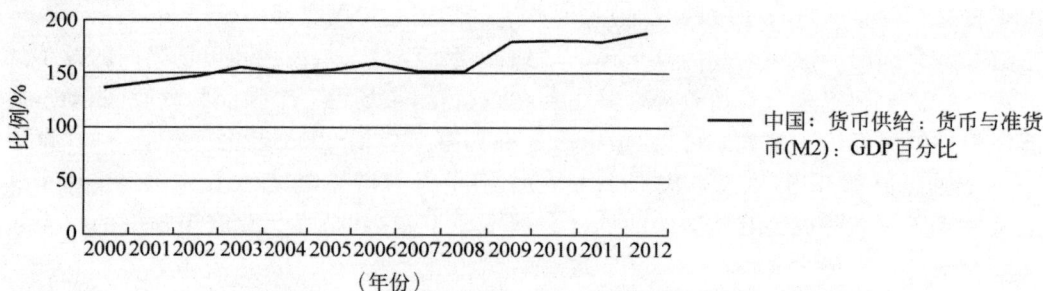

图 4-4 中国的 M2/GDP 变化情况（2000—2012）

资料来源：CEIC 数据银行。

第一，严重的寻租文化导致了腐败的迅速蔓延，在有些地区和部门，官位的买卖甚至已经成为正常的事情。依照一位经济学家的估计，在中国，"灰色收入"在 2005—2008 年差不多翻了一番，几乎达到 GDP 的 15％[①]。这种灰色收入大多是来自与公共资金和公共资源、寻租以及占有公共资金及其他收入等相关的腐败。

第二，虽然作为 GDP 其中一部分的投资增加了，但作为国民收入其中一部分的工人工资却出现了长期的下降，工人的各种形式的收入增长都放缓了。这就进一步加大了贫富差距。根据李石的估计，2003—2007 年，中国的基尼系数从 0.45 上升到了 0.48；排除抽样误差（主要是在高收入人群中）后，这一数字为 0.52（李石与罗楚亮 2011）。即使如国家统计局所公布的中国个人收入的基尼系数自 2003 年就高于 0.47，人们依旧普遍认为还是过高了（见表 4-4）。

表 4-4 个人收入的分配（1988—2012 年）

年份	1988	1995	2003	2004	2005	2006	2007	2008	2009	2010	2011	2012
基尼系数	0.39	0.44	0.479	0.473	0.485	0.487	0.484	0.491	0.490	0.481	0.477	0.474

资料来源：1988 年和 1995 年的基尼系数来自李石文章，"中国个人收入分配回顾与展望"，《经济学季刊》2003 年 2 月；2003—2012 年的基尼系数来自国家统计局于 2013 年 1 月 18 日公布的数据。见国务院新闻办公室网站 http://www.scio.gov.cn/xwfbh/xwbfbh/wqfbh/2013/0118/index.htm。

旨在刺激增长的政府干预已经导致了严重的经济和社会混乱以及官员（或者说政府）与老百姓之间的冲突更加激烈，同时加剧了社会动荡。如果不加快法律、民主和以市场为导向的改革步伐来避免这些问题更加恶化，中国就可能会在从国家资本主义到权贵资本主义的道路上越陷越深。

4.4 我们会经历未来中国新一轮的改革吗？

2011 年以后，中国的政治和社会状况发生了一些细微的变化。一方面，随着有关中国向何处去的争论愈加激烈，许多人认识到，回头是不可能的了。另一方面，多年来隐藏着的

---

① "灰色收入"是指两类收入：一是无法清楚地界定为合法或在现有法律法规下为非法的收入；二是通过非法手段却没有明确的证据证明是非法的收入。见王晓鲁"灰色收入和国民收入分配"，《比较研究》，2010(3)。

问题逐渐浮现出来,例如,在唯发展主义制度下,重大项目如高铁建设中所涉及的令人触目惊心的腐败与浪费问题。重庆2012年事件也对毫无约束的政治权力的危险性敲响了警钟。

从2012年春开始,中国的改革气氛开始回暖,对改革建立一种新共识的可能性已经出现。越来越多的人都认为应当重启改革进程,但也有许多人相信,新一轮的改革应当包括以市场为导向的经济改革,以及旨在加强法律体系和民主的政治改革。

与此同时,中央和地方都已经进行了试验性的改革。例如,中国人民银行采用了灵活的措施逐步使存贷款利率更加市场化。中国证券监督管理委员会正在采取步骤将其监管办法从当前的依靠实体认证的模式转变为强制信息披露的合规监管。上海市正在实施一项计划,将国家资本从几十个非战略行业中抽离出来。广东省的几项制度创新也值得关注:首先,从深圳开始的允许建立非政府所属的民间组织的改革已经在全省推开。其次,经国家工商行政管理局的允许,广东还实施了一项简化企业注册制度的试点项目。这些措施可能会促使非公共组织获得更大的自由,从而进入原本受限的那些经济社会领域。

2012年11月举行的中共十八大指出,"我们必须以更大的政治勇气和智慧,不失时机深化重要领域的改革"。在经济改革方面,必须"继续完善社会主义市场经济……处理好政府角色与市场角色之间的关系……更大程度更广范围发挥市场在资源配置中的基础性作用"。在政治改革方面,建议党要"更加努力地以系统性方式加强社会主义民主政治……(并)确保所有的治理职能都是依据法律进行的"。这就表示了重启中国改革的第一步。2012年12月,中央经济工作会议也号召要在2013年"明确全面深化改革的总体方案、路线图和时间表"。

目前,各界人士都在对总体方案和新一轮改革思路进行热烈讨论。由于存在着传统的"左倾主义"思想以及特殊利益集团在近几年利用权力所获得的财富,下一步的改革并非没有障碍。但有望走向一个繁荣、民主、文明、和谐的现代国家的新阶段的改革,依然是值得期待的。

参 考 文 献

Acemoglu D,Robinson J.国家衰退的原因:权力、繁荣与贫穷的起源.纽约:皇冠出版社,2012.

白重恩与钱振杰.中国要素收入分配1978—2007.中国经济评论,2010,21(4):650-670.

Brus W.市场社会主义.Eatwell J. et al.(编辑)帕尔格雷夫新经济学词典.伦敦:MacMillan,1987,3:337.

中共中央文献研究室.邓小平思想年谱(1975—1997).北京:中央文献出版社,1998.

陈君、洪南(编辑).江泽民与社会主义市场经济体制的提出.北京:中央文献出版社,2012.

陈云.陈云文选.北京:人民出版社,1995.

Chow G.中国的经济转型.牛津:Blackwell Publishers,2007.

特约评论员.以公有制为主体的基本标志及怎样才能坚持公有制的主体地位.当代思潮.1996(4).

Coase R.中国如何成为资本主义.伦敦:Palgrave MacMillan,2012.

邓小平.邓小平文选.北京:外语出版社,1994.

比较经济与社会制度编辑部.腐败:货币与权力的交换.北京:中国展望出版社,1989.

Friedman M.米尔顿·弗里德曼与赵紫阳备忘录.Milton,Rose D. Friedman.两位幸运的人(再版).芝加哥:芝加哥大学出版社,1998:607-609.

胡和立.廉政三策.比较经济学与社会制度,1989(2).

华生等.论具有中国特色的价格改革道路.经济研究,1985(2).

华生等.经济运行模式的转换：试论中国进一步改革的问题和思路.经济研究,1986(2).

江泽民.江泽民论社会主义市场经济.北京：中央文献出版社,2006.

江泽民.江泽民文选.北京：外语出版社,2010.

Kornai J.社会主义制度：共产主义的政治经济.新泽西普林斯顿：普林斯顿大学出版社,1992.

李石,罗楚亮.中国的收入差距有多大?.经济研究,2011(4).

李石,岳溪明.中国城乡收入差距调查.财经,2004(3)-(4).

Naughton B.中国经济：转型与增长.马萨诸塞州剑桥：MIT出版社,2007.

千家驹.关于物价、教育、社会风气的几点意见//海外游子声.香港：宇宙出版社,1998.

钱颖一,许成钢.为什么中国经济改革不同：M型层级与非国有部门的进入/扩张.转型经济学,1993,1(2),135-170.

中国社会科学院经济所研究室.中国的经济体制改革：巴山轮宏观经济管理讨论会文集.北京：中国经济出版社,1987.

Vogel E F.邓小平与中国转型.马萨诸塞州剑桥：哈佛大学出版社,2011.

王忍之.关于反对资产阶级自由化.1989年12月15日在中央党校党建理论研究班上的讲话；发表于《人民日报》1990年2月22日及《求是》第4期.

王晓路.灰色收入与国民收入分配.比较研究,2010(3).

世界银行.中国：长期发展问题与选择.巴尔的摩：约翰霍普金斯大学出版社,1985.

吴敬琏.对中国经济改革的理解和解释.俄亥俄州梅森：Thomson/South-Western,2005.

吴敬琏.经济学与中国的经济增长.Aoki M,Wu J(编辑).中国经济：一种新的转变.伦敦：Palgrave Macmillan,2012：13-31.

吴敬琏,张军扩,吕薇,隆国强,张春霖.实现国有经济的战略性改组：国有企业改革的一种思路.管理世界,1997(5).

吴敬琏,赵人伟.中国工业中的双轨制价格问题.比较经济学杂志.1987,11(3)：309-318.

许成刚.中国改革与发展的基础制度.经济文献杂志,2011,49(4).

叶剑英.在中共中央委员会中央工作会议闭幕式上的讲话//叶剑英选集.北京：人民出版社,1996：496-601.

张薇薇.中国波动：文明国度的崛起.新泽西州哈肯萨克：世界百年,2012.

赵紫阳.在3月13日中共中央金融工作领导小组会议及3月15日国务院常务会议上的讲话,未出版,1986.

第5章

经济增长与发展

作者：林毅夫

中国的经济发展始终是个奇迹，自 1979 年开始从计划经济向市场经济过渡以来，年均 GDP 增长率为 9.9%，贸易增长率为 16.3%。本章试图给出五个相关问题的答案：为什么中国能在过渡期内取得如此非凡的增长业绩？为什么中国在过渡期之前无法取得类似的成就？为什么其他大多数的过渡经济体，包括社会主义的和非社会主义的，都不能取得类似的成就？中国取得非凡的成功付出的是怎样的代价？中国能否在未来的几十年内继续保持旺盛的增长？本章认为，中国在过渡期内非凡的发展成就是依据其比较优势来发展经济的结果，这种比较优势让中国占据了"后发优势"的位置。过渡期前的不良表现是因为中国试图去发展违背比较优势的资本密集型重工业，而中国却是一个资本短缺的农耕经济体。其他的过渡经济体没有取得类似的成就是因为它们采取的一种阵痛治疗方法导致了经济体的崩溃，而中国采取的是一种渐进的双轨制方式，从而达到了稳定性和动态增长的共存。这种过渡方法的代价就是收入差距的扩大以及其他社会经济问题。然而，在未来的几十年，如果双轨制过渡所遗留的扭曲问题能够消除，中国仍具有维持动态增长的潜力。

近代以前的 1 000 多年里，中国是世界上最先进和最强大的国家之一。即使到了 19 世纪，中国依旧主导着世界经济格局。根据著名的经济历史学家安格斯·麦迪森（Angus Maddison）的说法，中国在 1820 年占据了全球购买力等效 GDP 的 1/3（见图 5-1）。但随着 18 世纪工业革命的到来，西方国家迅速发展，而中国则出现了下滑。随着经济的疲弱，中国屡次被西方列强挫败，成为一个半殖民地国家，对 20 个国家放弃了条约口岸的治外法权。关税收入受到外国人的控制，并向英国、日本和俄国割让土地。

自从中国在 1840 年鸦片战争中失败后，像其他发展中国家一样，那些国家的精英们都致力于使祖国再次成为强大而有尊严的国家。但他们的努力成效甚微，中国在全球 GDP 中的份额缩小到了大约 5%，并且直到 1979 年以前都处于低位徘徊（见图 5-1）。

中国的经济命运在 20 世纪 70 年代末开始实施改革开放政策之后发生了巨大的变化。从那时起，中国的经济成就便始终堪称奇迹。1979—1990 年，中国的年均增速为 9.0%[①]。在这期间的最后阶段，甚至直到 21 世纪初，许多学者仍然认为，由于缺乏基本的改革，中国

---

① 除非另外指明，论文中所叙述的中国经济统计数字均取自世界银行、《世界发展指标 2012》、《中国统计摘要 2012》、《中国统计纲要 1949—2008》，以及不同年份的《中国统计年鉴》。

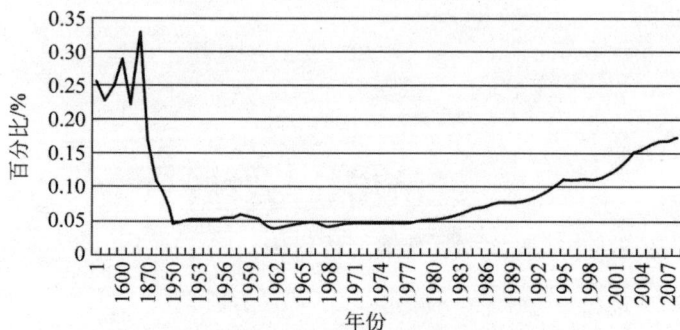

图 5-1　中国在全球 GDP 中的份额

资料来源：麦迪森 2010。

不会维持这样的增速太长时间[①]。但中国的年增长率在 1991—2011 年却增加到了 10.4％。在全球经济背景下，中国在过去 30 年中的增长是前所未有的。这与东欧和苏联等其他过渡期经济体的低迷表现形成了巨大的反差。

非凡成就的结果，使得中国在全球经济中的地位发生了翻天覆地的变化。1979 年，中国以仅仅占全球以当前美元计算的 GDP 0.98％的份额刚刚站到全球经济的天平上。而今天，中国成为了世界第二大经济体，创造了全球 GDP 的 8.4％（2011 年）。

1979 年，中国是一个低收入国家；以当前美元计算，人均收入 182 美元，比撒哈拉沙漠以南国家的平均值低了 1/3。但中国现在是一个中上等收入国家，2011 年，其人均收入达到了 5444 美元，比撒哈拉沙漠以南的非洲国家高出 3 倍。这种非凡成就的结果，使得中国已有 6 亿多人摆脱了贫困。

在这一过渡期的开始，中国还是一个内向型经济体，贸易依赖（贸易比 GDP）比率为 17.9％，低于世界水平的一半。1979—2011 年，中国的年均贸易增长率以当前美元计算为惊人的 16.3％。现在，中国是世界上最大的商品出口国。2011 年中国的进出口占全球贸易的 8.4％。

这一增长和贸易扩张的背后，呈现的是一次引人注目的结构转型——特别是迅速的城市化和工业化。1979 年经济改革之初，中国基本上是一个农耕经济体，其 81％的人口都生活在农村地区，初级产品占全部国内产品的 31.3％。2011 年，这两个比率分别下降到了 48.7％和 10.1％。类似的变化也出现在了中国的出口构成上。1980 年，初级产品占到了商品出口的 50.3％。现在，中国的出口产品中有 80.6％为制造业产品。

与中国的出口构成变化相伴的是外汇储备的积累。即使在 1990 年，中国的外汇储备为 111 亿美元，仅够确保 2.5 个月的进口，而如今中国的外汇储备超过了 3 万亿美元，是世界上最多的。

中国充满活力的增长也为世界做出了巨大的贡献。在 1998 年的东亚金融危机和 2008 年的全球金融危机中，中国经受住了打击，保持了旺盛的增长。中国维持人民币稳定的决定帮助了其他东亚经济体避免了竞争性贬值，这对那些受到危机影响的国家尽快从危机中恢复做出了极大的贡献。中国的强劲增长在当前全球危机中对于世界经济的恢复都是一股强大

---

① 　Gordon H. Chang 撰写的《中国未来的崩溃》，2001 年由 Random House 出版，是这一观点的代表。

的推动力量。

中国在过去 30 年中的杰出成就远远超过了所有人在过渡期开始时的预期,包括邓小平这位中国改革开放战略的总设计师[①]。

本章中笔者试图为五个相关的问题寻求答案:为什么中国能在过渡期内取得如此非凡的增长业绩?为什么中国在过渡期之前无法取得类似的成就?为什么其他大多数的过渡经济体,包括社会主义的和非社会主义的,都不能取得类似的成就?中国取得非凡的成功付出的是怎样的代价?中国能否在未来的几十年内继续保持旺盛的增长?本章将以中国发展的几点经验教训为其他国家提供总结。

5.1 中国在过渡期内取得非凡成就的原因

人均收入迅速而持续的增长是一种现代现象。经济历史学家(如安格斯·麦迪森)(2001)的研究表明,18 世纪之前西方的人均年收入增长仅为每年平均 0.05%,在 19 世纪跃升到了 1% 左右,而到了 20 世纪则达到了 2% 左右。这就意味着欧洲的人均收入在 18 世纪前需要 1400 年才能翻一番,在 19 世纪则需要 70 年,之后则仅需要 35 年。

不断出现的技术创新和产业升级是任何经济体内任何时候维持持续增长的基础(林 2012b)。西方近代以来增长的急剧飙升其原因就是技术创新模式的转变。在 18 世纪工业革命之前,技术创新的产生主要是来自于工匠和农民的日常生产经验。工业革命之后,基于经验的创新越来越被现场试验所取代,之后,则是在实验室中通过科学实验进行[林 1995;兰德斯(Landes)1998]。这种转变加速了技术创新的速度,标志着现代经济增长的到来,有助于 19—20 世纪收入增长出现了急剧加速[库兹涅茨(Kuznets)1966]。

工业革命不仅加快了技术创新的速度,也改变了工业、经济、和社会的结构。18 世纪之前,每一个经济体都是农耕经济;85% 或更多的劳动力都在从事农业生产,主要是为家庭进行自给自足的生产。增长的加速伴随着的是劳动力从农业到制造业和服务业的转移。而制造业又逐渐从一开始的劳动密集型为主的产业转移到了资本密集型为主的产业和高新技术产业。最后,服务业开始主导经济。伴随着产业结构变化的是生产规模、所需的资金和技术、市场范围和风险的增大。要发掘由新技术与产业所释放的潜力并降低交易成本和分散风险,就需要进行创新以及改善经济体的硬件基础设施,如电力和路网,及其软件基础设施。软件基础设施包括信仰、法律框架、金融机构和教育系统等元素[刘易斯(Lewis)1954;库兹涅茨 1966;诺斯(North)1981;林 2011]。

像中国这样的发展中国家,从 1949 年开始其现代化建设,在追求技术创新和结构转换方面具有潜在的后发优势[格申克龙(Gerschenkron)1962;世界银行 2008]。在先进的高收入国家,技术创新和产业升级要求在研发方面有高昂的风险投资,因为其技术和产业是居于全球前沿的。此外,发挥新技术和产业的潜力所需要的制度创新,往往是以昂贵的试错、路径依赖、演进的过程开始的[费和拉尼斯(Ranis)1997]。相比之下,处于追赶过程中的落后国家能够以较低的风险和成本借用先进国家的技术、产业和制度。所以如果一个发展中

[①] 当时邓的目标是中国经济规模在 20 年里翻两番,这就意味着年均增长率为 7.2%。20 世纪 80 年代甚至是 90 年代的大多数人都认为实现这一目标是一项不可能的任务。

家知道如何利用技术、产业、社会和经济制度方面的后发优势,就能够以数倍于高输入国家的年增长率实现数十年的增长,之后缩小与这些国家的收入差距。

第二次世界大战后,全球有 13 个经济体在长达 25 年或更长的时间内实现了 7% 或更高的年均增长。由诺贝尔经济学奖得主迈克尔·斯彭斯(Michael Spence)为首的增长与发展委员会发现,这 13 个经济体中的 5 个具有共同特征,而第一个特征就是利用后发优势潜力的能力。按委员会的话说,这 13 个经济体:"进口世界不知道的东西并出口世界想要的东西"(世界银行,2008,第 22 页)[①]。

邓小平于 1979 年启动了过渡期后,中国通过采用开放战略以及开始挖掘这种潜力(进口世界不知道的东西并出口世界想要的东西),成为了 13 个成功的经济体之一。其中,外商直接投资的大量流入和国际贸易的快速增长,以及贸易依存度的急剧增加都表明了这一点。而在 1979 年,初级产品和加工过的初级产品占中国出口总额的 75%,工业制成品所占的份额到 2010 年已经增加到了 95%。此外,中国出口产品从 20 世纪 80 年代和 90 年代简单的玩具、纺织品和其他廉价产品升级为 21 世纪的高附加值和技术先进的机械和信息与通信技术产品。对后发优势的开发已使中国通过减少创新成本、产业升级以及社会和经济的转型成为了世界工厂并实现了非凡的经济增长(林,2012a)。

5.2 为什么中国在 1979 年前无法实现快速增长?

中国在 1979 年过渡期开始之前很早就拥有后发优势。社会主义政府在 1949 年取得了革命的胜利,并于 1953 年开始认真地进行现代化建设。为什么中国在 1979 年之前没能利用后发优势的潜力实现旺盛的增长呢?这样的失利主要是因为中国在当时采取了错误的发展战略。

在前现代时期,中国是最先进最强大国家中的最大经济体[麦迪森(Maddison),2007]。像中国许多其他的社会精英和政治精英一样,毛泽东、周恩来和其他中国第一代革命领导人都被快速实现现代化的梦想鼓舞着。

工业化的缺乏,特别是作为军事实力和经济实力基础的大型重工业的缺乏,被认为是国家落后的根本原因。因此中国的社会和政治精英们就自然而然地通过在革命胜利后优先发展先进的大型重工业来着手进行国家建设[②]。在 19 世纪,法国、德国、美国和其他西方国家的政治领袖们经过对比其本国工业的落后与英国工业实力的提高,也都有效地采取了相同的策略。[格申克龙(Gerschenkron),1962;张,2003]

从 1953 年开始,中国采用了一系列雄心勃勃的五年计划来加速现代先进工业的建设,以十年超过英国,十五年赶上美国为目标。但中国当时是一个低收入的农耕经济国家。1953 年,83.5% 的劳动力服务于初级产业,人均收入(以购买力平价条件衡量)仅为美国的 4.8%(麦迪森,2001)。鉴于中国的就业结构和收入水平,国家在现代先进的资本密集型工

---

① 其他的特征分别是,宏观经济稳定性、高储蓄率与投资率、市场体制,以及尽责、可靠和有能力的政府。林与 Monga(2010)表明,前三个特征是遵循经济体在产业发展不同阶段的比较优势的结果,而后两个特征是经济体在产业发展时遵循其比较优势的前提条件。

② 发展重工业的渴望在社会主义精英们得到政治权力之前就存在的。1919 年,现代中国之父孙中山先生提出发展"重点和基础产业"作为其中国工业化计划中的重中之重(孙,1929)。

业方面相对于高收入国家不具有比较优势；此外，这些领域中的中国企业在开放竞争的市场中是无法成功的[①]。

为了实现其战略目标，中国政府需要通过给予这些行业的企业以垄断地位并通过不同的价格倒挂（包括限制利率、汇率高估以及较低的投入品价格）来对这些企业进行补贴，从而对重点行业进行保护。价格倒挂加剧了短缺，政府不得不用行政手段来直接向缺乏生存能力的企业调配资源（林，2009；林、李，2009）。

这些措施使得中国迅速建立起了现代先进工业，在20世纪60年代试爆了原子弹，并在20世纪70年代发射了卫星。但因资源配置出现问题，激励因素扭曲，且中国具有比较优势的劳动密集型产业的发展受到抑制。其结果就是经济效率低下，1979年以前的增长主要是由投入的增加来驱动的[②]。尽管1952—1978年6.1%的年均GDP增长率是相当不错的，并且拥有了一个广泛的大型现代化工业，但中国在1979年过渡期开始之前从就业结构来看仍然是一个贫穷的农业经济体，其劳动力有71.3%都是在从事传统的农业。1952—1978年家庭消费年增长只有2.3%，与1979年后7.1%的平均增长率形成了鲜明的对比。

5.3　为什么其他过渡期经济体没有取得同样的成就？

第二次世界大战后，所有其他社会主义国家和许多发展中国家都采取了类似中国的发展战略。大多数殖民地在20世纪50年代后都获得了政治独立。与发达国家相比，这些新独立的发展中国家有着极低的人均收入、高出生率和死亡率、平均受教育程度低，再就是拥有很不起眼的基础设施，专门大量生产和出口初级产品而进口大部分制造品。现代先进产业的发展被认为是实现经济的快速腾飞，避免对西方工业大国的依赖，以及消除贫困的必由之路[普雷维什（Prebisch），1950]。

20世纪50年代后，对于社会主义和非社会主义阵营中的发展中国家来说，采取进口替代策略来促进本国的资本密集型现代先进产业的发展成为了一种时尚（Lal和Mynt，1996，林，2012c）。但是由于农业经济体的天赋结构，无法使它们优先发展名单中的资本密集型的现代产业具有比较优势。要实现自己的发展战略，社会主义和非社会主义发展中国家都引入了与中国类似的价格倒挂和政府干预[③]。

这种战略在20世纪50—70年代使得这些国家能够建立某些现代产业并实现10年或而20年的投资拉动型增长。然而，价格倒挂会导致普遍性的软预算约束、寻租和不当的资源配置（林、潭，1999）。经济效率低是不可避免的。到了20世纪七八十年代，发展停滞和频繁的社会和经济危机开始困扰着大多数的社会主义和非社会主义发展中国家。因而从国家

---

　　① 尽管19世纪末法国、德国和美国的政策目标与20世纪50年代中期中国的目标十分相似，但这三个国家的人均收入却是当时英国的大约60%～75%。较小的人均收入差距表明，政府优先发展计划清单中的那些产业都是这三个国家潜在的比较优势所在（林与Monga，2011）。

　　② 由Perkins和Rawski（2008）所做的估计表明，1952—1978年的总要素生产率年均增长0.5%，而1978—2005年则为3.8%。

　　③ 对于发展中国家普遍深入的价格倒挂存在各种不同的解释。Acemoglu，Johnson，Robinson（2005）；Engerman，Sokoloff（1997）；以及Grossman，Helpman（1996）提出，这些价格倒挂是由政府被强大的既得利益集团绑架所造成的。林（2012a，2009和2003）以及林与李（2009）提出，价格扭曲是经济体的比较优势与受当时主流社会思潮影响的政治精英们为国家的现代化而确定的行业优先发展目标之间的冲突造成的。

过度干预到经济自由化成为了 20 世纪 80—90 年代的发展趋势。

糟糕的经济表现和社会与经济危机的症状以及价格倒挂和政府干预这类根源,是中国和其他社会主义转型经济国家以及其他发展中国家的普遍情况。但在 20 世纪 80 年代,学术界和政策界并没有认识到,那些价格倒挂是次佳的制度安排,满足了保护那些优先行业内没有生存能力的企业的需要。因此,他们建议,社会主义国家和其他发展中国家应通过同时实施自由化、私有化和市场化以快速实现效率和最佳结果为目标,立即取消所有的价格倒挂(林,2009)。

但是如果立即取消那些价格倒挂,则优先发展领域中的许多无生存能力的企业就会倒闭,导致 GDP 萎缩、失业率飙升以及剧烈的社会混乱。为了避免这些可怕的后果,许多国家的政府继续通过其他变相的低效率的补贴和保护措施来补助那些无生存能力的企业(林、潭,1999)。与 20 世纪 60—70 年代相比,处于转型期的国家和发展中国家在 80—90 年代的增长表现和稳定性都更加不尽如人意(Easterly,2001)。

中国在转轨过程中采取了务实、渐进和双轨制的方法。政府首先通过允许集体农场和国有企业的工人在以固定价格向国家上缴配额义务后,成为剩余产品的索取者并确定价格在市场上进行售卖,从而提高他们的积极性和生产力(林,1992,2012a)。与此同时,政府继续向优先领域内无生存能力的企业提供必要的保护,并同时放开在中国具有比较优势而在过渡期之前受到抑制的劳动密集型产业中的私营企业、合资企业和外商直接投资企业。这种过渡战略使得中国既通过避免原有优先产业崩溃来保持稳定性,又通过追求自身的比较优势和利用产业升级过程中的后发优势实现了旺盛的增长。此外,在新开放的产业中的旺盛增长还为原有优先产业的改革创造了条件。通过这种渐进的、双轨制的方法,中国实现了"没有输家的改革"[Lau、钱、和罗兰(Roland),2000;林、蔡和李,2003;诺顿(Naughton),1995]并逐步而稳定地变成一个有效的市场经济体。

其他几个社会主义经济体,如在过渡期取得了杰出成就的波兰[1]、斯洛文尼亚和越南,也都采取了类似的渐进和双轨制的方法(林,2009)。毛里求斯在 20 世纪 70 年代采用了一种类似的方法来对进口替代战略所引起的价格扭曲进行改革,成为了非洲的一个成功案例[萨勃拉曼尼亚(Subramanian)和罗伊(Roy),2003][2]。

5.4　中国取得成功付出的是怎样的代价?

采用渐进的双轨制方法进行过渡是一把双刃剑。其在使得中国实现过渡期内令人羡慕的稳定性和增长的同时,也同时带来了一些结构问题,特别是收入分配的差距、消费和储蓄,

---

[1]　除了其在最初试图实施震荡治疗,波兰直到过渡期的最后阶段才将大型国有企业私有化。

[2]　在 20 世纪 80 年代,苏联、匈牙利和波兰采取了一种渐进的改革方式。然而,与中国的情况不同,他们的国有企业不能对完成配额义务之后在市场上销售的产品进行定价,私有企业进入紧要领域则要受到严格的限制,但工资却是放开的(在中国工资的上涨要接受国家的管理)。这些改革引起了工资通货膨胀并加剧了短缺。见林(2009:88-89)关于中国的渐进方式与苏联和东欧国家的差异的讨论。

以及外部账户等[①]。1979过渡期开始时,中国是一个相对平等的社会。迅速增长后,收入分配的不平等日益明显。用于衡量收入不平等的基尼系数从1981年的0.31增加到了2008年的0.47[拉瓦雷(Ravallion)和陈,2010]。与此同时,家庭消费占GDP的比例从50%左右降到了35%左右,而固定资产投资却从占GDP的30%左右提高到了45%以上(见图5-2中的(a)图),净出口从几乎为零增加到了2007年占GDP的8.8%(见图5-2中的(b)图)。正如我将在下文中详细说明的,这种差距是以双轨制方式过渡的过程遗留的价格扭曲所产生的副产品,这种双轨制方式是有利于大公司和富人的。

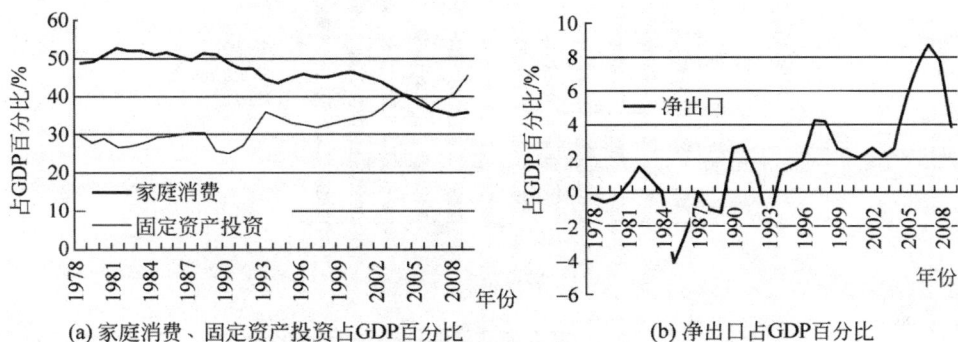

(a) 家庭消费、固定资产投资占GDP百分比 (b) 净出口占GDP百分比

图 5-2 家庭消费、固定资产构成和净出口对 GDP 的贡献

资料来源:国家统计局,《中国统计摘要,2010》,第36页。

在转型过程中,中国政府保留了一定程度的扭曲,作为向既往战略的优先产业中无生存能力的企业提供一种持续的支持(见5.3节)。遗留下的主要扭曲包括,金融服务集中在了四大国有银行和证券市场,几乎为零的自然资源税,以及包括电信、电力和银行在内的重要服务产业的垄断[②]。

这些扭曲有助于中国在转型过程中保持稳定。但它们也促成了收入差距的加大以及其他方面的经济失衡。这是因为只有大公司和富人能够获得大银行和证券市场所提供的信贷服务,而利率又受到了人为的抑制。其结果就是,大公司和富人们不断地从那些无法获得银行信贷服务的以及相对较贫穷的储户那里获得补贴,而证券市场上的情况也基本类似。因而利润与财富向大公司集中以及收入差距的扩大是不可避免的。较低的自然资源税征收和服务业的垄断也会产生类似的影响。

---

① 今天中国包括环境恶化和缺乏社会保护等方面的许多问题对于发展中国家来说都是普遍存在的。在这一节中,笔者只集中在由中国的双轨制转型方式所引发的几个突出问题上。由 Brandt,Rawski(2008)编辑的合集对中国的其他发展和转型问题进行了深入的讨论。

② 过渡期之前,国有企业直接通过政府预算免费获得投资和运行资金。20世纪80年代初,政府成立了四大国有银行,财政拨款制度才被银行贷款以及后来的证券市场所取代。利率被人为保持在低位,以补贴国有企业。自然资源的价格也保持在一个极低的水平,以减少重工业的投入成本。在回报中,矿业公司则被免除支付特许开采费。转型后,自然资源的价格在20世纪90年代早期被放开,但特许开采权费却只是名义上的,以弥补从国家转移支付给国有矿业企业退休职工的养老金准备。然而,直到20世纪80年代之后才得以进入的私营与合资矿业公司,它们没有任何的养老金负担。低特许开采权费支付相当于直接把来自于国家的自然资源费转移到了这些企业,这使它们利润丰厚。过渡期之前给予电信和电力行业以垄断地位的根本原因在于,它们提供的是公共服务并要对大量投入的资金进行偿还。由于过渡期后的快速发展和快速的资本积累,资本现在不再是一种约束了,但中国政府却继续允许服务行业享有垄断收益(林,2012a;林、蔡、李,2003)。

总的来说,高收入家庭比低收入家庭的边际消费倾向更低。因此,如果财富是不成比例地集中在收入较高的群体,中国消费占 GDP 的比例就会降低,储蓄率就会上升。财富集中于大型企业也会起到类似的作用。这样的收入分配模式其结果就是中国相对较高的家庭储蓄和极高的企业储蓄,如图 5-3 所示。

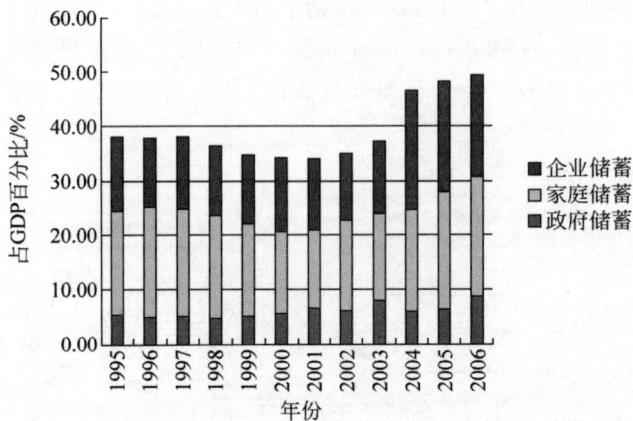

图 5-3　中国的企业、家庭和政府储蓄相对于 GDP 的百分比
资料来源:国家统计局,《中国统计年鉴(1998—2009)》。

较高的家庭和企业储蓄反过来又导致了高投资率和生产能力的快速建立。而较大的贸易顺差则是由于低消费率导致的有限的国内吸收能力的必然结果。因此,中国最紧要的就是要通过消除在金融、自然资源和服务领域中遗留的扭曲问题解决结构性失衡,从而完成向一个运转良好的市场经济的转型。必要的改革包括:第一,消除金融压制并允许包括地方银行在内的小型地方金融机构的发展,从而增加金融服务,特别是让家庭农场以及制造业和服务业中的中小企业能够获得信贷服务;第二,改革养老金制度,消除国有矿业公司的离退休职工的养老金负担并征收适当的自然资源税;第三,鼓励电信、电力和金融部门的准入和竞争。

5.5　中国能否在未来的几十年内继续保持旺盛的增长?

没有哪个国家能够像中国这样保持 9% 的年增长率达 30 多年之久。中国能否在未来 20 年或更长的时间内继续保持如此快速的增长呢? 如果不是基于乐观的估计而是基于潜在的后发优势进行考虑的话,答案是:是的。2008 年,中国的人均年收入按麦迪森的购买力平价估计仅为美国的 21%[①]。中美之间的收入差距表明,中国与工业化国家之间依然存在着很大的技术差距,因而可以继续通过后发优势来缩小差距。

麦迪森的估计说明,中国相对于美国来说,其当前的经济状况类似于 1951 年的日本、1967 年的新加坡、1975 年的中国台湾以及 1977 年的韩国。日本在 1951—1971 年的 GDP 增长率为 9.2%,新加坡在 1967—1987 年为 8.6%;中国台湾在 1975—1995 年则为 7.6%。

---

①　这里以及下一段采用的国家统计数字均来自于 Angus Maddison 的《世界经济的历史统计:公元 1—2008 年》,见 www.ggdc.net/maddison/Historical_Statistics/horizontal-file_02-2010.xls。

中国在 1979 年后的发展战略与日本、新加坡、韩国和中国台湾相似。因此从后发优势来看，中国具有在未来 20 年实现 8% 增长率的可能。

日本 1971 年的人均收入以购买力平价衡量为美国的 65.6%，新加坡 1987 年为 53.8%，台湾 1995 年为 54.2%，而韩国 1997 年则为 50.2%。如果中国能够发挥出潜力，从现在起 20 年内，中国的人均收入以购买力平价衡量可以达到美国人均收入的 50% 左右。以购买力平价衡量，2030 年中国的经济可能会是美国的两倍；如果以市场汇率衡量，取决于中国重估其货币价值的快慢，中国经济规模可能至少要与美国不相上下。

许多经济和非经济因素将决定中国是否能发挥其全部的潜力。中国作为一个处于过渡期的发展中国家，在其快速增长的过程中已经遇到了前所未有的问题，这些问题都需要解决。

5.5.1 不断扩大的收入差距与城乡差距

在改革开放的最初阶段，城乡之间的差距以及中国东部、中部和西部地区之间的差距都在缩小。但在 1985 年后这些差距却扩大了。基尼系数（一种衡量收入平等与否的系数，0 为完全平等；1 为完全不平等）从 1981 年的 0.31 增加到了 2005 年的 0.42，接近拉美国家的水平（世界银行，2010）。孔子曾说："民不患寡而患不均。"确实，不断扩大的收入差距会导致低收入群体产生仇恨心理。此外，教育、医疗、公共卫生体系却并不发达。所以收入差距可能会导致局势紧张，破坏社会的和谐与稳定。

5.5.2 资源的低效利用和环境失调

中国经济的快速增长消耗了大量的能源和资源。2006 年，中国以占世界 5.5% 的 GDP 却消耗了世界 9% 的石油、23% 的铝、28% 的钢材、38% 的煤炭和 48% 的水泥。由于自然资源总是有限的，所以，如果中国不改变其增长模式或降低资源消耗，其附带结果就会在未来几代人中伤害到其他的国家。此外，资源价格的上涨会增加过度消费的成本，这也违背了共产党所倡导的科学发展战略。

危险的高速发展所带来的环境问题也非常严重。近年来的矿山灾害和自然灾害已经证明了这种环境的恶化。由于自然灾害会带来致命的打击，所以保护环境、防止灾害在中国也是非常重要的。

5.5.3 外部失调与货币升值

中国自 1994 年以来就一直存在货币账户盈余和资本账户盈余。2005 年以前，货币账户盈余相对较小，但在 2007 年则达到了 GDP 的 7.6%。大规模贸易顺差的结果是，中国迅速积累起超过 3 万亿美元的外汇储备，这在全世界是最多的。

与中国不断上升的贸易顺差相伴的是美国不断上升的贸易逆差。在 2008 年全球金融危机之前，这种失衡问题备受关注。2007 年在美国国会作证时，彼得森学院的 C. 弗雷德·伯格斯坦（C. Fred Bergsten）说："全球失衡可能代表了目前对于美国经济和世界经济持续增长和稳定的一个最大威胁"（伯格斯坦，2007）。在整个危机过程中，有人声称，自从"大萧条"以来最严重的全球经济衰退是部分或全部地由全球失衡，特别是美国和中国之间的失衡所造成的。一些经济学家，如诺贝尔奖获得者保罗·克鲁格曼（Paul Krugman）认为，人民币的低估造成了美国巨额的贸易逆差,而随后中国购买美国国债降低了利率,从而导致了美国股市和房地产的泡沫,进而引起了金融危机(克鲁格曼,2009,2010)。其他人认为,对人民币进行价值重估以平衡中美贸易,是全球经济持续复苏的一个先决条件[戈德斯坦(Goldstein),2010]。

5.5.4 腐败问题

在中国改革开放前,不同社会圈子里的人们都只有单一的收入来源,腐败是显而易见且易于防止的。但在后改革时代,当物质激励成为了提高效率的主要工具时,收入来源变得更加多样化,各种灰色和黑色收入很难发现。官员腐败的蔓延进一步加大了收入差距,也加大了那些利益受到损害的群体所怀有的愤懑,进而损害了政府的公信力。这种情况如果加剧,政府将很难在重大危机中保持社会的凝聚力,经济和社会的稳定都会被削弱。

5.5.5 教育问题

中国的教育政策注重的是数量而非质量,这就不利于工人的培训和长期的社会进步。无论出现什么形式的技术创新,从国外借鉴或进行国内研发,中国必须依靠人才,没有良好的教育,创新是不可能的。

问题不仅是上述这些,还包括欠发达的社会保障制度、较低的技术水平、地方保护主义泛滥、越来越多来自全球化的挑战、不完善的法律制度,以及许多其他的政治、经济、社会甚至是外部的问题,而每一个问题都需要确认和处理。如果这些问题不能得到及时的解决,则其中的任何一个问题都可能导致社会和经济混乱,甚至是政治上的不稳定。而没有一个稳定的政治经济环境,中国将无法实现其快速增长的目标,无法发挥经济潜力。要发挥潜力,中国需要去除双轨制给改革带来的价格扭曲,完成向良好功能性的市场经济的转型,并克服现代化过程中其他的社会、政治、地缘政治等障碍。

结语:中国发展过程所提供给其他发展中国家的经验教训

是否可以从中国过去60年的发展经验中提取出有用的经验教训呢?答案显然是肯定的。任何一个发展中国家如果知道在各个发展水平上如何根据自身的比较优势发展自己的产业,并在技术创新和结构转型的过程中利用后发优势,就有机会促进其经济增长。一个运转良好的市场是根据自身的比较优势发展经济产业的前提,因为只有存在这样一个市场,经济体中各生产要素的相对价格才能反映出其相对稀缺性。这样一个运转良好的市场自然会推动企业进入与国家比较优势相一致的行业。如果一个发展中国家利用了科技与产业发展中的比较优势,它就会在国内外市场上具有竞争力。换句话说,它将迅速成长,迅速积累资本,并迅速提升其天赋结构。当天赋结构得到提升,其经济的比较优势就会变化,其产业结构以及软硬件基础设施也需要相应提升。在这个过程中,非常需要国家在补偿先锋企业在产业升级过程中所创造的外部因素方面,以及在协调单个企业所需的、在其决策中无法内化的投资和软硬件基础设施改善方面,发挥积极的促进作用。通过竞争市场和积极的、有利于国家的适当功能的发挥,发展中国家可以利用后发优势潜力来实现旺盛的增长(林,2011)。

许多发展中国家,由于他们的政府先前的发展策略,出现了各种各样的扭曲,而现有的许多公司在一个开放的竞争市场中都无法生存。在这方面,中国在过去的 30 年中的转型过程中所取得的经验也提供了有益的借鉴。在改革过程中,发展中国家最需要消除各种激励扭曲,以提高生产率,同时采用双轨做法来为那些没有生存能力的企业提供一些暂时的保护,从而使它们能够稳定而自由地进入国家具有比较优势的行业,以改善资源配置并利用后发优势。如果能做到这一点,其他发展中国家也能够在经济自由化的过程中实现稳定而旺盛的增长。

30 年前,没有人会想到中国将会成为利用后发优势潜力的 13 个经济体中的一员,并实现 25 年或更长时期年均 7% 以上的增长。对于目前力争消除贫困并缩小与高收入国家之间差距的发展中国家来说,中国转型与发展的经验将会帮助他们加入那些实现在未来数十年中保持 25 年或更长时期年均 7% 以上增长的国家名单中。

参 考 文 献

Acemoglu D,Johnson S,Robinson J A. 长期增长的基本原因:制度//经济增长便览. P. Aghion,S. N. Durlauf. 阿姆斯特丹:Elsevier,2005,1A:385-472.

Bergsten C F. 货币失调与美国经济. 在美国国会的陈述,2007 年 5 月 9 日. http://www.sasft.org/Content/ContentGroups/PublicPolicy2/ChinaFocus/pp_china_bergsten_tstmny.pdf.

Brandt L,Rawski T G. 中国经济大转型. 剑桥:剑桥大学出版社,2008.

Chang G H. 中国未来的崩溃. 纽约:Random House,2001.

Chang H. 2003 踢开梯子:历史角度看发展战略. 伦敦:Anthem 出版社,2003.

Easterly W. 令人困惑的增长探索:经济学家在热带的冒险与厄运. 马萨诸塞州剑桥:麻省理工学院出版社,2001.

Engerman S L,Sokoloff K L. 新世界经济体增长的要素禀赋、制度和差异路径:美国经济历史学家的看法//S. Haber. 拉丁美洲是如何落在后面的. 加利福尼亚州斯坦福:斯坦福大学出版社,1997:260-304.

Fei J,Ranis G. 从进化的观点看增长与发展. 马萨诸塞州马尔登:Blackwell,1997.

Gerschenkron A. 历史观点看经济落后:论文集. 马萨诸塞州剑桥:哈佛大学出版社,Belknap 出版社,1962.

Goldstein M. 对抗资产泡沫,大到不可破灭以及以邻为壑的汇率政策. 2009 年 12 月 15 日在国际货币基金和英国经济研究委员会、派特森国际经济研究院主办的"国际货币制度:展望未来,总结过去"研讨会上提交的评论所做的论文,2010.

Grossman G M,Helpman E. 选举竞争与特殊利益政治. 经济研究评论,1996,63(2):265-86.

Krugman P. 失衡的世界. 纽约时报,2009 年 11 月 15 日.

Krugman P. 中国的新年. 纽约时报,2010 年 1 月 1 日.

Kuznets S. 现代经济增长:速度、结构和蔓延. 康涅狄狄州纽黑文:耶鲁大学出版社,1966.

Lal D,Mynt H. 贫困、公平和增长的政治经济:一种比较研究. 牛津:Clarendon 出版社,1996.

Landes D. 国家的财富与贫困:为什么有些那么富有而有些那么穷,纽约:Norton,1998.

Lau L J,Qian Y,Roland G. 没有失败者的改革:中国双轨制转型方法分析. 政治经济杂志,2000,108(1):120-43.

Lewis W A. 劳动力无限供给的经济发展. 曼彻斯特经济与社会研究学院,1954,22(2):139-191.

林毅夫. 中国的农村改革与农业增长. 美国经济学评论,1992,82(1):34-51.

林毅夫. 尼达姆之谜:为什么工业革命不是起源于中国. 经济发展与文化变革,1995,43(2):269-92.

林毅夫. 发展战略、生存能力与经济集中. 经济发展与文化变革,2003,53(2):277-308.

林毅夫.经济发展与转型：思想、战略和生存能力.剑桥：剑桥大学出版社,2009.

林毅夫.新构建经济学：发展反思框架.世界银行研究观察员.2011,26(2)：193-221.

林毅夫.中国经济神秘化.剑桥：剑桥大学出版社,2012a.

林毅夫.新构建经济：发展与政策反思框架.华盛顿特区：世界银行,2012b.

林毅夫.追求繁荣：发展中国家如何起飞.普林斯顿：普林斯顿大学出版社,2012c.

林毅夫,Li F.发展中国家的发展战略、生存能力与经济扭曲//政策研究工作论文 4906,世界银行：华盛顿特区,2009.

林毅夫,Monga C.增长报告与新构建经济学//政策研究工作论文 5336,世界银行：华盛顿特区,2010.

林毅夫,Monga C.增长判别与促进：国家在结构变革动态中的作用.发展政策评论,2011,29(3).

林毅夫,Tan G.政策负担、责任与软预算约束.美国经济学评论,1999,89(2)：426-31.

林毅夫,Cai F,Li Z.中国奇迹：发展战略与经济改革.中国香港特别行政区：中文大学出版社,2003.

Maddison A.世界经济：千年透视.巴黎：OECD 发展中心,2001.

Maddison A.中国长期经济成就——第二版,修订与校正：公元 960—2030 年.巴黎：OECD 发展中心,2007.

Maddison A.世界经济历史统计：公元 1—2008 年.www.ggdc.net/maddison/.

国家统计局.中国统计摘要 2012.北京：中国统计出版社,2012.

国家统计局.中国统计纲要 1949—2008.北京：中国统计出版社,2009.

国家统计局.中国统计年鉴 1991.北京：中国统计出版社,1991.

Naughton B.计划外的增长：中国经济改革,1978—1993.纽约：剑桥大学出版社,1995.

North D.经济历史中的结构与变革.纽约：W. W. Norton,1981.

Perkins D H,Rawski T G.中国经济至 2025 年的增长预测//L. Brandt 与 T. G. Rawski.中国经济大转型.剑桥：剑桥大学出版社,2025.

Prebisch R.拉丁美洲经济发展及其基本问题.纽约：联合国,1950.转载于拉丁美洲经济摘要,1962,7,No. 1：1-22.

Ravallion M,Chen S.中国对抗贫困的(曲折)进步.发展经济学杂志,2007,82(1)：1-42.

Subramanian A,Roy D.谁能解释毛里求斯奇迹？Mede、Romer、Sachs 还是 Rodrik？//D. Rodrik.繁荣调查：分析叙述经济增长.普林斯顿：普林斯顿大学出版社,2003：205-243.

Sun Y S.中国的国际发展(第二版).纽约：G. P. Putnam's Sons,1929.

世界银行(代表增长与发展委员会).增长报告：可持续增长战略与内涵性发展.华盛顿特区：世界银行,2008.

世界银行.世界发展指标 2010.华盛顿特区：世界银行,2010.

世界银行.世界发展指标 2012.华盛顿特区：世界银行,2012.

第6章

中国人口： 变化与未来前景

作者：彭希哲[①]

中国经历了一个基本的社会和人口结构的转变,尤其是在过去的 30 年。在总生育率一直保持在低于 20 世纪 90 年代中期以来的替代水平的同时,预期寿命则在持续上涨。除了社会经济发展因素外,由政府资助的项目,包括计划生育和公共卫生服务,在人口结构的这些变化中发挥了至关重要的作用。巨大的民工流改变了人口分布并在最近几年加快了城市化进程。人口老龄化正在发生,未来几十年里劳动力供给总量的变化将更为突出。过去出现的出生性别比失衡将导致婚姻挤压。这样的人口结构变化已经成为创造中国过去经济奇迹的重要因素,而这种趋势未来还将继续,并不可避免地影响中国未来的经济增长。

6.1 简 要 回 顾

在过去的半个世纪里,中国经历了深刻的人口转变。死亡率和出生率均在较短的时间内大幅度地减少:从 1950—2010 年,中国人的平均寿命从 43 岁上升到了 74 岁,而生育水平则从每位妇女超过 6 个孩子降至不到 2 个孩子。由此可见,中国的人口转变已经接近尾声,如图 6-1 所示。

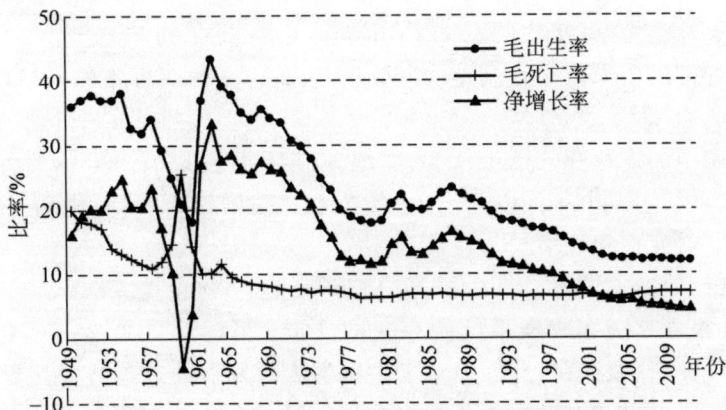

图 6-1　中国的人口动态（1949—2009 年）

① Editorial assistance given by Miss Le Xin, and encouragement and help from Dr. Chow are highly appreciated. 非常感谢乐欣(音)小姐提供的编辑帮助,以及周博士所给予的鼓励和帮助。

20 世纪 50 年代早期,中国经历了可观的死亡率下降和持续的出生率上升,这主要是由于 20 世纪 30 年代和 40 年代持续不断的战争之后,人们的生活条件和社会稳定性大大提高。其结果就是,中国的人口增长速度上升到了惊人的程度。1953 年中国在全国范围内的第一次现代人口普查,估计中国的总人口达到了 6 亿,这是一个比当时人们的普遍认识大得多的数字。

这种趋势在 1959—1961 年因出现以高死亡率和出生率急剧下降为特征的人口危机而中断。这一危机主要是由于饥荒和体制上的失误而造成的。尽管无法获得官方准确的伤亡信息,但学术研究人员估计,超额死亡的人数约为 1 300 万~3 000 万,还可能由于推迟生育而少生了 2 000 万人(Peng,1987)。在随后的几年里,中国从危机中恢复。当死亡率在 1962 年恢复到了其长期的趋势水平时,出生率则在 1963 年上升到了峰值,维持在 20 世纪 60 年代其余年份的高水平上。总体而言,在 1953—1964 年这 11 年间,中国人口从 5.944 亿增加到了 6.946 亿,年均净增长 1.31%,或者说每年增加超过 900 万人。

1966 年开始的"文化大革命"主导了中国社会经济发展 10 年以上。尽管全国出现骚乱,但人口指标没有表现出严重的变化,人口增长率仍然很高。只是到了 20 世纪 70 年代初,生育率才始快速下降。虽然在 20 世纪 60 年代中期中国的城市地区就出现了早期的生育率下降迹象,但中国的全国性生育率改变则是始于 20 世纪 70 年代早期。中国整体的总生育率从 1970 年的 5.8 急剧下降至 1979 年的 2.8,下降了 50% 以上。这是迄今为止世界上最快的一次生育率下降。即使在"文化大革命"期间(1966—1976 年)死亡率也在持续下降。因此,中国在 20 世纪六七十年代经历了非常快速的人口增长,共增加了 3.13 亿人,或者说每年净增长 1 740 万。1964—1982 年,人口的年均增长率为 2.09%。

1978 年末,中国进入了经济改革的时代。随着"独生子女政策"的出台,生育水平进一步下降至低于 20 世纪 90 年代的替代水平,同时死亡率水平继续逐步下降。然而,尽管实施了更为严格的人口控制计划,但 20 世纪 80 年代又出现了一次"婴儿潮",这主要是由于 20 世纪六七十年代的大规模婴儿潮时出生那一群人进入生育年龄所造成的。那 10 年中,人口的年增长率达到了 1.48%。此后,中国的人口继续增长,但从 90 年代初速度进一步放缓。年增长率从 20 世纪 90 年代的 1.11% 下降到了 21 世纪初的 0.57%。然而,由于人口基数过大,中国的年出生人数一直高达 1 600 万人,而这一时期每年的人口净增量都达到了 700 万人。

总体而言,中国的人口模式已经从 20 世纪 50 年代之前以高出生、高死亡和低增长为特征,转变成为 20 世纪六七十年代以高出生、低死亡和高增长为特征,进而又在之后的 10 年里变为以低出生、低死亡和低增长为特征。

中国人口统计数据的质量是一个极具争议的话题(Zhang 与 Zhao,2006)[①]。一部分是由于中国的统计报告方法和收集系统所存在的缺点;另一部分则是由于相关问题的复杂性。虽然对数据的准确性存在分歧,但对于中国的人口发展的总趋势则是毋庸置疑的。

可以肯定的是,中国的人口在不久的将来将继续增长。人们基于有关生育率和死亡率

---

① It is my own opinion that government statistics remain one of the best data sources at present even though they suffer from misreporting. This is particularly true concerning the national data. 我认为,政府统计表始终是目前最好的数据来源之一,尽管它们会有些不够真实。特别是国家的数据更是如此。

未来趋势的各种假设进行了不同的人口预测（联合国人口司，2011；高盛，2006；国家人口计生委，2010；Zeng，2007；Wang，2011）。这些预测存在着巨大的差异。根据最低的预测，中国的总人口在 2025 年最终停止增长之前只会增加到 14 亿。由联合国基于当前的人口政策一定程度放松的假设而进行的较为居中的增长情况预测则认为，预期在未来半个世纪，中国的人口将达到 15 亿——较当前的数字净增 1.6 亿。约有 2/3 的增长预计会在未来 10 年内发生。印度最终会在 2030 年超过中国成为世界上人口最多的国家，如图 6-2 所示。

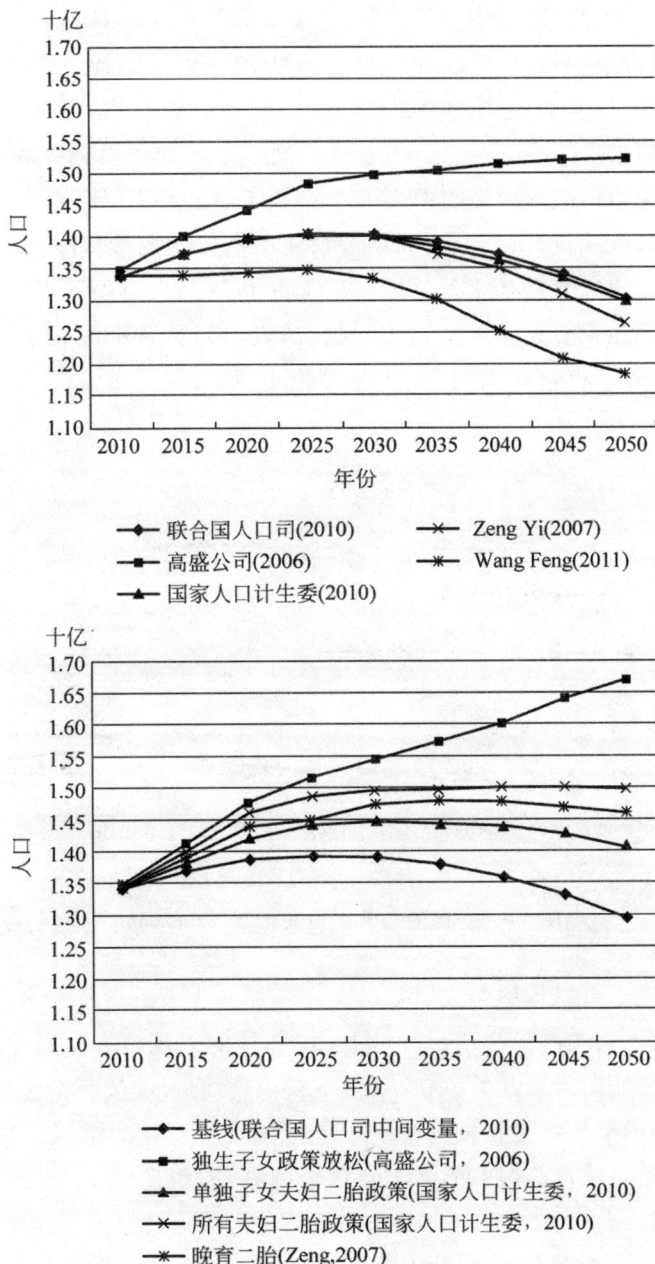

联合国人口司(2010)　　Zeng Yi(2007)
高盛公司(2006)　　Wang Feng(2011)
国家人口计生委(2010)

基线(联合国人口司中间变量，2010)
独生子女政策放松(高盛公司，2006)
单独子女夫妇二胎政策(国家人口计生委，2010)
所有夫妇二胎政策(国家人口计生委，2010)
晚育二胎(Zeng,2007)

图 6-2　人口预测

6.2 中国人口的年龄结构

伴随着生育率和死亡率模式的显著变化,中国的人口年龄结构在过去的几年里也发生了显著变化。图 6-3 中的信息显示,1970 年 15 岁以下的人口占中国总人口的 40%,但这一比例在 2010 年则降至仅略高于 16% 的水平。另外,老年人口无论是在绝对数量和比例上都急剧增加。1953 年,仅有 7.32% 的中国人,或 4 264 万人年龄超过 60 岁。而到了 2010 年,超过 60 岁的老人增加到了 1.776 5 亿,占总人口的 13.26%。根据国际标准,中国在 2000 年进入了老龄化社会,即超过 10% 的中国人口都是 60 岁及以上的老人。老年人口的增长速度比全国人口的增长速度高很多。同时,劳动年龄人口的数量和比例(15～60 岁的人口)从 20 世纪 80 年代以来一直稳步上升,并在 2012 年达到高峰。而从那以后,中国工作年龄人口的比例和绝对数量都开始下降。这些数据告诉我们,尽管中国在过去的几十年中从充足的年轻劳动力供应上获益极大,但人口老龄化正在出现并将在未来几年不断加速,如图 6-3 所示。

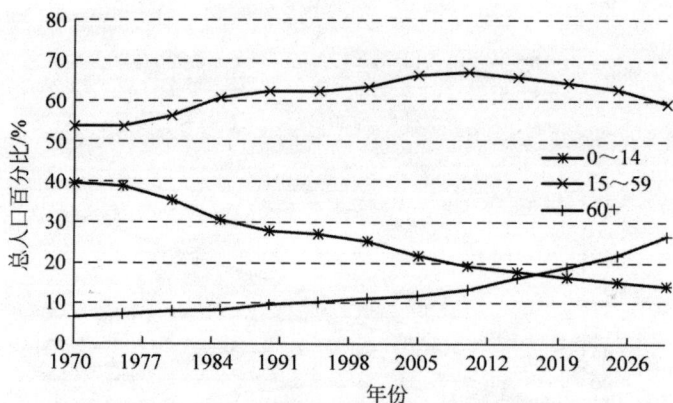

图 6-3 中国的年龄结构变化(1970—2030)

年龄结构的变化也可以从中国人口年龄金字塔结构上看到。年龄金字塔中有波峰和波谷,这主要是由出生人群的差异决定。20 世纪 80 年代的大规模人口出生是由 20 世纪六七十年代那次更大的婴儿潮所引起的。在 2010 年较小规模的 50 岁年龄组反映了大饥荒时期的人口危机,随后的两个低谷是在相应时期生育行为发生变化的结果。这样一个凹凸不平的年龄结构产生了对各种社会服务的需求和供给的波动,也反映了劳动力和养老金规定在内的经济状况,如图 6-4 所示。

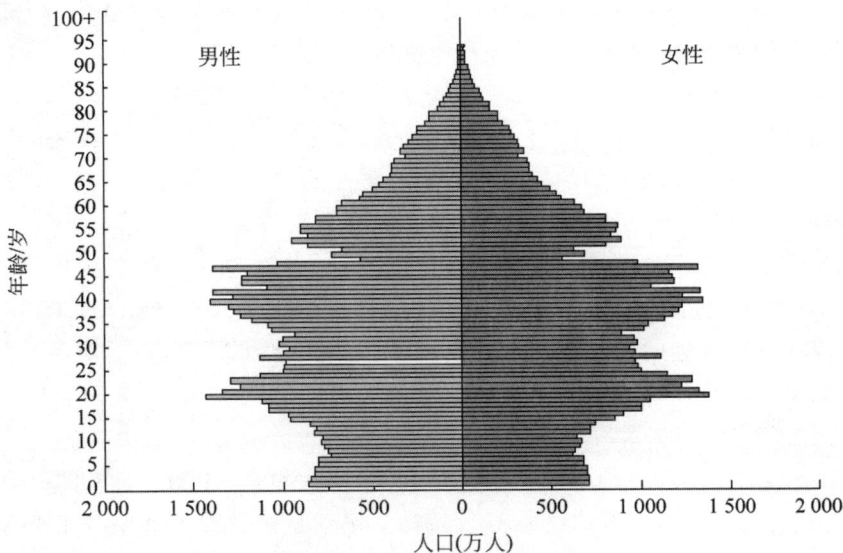

图 6-4　中国的人口金字塔

6.3　生育率下降与政府的计划生育政策

传统中国盛行普遍的婚姻和早育情况。这种模式一直持续到 20 世纪 50 年代。早在 20 世纪 60 年代中期中国的城市居民就发生了生育行为的变化,这表现在中国的城市地区在大饥荒后立即出现的短时期补偿性生育[①]。值得注意的是,20 世纪 60 年代中期中国城市的总生育率已经下降到了 3 左右,而中国农村的这一数字仍保持在 6 以上的水平。部分原因是由于城市居民能够得到为他们提供的避孕服务。

中国全国范围的生育率转变开始于 20 世纪 70 年代早期所实施的政府自助计划生育政策,提倡"晚婚、晚育、拉大生育间隔、少生优生"(也简称为"晚、长、少")。

这项计划已经取得了极大的成功,减缓了中国人口的快速增长,在"文化大革命"时期高度政治化的社会经济背景下没有进行过多的政府干预。例如,所谓的"晚婚"均由当地规定;尽管婚姻法规定的法定结婚年龄在那时分别为男性 20 岁和女性 18 岁,但通常规定是城市为男性 28 岁,女性 25 岁,而在农村相对低一些。这些法规得以实施是因为那个时候结婚需要首先由新娘和新郎双方所在的工作单位批准,然后才能受到法律的认可。

"独生子女政策"最初是在 1979 年开始的,在 20 世纪 80 年代得到了全面的实施。目前的全国计划生育政策是在 80 年代中期最初成形的;1991 年后则再次重申了对人口控制的政治承诺。

中国计划生育政策的一个显著特征就是中央指导下的分散的政策形成和计划实施。中

---

① A larger than normal number of people got married and gave birth to children in the following years after the famine was over. These marriages and births were postponed because of famine. The phenomenon is called the compensational fertility in this chapter. 饥荒过后的几年里,结婚和生育的人要比正常时期多得多。这些婚姻和生育都是因为饥荒而延后的。这种现象在本章中被称为补偿性生育。

国目前的地方计划生育条例可以分为几大类。一般来说,"独生子女政策"在城市居民和政府雇员中实施得较为严格,而大部分的农村家庭则根据当地情况可以拥有 1.5～2 个孩子。这样做的原因是,农业家庭依靠壮劳力进行农业生产和在父母年老时负责家庭支撑(主要由已婚的儿子提供),因为那里几乎没有运作良好的政府资助的针对中国农民的养老保险制度(直到最近才有)。属于少数民族的家庭可以生育更多的孩子。在这个意义上,"独生子女政策"是一个过于简化的术语。如果所有的中国夫妇都遵循当地的计划生育条例,则随着越来越多的人成为城市居民而改变了他们的生育控制类别,中国的总生育率在 20 世纪 90 年代就会是 1.62,而在 21 世纪初就会下降到 1.5 左右(Guo,Zhang,Gu,Wang,2003)①。

中国政府在进行计划的操作和管理时采用了各种激励和惩罚措施。对那些在生育控制配额外生育的父母征收罚款曾被认为是实施方案的最佳方法,但近年来则受到了越来越多的批评。

20 世纪 90 年代中期,中国的总生育率下降到了替代水平以下,并从此一直保持在那里。然而,关于中国准确的生育水平是有分歧的。笔者认为这个总生育率目前应该是 1.5 左右。

这种生育率转变的特点是速度快,并且已经对中国社会经济的发展产生了深远的影响。此外,生育率转变的路径和时间存在显著的区域和城乡间的不同。在 20 世纪 90 年代末,总生育率的范围从上海和北京这样的大城市中的不到 1,直到西藏自治区的 3.11。这种地区间的不同可以从中国人口的很多其他方面观察到。

尽管人们对于政府角色和生育政策对中国生育率下降的影响程度存在着不少争论,但社会经济发展无疑是促进人口发生转变的一个决定性因素。在很大程度上,低生育率和死亡率是社会经济发展的副产品。王峰(Wang Feng)博士和蔡勇(Cai Yong)认为,即使没有政府的政策干预,中国的总生育率也会降低到目前的水平(Wang、Cai 和 Gu,2012)。他们通过运用由联合国人口署和华盛顿大学的统计学家们基于其他国家的生育变化历史和生育趋势开发的一组模型得出了他们的结论(Wang 与 Cai,2010)。另外,来自政府机构的官方声明有意夸大了政府政策和计划的重要性与成就②。

然而,政府干预应被看作是压低中国的生育水平的关键因素之一,且其影响至少在政策实施的最初阶段是十分显著的(Peng,2013)。中国的人口发生转变在很大程度上是由强大而有效的政府资助的公共卫生和计划生育政策所驱动的。其中一些干预措施是以强制的方式进行的,这在中国的威权治理系统背景下是可以理解的,但应完全禁止。总体上,与生育行为相关的政府政策对中国的人口发生转变以及形成中国人口动态趋势的地区模式起到了十分重要的作用。

---

① This is viewed as the "policy fertility", a weighted average assuming the reproductive behavior of all couples of different nationalities in different locations conforms to the local government family planning regulations. 这被认为是"政策生育率",一种假设不同地区不同民族所有夫妇的生育行为都符合当地政府的计划生育条例的加权平均数。

② For example,the commissioner of the State Population and Family Planning Commission,Ms. Li Bin,claimed on 10th Sept. 2009 that 400 million births had been prevented due to the implementation of the family planning policy over the last 30 years (from later 1970s). See: http://www.gov.cn/jrzg/2009-09/17/content_1419703.htm. 例如,国家人口与计划生育委员会的委员李斌(音)在 2009 年 9 月 10 日称,过去 30 年里(从 20 世纪 70 年代后期开始),由于计划生育政策的实施,避免了 4 亿人口的出生。见 http://www.gov.cn/jrzg/2009-09/17/content_1419703.htm.

由于现行计划生育政策所确定的减少中国人口增长率的目标已经达到,继续实施该政策的负面影响和风险已经显现,对于中国政府来说已经到时候改变并最终放弃这项政策了。此外,由于人民的生活条件和教育水平的快速改善,生育和养育孩子的成本显著上升,中国的年轻夫妇的生育意愿与行为都发生了明显的改变。不久的将来低生育率将会在中国占据主导地位。

6.4　死亡率变化与公共卫生保健制度

几十年过去了,绝大多数中国人的生活水平有了显著提高,这要归功于经济改革带来的中国经济快速发展,以及公共卫生保健制度的改善。除了灾荒时期,中国在过去的 60 年里,人口死亡率出现了令人惊奇的下降。中国人的预期寿命增加了 1 倍,从 1950 年前的不到 40 岁提高到了 2011 年的 75 岁左右。

在过去的 50 多年中,死亡原因在中国发生了极大的变化。1957 年,五大健康杀手是呼吸系统疾病、传染病、肺结核、消化系统疾病和心脏病。这些疾病导致的死亡占到了死亡总数的 50%。然而,在 21 世纪 10 年代,五大死亡原因变为了恶性肿瘤、脑血管疾病、心脏病、呼吸系统疾病和损伤与中毒,这些疾病导致的死亡占到了总数的 85%(卫生部,2011)。

由传染病、肺结核、消化系统疾病引起的死亡显著下降。例如,1974—2010 年,城市地区传染病引起的死亡人数从每 10 万分之 60 下降到了 10 万分之 1.06。肺结核死亡人数从约 10 万分之 40 下降到了约 10 万分之 0.22。

然而在同一时期,脑血管疾病、恶性肿瘤、循环系统疾病、糖尿病的死亡率则持续上升。城市地区恶性肿瘤死亡率翻了一番,从 10 万分之 70 上升到了约 10 万分之 162.93。脑血管病死亡人数从 10 万分之 65 增加到了 10 万分之 132.09。循环系统疾病死亡人数则显示出了惊人的上升速度,从 10 万分之 115.34 增加到了 1990 年的 10 万分之 250 以上。与糖尿病相关联的死亡人数增加了 7 倍,从 10 万分之 2 左右上升到了 10 万分之 18.89。

中国人口死亡的主要原因,与许多发达国家中观察到的情况越来越相似,但相互之间也存在着一些明显的差异。例如,与许多欧洲国家的人口死亡情况相比,由肝癌引起的死亡率在中国是非常高的。

20 世纪 70 年代,中国推出了赤脚医生制度,或称农村合作医疗制度(RCMS)。赤脚医生大大提高了中国农村社区的健康保健条件。他们的工作以提供初级卫生保健服务进行预防为主,治疗为辅,从而有效地降低了医疗保健成本。这些初级卫生保健服务包括免疫接种、孕妇分娩以及改善环境卫生等。赤脚医生通常是经过一定的医疗培训并结合中西药使用的农民。世界卫生组织认为,农村合作医疗制度是解决农村地区医疗服务短缺的一个成功例子(世界卫生组织,2008)。这样的一个制度随着 1981 年作为农村改革之一的人民公社制度的结束而慢慢失去了功能(Zhang,Unschuld,2008)。

目前,中国的医疗保健制度由三级医院或诊所构成。在城市地区,有社区卫生服务中心、专科医院和综合医院。在农村地区,由村卫生室为村民提供初级保健。总体上,国有医院提供了大多数的服务(70%以上)。中国目前的医疗保险制度是分段的,包括至少 3 个主要体系:覆盖所有正式员工和城市领取养老金者的城镇职工基本医疗保险,覆盖城市失业者、学生、儿童和家庭主妇的城市居民基本医疗保险,以及为农村居民提供所有健康保险的新型农村合作医疗计划(新农合计划)。

在中国,卫生筹资相对比较低(Whyte 与 Sun,2010),人均医疗支出每年不到 150 美元,而自费是卫生筹资的主要来源,但在下降。此外,城市和农村卫生筹资的差距却越来越大。"看病难、看病贵"成为主要的公共问题之一。其他问题包括不断增大的卫生筹资不公平以及医疗可及性差等。有些人认为,鼓励建立民营医院会增加供给并降低卫生保健费用。

中国虽然在降低死亡率方面取得了巨大的成功,但也面临着进一步提高人口健康状况的艰巨任务。空气污染和吸烟(中国有 3 亿烟民,每天消费 50 亿支香烟)已经成为主要的健康杀手(Chen 与 Kan,2011)。人口老龄化也将导致在防治与生物衰老过程相关疾病方面的负担日趋沉重。此外,最新的人口统计数据显示,进一步降低死亡率似乎变得比 20 年前更为困难了。

6.5　中国的劳动力与人口红利

工作年龄人口(年龄从 15~59 岁)可以被视为是潜在的劳动力供应。20 世纪六七十年代的婴儿潮为 20 世纪 80 年代初提供了丰富的劳动力。目前,超过 68% 的中国人口处于工作年龄,未来 10 年这一比例将至少保持在 65% 以上,到 21 世纪 30 年代初则在 60% 以上。中国目前的劳动力比例,比大多数其他国家都要高很多,如图 6-5 所示。

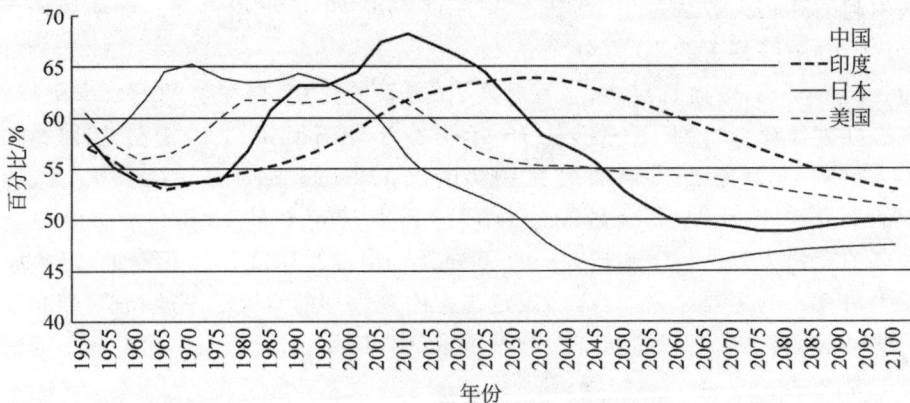

图 6-5　工作年龄(15~59 岁)人口占总人口的百分比

20 世纪六七十年代的高生育率,无论是在绝对数量上还是相对于总人口的比例上都带来了劳动力供给的增加,也使得之后的 30 年里生育率下降。巨大的劳动力队伍,以及与之相配合的由邓小平在 20 世纪 70 年代末期启动的改革开放所创造的巨大就业机会,是中国在过去的 30 多年中创造出经济奇迹的决定性因素。中国已经收获了从增加投资和储蓄所形成的人口红利(Cai F,2004;Bloom 与 Finlay,2009)。

2012 年是工作年龄人口(以 15~59 岁人口衡量)总数在过去的 50 年里首次开始缩减的转折点。这种下降以后将会持续,中国的劳动力总数永远不会回到 2012 年的峰值。这种趋势主要是由于中国的生育水平在过去 30 年里持续下降造成的。劳动力下降的速度和幅度将主要由当前中国的年轻人将来的生育行为以及政府的计划生育政策决定。

然而,这种趋势并不表明在目前和不久的将来,中国的劳动力供给严重短缺。事实上,在中国的劳动力仍然是充足而非短缺的,失业问题仍然是一个巨大的挑战。此外,劳动力的质量变化已经主要通过中国高等教育系统的迅速扩张而显现。中国大学的年招生人数已经从 1997 年的 100 万增加到了 21 世纪初的 700 万左右(教育部,2010)。这就为中国未来提高劳动生产力和平衡劳动力的供需打下了一个不错的基础。

换句话说,收获人口红利的窗口依然是打开的,但会在 15 年左右的时间里逐渐关闭。在人口机会窗口的时间确定方面各个地区也是不相同的。

6.6　移民与城市化

中国长期以来一直是一个二元社会。在经济和社会上都存在城乡分离的情况,而移民是受到严格控制的,特别是 20 世纪 80 年代之前。在 20 世纪 50 年代初到 70 年代末的 30 年里,只有不到 20% 的中国人被划分为城市居民,但到 80 年代初发生了根本的变化。到 2010 年底,中国内地有 6.7 亿人被划分为城市居民,约占全国总人口的 50%,他们生活在 660 多个城市和 2 万多个城镇里。当城市发展被中国政府视为减少贫困和社会发展的战略措施时,城市化进程开始加速,特别是在过去的 10 年里,城市人口增加了 1.3 个百分点且这个过程还将继续下去,如图 6-6 所示。

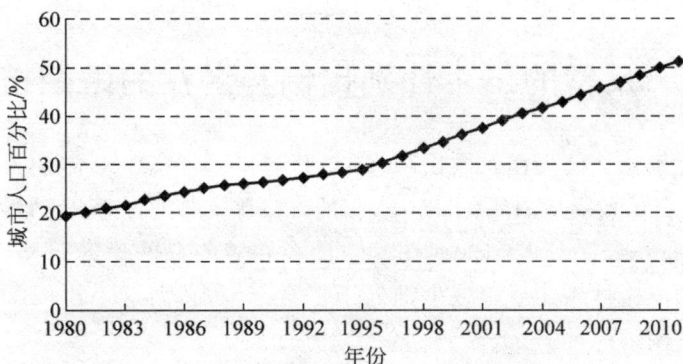

图 6-6　中国的城市化进程(1980—2011 年)

中国的城市是分隔的。在 7 亿城市居民中,约有 5 亿人具有永久的(地方)城市身份,而 2 亿则是移民。户籍制度是城乡隔离的核心制度安排,是在 20 世纪 50 年代后期开始实施的,主要为了进行社会管理和人口登记,时至今日这一制度已逐渐成为各种社会权利和社会福利的基础。虽然对于移民的管理已经大大放松,该制度的功能也有所降低,但户口对于这些移民进入城市主流社会来说仍然是社会整合的制度屏障(Zhang,2012)。在一些地方,本地和外来人口之间在公共资源方面的紧张关系正在升温。

正是 20 世纪 70 年代末所推行的"农村家庭承包制",为农民家庭将劳动力分配到各种经济活动中提供了自由。20 世纪 80 年代初,农村剩余劳动力开始迁移到沿海地区,特别是珠江三角洲地区,那里大量流入的外国和中国香港/澳门地区的资本为手工劳动者创造了巨量的工作机会。

与"永久"或"正式"移民不同,他们被称为"流动人口",其具有的特点包括:第一,他们通常保持农村户籍身份,因此无论他们在城市停留多久,都不会被认为是新的城市永久居民；第二，他们主要从事临时工作，这主要是由其自身的教育素质和技能决定的，也是由于现行的户籍制度为城市居民提供就业保障，同时却对农民工有所歧视；第三，他们基本上没有被纳入城市居民的社会保障体系中。这些基本特征虽然在过去的 30 年里已经逐渐发生了变化，但总的来说至今依然保持着。

根据中国 2010 年全国人口普查的结果，共有超过 2.6 亿中国人被列为生活在家乡以外的地方半年以上的移民。其中有 2.2 亿是农民工。然而，由于其特殊的迁移特征，因此很难准确估计移民的实际数量。

跨地区迁移在中国到处存在。迁移的主要目的地是三个主要的工业和城市集聚地：珠江三角洲地区、长江三角洲地区、包括北京和天津在内的环渤海地区。迁移的方向反映了经济发展的多元化和人力资源的市场配置，但随着包括中国西部和东北地区在内的内地快速发展吸引了许多移民返乡，这种趋势近年来有所改变。

这样一个从农村到城市的大规模劳动力（临时）迁移无疑是现代中国前所未有的新景象。从人口统计学的角度来说，从农村到城市的人口迁移改变了中国人口的空间分布，影响了城市化的模式和路径，并减缓了城市地区人口老龄化的过程。其对经济增长的贡献也是显著的。大规模的人口从农村到城市以及西部到东部的迁移，在平衡中国劳动力市场的供需方面起到了非常重要的作用。

6.7　反常的出生性别比例和潜在的婚姻挤压

中国的出生性别比例的失衡首次出现在 20 世纪 80 年代，1990 年的人口普查报告显示该比率为 111.42∶100，此后逐渐恶化。2010 年的人口普查所报告的出生性别比为 118∶100，略低于 2005 年发布的数字 119∶100。在这方面存在着明显的地区差异。一般来说，在西部各省和自治区的出生性别比或多或少都处于正常范围内，而这一比例严重畸形的情况主要存在于中国的中南部地区。

现在已经清楚的是，这种失衡的直接原因在于出生前的性别鉴定和对女性胎儿进行选择性流产。中国政府已经出台了严厉的法规打击此类非法活动。然而，由于作为孕产妇保健技术之一的超声检查技术，本身就是一种最有效的胎儿性别鉴定方法，且对于中国的普通夫妇而言，既能够承受其价格，又能轻易获得技术支持，因此这些规定所取得的成功十分有限，使得问题依然严重。此外，传统的重男轻女思想仍然存在，部分原因是由于中国农村缺乏对老年人的养老保障。农村养老保险制度的推广将对降低男孩偏好和恢复正常的出生性别比创建一个基本的社会环境。

这种异常在过去的 20 多年里不断积累的后果之一，就是中国婚姻市场中的男女比例失调。这就是所谓的婚姻挤压。据估计，在 20～40 岁年龄组中，今后 20 年里男性的数量将超过女性 2 000 万人（Li，2007）。由于年轻女性短缺，大量的年轻男性不能结婚。在不久的将来，这可能成为中国一个严重的社会问题，也可能会导致婚姻和生育模式与习惯，甚至是消费与经济发展的显著变化（Wei 与 Zhang，2009）。

结　语

中国经历了一个基本的社会和人口结构的转变，尤其是在过去的 30 年。而总生育率一直保持在低于 20 世纪 90 年代中期以来的替代水平，预期寿命则在持续上升。除了社会经济发展因素外，政府资助的项目，包括计划生育和公共卫生保健，都在这些人口结构的变化中发挥了至关重要的作用。大规模的迁移流动改变了人口分布，城市化进程也在近几年有所加速。人口老龄化现象正在出现，劳动力供给总量的变化将在未来几十年里更为突出。已经发生的出生性别比失衡将导致婚姻挤压。此类人口结构变化已成为产生以往中国经济奇迹的重要因素，而这种趋势未来还将继续，并不可避免地影响中国未来的经济增长。

参 考 文 献

Bloom D，Finlay J. 亚洲人口变化与经济发展. 亚洲经济政策评论，2009，4(1)：45-64.

Cai F. 人口转变，人口红利与经济增长可持续性——暨对充分就业如何促进经济发展的讨论. 人口研究(中文)，2004 28(2)：2-9.

Gu B，Wang F，Guo Z. 20 世纪末中国地方与国家人口出生政策. 人口与发展评论，2007，33(1)：129-147.

Guo Z，Zhang E，Gu B，Wang F. 由政策性生育导致的中国人口出生政策多样性. 人口研究(中文)，2003，27(5)：1-10.

Li S. 中国的出生性别比失衡与综合干预. 联合国人口活动基金会出版物，2007. www. unfpa. org/gender/docs/studies/china. pdf.

中华人民共和国教育部. 2009 国民教育发展统计公报. www. moe. edu. cn/publicfiles/business/htmlfiles/moe/moe_633/201008/93763. html.

中华人民共和国卫生部. 中国卫生统计年鉴. http://www. moh. gov. cn/htmlfiles/zwgkzt/ptjnj/year2011/index2011. html.

彭希哲. 中国各省的大跃进人口后果. 人口与发展评论，1987，13(4)：639-670.

彭希哲. 中国人口历史与未来挑战. 科学，2011，333(6042)：581-587.

彭希哲. 中国人口挑战要求一个综合应对策略. 政策分析与管理杂志，2013，32(2)：399-406.

Qiao H. 中国会未富先老吗//环球经济论文 138. 高盛，纽约，2006.

联合国人口署. 世界人口展望：2010 修订本，2011. http://esa. un. org/unpd/wpp/index. htm.

Wang F. 一个人口超生者的未来：中国人口转变的长期意义. 人口与发展评论，2011，37(增补 1)：173-190.

Wang F，Cai Y. 中国会少生 4 亿人吗?. 中国改革(中文)，2010，7：85-88.

Wang F，Cai Y，Gu B. 人口、政策与政治：历史如何评判中国的独生子女政策?. 人口与发展评论，2012，38(增补)：115-129.

Wei S，Zhang X. 竞争储蓄动机：中国不断上升的性别比与储蓄率证据. 美国国家经济研究局工作论文 15039. 剑桥，2009.

世界卫生组织. 中国的乡村医生大步向前. 世界卫生组织公告，2008，86：909-988.

Whyte M K，Sun Z. 中国市场改革对中国公民健康的影响：考证两个难题. 中国：一本国际杂志，2010，8(1)：1-32.

Zeng Y. 中国出生政策转变的选择. 人口与发展评论，2007，33(2)：215-246.

Zhai Z. 不同生育政策背景下的中国人口趋势(中文). 国家人口与计划生育委员会，北京，2010.

Zhang D，Unschuld P U. 中国的赤脚医生：过去、现在与将来. 柳叶刀，2008，372(9653)：1865-1867.

Zhang G，Zhao Z. 中国生育难题再考察：过去二十年的数据采集与质量. 人口与发展评论，2006，32(2)：293-321.

Zhang L. 中国经济移民与城市公民：分数制度的作用. 人口与发展评论，2012，38(3)：503-533.

第7章

一个具有中国特色的劳动力市场

作者：R B. 弗里曼（R B. Freeman）

在经济改革之前，中国没有一个运行中的劳动力市场。工人进入企业需要由政府分配，而不是由他们自己选择工作场所，同时，政府采取户籍制度限制农村人口迁移到城市。无论经济上是否需要，企业都要雇用劳动部门分配来的工人，并依照政府确定的工薪预算中的国家等级工资为工人支付工资。

官僚政治方式的劳动力分配和付酬标准在单一企业或政府机构中可能会十分有效，但这与市场经济不相符，市场经济中有数以百万计的工人、消费者和企业在多种经济交易中互相作用。随着中国从 20 世纪 80 年代—21 世纪初的城市经济改革，政府放松了对工人和企业的控制。这就为供给与需求提供了更大的选择余地来确定就业、工资和工作条件等，继而产生了本章标题所称的具有中国特色的劳动力市场。

这篇文章讲述了中国如何由国家确定劳动力的出路走向真正的劳动力市场，以及新的劳动力市场是如何运作的。随后探讨了国家在经济持续增长的过程中所面临的三大劳动问题：劳资冲突；如何将数以百万计的大学毕业生吸纳到优越的工作岗位上；如何让农民工和临时工充分融入现代经济。

7.1 起点：政府来确定劳动力出路

经济改革之前，中国依靠行政管理确定就业、工资和工作条件。当时，国有企业是主要的企业组织，政府的劳动局决定国有企业雇用多少工人。企业管理者既没有权力解雇工人也不能用他们认为更有利于企业的方式调整工人的工资。没有政府的批准，工人不能调离分配的企业。政府将工人看作干部，其职责就是按照指令实现国家目标（就像军队看待应征入伍的士兵）。劳动局通过将工人指派给工厂以推进政府的五年计划[①]。

在这个受行政管理的劳动力系统内，企业依据政府的工资级别设置工人的工资。蓝领工人的级别分为 8 个等级、白领工人分为 24 个等级，包括专业的、技术的和管理的各类雇员。为保持最低限度的不平等，工资级别在企业间、行业间和地区间只允许有微小的差异。在工业企业内资历主导着工资。国有企业不仅要支付雇员的工资，还要负责他们的住房、退休和医疗保健。

[①] Bianje（1994）p. 971.

86

　　工作单位通常被称为"单位",是管理城市劳动力的关键机构。政府给每个工作者指定一个"单位",由这个单位管理他们生活的方方面面,从旅行到结婚到集中的单位食堂提供食物再到进行生活娱乐。共产党管理工作者的各种活动档案[①],以及对违反行政规定的工作者进行处罚,扣工资或分配给不理想的住房或工作[②]。对他们来说,工作者依靠与决策者的人际关系来左右政府做出影响他们生活的决策。或许你那在市里工作的叔叔可以帮助你找到一份离你家很近而不是远在蒙古的工作。或许你的家庭能给有工作分配权的共产党官员帮上一个忙,作为回报他会给你分配一个你想要的工作。此时,人际关系取代了市场自由来进行工作者与工作之间的匹配[③]。

　　想要调动工作的工作者要依靠家庭关系、老同学或亲戚的帮助。如果有党员或其他官员的的身份就最有机会调动到更理想的工作岗位,但是大部分的工作者都只能留在政府最初分配给他们的企业里。在 1999 年的一次调查中,有 79% 的城市工作者说他们的一生只在一个单位工作过[④]。随着改革的进行,政府认识到了个人自己申请工作、雇主筛选申请者和选择其雇员的合理性,但在经济现代化的进程中,分配制度的改革却姗姗来迟[⑤]。

　　举例说明分配工作的流程,在 20 世纪 70 年代,当城市面临潜在的青年高失业率时,政府命令国有企业向老员工承诺如果提前退休,企业可以将岗位提供给他们的儿子或女儿。在 1979 年,重庆钢铁公司 8 000 名新员工中,约有 90% 的员工是老员工的子女,超过 3 000 名直接接替了退休的父母[⑥]。一些国有企业组建新的集体工厂或其他公司,为他们员工的孩子创造就业机会。种种行为,目标就是中国城市要保证充分就业。

　　为控制农村劳动力,政府使用了户籍制度。这个制度要求公民向政府注册他们的永久居住地。有城市户口的人有资格在国有企业工作,接受教育,得到住房和医疗保健。从 20 世纪 50 年代中期到 70 年代,城市居民用配给卡购买粮食和其他生活必需品。而那些居住在城市的农村户籍人员却不能获得这些福利。

　　政府禁止城市单位聘用农民工,并要求农村人员在某个城市逗留超过三天的要取得暂住证[⑦]。没有城市户口的非法农民工要想在一个城市里找到一个睡觉的地方和购买食物都成了问题。有少数农民工通过参军或入党获得城市户口,或获得一个大学学位后将他们的户口转移到大学。

　　向"单位"分配工人和控制农村人口向城市的迁移,使得政府得以控制劳动力的分配。设定行业低工资和农产品低价格,使得政府能够积累资本向资本密集型的工业化目标进行投资。行政管理的劳动力制度给城市工作者带来了享受终身就业保障、收入和福利的"铁饭碗"[⑧]。它避免了大多数发展中国家都能见到的从农村到城市的大规模人口流动。但这一制度无法把工人和工作岗位进行有效的匹配,或者激励员工努力工作。它建立起了一个类

---

① http://en.wikipedia.org/wiki/Public_records_in_China.

② Walder(1986)是这一制度的经典说明。

③ Bianje.

④ Knight 与 Yueh(2003)第 10 页。1995 年一项符合这个的调查发现,75% 的城市劳动者在国家分配的工作岗位上工作。见 Bianji,表 5.

⑤ 同上,见 Bianji,表 1,第 273 页.

⑥ Shirk(1981).

⑦ Li L. 与 Wang F. (1992);Walder(1986).

⑧ http://en.wikipedia.org/wiki/Iron_rice_bowl.

似种族隔离的社会,使 80% 左右的中国农村地区人口成了二等公民。

表 7-1 的"改革前"一栏概括了这一时期的劳动制度。

表 7-1　劳动市场改革之前和之后的供给、需求与劳动制度

时期与制度 供需变动情况	劳动力市场改革前, 20 世纪 70—80 年代初	改革后—20 世纪 90 年代—2013 年	新劳动力市场的 政策调控
公司就业	由国家就业配额决定;只能在国有企业正式就业	就业向私营企业转移	《劳动合同法》将劳动者短期合同变为永久合同
工资决定	由国民工资网格确定,在不同行业、不同单位或不同技能间差别很小。 最小限度的不平等	市场决定,收入差别有很大的增加	城市最低工资增长迅速;由于大量的毕业生使得大学毕业生与农民工的收入差距下降;可能是刘易斯拐点
提供住房、医疗保险、退休金、其他社会福利	企业薪酬计划中规定的福利部分;给拥有城市户口的劳动者发放消费品配给卡	取消企业必须提供福利的要求;要求向可随转的国家福利制度缴纳费用	可随转福利系统仍在进展中
从出生地迁移	户口限制;农民工	享受不到城市福利的庞大的"流动人口"	《劳动合同法》以个人合同的形式确保了工人的合法权益
雇主选择工人	国家分配工人到企业;几乎所有的城市工人受雇于国有或集体企业	工人们自行选择职业;雇主雇用他们想要的雇员;毕业生喜欢政府部门的安稳工作,但最大的增长是非正规部门的工作	企业更喜欢有城市户口和来自精英机构的申请人
辞职的自由和寻找新的雇主	没有单位批准工人不能离开企业;大部分工人一生中只在一个企业	工人流动性很高	企业抱怨流动性过大
工会活动	中华全国总工会(ACFTU)像列宁主义的传动带	中华全国总工会在政府内为工人利益游说;一些分支机构	

7.2　劳动力市场改革

20 世纪 70 年代末中国开始了农业经济改革。政府分配土地让农民个人承包,并允许农民在完成政府设定的为城镇职工提供的食物配额后,到开放的市场中出售他们的产品。这种家庭承包责任制引导农民提高了农业生产力,而生产力的提高解放了许多农业工作者,促使他们离开户口所在地的农村出去找工作。生产力的提高在与农产品价格的提高相结合后,也提高了农村相对于城市的收入。地方政府为应对农村剩余劳动力的增加,及对农民提供的商品和服务的更大需求,组织或鼓励个人在中国农村成立乡镇企业,生产非农产品和提供各种服务。

政府接下来进行了工业部门的改革。就像允许农民从超过农业配额的部分获利一样，政府也允许国有企业从超过五年计划规定的生产中保留收益。虽然政府仍旧控制着工资总额，但其给予国有企业在决定用工和工资上一定的自主权[①]。为提高业绩和生产力，国有企业管理者引进了计件工资、奖金分数制度，并将用工和晋升与绩效和技能挂钩[②]。政府还允许企业管理者解雇那些不称职的员工，并可以通过测试劳动者的技能和工作成绩选择员工。

在 20 世纪 90 年代，劳动部开始减轻企业在员工住房、医疗服务和退休福利方面的压力。目标是发展简单的国家养老、医疗、失业保险计划，类似于大多数其他国家的社会保障系统。为了在过渡期保护老员工，国家将劳动者划分为两部分，即已经退休或在 1997 年之前开始且仍在工作的劳动者，以及 1997 年之后开始工作的劳动者。对于老一些的劳动者，如果企业没有给他们提供住房，则可以得到住房补贴，而新一代劳动者则没有住房补贴。政府将这一政策称为"新人新规则，老人老规则"。

非农业改革的另一个步骤是允许非国有企业——农村的乡镇企业、私营企业、外商投资企业等，进入市场或在市场中扩展。乡镇企业的劳动者比例从 1980 年的 9% 增加到了 1995 年的 26%，乡镇企业也更趋于私有化[③]。在城市地区，国有企业（由中央政府经营）或城市集体企业（由市或其他更低一级管辖机构经营）的就业率从 20 世纪 70 年代的 90% 左右降至 20 世纪 90 年代的 50%，并在 21 世纪初继续下降。到 2010 年，只有 30% 的城市劳动者在国有企业或集体企业工作；大约 60% 是个体经营者或在私营企业工作，包括 10% 在外资以及中国香港、澳门或台湾企业工作；而其余的则是在合作社，或与政府合资的有限责任公司工作[④]。

放开国有企业由市场原则进行经营以及允许私营企业雇用大多数的劳动力，标志着原有的劳动部门为劳动者分配工作的制度的终结，越来越多的年轻工人开始自谋职业。到 2001 年，国家只分配了 5% 的大学毕业生就业，此后不久，这种工作分配制度就终结了。

中国的经济改革引发了其历史上最大的经济扩张。企业迫切需要工人生产产品，用于出口、基础设施建设和国内消费。随着农民可以出租房屋、在开放的市场上购买食物和其他消费品，以及可以在非正规领域成立自己的企业，1980—2010 年，约有 1.5 亿~1.6 亿农民迁移到城市工作[⑤]。受益于这种"流动人口"的迁移，各城市开始鼓励农村居民迁移到城市工作，但城市却不给这些移民享受生活福利设施的权利，如医疗卫生，送孩子进入城市普通学校就学，以及购买住房的权利。举一个农民工受歧视的例子，孕妇被告知要回农村医院去生孩子，而不能使用城市的医疗设施。巨大的城乡差距使城市户口价格高企，而城市销售城

[①] Zhang 等，(2005).

[②] Shirk(1981).

[③] Sabin(1994).

[④] 不同的研究给出了不同的农民工数量。1.6 亿的数量来自于 Li Shi(2008)。国家人口和计划生育委员会主任李斌(2011)，也估计流动人口有 1.6 亿，但估计全部流动人口为 2.21 亿人。Li Jing(2008：1083)基于国务院研究办公室一份报告提出的数字是 2 亿。2011 年来自中国国家统计局的农民工报告认为农民工的总量为 2.5 亿。

[⑤] 不同的研究给出了不同的农民工数量。1.6 亿的数量来自于 Li Shi(2008)。国家人口和计划生育委员会主任李斌(2011)，也估计流动人口有 1.6 亿，但估计全部流动人口为 2.21 亿人。Li Jing(2008：1083)基于国务院研究办公室一份报告提出的数字是 2 亿。2011 年来自中国国家统计局的农民工报告认为农民工的总量为 2.5 亿。

市户口的价格取决于城市的大小和吸引力[1]。

在世纪之交,中国只保留了部分行政管理的劳动制度,而市场力量已经作为劳动者就业、工资和工作条件的驱动力取代了行政命令。新的劳动力市场是如何改变了原来由政府行政管理规章设置工资和就业结果的呢?

7.2.1　新的劳动力市场:工资和收入

市场所确定的报酬在不同的维度上增加了工资和收入的差异(见表7-2)。城市收入的增加快于农村收入,由此产生了历史上最大的城乡收入差距:2011年城市收入是农村收入的3.13倍(见表7-2、第1栏)。从20世纪90年代—2009年,大专生或本科生工资奖金超过同龄的高中毕业生的部分也在增加(第2栏)。薪水最高行业的工人其收入优势相对于薪水最低行业的工人在这一时期内也有大幅增加(第3栏)。工业化程度最高的地区也就是沿海地区的收入水平把内陆省份和北部、西部远远地甩在了后面,所以尽管在21世纪00年代收入的地理差异有所缩小,但仍远高于20世纪80年代和90年代的水平(第4栏)。最后一栏是对25岁的大学毕业生和农民工收入的比较。其显示出在20世纪90年代年轻大学生收入相对于农民工收入比例的增加,但在21世纪初随着农民工收入的大幅增加而出现了一个下降,由此说明中国已经进入了劳动力市场发展的一个新阶段的拐点(刘易斯拐点),稍后将详细论述。

表 7-2　市场带来的工资和收入差距的扩大(1980—2011 年)

收入比 年份	城市/农村	大专或本科 学历/高中(35 岁)	收入最高行业/ 收入最低行业	收入最高省份/ 收入最低省份	大专或学士 25 岁/ 农民工
1980	2.50		1.42	1.37	
1990	2.20	1.18 *	1.61	1.84	1.30 *
2000	2.79	1.24	1.87	2.84	2.30
2011	3.13	1.43 **	3.03	2.35	1.43 **

资料来源:中国统计年鉴;基于 * 1992 年及 ** 2009 年中国城市家庭微观调查数据而进行的大专生或学士与高中生相比的年收入;

高收入行业和低收入行业以及高收入省份和低收入省份是随着时间变化的,因此这里衡量的是分布范围。对于行业来说,选取的是前三名和后三名的未加权平均数;对于省份来说,选取的是前五名和后五名的未加权平均数。数据覆盖的行业组少于省份组。21 岁大学生数据来自中国城市家庭调查的数据。农民工月工资来自于 Feng Lu,2012。25 岁大学生工资除以 12 即为月工资基数。

7.2.2　为什么市场力量会产生如此大的收入差距

第一个原因是,当政府控制经济时,它所设定的工资差距远远低于市场结算水平。它不需要对有专业技能或在特定行业的人支付更多,而只是分配人员从事那些工作。一旦劳动者能够自由转换工作,而企业也能够为吸引他们想要的劳动者而改变工资时,由供求关系所决定,支付给高技能和高薪工作劳动者的报酬就会比支付给较低技能和低薪工作劳动者的报酬要高得多。

---

[1]　Zhang,图 3.

第二个原因是,随着经济的增长和供求的变化就会更有利于熟练工种和高薪工作。例如,GDP 的增长,就把对劳动力的需求转移到了更高技能的职业和行业,这就提高了大学毕业生的收入[1]。

7.2.3 流动率、流动性和生产力

中国的经济改革为企业自由雇用和解雇劳动者,以及为劳动者选择他们喜欢的工作打开了大门。劳动者的终身保障没有了。劳动者一生只在一个单位工作的状况消失了。国有企业认为有必要时就会解雇工人,认为有利可图时就聘请临时工人。城市劳动者,尤其是受过教育的年轻人,会为追求更高收入和更好的工作而频繁地更换工作。农民工涌入城市,也频繁地更换雇主。

20 世纪 90 年代末雇主的行为发生了最引人注目的转变,国有企业和城市集体企业进行了历史上最大规模的裁员。由于这些企业拖了经济的后腿并成为政府预算的负担,中央政府宣布企业重组的目标,将成千上万的国有企业私有化或关闭,并降低了国有企业的用工达 30%。在"抓大放小"的口号下,政府关闭了许多大型国有企业,并将许多小型国有企业私有化。从 1995—2000 年,国有企业的就业人数减少了 3 600 万,而城市集体企业就业人数减少了 2 100 万。很多下岗工人除了原有技能外别无所长,而且谁也没有在劳动力市场寻找工作的经验[2]。结果是,官方统计的失业率从改革前的接近于零,达到了 2002 年的 4.3%。但这仍未充分估计失业的程度,因为许多企业将失业工人登记为下岗工人,无须工作而给他们支付最低生活保障[3]。如果将这些人计算在内,那失业率就可能超过了 10%。

20 世纪 90 年代末,精简国有企业和集体企业[4],是具有中国版的计划经济向市场经济转变的"大冲撞",这也是苏联和东欧社会主义垮台后所经历的。但与大多数欧洲转型经济体中与市场化过渡相关的 GDP 下降 10%~15% 的情况相比较,中国的国有企业的精简大冲击期间,GDP 还在持续增长。但是享有一次性裁员特权的国有企业和城市集体企业劳动者,却几乎享受不到更高的 GDP 所带来的成果。政府给予下岗职工一些失业培训机会,但这些远远补偿不了他们失去铁饭碗的损失。国有企业私有化的最大受益者是企业管理者或与那些低价购买改制企业的优良资产的人有关系的官员的亲戚朋友,这些购买者将不良资产甩掉,又将企业职工的养老金和医疗费用交由政府负责。在一些省份,如东北的辽宁,成千上万名下岗工人抗议失业和私有化过程中的腐败——这是当代首次针对这个社会主义国家的大规模的抗议活动,但终究无济于事。

---

① 中国成都西南财经大学年度家庭财务调查估计的基尼系数为 0.61,这将使中国成为在世界上最不平等的国家之一。http://english.caixin.com/print/print_en.jsp 估计的中国亿万富翁数量也认为存在着极大程度的不平等。中国大陆 2012 年福布斯亿万富翁排行榜上以 122 位亿万富翁排名第二,而美国则有亿万富翁 442 位,香港有 39 位。总部位于上海并对中国富豪的隐性财富做出估计的胡润富豪榜,报告说中国有 317 位亿万富翁,美国为 408 位。http://www.hurun.net/usen/NewsShow.aspx?nid=418.

② 1996 年的 890 万名下岗工人中,约有 360 万人找到了工作。另外的 230 万人不打算再找工作,因而被排除在了劳动力市场外。剩下的 300 万人正在找工作(Song,1997)。

③ 这些被定义为是"由于企业表现不景气而回家,但是仍然与他们的企业保持着一些名义上的关系"的劳动者(Song,1997)。

④ 私营企业与国有和集体企业之间的界限并不像其他国家那样明显,因为政府机构持有部分股份。见 http://www.mansfieldfdn.org/backup/programs/program_pdfs/ent_china.pdf.

持续的经济增长使得流动的核心企业转向了工人。随着企业不再提供社会福利，工人比过去更少地依赖雇主。城市的年轻人为寻找更好的工作和与之相匹配的薪水而从一家企业换到另一家企业。大企业的人员流动率上升到了每年 20％左右[①]——这一自愿离职的比例与美国劳动者[②]年辞职率相近，远远高于许多其他发达国家的流动率。巨大的民工流与数百万计的频繁更换工作者相叠加，有些人在非正规行业从事个体经营，有些人则在建筑工地或为企业做临时工。大量的农民工要在春节时返家，回来后就会寻找其他工作而不是回到原来的企业。

当经济改革开始时，中国的大学毕业生相对很少。毛泽东发动的"文化大革命"破坏了中国的高等教育系统，所以在 1970 年只有不到 10 万名学生在大学就读[③]。从 1978—1988年，中国平均每年只有不到 30 万名的大学毕业生。20 世纪 80—90 年代开始逐步扩招，21世纪初增加了数以百计新的高等教育机构，入学人数和毕业生都有了大幅度增加[④]。1990 年本科毕业生的数量增加到 60 万，2002 年翻了一倍，达到 120 万，到了 2013 年上涨超过了 5 倍，达到 700 万。30 年中，中国把一个衰败的高等教育系统转变成一个只培养高考中"出类拔萃"的高分人才的系统，之后转变成了一个普及型的高等教育系统。

企业苦恼于人员的自愿流动带来的成本上升，因而寻找方法降低成本。当劳动者辞职后，企业要花费高额代价重新寻找和培训新员工来取代他们，但新员工在一段时间内的生产效率通常低于那些辞职的经验丰富的员工。因此，高流动率为单个企业带来的是较高的生产成本和较低的利润。但从经济大局来看，人员流动常常会促进经济效益。劳动者找到有更高薪水和更有效率的工作，不仅仅提高了自己的收入，同时也增加了国民产值。随着中国的经济改革，劳动者从收入较低的农村工作转到收入较高的农村乡镇企业，再到沿海省份的工厂促进出口繁荣，以及到城市中从事建设和服务行业的工作。在制造业中，劳动者从轻工出口行业转到高附加值的高科技行业。很难想象，如果没有一个市场驱动的劳动力体系带来较高的劳动力流动率，中国能够如此快速地提高生产率，并能如此成功地在部门间进行劳动者的重新配置。

7.2.4 "刘易斯拐点"之争与非正规城市部门

在 20 世纪 50 年代，亚瑟·刘易斯（Arthur Lewis）开发出了一种经济发展模型，与半个世纪后中国所面临的一些问题相吻合。刘易斯将发展中的经济体分为两个部门：生产率较低却有着"源源不断"的劳动力供给的农业部门，以及生产率较高却需要通过吸收农村劳动力来扩张的现代工业部门。由于来自农业的源源不断（弹性无限大）的劳动力供给，城市企业无须增加工资就能够增加就业。这使他们能获得可观的利润，之后可以将利润投入他们的企业或其他企业中，以产生一种自我可持续发展的驱动力来实现现代化。随着越来越多

---

① http://www. globaloutsourcinginfo. com/chinese-employees-average-salary-jumps-9-1-turnover-rate-up-18-9-in-2012/报告 2012 年的流动率为 19％。

② http://www. bls. gov/news. release/pdf/jolts. pdf.

③ 1966 年"文化大革命"开始，持续了几年。从 1967 年到 1976 年，政府取消了高考，1977 年才由邓小平予以恢复。但是这个国家失去了许多知识分子，这些知识分子在农村劳动改造了很多年，其中的一些人在"文化大革命"结束后离开了中国。http://en. wikipedia. org/wiki/Cultural_Revolution.

④ Li(2010).

的农民工在城市经济中找到工作,劳动力的供给从弹性无限大变为倾斜的上升曲线。这就是"刘易斯拐点",当发展到一定程度时,企业就必须提高工资来吸引更多的低技能工人。

刘易斯模型是建立在加勒比经济体的经验基础之上的,但任何经济体只要其发展的重要组成部分之一是人口从生产率较低的行业向生产率较高行业进行迁移,那么这个模型就有借鉴的意义。在21世纪初中国城市的农民工工资开始上升,这就对一些经济学家们提示,中国已经到达了刘易斯拐点。其他一些经济学家则不同意,认为中国农村仍然存在着数以百万计的"剩余劳动力",他们会在没有增加工资的情况下迁移到城市。不同的数据来源在城乡收入比例上的差异以及对确定拐点的关键性指标上的分歧,加剧了这种争论①。在同一时期,中国城市的非正规就业人员比例大幅度增加,我所说的非正规就业的意思是在个体或家族企业或小型企业工作的,不存在遵守劳动法律压力的,或在大企业工作却没有正式身份的。劳动力的非正规化,为经济增长和就业之间的关系增加了一条新的纽带。

在发达的经济体中,大部分劳动者都为那些能够提供固定工作、标准工作时间以及《就业法》、工会组织和企业人力资源政策所规定的社会保障福利的"正规部门"工作。相比之下,在发展中国家大多数岗位的工作都是临时性、不正规且没有合法利益或保护的。除了一些成功经营企业的个体经营者外,非正规部门员工总是比正规部门员工挣得少且工作条件更加恶劣。直到20世纪90年代—21世纪初,发展专家之间流行的看法是,经济增长将缩小非正规部门,正如在刘易斯模型中以同样方式缩小农业部门那样。因为担忧劳动力成本的增加会减缓工作岗位从非正规部门转移到正式部门,一些专家警告政府不应改善城市工人的保障和福利。

然而不管什么样的劳动和社会政策,20世纪90年代—21世纪初的经济增长并没有使非正规部门的就业份额下降,由此经合组织得出结论:非正规已经成为一种常态②。发展中经济体中制造业生产力的提高和现代部门引进新的资本密集型技术,使得正规部门的工作岗位保持了快速增长,正如发达国家几十年前一样。韩国可以说是所有发展中国家中最成功的,其城市就业中的非正规或不规则比例都在随着国家的发展而扩大。在中国,即使这个国家成为了世界经济的制造业中心,其制造业工人的比例还是从1990年的16％下降到了2009年的13％,而制造业就业中的城市比例则下降得更多,这很大程度上是因为20世纪90年代国家对国有制造企业的紧缩造成的。

虽然中国的统计机构不提供非正规部门就业率的官方估算,但就业数据分析清晰地告诉我们,21世纪初非正式部门扩张到了城市劳动力的一半以上③。农民工构成了该部门的主要部分,工作时间长而工资却很低。在20世纪90年代,相比于正规部门中城市户口的劳动者每周工作42小时,非正规部门中的农民工每周要工作72小时,而月收入则要低30％;相比于城市户口员工82％的养老保险覆盖率,非正规部门员工的养老保险覆盖率却

---

① 这场辩论的主要文章包括"添加刘易斯拐点的争论文章"。

② 例如,见经合组织"非正规是正常的吗?";Freeman(2009).

③ Huang(2009)估计,在20世纪90年代到21世纪初早期这个期间,城市工作岗位中非正规部门的比例翻了一番,是正规部门劳动者的1.5倍。Kuruvilla(2011)估计,中国企业将39％的中国城市劳动力从永久就业转移到了"非正规"部门。Park与Cai(2009)估计,在2005年有超过一半的城市劳动者为非正规劳动者,约有10％的个体劳动者以及另外36％未登记在政府的所有权类型统计数据内,其中的许多人在服务行业就业。

只有2%[①]。许多大型出口企业和建筑行业雇用农民工时不与农民工签订单独的劳动合同，不给农民工法定的福利。由于他们的工作状态缺乏法律文件证明，当发生纠纷时，负责处理劳动者权益的劳动仲裁委员会无法帮助他们，所以劳动者越来越多地针对管理层对待他们的方式进行抗议，从自发罢工到非暴力反抗——阻塞道路、聚众包围工地等这些被政府认为是威胁社会稳定的行为(李,2007)。

为了增强劳动者通过合法渠道维护自己权利的能力，2007年中国政府颁布了一部新的《劳动合同法》。这部法律要求雇主必须与员工签订书面劳动合同，员工可以凭借累计的工作年限获得长期固定合同。这项法律是在经过广泛公开的讨论后颁布的。在政府管理的全国总工会领导下的中国劳动者权力部门更加青睐这一新的举措，美国和其他发达国家的劳动和人权组织也都表示认可。但中国和美国的企业界反对这部法律，认为它会再次形成铁饭碗，同时由于提高了劳动力成本而降低就业。

尽管中国劳动法律的实施普遍薄弱，但新的法律还是为农民工改善了条件。2008年1月法律生效后，农民工签订个人劳动合同的比例和接受法定强制社会保险的比例大幅上升，而雇主推迟或降低农民工工资的比例有所下降[②]。由于这部法律实施后不久中国就遭受了由于经济大衰退带来的出口需求下降的打击，因此无法确定这部法律是否如同其反对者所担心的那样对就业产生了负面的影响。由于雇主和雇员都对经济衰退做出了反应，而21世纪初，复苏成为了就业的主旋律。

7.2.5 "大衰退"的考验

2007—2008年全球经济衰退考验了全球劳动力市场的应变力。2008—2009年冬天中国对发达国家的出口大幅下跌，许多人担心中国新的劳动力市场将如何应对。直接的影响就是就业率的大幅下降[③]。世界银行的研究人员估计，在2008年10月—2009年4月，4 900万农民工失去他们的非农工作，占农村劳动力的6.8%，且农民工的工资下降了10.5%[④]。一些发达国家，如美国也经历了大量的失业，而其他国家如德国，则引进了各种形式的工作分担方法来维持就业率。

美国因其在20世纪90年代的成就而成为发达世界伟大的工作制造机，许多曾宣告此点的劳动分析师都期望着美国将会在就业率方面出现强劲的复苏，然而事实恰恰相反，美国的就业复苏非常疲弱，在经济衰退正式结束后的4年里其就业率都低于经济衰退前的水平，其他发达国家也大多如此。2013年，欧洲先进国家的失业率达到了两位数，唯独德国是个例外，其经济衰退后的失业率反而低于衰退前。

具有中国特色的新的劳动力市场，在减少因经济衰退导致的巨大损失，恢复就业状况中发挥了重要的作用。中国的劳动者们迅速找到了工作。到2009年4月，有将近一半的下岗

---

① Cai(2009)。本文对文中适合以下两组人群的人员，即正规部门中的移居者和非正规部门中有户口的人员的数据进行了详细的比较。

② Freeman与Li(2013).

③ 对危机中的失业存在不同的估计。国家统计局估计，2 300万农民工在危机中被取代。其他分析师报告，2 000万农民工失去工作回到农村，但其他人的估计较低[Cheng等(2009)，《经济学人》(2009)]。媒体则对陈(2009)估计的2 000万农民工失去工作比较认同。

④ Huang等(2010).

工人重新就业。危机后的一年里,大部分的劳动者获得了新的工作。一些人在非正规部门找到了工作,还有一些回到了家乡,但在中国积极的经济刺激计划①创造出了大量非贸易领域的就业机会时,他们又回到了非农工作岗位。劳动者工资的下降也可能是一些企业迅速增加招聘的一个原因。中国在2008—2009年全球经济危机期间失去数百万的工作岗位后就业率的复苏,与其在20世纪90年代末裁员后缓慢的工作岗位创造之间的区别,一定程度上说明了劳动者和企业已学会了如何在市场驱动的经济中遨游。令人有些惊讶的是,世界银行小组却将中国“在危机中调整劳动力的速度”②与美国和欧洲的缓慢调整相提并论。

7.3 劳动力问题

尽管建立了有效的劳动力市场,但中国所面临的最主要的劳动力问题是,如何让现代经济发展继续给将近14亿的中国人带来好处。最重要的挑战是:①要形成一个有效的劳动关系制度来解决市场经济中经常出现的劳资冲突问题;②要吸纳大量的大学毕业生;③要让社会福利与机会能够覆盖农民工和非正规部门的劳动者。解决这些问题将会缓解伴随快速发展而来的不公平及其可能对未来社会稳定构成的威胁。

从历史看来,工会一直是劳动者维护自身经济利益的重要机构,而集体谈判权已经成为工会与经营者之间解决工作场所中有关工资、福利和工作条件等方面分歧的机制。理论上,中国有世界上最大的工会组织。2010年,政府发起的中华全国总工会声称有2.39亿劳动者会员,包括8 900万农民工③。然而,与劳动者独立组成的工会不同,中华全国总工会一直以来寻求的是化解员工不满和鼓励“和谐劳动关系”,而不是为劳动者谋利益④。根据下面所汇总的《纽约时报》对劳动者的采访,许多劳动者将工会看作是权力部门到他们中的延伸,而非他们在经济中真实声音的体现:

(工人)“工会?……那是什么?”

(记者)“他们的工厂有按要求设立并由国家运作的工会组织吗?”

(工人)“哦,是的,我想也许有这么个组织……当管理者有一些新的需要或要求时,他们会召集我们一起开会”⑤。

向私营雇主主导的劳动力市场的转移,从根本上改变了中国劳动关系的本质。工人们可以对工作条件提出抗议并要求雇主赔偿而不会挑战政府的权威。向劳动争议仲裁委员会(为解决争议而设置的法律实体)提出劳动争议的数量,从1992年的8 150件飙升到了2000年

---

① 2008年11月,中国宣布将花费4万亿(5860亿美元)用于基础设施 http://en. wikipedia. org/wiki/Chinese_economic_stimulus_program 国际货币基金组织估计,2009年和2010年两年的总金额相当于GDP的5.8%,这超过了美国的刺激措施,仅次于俄罗斯和沙特阿拉伯的刺激措施而位列第三——见 http://www. treasury. gov. au/PublicationsAndMedia/Publications/2011/Chinese-Macroeconomic-Management-Through-the-Crisis-and-Beyond/working-paper-2011-01/Chinas-stimulus-package. 尽管官方的估计包括发生在各种情况下的支出,如汶川地震救援,还有一些可能被浪费掉了,但中国还是积极采取了行动以弥补所失去的出口需求。

② Huang, Jikun, Juayong Zhi, Zhurong Huang, Scott Rozell, John Giles,第23页。

③ http://english. acftu. org/template/10002/file. jsp? cid=63&aid=622.

④ 按照共产主义传统,其构成了一个列宁主义的传动带。见 V. I. 列宁新经济政策下的工会作用与功能 http://www. marxists. org/archive/lenin/works/1921/dec/30. htm.

⑤ 《纽约时报》,2001年8月22日。

的 135 206 件,而到 2010 年则达到了 128 万件左右①。在没有政府工会的帮助下,工人们开始依靠自己的力量为争取更好的工作条件而在全国各地举行大罢工②。2010 年夏天,广东本田的工人通过罢工形成了集体协议并提高了工资和福利,在世界各地都成为了头条新闻③。

中国的劳动法要求企业接受工会,并赋予中华全国总工会代表工人的专有权,由此说明了它为何拥有庞大的会员数量。中华全国总工会通常组织工会的模式是始终不忘提醒经营者其所担负的法律责任,并要求其成立工会,同时指定一名企业管理者作为工会的领导,并承诺"与西方工会总是站在雇主的对立面不同,中国工会有义务促进企业的发展和维持良好的劳动关系"④。即使是用这种方式进行操作,中华全国总工会依然与劳动者更高的工资和更好的福利相关联⑤,或许是因为同意成立工会的企业将其视为能防止工人采取激进行为的良性劳动关系政策的一部分吧。

但是把雇主或政府的利益置于劳动者的利益之上,不符合新的劳动力市场的现实。政府和中华全国总工会都在寻找各种全新的方式来运作官方的工会,并以各种有助于中国发展出一种新型有效的劳动关系制度的方式来代表劳动者。在中国的一些地区,如深圳或广州,中华全国总工会通过为劳动者选举工会领导人建立程序而取得了突破。中华全国总工会广东负责人已经承诺,广东工会组织要把劳动者的利益放在首位,但尚不清楚何时中华全国总工会才能进行自身的改革。地方和省级党组织任命的工会领导人通常会把企业发展放在高于一切的位置上。还是在 2011 年,在考察了大陆地区正在发生变化的劳动力状况后,香港独立工会主义的倡导者韩东方,就已呼吁国际工会运动与中华全国总工会相融合,以便帮助其变成一个真正代表工人的组织⑥。

20 世纪 90 年代—21 世纪 10 年代,大学毕业生的爆炸式增长给中国的劳动力市场带来了新的挑战。以下标题(2013 年 7 月通过谷歌搜索"中国大学毕业生就业"而获得)告诉了我们这种挑战的重要性:

"中国'高增长'的经济中,大学生毕业即失业"(福布斯,2013 年 5 月 26 日);"中国的毕业生面临过剩"(华尔街日报,2011 年 8 月 22 日);"中国大学毕业生工作荒"(《商业周刊》2010 年 9 月 1 日)。"中国蚁族:数百万的失业大学毕业生"(《基督教科学箴言报》2009 年 12 月 21 日)。

这些头条新闻的背后隐藏着两个事实。第一,在 20 世纪 90 年代末到 21 世纪 10 年代初,许多学生从人数众多的学士学位课程中毕业后未能获得适当的工作,还有一些毕业生几

---

① 《中国劳动统计年鉴》发布的数字一直到 2008 年,之后没有再发布数字。所说的 2010 年数据来自《中国日报》(2011 年)。

② http://en.wikipedia.org/wiki/2010_Chinese_labour_unrest。

③ 中国罢工网站在各个时期新闻报道和报告的基础上按国家地区进行了标注,其显示出越来越多的罢工活动都集中在大城市地区。www.chinastrikes.crowdmap.com/main。

④ 韩东方引用了中华全国总工会高级官员郭晨的话,"中国大部分的工会都还没找到工作呢"。《卫报》2011 年 6 月 26 日。http://www.theguardian.com/commentisfree/2011/jun/26/china-trade-union-global-movement。

⑤ Ying Ge,2012,Yi Lua,Zhigang Taoa,Yijiang Wang,2008 年 12 月,Yang Yao,Ninghua Zhong,Tony Fang,Ying Ge. 中国工会与企业绩效。

⑥ http://www.theguardian.com/commentisfree/2011/jun/26/china-trade-union-global-movement。

个月甚至一两年后都没有工作[①]。一项全国性调查发现,2011 年有 16.4％的 21～25 岁大学毕业生未能就业,相比来说同年龄段高中毕业生的失业率为 8.2％[②],而年龄较大的大学毕业生其失业率却远低于较大年龄的低学历工人。第二,那个时期人数众多的毕业班减少了新毕业大学生相对于低学历工人的收入超差,以至于毕业新生的薪水与农民工的收入相差无几[③]。对于劳动力市场来说,关键问题在于,是否他们开始工作生涯时的高失业率和低工资会像当初美国那样永久降低毕业生终生的收入轨迹[④],或者这只是一个暂时的现象,随着毕业生工作经验的积累其薪水也会追赶上来。

劳动力市场还有其他应对毕业生供应量大幅增加的方法,能使那些进入新闻头条的问题得以改善。在需求方面,由于能以较低的工资获得更多的毕业生,那些最广泛依赖毕业生就业人员的行业于是有了扩大产量和增加就业的驱动力。在全球市场,这些行业需要增加出口并与来自其他国家类似行业的进口产品进行更有力的竞争。在供给方面,由于工作难找和工资较低,一些毕业生会选择继续深造以获得更高学位并延迟进入就业市场,而技能的提高有利于他们将来获得更好的工作。毕业生的地域流动也有助于市场的均衡,那些在主要的沿海城市和省份以外寻找工作的大学生(这些城市和省份在过去的几年里聘用了中国大部分受过高等教育的劳动者)会发现存在着比城市热点地区更好的供需平衡。更多工作在中国的 2、3 线城市而非北京、上海、广州等地的毕业生会得到新的机遇并加快这些地区的经济增长,同时也减轻了大城市毕业生过剩的压力。

美国和韩国应对突然出现的大量大学毕业生的经验表明,最重要的市场调节就是让毕业生在那些原本依靠低学历劳动者的岗位上学有所用。这就要求雇主把这些工作岗位提供给毕业生,同时毕业生也能接受这些工作岗位,且双方都能找到运用毕业生的技能来提高这些岗位生产率的方法。据新闻报道,虽然在中国和其他国家一样,大学毕业生赚的钱比非大学毕业生多,其在非传统毕业生岗位上的职位晋升也会更快,但中国的许多毕业生排斥这样的职业道路。在标题为“中国毕业生对工厂工作说不”的文章中[⑤],《纽约时报》报道了中国毕业生不愿接受需要体力劳动的工作。但一段时间的失业或临时工作或许能改变他们的观点。当毕业生将他们的技能运用到所有的职业和行业中,并随着他们工作经验的不断积累,

---

　　① 例如,在 2008 年的毕业生中,有 27％到年底还未找到工作。2012 年 3 月温家宝总理的报告说,2011 年的毕业生中仍有 22％的毕业生处于失业状态(发表在《纽约时报》2013 年 1 月 24 日,中国毕业生对工厂工作说不)。北京市教育委员会报告说,2013 年夏天只有 33.6％的大学毕业生签订了劳动合同,中国发展研究基金会发现,2013 年的毕业生只有不到一半找到了工作。《国际商业时报》2013 年 5 月 17 日的一篇文章总结了几个城市的情况,发表了题为“中国大学毕业生无法获得工作:2013 年北京只有 28％的毕业生以及上海只有 44％的毕业生找到了工作”,显示出这个问题的地方性 http://www.ibtimes.com/chinese-college-graduates-cannot-secure-jobs-28-beijings-2013-graduates-44-shanghais-have-found-job.

　　② http://english.caixin.com/print/print_en.jsp 西南财经大学的中国家庭金融调查所报告的成都数据。

　　③ 2003 年、2005 年和 2008 年的统计显示,大学毕业生平均起薪保持在每月 1 500 元左右,但农民工的每月工资则从 700 元增加到 1 200 元。(“大学毕业生的收入仅略高于农民工”,《Willingbird 星期日》,2011 年 2 月 13 日)。2011 年对北京超过 6 000 名的应届毕业生进行了一项调查显示,69％新毕业的大学生的起薪低于在主要的中国工厂工作的农民工。较低水平大学毕业的大学生平均工资每月 1 903 元,而农民工则为 2 200 元(合 345 美元)。《华尔街日报》。

　　④ Kahn,Lisa(2010),Van Wachter 等,(2013)即将出版。

　　⑤ 2013/08/15,“中国的大学毕业生日益增加,而办公室工作却未能跟上”——NYTimes.com www.nytimes.com/2013/01/25/business/as-graduates-rise-in-china-office-jobs-fail-to-keep-up.html? pagewanted＝all&pagewanted＝print 1/7. 2013 年 1 月 24 日,“中国毕业生对工厂工作说不”作者 KEITH BRADSHER.

很有可能提供给他们进入管理层和其他高薪工作的职业道路,那么提高这些职业和行业的学历水平就会使整个经济体最终受益。

因为不满的年轻毕业生有可能成为社会混乱的先锋,中国政府制订了专门的计划帮助他们解决工作问题。为了应对"大萧条"造成的就业机会减少,政府鼓励毕业生到大城市以外去工作,那里有更高的工资和其他福利。2013年,政府要求学校、政府机构和国有企业雇用更多的毕业生来帮助缓解失业问题。在陷入困境的新疆维吾尔自治区,国家政府在机关事业单位和国有企业都设置了岗位接收那些完成了一年工作培训计划的毕业生们[①]。政府计划可以帮助改善毕业生和工作岗位之间的匹配度,并可以鼓励高等院校更多地开展以面向职业为导向的教育项目,而非依靠大学毕业生和用人单位来对整个高等教育进行批量调整。

中国劳动力市场面临的第三个大问题是,如何从一个正规城市部门劳动者的工资和社会福利显著高于农民工和非正规部门劳动者的二元劳动力市场,转变为能向所有劳动者提供相同的社会福利和机会的市场。几乎每个中国人都意识到了户籍制度的不公平性,因为它限制了那些在城市居住和工作的农村户口人员的机会和福利。最高领导人和政府机构提倡户籍改革,公众舆论支持改革[②],各省市也在尝试采取多种方法以弱化农村户口的不足。但当某些改变会降低城市居民的福利(例如扩大城市的学校以接收农民工子女入学或向农民工开放城市医疗设施等)时,城市对于作出有利于农民工的制度改变就会变得犹犹豫豫。因为有限的城市预算和融资渠道以及当地人的反对,导致政府很难在制度上进行彻底的改变。户籍制度的改革在生活福利设施有限的中小城市是最成功的。有些大城市采取了分数制度,农村人员可以通过这一制度来获得城市户口。有些城市给予本省内的农村户籍人员以特别的权利。尽管如此,问题不在于中国是否会最终打破这种损害了很多人利益的制度,而是何时打破。

由于非正规部门的员工绝大部分都是农民工,所以将社会福利和权利扩展到农村户籍人员会让许多非正规部门的员工受益。但非正规部门的问题却超越了户口问题——非正规部门员工的低工资、超长工作时间,以及缺乏养老金和其他与工作相关的社会保障等问题,普遍存在于发展中国家。正如2007年《劳动合同法》所要求的增加劳动者个人签订劳动合同的比例,是帮助非正规员工能够被大型正规企业聘用的重要一步。但这对个体经营者或在小型家族企业和其他企业中工作的人没有直接效果。所有发展中国家都在努力寻找将福利和保障扩展到非正规部门员工的方法,但到目前为止,还没有哪个国家找到可以称之为"灵丹妙药"的解决方案。无论就业状况如何,通过公民身份给予公民福利——如全民健康保险——提供了一种解决方案,但这需要一个有效的税收体系以及正规部门中的劳动者和企业愿意为那些非正规部门的劳动者提供福利支持。

---

① 见 Shao Wei 与 Mao Weihua"新疆培训计划促进就业"《中国日报》,2011-03-26.

② CHINA. ORG 的一篇文章"户口——市场经济的障碍"报告说,92%的受访者认为户籍制度需要改革;53%的人认为政府应该消除与该制度相关的限制性政策,如限制获得教育、医疗、就业和社会保险,38%的人呼吁将该制度完全废除。

结 语

中国从以行政管理式的劳动制度为主导的社会向具有有效的劳动力市场的社会过渡，是一个了不起的成就。表 7-1 所进行的历史对照及其文字描述反映了一个独特的"天然实验"，列示了以劳动力市场决定就业与薪酬和不以市场决定就业和薪酬之间的区别。欲解决撰写本文时中国所面临的三大劳动力问题（创建一个现代劳动关系制度、吸纳大量的大学毕业生，以及将社会福利和平等机会扩展到农村户籍人员和非正规部门员工），需要颁布强有力的制度和政策以解决新的具有中国特色的劳动力市场中的参与者的需求和担忧。

参 考 文 献

Bao S，Bodvarsson O B，Hou J W，Zhao Y. 经济转型中的移民管理：中国的户籍制度. IIZA DP 4493 号，2009.

Bian Y. 中国的关系与城市工作分配. 中国季刊，1994，140(12)：971-99.

Cao Y，Qian Y，Weingast B R. 从中国式联邦制度到中国式私有化. 1997(12).

Chan K，Zhang L. 户籍制度与农村到城市的迁移. 中国季刊.

Chi W，Freeman R B，Li H. 从调整到真正的巨变：1989—2009 年中国的劳动力市场. 美国国家经济研究局工作论文 17721，2012，1.

Fang C. Yang D，Meiyan W. 中国的就业和不平等的结果. 经济合作与发展组织，2009. http://www. oecd. org/els/emp/42546043. pdf.

Fang T，Ge Y. 中国工会和企业业绩.

Freeman R B，Li X. 中国新劳动合同法如何影响流动工人？NBER WP.

Freeman R B. 发展中国家的劳动法规、工会与社会保障：市场扭曲还是有效率的制度. 美国国家经济研究局工作论文 14789 号，2009.

Ge Y. 中国工会做什么？.

Ge Y. 中国工会对职工薪酬能产生"真正的"影响吗？.

Huang J，Zhi J，Huang Z，Rozell S，Giles J. 全球金融危机对中国农村的非农就业和收入的影响. 世界银行政策研究工作论文 5439，2010，10.

Huang P C C. 中国被忽视的非正规经济：现实和理论现代中国，2009，35(4)：405-38.

Knight J，Yueh L. 中国城市的居民就业流动与农民工. 牛津大学 2013 年 6 月工作论文编号 163，2003.

Kuruvilla S，Gallagher M，Lee C. 从铁饭碗到非正规化：变革中国中的市场、国家和工人. 纽约伊萨卡岛：康奈尔大学出版社，2011.

Li H. 中国高等教育. Clotfelter，Charles…

Li H，Zax J. 中国的经济转型和劳动力市场.

Li W，Putterman L. 中国国有企业改革：纵览. 比较经济研究，2008，50：353-380.

Lu F. 1979—2010 年中国农民工的工资走向. 中国社会科学，2012(7)：47-67.

Lu X，Perry E J Danwei. 从历史和比较的观点看变化中的中国职场.

Yi Lua，Zhigang Taoa，Yijiang Wangb. 工会在业绩和就业关系上的作用：来自中国的证据. 2008，12.

Maurer-Fazio M. 中国劳动力改革：摸着石头过河. 比较经济研究，1995，37(4)：111-123.

Meng X. 劳动力市场改革与成果，剑桥：剑桥大学出版社，2000.

Park A，Cai F. 中国劳动力市场的非正规化. 2009，8.

Park A，Cai F. 中国劳动力市场的非正规化. S. Kuruvilla，M. Gallagher，C. Lee. 从铁饭碗到非正规化：变

革中的中国市场、国家和劳动者.纽约萨卡岛：康奈尔大学出版社,2011.

Smyth R. 关于 Kit Tam 与 Malcolm Warner 中国企业改革：一个全球化的制度挑战,2004.

Sabin L. 劳动者阶层中的新老板：中国非国有部门就业的增长.中国季刊,1994,140：944-970.

Walder A G. 共产主义者的新传统主义：在中国工业中的工作与权力.柏克利：加州大学出版社,1986.

Xie Y,Wu X. 中国城市中单位盈利和收入的不平衡.中国季刊,2008,195：558-581.

Yang Yao,Ninghua Zhong. 工会能提高工人的福利吗？——来自中国 12 城市的证明.

Zhang L. 中国的户籍制度改革与农村到城市的迁移：未来的挑战.

Zhang W,Cheng C. 一个求职过程的社会网络模型：测试关系效应假说.中国社会学杂志,2012(3)：24-27.

第8章

中国储蓄难题[①]

作者：让-皮埃尔·拉法格，俞肇熊（Jean-Pierre Laffargue，Eden S. H. Yu）

中国储蓄难题的特点是自 20 世纪 90 年代初以来不断增加的国民储蓄率，于近年达到了异常高的水平。引发这一难题有两个主要原因。第一个原因是在国民可支配收入中，中国企业和金融机构过高且不断增长的份额（这些机构没有最终消费，因此他们把全部可支配收入用于储蓄）。这可以部分地由所增加价值的不均衡分享来进行解释，这种价值增加由于城市地区劳动力供给过高且不断增长，在损害工资的情况下增加了利润。企业高储蓄也来自于企业过低的收入分配。国有企业普遍不愿意派发红利，而那些派发的，也通常是用于再投资；私人公司面临信贷市场的限额配给，需要用自己留存的收益进行大额投资。

中国储蓄难题的第二个原因涉及过高且日益增长的居民储蓄率。这可以通过生命周期假说予以解释，某些相关的中国因素，如独生子女政策，会导致父母由于没有更多的孩子在他们退休后给予赡养而进行更多的储蓄，再有就是当抵押贷款市场仍然是限制重重的时候，家庭需要进行足够的储蓄来满足购房的需要。一个补充的解释是，家庭积累较高的预防性储蓄以备不时之需，如防范失业和健康风险。

导　言

在这一章中，我们对中国人在储蓄行为中的几个难题进行论述。中国的国民储蓄率（储蓄与国民可支配收入的比例）已从 1992 年的 36.3% 增加到了 2009 年的 50.6%。而同一年韩国、日本和法国的储蓄率分别为 30.2%、21.6% 和 17.2%。中国特殊的储蓄行为通常被称为"中国储蓄难题"。

如果我们将中国的储蓄率的组成分解为家庭、企业和政府部门，我们可以看到，中国家庭储蓄要比其他国家的家庭更多，尽管他们在中国的国民可支配收入中所占的份额较低，且从 1997 年到 2008 年在稳步下降。这是由于他们过高且不断增长的储蓄率（他们的储蓄与可支配收入之比）所造成的，这就是所谓的"家庭储蓄难题"。中国的企业与金融机构的储蓄

① We owe special thanks to Gregory Chow and Dwight Perkins for their very useful criticisms and advices. We are indebted to Mi Lin for excellent research assistance. This research was made when Jean-Pierre Laffargue was visiting City University of Hong Kong in July and August 2012. We gratefully acknowledge the financial support of the Research Center for International Economics of City University of Hong Kong. 我们要特别感谢 Gregory Chow 先生和 Dwight Perkins 先生提供的非常有价值的意见和建议。我们感谢 Mi Lin 出色的助理研究工作。这项研究是在 2012 年 7 月和 8 月 Jean-Pierre Laffargue 参观香港城市大学时进行的。我们衷心感谢香港城市大学国际经济研究中心所给予的资金支持。

占国民可支配收入的份额在 1997—2008 年之间越来越多,这一比例比 2009 年任何其他国家都高。这通常被称为"企业储蓄难题"。最后,中国政府将分享其可支配收入的一部分进行储蓄,而这部分储蓄在 20 世纪 90 年代初和 21 世纪都非常高。

8.1 节介绍了两个储蓄难题。8.2 节探讨了企业储蓄难题。研究发现,企业不断增加的过高储蓄是由于其所分配的财产收入(股息和利息)占国民可支配收入的份额过低并不断减少所造成的。这一难题也与企业增值部分用于企业人员工资的份额过低和不断减少而用于利润(及其他资本回报)的份额过高并不断增加有关。本节还对这些实证结果提出了几种详细的解释。

8.3 节回顾了与家庭储蓄有关的难题的解释。这里基本上存在着两种解释。第一种解释是基于注重家庭储蓄动态的生命周期假说。即,家庭如何在他们的一生中分配他们的储蓄,以及国民储蓄率是如何随着人们在生命的高储蓄时期的相对数量和收入而增加的? 如果对中国经济社会发展的一些具体的和重要的特点加以考虑的话,这种方法能使我们对这一难题给予部分的却是正确的理解。例如,开放住房市场和(或)在 20 世纪 90 年代后半期的公共养老金制度改革等都是十分相关的。

家庭储蓄难题的第二种解释主要集中在以下几种不确定性的水平和变化方面:面对不良的公共保障和安全网,不得不支付大额医疗账单或失去工作的风险。这种不确定性导致家庭积累大笔的储蓄以用于预防的目的。最后则给出了一些结论。

8.1 中国储蓄难题

可用于分析中国宏观经济走势的最佳统计资料是资金流动表,该表反映了机构部门的交易项目矩阵。我们用这些表格来计算国民储蓄比例,以及中国各部门针对国民可支配收入而进行的储蓄[①]。我们在图 8-1 中绘制出了覆盖 20 世纪 90 年代初至 2009 年的比例。

经济合作与发展组织的国家账户使用一种与中国的资金流动表类似的系统命名法。我们使用数据计算了美国、法国、日本、韩国和墨西哥 2009 年的国民总储蓄以及各部门储蓄情况相对于可支配收入的比例。结果列于表 8-1。

[①] The China Statistical database, available on the website of the National Bureau of Statistics of China (www. stats. gov. cn/english),includes the most recent version of the flow-of-funds accounts from 1992 to 2009 (the latter year being the most recent one available in January 2013 when we finished writing this chapter). The definitions of the indicators used in this chapter can be found on the website: http://www. stats. gov. cn/tjsj/ndsj/2012/indexeh. htm,in "National accounts",at "Brief introduction" and, "Explanatory notes on main statistical indicators". The national disposable income is equal to GDP plus the net factor income from abroad and the net current transfers from the rest of the world. We can deduce from the flow-of-funds tables that the national disposable income was less than GDP until 2002,and has increased faster than GDP since 1995. This evolution resulted from favorable trends in the net current transfers (for instance higher tourism receipts) and the net factor incomes of China from abroad (for instance the higher interest income of the large official reserves). 可通过中国国家统计局网站(www. stats. gov. cn/english)访问中国统计数据库,其中包括了从 1992 年到 2009 年最新版本的资金流动账户(后者是 2013 年 1 月当我们写完这一章时所提供的最新数据)。本章中所使用的指标的定义可以从网站: http://www. stats. gov. cn/tjsj/ndsj/2012/indexeh. htm"简介","主要统计指标解释"中的"国民经济核算"上找到。国民可支配收入等于 GDP 加上国外净要素收入和来自世界其他地区的经常性转移支付净额。我们可以从资金流动表推导出,直到 2002 年以前,国民可支配收入都低于 GDP,以及自 1995 年开始其增速超过了 GDP。这一进展是由于经常性转移支付净额的有利趋势(例如较高的旅游收入)和中国来自国外的净要素收入(例如大规模官方储备的高利息收入)导致的。

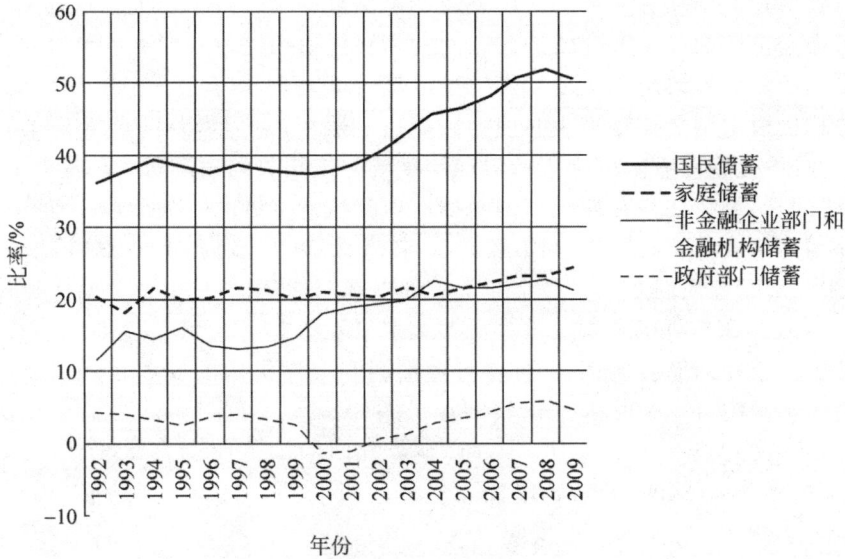

图 8-1 各部门储蓄与中国国民可支配收入的比率

表 8-1 各种储蓄情况与国民可支配收入之比（**2009 年中国与五个经合组织国家比较**） ％

各种储蓄与国民 可支配收入之比	国家 中国	美国	法国	日本	韩国	墨西哥
国内总储蓄	50.6	10.9	17.2	21.6	30.2	22.5
家庭储蓄	24.4	7.8	11.1	5.9	5.3	7.9
非金融企业部门和金融机构储蓄	21.2	11	9.5	21.4	18.1	14
政府部门储蓄	4.9	−7.9	−3.4	−5.7	6.8	0.6

我们从图中观察到,中国的国民储蓄率从 1992 年到 2000 年在 38％左右波动,然后稳步增加至 2009 年的 50.6％。该表显示这些值异常的高。2009 年第二、第三高的储蓄率出现在韩国和日本,分别等于 30.2％和 21.6％。

许多国家都经历了长时期高水平的储蓄、投资和经济增长,同时伴随着快速的工业化。在发展过程中,劳动力受到吸引从农村和/或国外迁移到城市工业部门。这在第二次世界大战后的欧洲和日本以及 20 年后的韩国都发生过。城市地区的劳动力供给的不断增加导致了不够高的劳动工资并进而产生了过高的商业利润和企业储蓄。当银行迫于政府的压力将信贷配给偏好于生产者而非消费者时,家庭就必须进行大量的储蓄以便能够购买住房或耐用消费品。

高水平的家庭和企业部门的储蓄为维持一个高水平的投资和促进标准经济发展模型所描绘的经济增长提供了资金支持。然而,中国在最近的几十年里所发生的是远非这个标准模型可以概括的。Kuijs(2006)部分基于这一发展模式的理论见解对 1960—2004 年的一组 134 个国家估计了一个储蓄方程。他的方程获得了对大多数国家的匹配,但中国是一个例外。方程为中国预测的最后预测阶段的储蓄比例只占 GDP 的 32％。但形成鲜明对比的是,所观察到的比值是 44％。Kraay(2000)和 Hung 与 Qian(2010)使用不同的数据集进行了类似的估计,所得结论相同。

人们也已通过使用动态一般均衡模型对中国储蓄难题进行了研究。这样的一般均衡框架对于在考虑经济中的几个市场或部门之间的相互作用的同时对研究各种经济问题进行研究是非常有用的。简单的静态一般均衡模型已被有效地用来考察一个时期中的各种效应，而动态一般均衡模型则是捕捉多个时期的影响。一般来说，后者从一些客观的功能如社会福利着手，这是由受到对有限或无限的时间跨度的一组相关约束的机构所进行的最大化。

优化条件与结果往往是在揭示和阐明如何理解经济主体的行为。使用动态一般均衡框架所得出的主要结果是，或者中国家庭对未来表现出很高的偏爱（Fehr、Jokisch 和Kotlikoff，2005），或者他们面临着一个非常高的不确定性，引导他们建立起大额度的预防性储蓄（Yu 与 Ng，2010），再或者中国只是储蓄太多（Lu 和 McDonald，2006）。

我们将中国家庭的储蓄比例、非金融企业部门和金融机构的储蓄比例以及政府部门的储蓄比例与中国国民可支配收入之比绘制在了图 8-1 上。对家庭而言，储蓄比例一直徘徊在 20％ 左右，自 2002 年则开始增加。然而，企业部门的储蓄比例自 1997 以来就一直在增加，而政府部门则是自 2000 年开始增加。值得注意的是，家庭的和企业部门的储蓄率自 2001 年以来已经差不多，为国民可支配收入的 21％ 左右，而政府部门储蓄较低（在 2008 最高达到国民可支配收入的 5.9％）。

为了进行比较，我们使用了经合组织国家的国民账户来计算 5 个经合组织国家在 2009 年同样三个部门的储蓄比例，结果列于表 8-1。我们观察到，对于家庭的储蓄比例，异常值是中国，在六个国家中的比例最高。接下来是法国，家庭储蓄比例只有 11.1％，而中国是24.4％。另外，2009 年中国企业界的储蓄比例为 21.2％，这与日本的 21.4％ 和韩国的18.1％ 区别不大。然而，值得注意的是，中国政府部门具有比较高的储蓄比例（4.9％），高于样本中除了韩国（6.8％）以外的其他国家。

三个部门（家庭、企业和政府）各自的储蓄与国家可支配收入的比例得自于其储蓄率——储蓄与其可分配收入之比——比上其在国民收入中的收入份额。因此，一个部门的储蓄比例既会由于其储蓄率的上升而增加，也会因为其可支配收入快于国民收入的增长而增加。

图 8-2 显示，家庭部门的储蓄率自 1999 年以来大幅上升，而政府部门的储蓄率先是从1997—2000 年大幅下降，而后又大幅反弹。2009 年，这两类储蓄率都达到了很高的数值（分别为 40.4％ 和 27％）。由于企业部门没有最终消费，其储蓄率总是等于 100％。

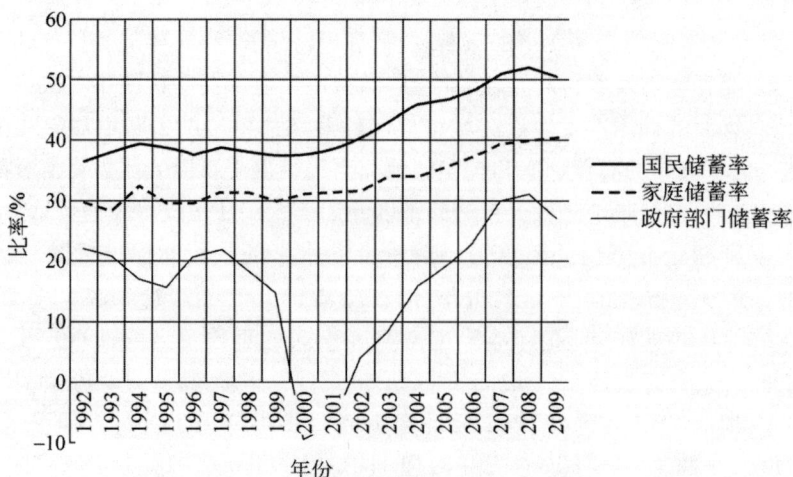

图 8-2　国民储蓄率与部门储蓄率

来看图 8-3,我们对三个部门的国民可支配收入份额进行了划分。一个显著的特征是,企业部门的份额从 1997 年初开始急剧增加,而政府部门的份额则从 2000 年以来一直处于上升过程中。另外,家庭部门的份额从 1997 年以来就在稳步下降。2009 年家庭部门、企业部门和政府部门的份额分别为 60.5%、21.2%和 18.3%。

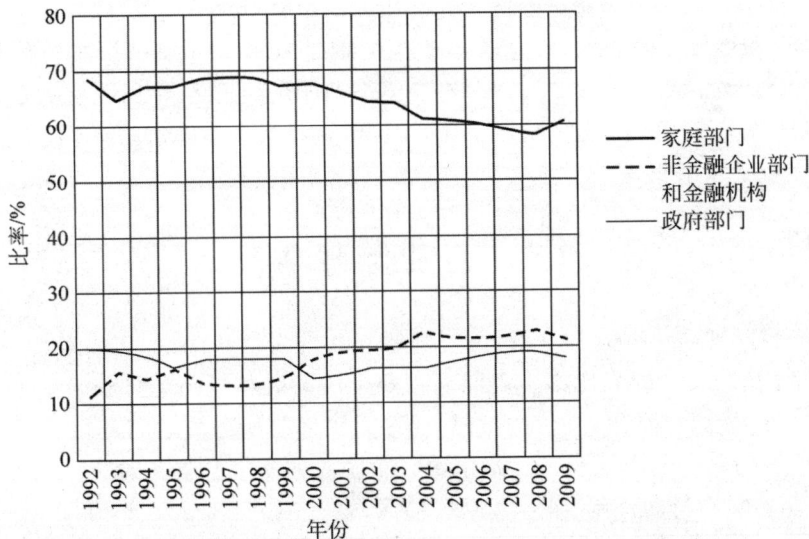

图 8-3 三个国内部门占国民可支配收入的比率

表 8-2 给出了中国的三个部门在国民可支配收入和总储蓄率中的份额,并与选定的五个经合组织国家进行了比较。数据来自经合组织国家的国民账户。从表中可以看出,中国的家庭储蓄率与其他国家相比非常的高。政府部门的储蓄率也高,但与韩国大致相当。家庭部门在国民可支配收入中的份额很低(与韩国大致相当),而企业部门的份额则较高(但只比日本略高)。此外,中国政府部门占国民可支配收入的份额也较高(但少于韩国和法国的政府部门份额)。

表 8-2 三个部门在国民可支配收入以及总储蓄率中的份额(2009 年中国和五个经合组织国家比较)

各部门所占份额 \ 国家	中国	美国	法国	日本	韩国	墨西哥
家庭						
在国民可支配收入中的比率	60.5%	79.2%	69.2%	65.1%	59.0%	71.3%
在总储蓄率中的比率	40.4%	9.8%	16.1%	9%	9%	11.1%
非金融企业部门和金融机构						
在国民可支配收入中的比率	21.2%	11%	9.5%	21%	18.1%	16.2%
政府部门						
在国民可支配收入中的比率	18.3%	9.7%	21.3%	13.9%	22.7%	12.5%
在总储蓄率中的比率	27%	−81.1%	−16%	−40.8%	29.9%	4.6%

简单说来,自 2000 年以来中国的国民储蓄率过高且不断上升,主要是因为以下两个储蓄难题(见 He 与 Cao,2007 的类似结论):

（1）自从 1997 年以来企业部门在国民可支配收入中的高储蓄份额不断上升（这与其可支配收入一致）。这就是企业储蓄难题。

（2）自从 1999 年以来家庭部门的高储蓄率不断上升，即家庭储蓄难题。

此外，我们还注意到，中国的政府部门储蓄率自 2000 年以来就已大幅上升，其数值在 2010 年左右达到了最大。几项有关中国经济状况的研究试图解释这一现象（例如经合组织出版物，2010 和 2012）。资金流动表表明，政府储蓄已经在 21 世纪初用于支持资本转移或资本形成，特别是在基础设施建设和金融投资方面。经合组织的研究结论是，中国政府的政策在 21 世纪初的近十年来已经不同于大多数其他国家了，中国强调社会资本的积累而不是公共消费。

我们将在以下章节里进一步考察企业储蓄难题和家庭储蓄难题。

8.2 企业储蓄难题

我们已经观察到，企业部门在国民可支配收入中的份额从 1997 年以来就一直在上升并在 2009 年达到了 21.2% 的高比率。我们利用资金流动表将这一趋势分为三个部分：第一，由企业部门进行的经常性转移支付的贡献；第二，该部门所分配的财产性收入；第三，其增加值的贡献。我们也会给出这三个贡献中每一个贡献水平变化的解释。

a）经常性转移支付的作用

我们给出以下这个会计恒等式：

$$可支配收入 = 一次分配收入 + 经常性转移支付$$

这里，经常性转移支付包括所得税、向社会保障进行的支付以及其他经常性转移支付。

图 8-4 显示了企业部门支付的经常性转移支付净值占国民可支配收入的份额。该份额从 1992—2000 年为下降过程，之后重新上升。企业部门来自一次分配的收入在国民可分配收入中的份额几乎是与企业可支配收入的份额平行的。因此，经常性转移支付无法在更大程度上解释企业储蓄难题。

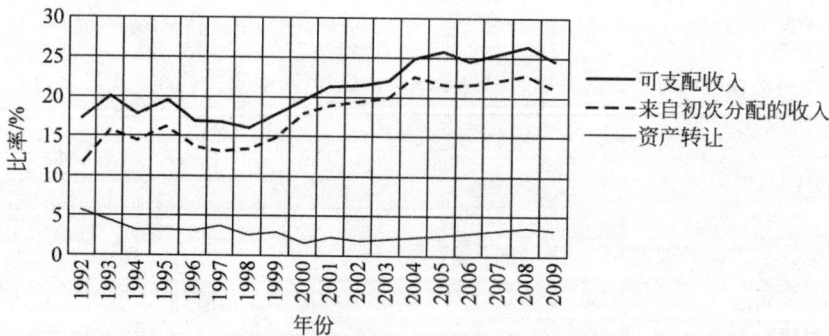

图 8-4　企业部门在国民可支配收入中的份额

b）财产性收入的作用

我们给出以下这个会计恒等式：

$$一次分配收入 = 经营盈余总额 + 财产性收入$$

财产性收入包括利息支付、股息和地租。我们把这一恒等式的两边除以国民可支配收入并将各部分绘制到了图 8-5 中。我们注意到，由企业部门分配的财产性收入很低，而其在国民可支配收入中的份额从 1996—2005 年始终处于下降的过程,之后才出现了少量的上升。

　　Ferri 和 Liu(2010)以及 Yang、Zhang 和 Zhou(2011)对上述观察做出了一些有关自90 年代初所实施的政策改革方面的解释。他们指出,尽管国有企业自 20 世纪 90 年代末国有部门重组开始就一直享受着丰厚的利润,但政府将它们支付红利的要求推迟到了 2008年①。此外,国有企业通常只需支付较低的利率,而民营企业在向银行借款时则困难重重。因此,民营企业就不得不寻求非正式和私人的融资渠道,或依靠它们的自有资金(即它们所保留的盈余或储蓄)来进行投资。Bayoumi、Tong 和 Wei(2010)对 2002—2007 年上市公司的大样本微观数据进行了考察。与以往的研究对比后,他们发现中国企业的储蓄率和股利分配不同于其他经济体中的企业。此外,就储蓄率和股利分配来说,中国的大多数国有企业和民营企业到目前为止没有显著差异。

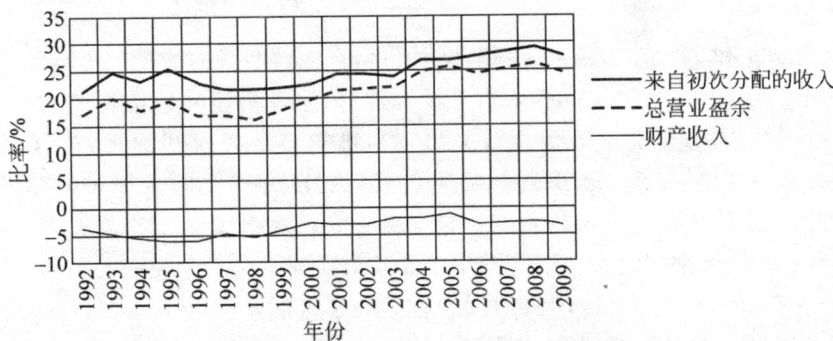

图 8-5　企业部门占国民可支配收入的份额

c) 增加值的共享

最后,我们给出以下这个会计恒等式:

增加值 = 经营盈余总额 + 职工薪酬 + 生产税净额

将这一恒等式的两边除以国民可支配收入,我们将其构成绘制在了图 8-6 中。我们从图中看出,该部门经营盈余总额的份额从 1998 年起有所增加,而雇员薪酬的份额则从 1997年就在下降。多少有些令人吃惊的是,这两个部分的大小相同,然而相比来说,在大多数国家里,员工薪酬一般是经营盈余的两倍之多。此外,生产税净额与国民可支配收入的比例从2000 年开始略有增加。

　　基于中国企业对固定资产融资较流动资金的筹措更加容易的观察,Aziz 与 Cui(2007)开发了一个模型来解释中国国民可支配收入中劳动收入份额低下且不断减少的情况。这种资本市场的不完整性具有抑制劳动力需求的作用,从而降低了工资和城镇就业。更为通常的是,劳动收入份额低下有可能与年轻劳动力过于丰富以及农村劳动力大量过剩有关(Ma 与 Yi,2010)。

　　最近,有人提出了这种状况能持续多久的问题(例如 Miles,2011,经合组织,2010 和

① Cox (2012) notes that since the 2007 reform,SOEs dividends have increased to the modest value of 5%～15% of profits,depending on the industry. However,these dividends are not handed over to the finance ministry to spend as it sees fit but paid into a special budget reserved for financing state enterprises. SOEs dividends, in other words, are divided among SOEs. Cox(2012)指出,2007 年改革以来,依行业的不同,国有企业红利已经增加到了利润为 5%～15% 的适度水平。然而,这些红利并没有在其认为合适的时候上交给财政部用于支出,而是作为专款保留用于国有企业融资了。换句话说,国有企业的红利都在国有企业间被瓜分了。

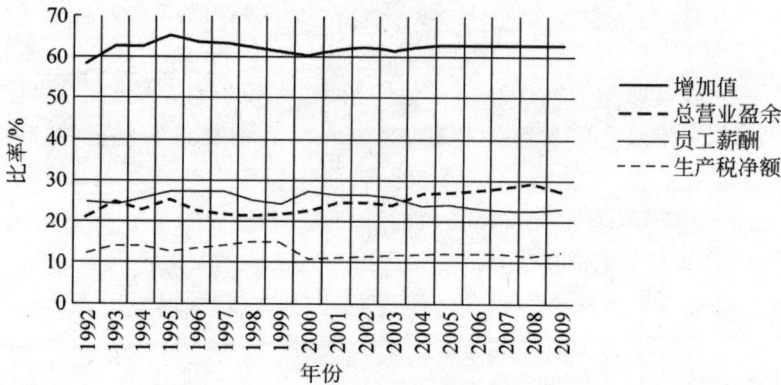

图 8-6　企业部门占国民可支配收入的份额

2012，Yang、Zhang 和 Zhou，2010）。值得注意的是，存在着明显的劳动工资增加的迹象，这可能导致从利润追逐者到工薪阶层的收入再分配。此外，这还可能导致消费的增加和储蓄的减少。也有报道称，中国劳工动乱现象上升并出现了维护劳动者权利的呼声。截至 2010 年 7月，有 18 个省宣布增加最低工资，平均增幅达 20%。2011 年劳动收入增长强劲，特别是农民工。此外，人们可能还在猜测中国是否已经到了由于农村剩余劳动力的消失而导致行业工资开始迅速上升的时候。中国会不会因为独生子女政策而开始出现大规模劳动力供给的消失？

　　目前，农村劳动力依然大量过剩，中国的官员和学者们正在推出或探讨各种政策以帮助解放农村劳动力来为城市制造业提供支持，包括：放开户籍制度，改革农村土地所有权，分散土地的合并与发展机械化①。如果退休年龄（在中国目前非常低）提高的话，独生子女政策的人口后果也许要到 2020 年或更晚才会充分体现出来。因此，我们有充分的理由认为，要使收入分配得到改善从而变得更加有利于劳动力，可能需要很多年的时间。

8.3　家庭储蓄难题

　　家庭储蓄在国民可支配收入中的比例自 1992 年以后大约 10 年的时间里一直徘徊在 20% 左右，之后从 2002—2008 年则稳步上升。这一上升过程是家庭收入在国民可支配收入中份额的下降（从 1992—2008 年下降了 10 个百分点）以及相伴而生的储蓄率的提高所共同作用的结果。

　　家庭收入在国民可支配收入中份额减少，其原因是与企业部门份额不断增加背后的原

---

① The current system of collective property of land, with its periodical reallocation to farmers who can work it, induces many young men to stay in rural areas to prevent their families from losing their land rights. However, much of the surplus labor in the countryside is over the age of 40 and people of this age seldom migrate to urban areas. It is noteworthy that migration from agriculture were important and had a significant positive effect on the growth of Germany, Italy and Spain over the 1950—1990 period, even although the share of employment in agriculture in these three countries in 1950 was less than in China nowadays (see van Ark，1996). 当前的土地集体所有制定期将土地重新分配给可以进行耕种的农民，导致了许多年轻人留在农村，以防止其家庭失去他们的土地权。然而，许多的农村剩余劳动力都超过了 40 岁，这个年龄的人很少去城务工。

　　值得注意的是，人口从农业迁移出去是非常重要的，并在 1950—1990 年这个时期对德国、意大利和西班牙的增长起到了积极的作用，尽管 1950 年这三个国家中的农业就业比例低于今天的中国（见 van Ark，1996）。

因相表里的。家庭部门所得到的经常性转移支付净值以及财产性收入均出现了稳步的下降。这是该部门社会福利贡献上升以及银行存款利率下降的结果。（见 Yang，Zhang，You，2010）。因此员工的薪酬净额在国民可支配收入中的比例也同时下降了。

在下面的 8.3.1 节，我们通过提供另一个将城市家庭与农村家庭分离开的数据源开始进行我们的家庭储蓄难题调查。该数据使得我们能够计算出相当长一段时间内中国家庭的储蓄率，进而使用计算出来的储蓄率进行路径跟踪，并与日本和韩国在快速增长时期即第二次世界大战之后和朝鲜战争之后的路径分别进行比较。

两组补充文献对这一难题进行了解释。

8.3.2 节所给出的第一组解释，通过试图回答下列疑问而将重点放在了家庭行为的动态趋势上：家庭在他们的生命期内是如何进行储蓄分配的，以及当人们在一生中的高储蓄率时期其相对数量和收入增加时，国民储蓄率是如何上升的？第二组解释关注的是不确定性的水平及其变化情况（例如失业或不得不面对昂贵的医疗费用支出的概率）。这将在下面的 3.3 部分进行讨论[①]。

8.3.1　更多的事实

通过由国家统计局家庭调查办公室提供的城镇居民和农村居民调查[②]，我们计算出了另一套从 1993—2011 年每年以及 1993 年之前某几年的城乡居民储蓄率。这些储蓄率如图 8-7 所示。

我们知道，根据资金流动表，家庭储蓄率从 1992—1999 年徘徊在 30% 左右，而从 1999—2009 年则大幅增加，达到 40.4% 的高点。然而，家庭调查显示的却是较低的储蓄率。

[①] There exist a few other explanations of the household savings puzzle. For instance, Lin (2012) and Li (2013) assume that the *marginal* propensity to consume decreases with income. Then, if we consider two households earning each the household average income, and if we transfer 1 000 yuans from the first to the second household, income inequality increases and total household consumption decreases. Then, the two authors conclude that the rising income disparity that we observe in China has contributed to the rise in the household savings rate. Nabar (2011) develops a model where a household targets a level of wealth, for instance the down payment necessary to obtain a mortgage and buy a home. When the real interest rate decreases, *a fortiori* if it becomes negative, the building of this wealth requires a higher level of savings. Nabar concludes that, over the period 1996—2009, the decrease in the real interest rate in China can explain a part of the rise in the urban household savings rate (see also Wang and Wen, 2012). Mankiw (2012) has an excellent chapter surveying the different theories of consumption and savings, including those used here. 家庭储蓄难题存在着一些其他的解释。例如，Lin(2012)和 Li(2013)认为，边际消费倾向随着收入的增加而减少。那么，如果我们考虑两个家庭每个取得的都是平均收入，如果我们将 1 000 元从第一家庭转移支付到第二家庭，则收入不平等增加，且总的家庭消费下降。之后，两位作者认为，我们在中国观察到的不断上升的收入差距影响到了家庭储蓄率的上升。Nabar(2011)开发了一个模型，其中一个家庭确定了某个水平的财产目标，比如为获得抵押贷款购买房子所必需的首付款。当实际利率下降甚至变为负数时，这一财产的建立就需要进行较高水平的储蓄。Nabar 认为，在 1996—2009 年这段时期，中国实际利率的下降可以部分用来解释城市家庭储蓄率的上升（见 Wang 与 Wen，2012）。Mankiw(2012)有篇不错的文章对消费和储蓄的不同理论进行了调研，包括用在这里的那些理论。

[②] These data are available in the National accounts of 2012 and before, under the denomination *People's living conditions*. Table 10.2 gives the per capita annual disposable income of urban households and the per capita annual net income of rural households. Table 10.5 gives the per capita annual consumption expenditure of urban households. Table 10.18 gives the per capita expenses on household consumption of rural households. 这些数据可在《人民生活条件》题目下 2012 年及以前的国民经济核算中找到。表 10.2 给出了城镇家庭人均年可支配收入和农村家庭的人均年纯收入情况。表 10.5 给出了城市家庭人均年消费支出情况。表 10.18 给出了农村家庭人均家庭消费支出情况。

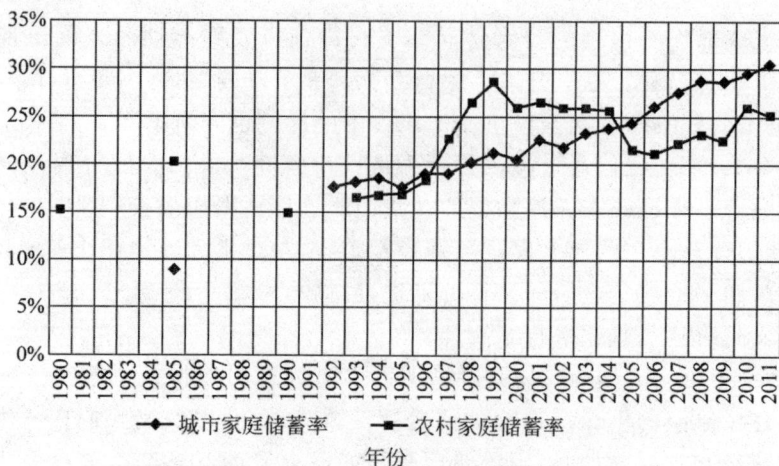

图 8-7　家庭储蓄率（家庭调查数据）

具体来说,城市家庭储蓄率从 1985 年的 8.9％稳步上升到 2011 年的 30.5％,而农村居民储蓄率的波动则比较小,但也是处于一个上升的趋势。所观察到的这种由调查数据和资金流动表估测出的储蓄率分歧,可以解释为调查数据虽然能比较准确地估测消费数据,但它们往往会低估收益。因此,调查数据自然就低估了储蓄和储蓄率。

东亚为我们提供了一系列在 20 世纪 50 年代遭受严重的战争创伤或极端贫穷的国家在之后的 30 年中出现恢复和反弹的例证;有些甚至达到了一个创纪录的高收入水平,并赶上了世界最先进的工业化国家。我们从图 8-8 和图 8-9 中可以看到,两个这样的亚洲国家在快速发展的过程中实现了居民储蓄的高水平增长。日本和韩国[①]的家庭储蓄率从一个较低值起步,然后稳步上升,在分别达到了 21.8％和 25.9％的较高值之后,稳步下降。日本在 1978 年后,韩国则在 1998 年后,其储蓄率的下降愈发明显。

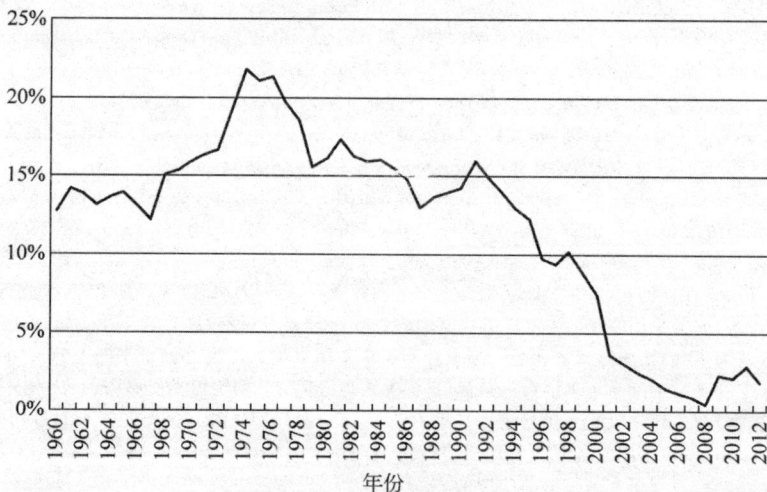

图 8-8　家庭储蓄率（日本）

[①]　Each graph plots the household and non-profit institutions serving households net savings ratio and was built out of the *OECD Economic Outlook* No. 91. 每张图都绘出了家庭以及服务于家庭净储蓄比例的非营利机构,均由《经合组织经济展望》第 91 号建立。

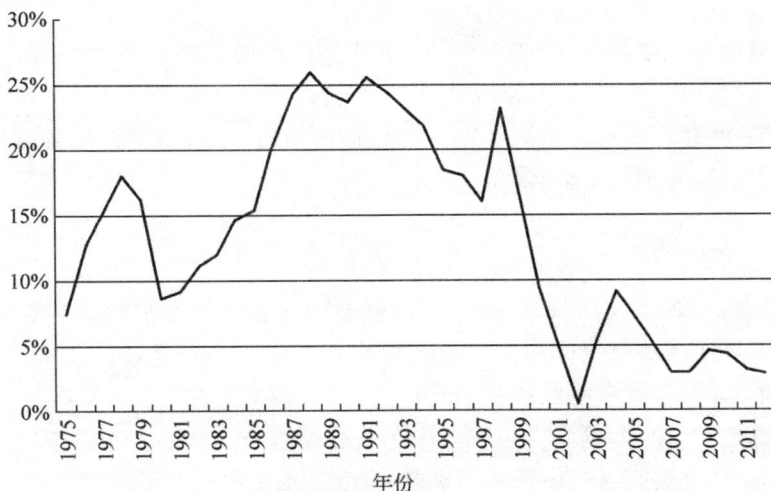

图 8-9　家庭储蓄率（韩国）

图 8-8 和图 8-9 似乎表明存在下面这个储蓄周期：家庭储蓄率一开始上升，当人均 GDP 增长并超过 16 000～18 000 美元（2005 年的美元）后，储蓄率下降。假设这个周期是存在的，那么中国在当前发展阶段应当存在一个远高于预期的家庭储蓄率，而这个更高的储蓄率将会在未来的许多年里继续增加。无论什么情况，我们都认为，中国家庭的储蓄行为是异常的。

8.3.2　基于生命周期假说的解释

生命周期假说与 20 世纪 50 年代由弗朗哥·莫迪利亚尼（Franco Modigliani）和他的合作者艾伯特·安多（Albert Ando）和李察德·布伦伯格（Richard Brumberg）所开发的一个模型中对消费行为的解释有关。这种假说的基本思想是，一个人一生中的收入变化及储蓄使得收入能够从一个人生命中的高收入时期移动到生命中的低收入时期。更具体地说，可以在一生的时间里进行平滑的消费，一个典型的个人会在他（她）成年早期收入还很低的时候进行较少的储蓄，而在他（她）的中年以及工作寿命即将结束时进行大量的储蓄。当其退休后，收入再次变低，因为养老金往往都低于工资，这个人就会动用储蓄来维持他（她）的基本生活水平。

一个经济体在特定的年份里其总储蓄等于活跃家庭的储蓄与退休人员动用储蓄的差。如果经济增长很快，则活跃家庭的储蓄往往取自于一个比退休人员在早期活跃年代所进行的储蓄更高的收入池中。这种不同期间的收入差距增大了以家庭整体为基础计算的储蓄率。同样，如果"大储户"（即人口中 40～50 岁人口）的比例上升，家庭储蓄率也会上升。

莫迪利亚尼（Modigliani）和曹（2004）基于生命周期假说给出了中国家庭高储蓄率的一种解释（Horioka 与 Wan，2007）。他们注意到独生子女政策降低了忙碌工作的成年人养育后面孩子的成本，从而导致可用于储蓄的净收入增加，因此提出了一个更为完整的解释。他们补充说，这一政策也降低了其子女将来对退休父母进行的财务供养；一对参加工作的夫妇婚后可能需要赡养 4 位父母，这对于长大成人的孩子来说是一个相当沉重的负担。为了减轻这种负担，一些活跃的家庭就存在很强的动机来进行更多的储蓄，特别是在一个公共养老金制度仍然薄弱的国家更是如此。

莫迪利亚尼和曹采用了一系列的计量经济学回归模型来解释 1953—2000 年中国的家庭总储蓄率。他们发现,作为过去 14 年的平均值而计算的长期增长率,以及作为就业人数除以 14 岁或以下的儿童数量得出的儿童抚养比例的倒数,是两个最重要的解释变量;都对储蓄率表现出了很强的正向影响。

莫迪利亚尼和曹的计量经济学结果支持了生命周期假说。然而,其他测试该假说的研究则得到了不同的结果。例如,Chamon 与普拉萨德(Prasad)(2010)通过使用来自 1990—2005 年连续 16 年的"城市住户调查"的家庭数据对中国居民的储蓄行为进行了研究。这个伪固定样本数据允许使用由德亚顿(Deaton)和帕克森(Paxson)(1993)开发的一种方法,以便根据年龄或生命周期,将家庭收入和储蓄的变化影响与因中国经济发展而使工资随着时间推移不断提高所产生的影响分离开来。作者获得了覆盖 20 世纪 90 年代中期到 21 世纪初的一个不寻常的年龄分布,其中较年轻和较年长的家庭表现出了相对较高的储蓄率。这与生命周期假说所假定的"驼峰"状储蓄分布相反,受独生子女政策影响最大的年龄组并不在最高储户内。此外,所有人口群组都出现了总储蓄率的提高。

Chamon 与普拉萨德认为,他们的结果可以通过年轻一代在住房和教育等私人支出以及老年人的健康保健等方面负担的增加而得到更好的解释。值得注意的是,1990 年只有 17% 的城市家庭拥有自己的住房;然而,一项将公有房屋出售给租户的大规模销售新政于 1998 年出台并一直延续至今。新业主以远低于市场价格的便宜价格购买到了自己的住房。从此,中国的私人住房市场变得日益活跃。到 2005 年,86% 的城市家庭拥有了自己的住房。在这一年,只有 5% 的家庭使用的是抵押融资偿还住房贷款的方式,这意味着中国家庭进入信贷市场受到了很大的约束。年轻人需要进行大量储蓄才能在结婚前买到一套房子,根据作者的观点,仅此一项就可以解释从 20 世纪 90 年代初至 2005 年城市储蓄率 3 个百分点的上升。

Wei 与 Zhang(2011)观察到,中国的家长们通常要为成年的儿子支付房款以便结婚。为在一个男女出生比例迅速提高从而导致男方寻找配偶的竞争愈加激烈的国家帮助他们的儿子结婚,家长们都希望能够为他们的儿子提供一个更好的住房。这就导致了对住房的更大需求并因此抬高了住房的价格,反过来又使得那些即使没有儿子的家庭也要进行更多的储蓄以便能够买得起足够大的住房。这种住房需求与住房价格的交替上升,再加上婚姻市场中男性和女性比例的日益不平衡,很好地解释了中国家庭储蓄上升的原因,大约有一半的家庭储蓄率上升实际是在 1990—2007 年出现的[①]。

缺乏信贷导致了更高的家庭储蓄率。在中国,家庭信贷过去一直是严格配给的。一项对中国经济的最新研究(OECD,2010)指出,与企业信贷市场相比,中国的消费信贷市场仍然是相对较小的。但后者正在迅速发展;尽管在 2009 年中期,银行的抵押贷款仅占银行贷款总额的 10%,但自 2006 年以来却在以每年 20% 的增幅迅速扩大。然而,农民仍然不被允

[①]　The sex ratio at birth in China was close to be normal in 1980 with 106 boys per 100 girls, but climbed steadily since the mid-1980s to over 120 boys for each 100 girls in 2005 and is estimated to be 123 boys per 100 girls in 2008 and 119 boys per 100 girls in 2011. 中国的出生性别比例在 1980 年接近于正常的 106 男比 100 女,但从 20 世纪 80 年代中期开始稳步攀升,2005 年超过了 120 男比 100 女,且人们估计 2008 年为 123 男比 100 女,2011 年为 119 男比 100 女。

许使用他们的土地作为抵押物进行借款。此外,国家统计局的家庭调查显示,可用于中小民营企业贷款抵押的资产仍然有限,从而导致了个体户和小企业进行更高的储蓄。

莫迪利亚尼和曹的分析是基于一个与生命周期假说一致的简化形式方程的计量经济学估测而进行的。Chao、Laffargue 与 Yu(2011)选择了评估一个结构模型,其中包括了生命周期假说的所有成分,并检查该模型是否可以再现 1975—2005 年期间中国城市家庭储蓄的上升(Chamon 和 Prasad,2008,以及 Curtis、Luguauer 和 Mark,2011)。他们发现,工资增长和人口结构的变化可以对家庭储蓄率上升中的不到 1/3 进行解释。然而,当把房地产投资纳入模型后,与 Chamon 和 Prasad 的结果以及 Wei 与 Zhang 的结果类似,该模型可以重现从 20 世纪 90 年代中期到 2005 年家庭储蓄率的提高。

几个微观计量经济学的研究试图解释为什么 1995 年后生活在城市中的最年轻家庭中出现了储蓄率大幅上升。Feng、He 与 Sato(2011)将其归因于 1995—1997 年的公共养老金改革。这项改革明显降低了公务人员退休时的养老金数额。然而,最年长的劳动者则被完全或部分地排除在了这种影响之外。根据生命周期假说,较年轻的劳动者应该通过更多的储蓄以便弥补其降低的养老金并积累更多的财富用于退休生活而对这些改革做出反应。同时,其养老金受改革影响最小的最年长劳动者也应该提高储蓄,但金额较小。Feng、He 与 Sato 的实证结果与生命周期假说一致。他们的估计表明,由于养老金改革,1999 年 50～59 岁年龄组的家庭储蓄率提高了 2～3 个百分点,而 25～29 岁年龄组则提高了 6 个百分点。

Song 与 Yang(2010)发现,大部分的年工资增长都是在连续的年轻工人群组的生命周期收入分布水平向上移动的过程中实现的。另外,收入分布随着一个群组一个群组的连续变化而实际上变得扁平。这些结果都通过使用 Mincer 方程[①]对每个连续年龄的样本进行估计而得到了确认,表明回报率相对工人的经验而下降,但相对教育来说则在增加。收入分布的扁平化加上利率大于家庭折现率的假设,导致了年轻家庭的正向储蓄率的增长。

其他微观计量经济学的研究集中在具体的家庭储蓄行为方面。例如,Banerjee、Meng 和 Qian(2010)验证了如果父母的孩子较少,他们会进行更多的储蓄。Cai、Giles 与 Meng(2006)发现,孩子会将钱转而用于支持他们退休的贫困父母。这些转移随着父母收入的降低而上升,但不足以完全弥补父母的收入损失。转移给父母的数额还随着他们的孩子数量和受教育程度而增加。Ding 和 Zhang(2001)认为,一个农村家庭生了儿子,就会导致家庭增加投资,以便提高其儿子一生的收入,从而增强他在将来照顾年迈父母的能力。

8.3.3　预防性储蓄动机

这是对中国家庭储蓄难题的一组完全不同的解释,其基础是不确定性增加所带来的影响。不确定性是所有转型经济体的特征,特别是在中国,其已经引起了家庭进行高预防性的储蓄(Blanchard 与 Giavazzi,2006)。为了测试这种解释的有效性,建立有效的风险指标是最重要的。Wei 与张(2011)使用来自中国 31 个省份 1980—2007 年的数据进行了固定样本

---

① The Mincer's equation explains the wage rate by several factors, the most important of which are the number of years of education and the number of years of work. Thus, this equation, which is estimated on a sample of workers, gives an estimate of the returns on education and on experience. Mincer 的方程式采用几个因素解释了工资率,最重要的因素是教育年限和工作年限。因此该方程式通过对一组样本劳动者的估算,提出了教育回报和经验回报的估算值。

回归。在分析中,以当地国有企业或政府机构中劳动力的比例作为工作安全度的代表;以当地纳入社会保障的劳动力份额用来作为当地社会安全网范围的代表。这两个变量的系数都是负值具有统计学意义,为预防性储蓄动机提供了支持。

中国实行户籍制度,对于中国人起到了一种国内护照的作用,并限制农民工获得他们所工作和生活的城市中的公共服务。此外,农民工在城市劳动力市场普遍受到歧视。户口是如何影响到储蓄率的呢? Chen、Lu和Zhong(2012)对一个城市与农民工家庭样本进行了一系列的回归,发现没有城市户口的农民工的花费要比类似的城市居民低31%。这些差别性的消费差距表明,农民工会由于较高的收入风险以及缺乏社会保障覆盖而进行更多的预防性储蓄。此外,作者估计,户籍制度的取消将会导致家庭总消费上升4.2%,GDP上升1.8%。

各类风险实证分析也都指向了中国家庭强烈的预防性储蓄动机(Chamon 与 Prasad,2010,有关健康风险的分析;Meng,2003,有关失业风险的分析;Chamon、Liu 与 Prasad,2010,有关收入风险的分析;Giles 与 Yoo,2007,有关降雨变化对农业活动的风险分析;Julan 与 Ravaillon,2001)。

结　　语

中国的国民储蓄始终在以比国民可支配收入更快的速度增长,特别是自20世纪90年代早期以来,且储蓄率在近几年已经达到了一个非常高的水平。我们已经证明,中国引人注目的储蓄增长难题可以归结于两个主要原因:国民可支配收入中不断增长且已经很高的公司和金融机构可支配收入份额以及不断增长且已经很高的家庭储蓄率。

造成企业储蓄难题的原因有,由企业的已分配财产性收入(股息和利息)占国民可支配收入的份额较低且不断下降,以及增加值的分配越来越倾向于企业所有者而牺牲劳动者的利益等。家庭储蓄难题可以通过生命周期假说得到部分的解释。人们通常会在其工作寿命的后半期(其收入最高的时候)进行大量的储蓄,并在退休后动用储蓄来维持他们的生活水平。如果工资随着经济的高速增长而快速上升,或中年劳动者的人口比例很高,那么中年劳动者的收入就要高于那些退休人士在工作时期所获得的收入。因此,前者的储蓄就会高于退休人员所动用的储蓄,因而就会出现较高的国民储蓄率。然而,需要从几个方向对生命周期假说进行扩展,以更好地解释中国家庭储蓄难题——家庭储蓄已经受到了中国社会和经济发展的激励,具体有下面几种情形:经济改革减少了养老金利益,因独生子女政策而使退休的父母从其子女那里得到的经济支持下降,家庭获得信贷的限制迫使他们进行更多的储蓄来购买住房;不确定性的水平及变化也在家庭储蓄行为方面发挥了作用,如出现大笔看病支出的风险,或在公共保险覆盖不足的情况下失去工作的风险,都促使家庭进行预防性的储蓄积累。

参 考 文 献

Aziz J,Cui L. 中国低消费解释:被忽视的家庭收入作用. IMF 工作论文 WP/07/181,2007,12.

Banerjee A,Meng X,Qian N. 生命周期模型与家庭储蓄:来自中国城市的微观证据. 2010. http://afd.pku.edu.cn/files/09.pdf.

Bayoumi T,Tong H,Wei S J. 中国的企业储蓄难题：企业层面的全国观点. NBER 工作论文 16432,2010.

Blanchard O J,Giavazzi F. 中国增长的再均衡：一种第三手的方式. 中国与世界经济,2005,14(4)：1-20.

Cai F,Giles J,Meng X. 低退休金的情况下子女如何很好地赡养父母？使用中国城市调查数据进行的分析.
公共经济学杂志,2006,90：2229-2255.

Chamon M,Prasad E. 为什么中国城市家庭储蓄率还在上升？. IMF 工作论文 WP/08/145,2008.

Chamon M,Prasad E. 为什么中国城市家庭储蓄率还在上升？美国经济杂志：宏观经济学,2010,2(1)：93-130.

Chamon M,Liu K,Prasad E. 中国的收入不确定性与家庭储蓄. NBER 工作论文 16565,2010.

Chao C C,Laffargue J P,Yu E. 中国的储蓄难题及生命周期假说：一种再评估. 中国经济评论,2011,22：
108-120.

Chen B,Lu M,Zhong N. 户口与消费异质性：中国城市的制度约束降低了农民工支出//环球 COE Hi-Stat
探讨论文系列 221. 一桥大学,2012.

Cox S. 脚踏繁荣专题报道中国经济. 经济学家,2012,5,26.

Curtis C C,Lugauer S,Mark N C. 中国的人口模式与家庭储蓄. NBER 工作论文 16828,2011.

Deaton A S,Paxson C H. 台湾的储蓄、增长与老龄化. NBER 工作论文 4330,1993.

Ding W,Zhang Y. 生了个儿子：中国农村人口出生率对家庭经济的影响. http://post. queensu. ca/∼
dingw/sons_and_loans. pdf.

Fehr H,Jokisch S,Kotlikoff L J. 中国会动用我们的午餐或把我们赶出餐厅吗？模拟美国、欧盟、日本和中
国的转型道路. NBER 工作论文 11688,2005.

Feng J,He L,Sato H. 公共养老金与家庭储蓄：来自中国城市的证据. 比较经济学杂志,2008,39：470-485.

Ferri G,Liu L G. 债权人的利益高于股东：中国国有企业利润真实吗？. 亚洲经济论文,2010,9(3)：50-71.

Giles J,Yoo K. 预防行为、移民网络以及家庭消费决策：采用中国农村家庭固定样本数据进行的实证分析.
经济学与统计学评论,2007,89(3)：534-551.

He X,Cao Y. 理解中国的高储蓄率. 中国与世界经济,2007,15(1)：1-13.

Heston A,Summers R,Aten B. 宾达世界表 7.1 版. 宾夕法尼亚大学生产、收入与价格国际比较中心,2012,
11. http://pwt. econ. upenn. edu/php_site/pwt_index. php.

Horioka C Y,Wan J. 中国家庭储蓄的决定性因素：省级数据的动态固定样本分析. 货币、信贷与银行业务
杂志,2007,39(8)：2077-2096.

Hung J,Qian R. 中国的储蓄率为何如此之高？全国固定样本数据综合研究//在威尼斯暑期学院公司提交
的论文. 中国在全球经济中的角色提升,2010(7)：23-24.

Jalan J,Ravaillon M. 对中国农村风险的行为反应. 发展经济学杂志,2001,66(1)：23-49.

Kraay A. 中国家庭储蓄. 世界银行经济评论,2000,14(3)：545-570.

Kuijs L. 中国将如何改善储蓄—投资平衡？. 世界银行政策研究工作论文 3958,2006.

Li G. 中国家庭价值制表. 华尔街杂志,http://blogs. wsj. com/chinarealtime/2012/12/10/perception-vs-
reality-charting-chinas-family-value/.

Lin J Y. 中国经济揭秘. 英国剑桥：剑桥大学出版社,2012.

Lu L,McDonald I. 中国储蓄过多吗？. 新加坡经济评论,2006,51(3)：283-301.

Ma G,Yi W. 中国的高储蓄率：神话与现实. BIS 工作论文 312,2010.

Mankiw N G. 宏观经济学. 纽约：沃斯出版社,2012.

Meng X. 中国城市的失业、消费均化及预防性储蓄. 比较经济学杂志,2003,31：465-485.

Miles J. 上升的力量,焦虑的国家。专题报道。中国. 经济学家,2011,6,25.

Modigliani F,Cao S L. 中国储蓄难题与生命周期假说. 经济文献杂志,2004,42(1)：145-170.

Nabar M. 中国城市的目标、利率与家庭储蓄. IMF 工作论文 WP/11/223,2011,9.

Naughton B. 中国经济：转型与增长. 马萨诸塞州剑桥：麻省理工学院出版社,2007.

经合组织. 经合组织经济调查：中国 2010. 巴黎：经合组织,2010.

经合组织. 关注中国：经验教训与挑战. 巴黎：经合组织,2012. http://www. oecd. org/china,http://www.

oecdchina. org.

Song Z M,Yang D T. 快速增长的经济体中的生命周期收入与储蓄//工作论文. 香港：香港大学,2010.

Van Ark B. 战后欧洲的部门增长核算与结构变化. B. van Ark,N. Crafts. 定量角度看战后欧洲经济增长. 英国剑桥：剑桥大学出版社,1996.

Wang X,Wen Y. 住房价格与高储蓄率难题. 中国经济评论,2012,23：265-283.

Wei S J,Zhang X. 竞争性储蓄动机：中国性别比例与储蓄率上升的证据. 政治经济杂志. 2011,119(3)：511-564.

Yang D T,Zhang J,Zhou S. 中国的储蓄率为什么如此之高?. IZA 工作论文 5456,2011.

Yu E S H,Ng S. 中国经济与世界经济的平衡与不平衡. D. Greenaway,C. Milner,S. Yao. 中国与世界经济. 汉普郡：Palgrave Macmillan,2010.

第9章

自20世纪90年代以来中国的宏观经济管理

作者：余永定

本文旨在确定中国宏观经济管理的模式，以及解释实现中国非通胀式增长的宏观经济政策是如何得以实施的。

中国的经济呈周期性的模式：投资的快速增长、扩张性政策的支持，提高了经济的增长率。通货膨胀接踵而至，因此政策收紧，增长放缓。但是通货膨胀仍然处于高水平或继续上升，因此再次收紧。最终使通货膨胀下降，但增长却比预期更加放缓，这是由于在经济周期早期的过度投资形成的产能过剩所致。作为回应，政策再次变为扩张，新一轮周期开始：由投资增长带领，经济反弹。

本章简要回顾了自20世纪90年代初以来中国的宏观经济管理。在此基础上，接着讨论了中国是如何运用货币政策、财政政策和汇率政策来实现经济增长和物价稳定的目标的。最后得出结论：虽然在过去的20年里，中国的宏观经济管理总体来说是成功的，但如何努力平衡短期宏观经济的稳定和长期结构的调整，仍然是中国面临的一大挑战。

在过去的30年里，中国成功地实现了略低于10％的年均增长率，并保持年均通货膨胀率在3％以下。

中国的高增长潜力可归因于极高的储蓄率、庞大的熟练工人和工程师队伍，以及全要素生产率（TFP）的极大改善等所支持下的快速资本积累。中国的经济改革对于全要素生产率的提高发挥了重要作用（Perkins，2005：4）。

然而，在过去的30年里，中国的增长绝不是一帆风顺的，它经历了反复经受过热和放缓的过程。鉴于巨大的增长潜力，政府必须控制经济的需求方以达到充分利用潜力、消除周期性波动，以及抵消外部冲击的影响。

中国经过30年的转型后已经成为了市场经济国家。然而这个转型还没有彻底完成。因为国有企业和地方政府依然是经济活动的主要参与者。国有商业银行继续主导着金融市场。金融自由化仍处在进行当中。因此，中国的宏观经济管理在具有了典型市场经济的基本特征的同时，还有其自己的特征。

本文旨在确定中国宏观经济管理的模式，以及解释实现中国非通胀式增长的宏观经济政策是如何得以实施的。本文内容如下。9.1节简要回顾了中国自20世纪90年代初以来的宏观经济管理。9.2节致力于讨论如何利用货币政策来实现经济增长和物价稳定的目标。9.3节则是有关中国财政政策的描述。9.4节讨论了中国的汇率政策。最后给出了结论。

9.1 自 20 世纪 90 年代初以来中国宏观经济的简要回顾

从 20 世纪 90 年代初开始,中国的宏观经济发展可以分为 5 个主要时期:1990—1997 年、1998—2002 年、2003—2008 年、2008—2010 年,以及 2010 年至今。以上这种划分并不是完全按照中国所经历的经济周期进行的,而是按照对宏观经济政策方向做出改变之艰难决策的时点划分的。

9.1.1 第一个时期(1990—1997)

20 世纪 90 年代初,中国经济十分糟糕。虽然中国的通货膨胀率由于 20 世纪 80 年代末的反通胀运动已经下降了,但是 1990 年的 GDP 的增长仅为 4.1%,这是自 1978 年以来的最低水平。

1992 年春天,邓小平著名的南巡驱散了所有公众对中国经济未来发展方向挥之不去的怀疑,他呼吁加快改革和扩大"开放"。由于货币供应量和信贷的激增,使得投资在 1992 年以 42.6%,在 1993 年以 58.6% 的惊人速度飙升。其结果就是,中国的 GDP 增长率在 1992 年和 1993 年分别直线上升至 14.2% 和 13.5%。在经济强劲增长后,通货膨胀率也在 1992 年上升到 6.4%,在 1993 年又进一步飙升至 14.7%。

这一时期的投资狂热应归因于对房地产开发的疯狂,1992 年和 1993 年,房地产投资分别达到了 93.5% 和 124.9% 的惊人增长速度。随着人民对通货膨胀和房地产泡沫破裂所带来的可怕后果的关注,1993 年 8 月,作为中国人民银行行长和国家副总理的朱镕基,采取了通过削减信贷增长来收缩房地产投资等较为极端的措施。他甚至撤销了那些未能控制住当地银行贷款的地方官员[1]。货币供应量的增长率开始迅速下降。

虽然货币供应增长率趋于下降,但由于延迟效应的原因,使得 1994 年的通货膨胀率达到了 24.1% 的峰值,这是自 1979 年以来最糟糕的纪录。通货膨胀率持续上升的原因是多方面的,其中包括旨在使价格结构合理化的行政式调整价格;由于供应短缺使谷物价格大幅上升;因粮食流通体系的重组导致交易成本的临时增加;以及因强大的资本流入而增加的外汇储备。然而,根据朱镕基的观点,其根本的原因仍然是在基础设施和房地产开发上的投资狂热[2]。

面对通货膨胀的加剧,政府在 1995 年继续收紧货币供应[3]。1996 年,制造产品的供应过剩普遍存在,而通货膨胀率也从 1994 年的峰值继续急剧下降。1996 年中国人民银行(PBOC)自 1993 年以来首次降低了存贷款利率。

1997 年,实际 GDP 的增长率以及通货膨胀率都在不断下降。经济状况的迅速恶化和全球经济的不景气促使政府在 10 月份再次下调了存贷款利率,这是政府发出的政策从收紧向"宽松"转变的强烈信号。然而,尽管有央行放松的意向,货币供应量和信贷的增长率在

---

[1] Zhao,Pieya. 房地产投资正在趋稳. 中国投资,1994(9)。

[2] 朱镕基. 在中央经济工作会议上的讲话,1994 年。

[3] 1995 年一个令人费解的现象是,尽管货币供应增长率迅速下降,信贷增长率却陡然上升,在 1996 年 6 月达到 44% 的最高值。

1997 年仍然急剧下降。到 1997 年底,GDP 和通货膨胀率的增长率分别降至 8.8% 和 2.8%。

9.1.2　第二个时期(1998—2003)

1998 年,由于亚洲金融危机的影响,中国的出口增长大幅下跌,之后随着短暂的延迟,投资增长也相应下跌。尽管货币政策进一步放松,但中国经济的增长率还是在 1998 年上半年降至 7% 以下。1997—2001 年的一个重要现象是,尽管央行将存款准备金率从 13% 下调至 8%,并且在此期间又 6 次下调基准利率,而货币供应量和信贷的增长率仍持续下降,并在 2001 年第四季度分别降至最低点 13% 和 11%。

作为回应,在经过一阵犹豫后,政府于 1998 年下半年转向了扩张性财政政策("积极的财政政策"),而这种政策被证明是有效的,它使中国在 1998 年实现了 7.8% 的 GDP 增长率。但是,通货膨胀率却降至 -0.8%。这是历史上通货膨胀率第一次在经过一年以后变为了负数。

央行在通货紧缩期间采取的鼓励扩大抵押贷款的政策措施在 2000 年开始奏效。房地产开发的投资增长强劲反弹,从 1997 年的负数上升到 1998 年的 13.7%,并在 2000 年进一步上升到 21.5%。这些增长趋势在改善那一年的经济增长前景中发挥了关键作用。

中国经济的增长自 2002 年下半年开始加速。这次加速再次依赖于强劲的投资增长,而这个增长在一定程度上是对 1997 年以来因在基础设施和许多关键行业缺乏投资产生的无处不在的"瓶颈"的响应。这次 GDP 的增长率重新回到了 9.1%。

9.1.3　第三个时期(2003—2008)

自 2002 年以来由投资热潮带动的增长势头,在 2003 年仍然持续并变得越来越明显。房地产投资的强劲增长再次成为了总投资增长和由此带来的 GDP 增长的最重要驱动因素。

2003 年 10 月,央行自 1997 年以来首次上调了基准利率。这表明宏观经济政策已经从宽松转向谨慎的紧缩。并努力将财政政策转向一个更中和的地位。

尽管货币政策已经转变,但投资的狂热一如既往。作为回应,政府不仅进一步收紧了宏观经济政策,而且再一次采取了各种行政手段。经过 2004 年的调整,在 2004 年 10 月,货币供应量和信贷的增长率分别迅速下跌到 13.5% 和 10.9%。

2005 年初,由于 2002—2004 年强劲的投资增长,产能过剩的迹象普遍出现,企业的盈利能力大幅下降。似乎 2002 年开始的经济反弹已经走到了尽头。一些经济学家开始主张政策从"适度紧缩"向放松方向转变。然而,预期的经济放缓在 2005 年未能实现。同时,货币供应量和信贷的增长率也从 2004 年相对较低的水平开始反弹。新创造的生产力和快速增长的出口暂时吸收了过剩的产能。事实上,2005 年的出口增长达到了 220% 的惊人速度,这部分是因为国内市场普遍的产能过剩。因此,央行决定人民币与美元脱钩,并允许人民币在 2005 年 7 月升值了 2.1%。

虽然普遍存在着产能过剩,但 2006 年的增长势头依然出乎意料的强劲。投资增速加快,同时净出口增长也保持了 41.4% 的高速度。

2006 年稳健的经济通常归因于这样一个事实:2006 年是实施"十一五"规划的第一年,也是省级政府领导换届前的最后一年。地方政府和企业非常热衷于通过在他们各自的地方尽可能地增加投资来呈现精彩的表现和定位他们自己的未来发展。

由于央行不愿意让人民币更快速地升值,所以经常账户和资本账户的巨额过剩创造了充足的流动性,而如何吸收过剩的流动性成为了 2006 年的一个热门话题。在 2006 年有一个令人费解的现象是,尽管流动性充足,但直到 2006 年的下半年通货膨胀率仍然很低。从事后来看,低通货膨胀率可以解释为资产价格的上涨。大量的资金被房地产市场所吸引,从而减少了对商品和服务的通胀压力。在 2006 年,经济增长率为 12.7%,而通货膨胀率仅为 1.5%。

中国经济经历了自 2003 年以来连续 5 年的高速增长之后,于 2007 年第二季度突然开始亮起了红灯。由于良好的内部和外部条件,多年来一直处于低迷状态的中国股价指数,在 2006 年开始逐渐上升,之后成倍增长。上证综合指数经历了 18 个月从 2 000 点上升至 3 000 点,然后只过了 31 个工作日又从 3 000 点上升到 4 000 点。最后在 2007 年 10 月飙升至 6 200 多点后崩盘。直到现在中国的股价指数仍徘徊在 2 500 点以下。

通货膨胀自从 2006 年第四季度以来不断恶化。最初,CPI 的增长几乎完全是因为食品价格,尤其是猪肉价格的上涨。因此许多经济学家和政府官员认为,根据 CPI,一旦仔猪成熟,猪肉的供应就会增加,而猪肉的价格就会下降。然而,虽然猪肉价格在 2007 年 8 月已经达到了顶峰,但 2007 年全年通胀一如既往的继续恶化,直至 2008 年 2 月。

尽管央行已上调了存款准备金率,5 次提高基准利率,甚至对银行贷款实施了数量限制,然而经济仍然持续强劲的增长,并且通货膨胀依然继续恶化。2007 年 GDP 的高增长率与 1992 年的历史记录相当。

2008 年 2 月,CPI 年化增长率达到了 8.7%,创 11 年来最高水平,而经济疲软的迹象越来越明显。

在中国政府尚未能决定是否应该进一步收紧或放松货币政策之前,美国爆发了次贷危机。随之而来的全球经济大幅放缓使中国经济遭受打击,变得非常糟糕。在全球经济自由下跌后,因为出口大幅下降,2008 年第四季度中国的经济增长降至 6.8%,这是数十年来年化季度增长率的最低点。事实上,出口增长率从 10 月的 20% 降至 11 月的 -2.2%,并且这种趋势还在进一步扩展。因为在 2007 年中国的出口份额已占到 GDP 的 36%,所以出口的下降对 GDP 增长的影响必然是巨大的。在 GDP 增长下降后,通货膨胀的压力突然消失并且在 2009 年 2 月变成了负数,一些大城市的房价和股指也急剧下跌。

中国政府非常迅速地作出反应。在 2008 年 9 月,央行放松了货币政策,并且停止了人民币升值。更重要的是,中国政府在 2008 年 11 月出台了针对 2009 年和 2010 年的 4 万亿元(相当于 5 800 亿美元,4 040 亿欧元或 3 540 亿英镑)经济刺激计划。

为了应对极度扩张的货币和财政政策,中国经济在 2009 年第二季度迅速反弹到 7.9%。2009 年的固定资产投资增长达到了 30.5%,并且为当年的整体经济增长贡献了 8 个百分点。2009 年 11 月通胀重新回到了正数。

尽管成功地实现了"V 形复苏",但经济刺激计划和过度扩张性的货币政策也产生了严重的负面影响。因为在很短的时间内推出大量的项目,不可避免地会导致严重的浪费和投资效率的恶化,资产泡沫和通货膨胀也再次出现。

9.1.4 第四个时期(2010 年至今)

在 2010 年第一季度,中国的经济增长率达到了 12.1% 的最高点,而通货膨胀率也从较低水平持续上升。2010 年 1 月,为抑制房地产泡沫和防止通货膨胀恶化,央行自 2008 年中期以来首次上调了存款准备金率。随后又上调了5次,并在2010年两次上调了存贷款基准利率。同时,信贷和广义货币的增长率也明显下降。2010年,GDP的增长率和通货膨胀率分别为10.3%和3.3%。到2010年最后一个季度,通货膨胀率上升到了4.6%。

由于货币和财政政策方向的改变,预计中国的通胀形势将在2011年初得到改善。然而,由于2011年初大宗商品价格的上涨,通货膨胀并没有下降。政府在6月通过上调存款准备金率和存贷款基准利率进一步收紧货币政策。通货膨胀在2011年7月触及三年的高位6.5%后开始下跌。

当有力的流动性紧缩最终减轻了通胀压力时,也刹住了经济的增长。事实上,在2010年第一季度的经济增长在达到顶峰后就一直在持续放缓。在2011年最后一个季度,经济增长率降至8.9%。更重要的是,在2011年的最后一个月,总投资、房地产投资和制造业投资的增长率全部下降。房屋销售下降了8%,房屋开工率下降了18.3%。由于全球环境的恶化,中国的出口也表现不佳。

因此,鉴于中国2011年的GDP增长率仍高达9.2%的事实,人们对中国经济硬着陆的担忧开始增加。2011年11月央行降低了存款准备金率并暗示政策方向从收紧向放松改变。

中国大多数的经济学家预计中国的经济增长将在2012年反弹。但中国经济自2012年第二季度以来的表现一直令人失望。这缘于三个方面的因素。首先,房地产投资增长的下降对经济直接和间接的影响比预期的要强。其次,欧洲主权债务危机比预期更为严重。一个更根本的原因是,为了实现可持续发展,以及将重点从经济增长转向经济发展模式的转变以及经济的重构,政府没有再使用新政来刺激经济。然而到2012年5月,随着国家发展和改革委员会批准了7万亿人民币(1.3万亿美元)的新项目,政府转变了主意。这一转变连同随后的准备金率降低和央行对存贷款基准利率的下调一起,确保了在2012年第三季度结束了经济低迷的状态。然而,由于这次的经济回升依旧是投资增长带动的,所以增长势头的恢复将会带来更多的问题留待以后解决。

9.2　中国的货币政策

9.2.1　中国金融体系的改革

自1979年以来,中国银行体系的结构和功能逐步得到了改革。在1984年,中国人民银行被重构为中央银行,并将其商业银行的功能转移给了四家专业银行。

1996年1月,央行建立了第一个全国统一的银行间拆借市场。1998年3月央行建立了准备金制度,并在当年合并了准备金账户和超额准备金账户。所有银行存放在央行的准备金将支付统一的利率。合并后,存款准备金率设定在8%,比改革前下降了5个百分点。截至2012年,存款准备金率是20%。2003年12月,准备金和超额准备金的利率分别设定在1.89%和1.62%。2005年3月,超额准备金率下调并保持在0.99%的水平。

中国的货币市场包括银行间贷款市场、债券回购市场,以及票据贴现市场。其资本市场包括债券市场和股票市场。银行间贷款市场利率,即"中国银行间同业拆借利率"(CHIBOR),是根据12家商业银行和15家金融中心每个工作日对贷款的供应和需求所确定的银行间贷款利率来计算和报告的。央行的银行准备金利率和银行再借款利率分别为同业拆借利率设置了上限和下限。债券回购市场的利率，即"回购利率"（REPOR），是由政府债券的供给和需求决定的市场利率。2007 年 1 月引入了"上海银行间同业拆借利率"（SHIBOR），这个利率是依据 16 家参与银行固定在每个工作日的上午 11：30 为银行间贷款提供利率的算术平均数来计算的。上海银行间同业拆借利率与伦敦银行同业拆借利率（LIBOR）类似，目标是成为中国银行间的基准利率。

中国的金融体系仍然是银行占主导地位。2011 年，银行贷款占社会融资总额的 75％，而债券和股票发行分别占 10.6％和 3.4％。同年，政府债券、金融债券、企业债券，以及央行票据分别占债券发行总额的 35.49％、32.82％、22.32％和 9.36％。

9.2.2　货币政策的最终目标

自 1978 年以来，中国的货币政策在目标、中期目标和手段等方面经历了各种变化。

根据官方的说法，货币政策的最终目标是"保持币值的稳定，从而促进经济增长。"货币价值的稳定意味着价格的稳定和保持人民币汇率的稳定[①]。事实上中国的货币政策至少有三个最终目标：经济增长、价格稳定和汇率稳定。而协调好这三个目标决不是一件容易的工作。在实践中，第一个最终目标是保证最低 7％的经济增长率。第二个最终目标是 3％左右的通货膨胀率，这是一个中期平均值而不是要始终保持的速率（或速率波段）。最后一个最终目标是保持人民币汇率的稳定，人民币曾经与美元挂钩，现在享有一定程度的波动，但仍是指一揽子货币。

中国的经验表明，增长和通货膨胀之间存在着权衡。若提高增长，政策制订者需要接受一个更高的通货膨胀率；若降低通货膨胀，央行必须允许增长下降。通常情况下，通货膨胀随着增长的变化而变化。其复杂性在于每个经济周期中增长和通货膨胀两者间的时间间隔的变化。因此把握正确的时机是非常困难的。

对于汇率的稳定，由于央行有进行大规模的对冲操作的能力以及资本管制的存在，央行可以不受汇率考虑的过多限制来实现增长和通货膨胀的目标。然而，在某些情况下，由于难以完全消除流动性过剩，那么维持汇率的稳定势必会削弱货币政策的依赖。另外，当央行考虑收紧货币政策时，必须考虑对汇率的影响。简言之，由于在 Tinbergen 的政策工具的数量必须与可用的政策工具的数量相等这个的规则意义层面上的各种限制，这三个目标之间的冲突是不可避免的。

9.2.3　货币政策的中期目标

在 1994 年第三季度，中国的金融当局正式把广义货币供应量 M2 而不是其配对物——银行信贷总额，作为货币政策的中期目标。

尽管货币供应量增长率正式成为货币政策的中期目标，并且央行为每年的货币供应量增长率设定了目标，但在实践中这个目标从未得到严格的执行。它只是政策的一种表现形式、一个参考目标。通常情况下，央行达不到这个目标。第一，每当通货膨胀率超过某一个临界值时，若不考虑货币供应量增长率，央行将收紧货币政策。另外，每当经济增长率低于

---

①　Dai Genyou. 中国的货币政策：回顾与展望. 世界经济与中国，2001(3)：15.

某一个临界值时,若不考虑货币供应量增长率,央行将会放松货币政策。幸运的是,在过去的 30 年里,中国从未遇到过通货膨胀率很高而同时经济增长率却非常低的情况。第二,当经济严重过热或处于通货紧缩时,央行倾向于通过"道德信念"回到信贷控制。更坦率地讲,央行将要求商业银行直接减少或增加对企业和家庭的贷款,而商业银行即使不情愿也将一律适时遵守。事实上,在最近几年中,央行每年为信贷增长设定了一个目标。第三,由于最近几年金融创新的蓬勃发展,各种准货币成为了传统货币的补充,并对货币交换和价值储存起到了媒介的作用。因此,保持 M2 作为中期目标的有效性越来越受到质疑。央行近年来还使用了包括各种融资形式所谓"社会融资总量"作为参考目标。

9.2.4　货币政策工具

1. 公开市场操作

在发达国家,直到最近银行间利率的变化都会对整个金融体系的利率结构产生一连串的效应,并最终影响到实体经济。在中国,由于货币市场的不完整和对存贷款利率的控制,银行间利率的变化不能产生与发达国家同样的效果。因此,央行公开市场操作(OMOs)的主要目的在于影响货币供应量,而不是影响像中国银行同业间拆借利率、上海银行同业间拆借利率和回购利率等主要的短期银行间利率。

1996 年 5 月央行启动了公开市场操作。而公开市场操作的运作目标是银行在央行的存款水平。央行与由 40 家商业银行组成的主要交易商之间的交易采取政府债券或央行票据(CBBs)回购形式。回购期限(储备回购)分为三个时间跨度: 7 天、14 天和 21 天。债券和票据的交易价格取决于招投标结果。中央银行和商业银行之间的交易都是通过央行管理的计算机网络进行的。

由于经常账户和资本账户盈余的持续增加,以及央行不愿让人民币升值,使得增加外汇储备就成为最重要的货币基础增长来源了,尽管可能不是唯一来源。为了控制货币基础的扩张,央行持续出售其资产以对冲基础货币的增加。在初期,现金债券交易是调整货币基础最常见的方法。而之后取而代之的是政府债券的回购交易——央行在出售所有政府债券后很快又进行回购操作。自 2003 年 5 月以来,央行通过票据回购操作进行了公开市场操作。换句话说,中国的公开市场操作基本上是本外币对冲操作。基础货币的变化与通过外汇储备增加建立的基础货币和由央行销售票据所对冲的基础货币两者之间的差距变化相等。

2. 存款准备金率的调整

央行除了运用公开市场操作外,还使用另一个改变货币供应量的重要工具,即存款准备金率。定量来看,由存款准备金率的变化所带来的乘数变化对货币供给的作用,与针对一个给定的乘数的货币基础变化的作用一样。因此,当存款准备金率增加一定数量的基本点时,就可以说冻结了一个相应数量的流动性。简言之,央行通过改变存款准备金率,就能够改变货币乘数,进而控制货币供应量。

在一个典型的市场经济中,中央银行将尽可能避免改变存款准备金率,因为这项措施被认为是过于激烈的笨办法。然而,中国的准备金率调整通常被认为是一个比公开市场操作更强大和廉价的货币手段。自 1998 年以来,中央银行共计调整了 42 次存款准备金率。截至 2012 年底,存款准备金率已达到 20%。

3. 基准利率

尽管利率自由化有所进展,但由于中国的货币市场与银行体系内充裕的流动性之间存在着分离,所以央行并没有与美国联邦基金利率、英格兰基准利率和日本的隔夜拆借利率相当的基准利率。

央行管理的基准利率是一年期的存贷款利率。虽然基准存贷款利率的变化不能以层叠的方式影响整个经济的利率结构,但基准利率的变化会通过影响企业的财务成本和某种程度上的家庭储蓄行为来影响实际的 GDP 和通货膨胀。由于中国企业有着相当高的杠杆比率,目前可能已在 100% 以上,所以基准贷款利率的变化将影响企业的盈利能力,从而影响投资和生产决策;由于存贷款利率是商业银行一个重要的收入来源,因此,基准利率的变化也会影响商业银行和其他金融机构的行为;基准存贷款利率的变化通过对家庭投资和储蓄行为的影响,还能进一步影响实际的 GDP 和通货膨胀率;此外,基准利率的变化还有重要的公告效应。

在继续使用一年期存贷款利率作为基准利率的同时,央行一直在增加商业银行自行决定利率的自由度,虽然目前只设定了一个存款利率上限和贷款利率下限。2012 年 6 月,央行进一步公布:商业银行可以将存款利率自行提高到央行基准存款利率的 110%。到目前为止,商业银行可将一年期贷款利率自行降低至不超过基准贷款利率的 90%。

4. 道德劝说

但当经济过热时,即便存在着金融自由化,央行往往还是采用规定各家银行年度信贷增长上限的方法,并使用官方的"窗口指导"来影响银行的贷款;当经济严重放缓时,央行将用同样的措施"说服"商业银行增加贷款。无一例外的是,当施加道德劝说时,商业银行无论自身的商业环境如何都要服从。原因很简单:各大银行都是国有企业,并且各大银行的行长都是副部长级官员。

9.2.5 货币政策的有效性

绝大多数的实证研究表明,中国的货币供应量、实际 GDP 和通货膨胀率之间有很强的相关性。然而它们之间的因果关系是非常复杂的,这种复杂性主要缘于两方面。

第一个方面是货币供应的外生性,其取决于货币基础的外生性和稳定乘数。但在中国不能完全满足货币供应外生性的两个条件,因为中国货币基础的扩张绝大多数来自于外汇储备的增加。央行通过出售央行票据来抵消外汇储备增加对货币基础的影响,但由于各种各样的复杂情况,央行很难按照预期来控制货币基础规模。此外,货币乘数是不稳定的,因为商业银行所进行的储备可以多于或少于央行满意的额度。当经济处于通货紧缩时,货币乘数会下降,因为银行不愿放贷,因此导致了银行储备的增加。例如,在 1998—2001 年的通货紧缩,央行不仅在 1998 年发行了基础货币,而且对银行的存款准备金要求在 1999 年也减少了,然而货币供应的增长率仍然不断地下降,并且信贷的增长率也出现同样的下降,直到2001 年底[①]。反之,当经济过热时,乘数往往会增加。当央行提高存款准备金要求时,商业

---

① Green,S. 让货币政策在中国发挥作用:来自货币市场前沿的一份报告//工作论文第 245 号.加利福尼亚州斯坦福:斯坦福大学 2005,94305-6015:6.

银行仅仅通过减少其超额准备金而无须削减信贷就可以满足这个增加的存款准备金要求。

第二个方面是货币供应的变化与实际GDP增长率和通货膨胀率变化之间的时间滞后。当经济低于充分就业状况时,货币量的变化就会改变输出的水平而不是价格。通常情况下,货币供应的增加将会立即引起投资的增加,因为仍然主导着经济的国有企业,有着无尽的投资欲望,只要能获得信贷,他们就会增加投资。而投资的增加和由此提高的收入水平又将通过消费需求的增加引起第二轮的经济增长。当经济达到满负荷时,面对高于固有目标的通货膨胀率,货币当局将收紧货币供应。由于无法获得信贷,投资需求将会下降,然后通货膨胀率出现增长。产能的过剩将施压于物价水平,而通货膨胀率将在货币政策收紧后下降几个季度。在货币政策紧缩时期常会出现经济增长率一直在下降,而通货膨胀率依然很高的现象。对金融管理当局来讲,收紧或放松货币政策是一件难以抉择之事。在宽松货币政策时期常常出现的是,经济在以一个高于趋势速率的速度增长,而通货膨胀率却很低。

值得注意的是,在某些情况下,从货币供应到实际GDP和通货膨胀的传导是无法进行的。例如,在亚洲金融危机期间和之后,尽管M2的增长率显著高于名义GDP的增长率,然而实际GDP和通货膨胀两者都拒绝改变。此时的货币供应增长率远远高于信贷的增长率。发生这种情况的原因在于,在这种危险时期,银行担心其贷款的安全性而形成的信贷紧缩,以及家庭和企业对于真正平衡的更高需求。

资本市场的发展引发了另一个重要的情况:资产价格的上涨将会增加对货币的需求。其结果就是,尽管货币供应的增长率远高于名义GDP的增长率,但通货膨胀可以是适度的。低通货膨胀率使得金融管理当局沾沾自喜。因此,资产泡沫将会变得更多,并伴随着所有可怕的后果而最终破灭。

尽管信贷量的增长与广义货币M2的增长高度相关,但对央行来讲,抢先指示或"说服"国有商业银行增加或减少对企业的信贷扩展,依然有着巨大的诱惑。当全球金融危机爆发时,中国并没有遭受严重的信贷紧缩和流动性短缺。其原因很简单,即央行指示商业银行增加对企业的信贷以适应政府的刺激方案,并且商业银行也都适时遵守了。然而,央行对商业银行贷款业务的直接干预肯定会产生严重的经济扭曲。

总之,尽管很复杂,但钱在中国是要紧的事,虽然对各种各样滞后的问题难以预测,但货币供应量的变化最终将导致实际GDP和通货膨胀的变化。一些实证研究表明,在货币供应量、价格和产出之间存在着稳定的计量关系。因为本章主要对宏观经济政策进行历史和制度上的描述与分析,所以这里不讨论这些定量关系。

9.3 财 政 政 策

9.3.1 中国的财政体制改革

1994年以前,虽然自改革开放以来,中国出现了很高的经济增长率,但中国政府的财政状况依然很薄弱。政府收入总额占GDP的比重以及中央政府收入占政府收入总额的比重两者都非常低。极度疲弱的财政状况严重削弱了政府对经济的宏观调控能力(Wang和Hu,2001)。为了加强中央政府的财政状况,中国在1994年出台了财政改革措施。改革目标是建立一个被称为"分税制"的税收分配体系。在这个新的体系下,税收收入由中央和省级政府共享。税收被分成三类:中央税收(国税)、地方税收(地税)、中央地方分成税收。中央税收包括关税、消费税、进口消费税、车辆购置税以及货物税。这些税收将纳入中央国库。纳入地方政府预算的税收包括城市维护建设税、合同税、资源税、耕地使用税、城市土地使用税以及农业税。中央地方分成税包括增值税、营业税、证券交易印花税、个人所得税以及企业所得税。在所有这些税收中,就规模而言,增值税是目前最重要的一个税种。大多数产品的增值税税率是17%。在所征收的增值税中,其中的75%归中央政府,25%归地方政府。其他重要的税收还包括企业所得税和企业营业税。企业所得税税率为33%,其中30%的部分归中央政府,3%的部分归地方政府。地方行政部门负责向当地企业征收企业所得税,而其他归国家税务总局征收。

自1994年以来进行了许多进一步的改革,包括增值税转变为标准销售税、企业所得税的合理化改革和整合、取消农业税、个人所得税改为国家税务总局负责征收、外资企业实行统一的33%企业所得税税率,并在几个城市试验了房产税。

1994年的改革最终使得中央政府的财政状况大为好转。2000年,中国国家财政收入上升到1.3395万亿元,比1999年增长了17%。之后这种增长趋势一直在持续。税收收入也持续出现两位数的增长。2007年全球金融危机爆发之前,税收收入在之前的一年里达到了27.56%的惊人增长。由于在过去10年的时间里,国家财政收入的年增长速度都远远超过了GDP的增长速度,因此2011年国家财政收入占GDP的比例增加到了20.57%,而这一比例在1994年仅为10.83%。占政府收入大部分的税收收入的快速增长,主要缘于新税收制度下GDP的高增长率,以及极大改善的税收征收状况[①]。

9.3.2　中国政府预算

中国的国家财政收入由中央政府收入和地方政府收入构成。而中央政府收入的最重要来源是增值税、企业所得税、非税收入以及商业税。值得注意的是,出口退税是减少政府收入的最重要项目之一。土地增值税和耕地使用税是地方政府两项非常重要的收入来源。

中国的国家支出由中央政府支出和地方政府支出组成。中央政府的十项主要支出项目是中央政府收入向地方政府的转移、国防、农业、林业与水务、社会保障、通信和交通、教育、科技、公债利息支付、社会住房、节能与环保以及公共安全等。

地方政府在政府管理、社会保障、教育、科技、农业、林业和水务、医疗卫生、通信与交通以及社会住房等方面承担了财政支出的大部分。

9.3.3　财政政策的实施

在发达国家中,财政体系中的内置稳定器能够在短期内以反周期方式拉平需求的变化,从而为货币政策提供支持或补充,以此实现既定的增长与通货膨胀目标。中国的财政系统中存在着内置的稳定器,然而,由于个人和企业所得税收入在GDP中所占份额极低(直到2011年这个份额仅分别为1.3%和3.6%),所以税收自动稳定经济的作用几乎不存在。在政府支出方面也是如此,其中最重要的稳定器是政府在社会保障和就业方面的支出,但这项支出在2011年仅占GDP的2.36%。

---

① 增加税收收入的一个次要贡献是终止了一些税收让步。

中国政府的预算功能包括：

（1）维护政府管理部门的平稳运行。

（2）提供公共物品和服务。

（3）缩小地区和社会阶层之间的收入分配差距。

（4）通过提供必要的财政支持来支持改革和经济转型。

（5）基本建设投资。

通常情况下，政府会避免将改变政府收入和支出作为刺激经济增长或遏制通货膨胀的政策工具。换句话说，自20世纪90年代以来的大部分时间，中国的财政政策一直保持稳定或适度扩张。政府奉行"量入为出"的原则。在过去的几十年中，中国的预算赤字占GDP的比率通常在3%以下，同一期间，中国的公共债务占GDP的比率一直在20%左右。

只有当经济处于通货紧缩或急剧下降，以及货币政策不起作用或要花很长时间才能见效时，政府才会使用非常广泛的财政政策来推进或稳定现状。自20世纪90年代初以来，中国只有两次试图采用这样的方法来摆脱困境。一次是在1998年下半年亚洲金融危机期间，朱镕基政府实施了扩张性的财政政策；另一次是在2008—2009年全球金融危机期间，温家宝政府启动了一次宏大的经济刺激计划。

在第一次的情况中，财政部向商业银行出售了1 000亿元人民币债券筹集资金用于基础设施建设。同时要求商业银行另外拿出1 000亿元人民币的贷款为政府融资进行的基础设施投资进行配套。

第二次，政府推出了4万亿元（相当于当时的5 800亿美元，4 040亿欧元或3540亿英镑）的经济刺激计划。这是一服大剂量的猛药，占到了2008年GDP的14%。为了支持财政的扩张，随着央行的道德劝说，商业银行扩大了9.6万亿元人民币贷款，这是中国历史上从未见过的一个天文数字。

中国的经验表明，当经济处于满负荷运转时，扩张性财政政策能非常有效地刺激经济增长。当经济过热或处于资产泡沫的威胁时，政府通常会依靠货币紧缩以遏制经济中的这种趋势，而像提高印花税、财产税等财政措施则很少使用，且只会以一种非常温和的方式实施。

中国的扩张性财政政策最重要的特性之一是，中国政府非常小心谨慎地利用市场机制来确保公共资金更有效的使用。当政府决定支持某特定的项目时，只是提供一部分的资金支持。不论承包商是谁，他们必须自己在金融市场筹集大部分的资金，并使他们的项目接受市场力量的监督。在2008—2009年的财政扩张期间，虽然中央政府负责审批所有重大投资项目，但在4万亿元的经济刺激方案中，只有1.2万亿元来自中央政府的国库。为了填补余下的资金缺口，国家鼓励地方政府创建"地方融资平台"，这是一种专用的手段，用政府的未来收入或土地作为抵押从银行借款，为在当地打包的投资项目进行融资。地方政府可以发行债券，但债券的发行工作要由中央政府代表他们进行。随着央行和俯首听命的商业银行实施的极为宽松的信贷政策，地方政府筹集到了10.7万亿元，其中的79.1%是银行贷款。

由于在亚洲金融危机期间采用了扩张性的财政政策来对抗通货紧缩，中国的预算赤字从1997年的不足GDP的0.78%增加到了1998年的1.16%。幅度虽然不大，但由于预算赤字的增加，使得债务占GDP的比例从1998年的10%增加到了2000年的13.8%。2003年政府采取了更为中性的财政立场，使得预算赤字不断下降。2008年，中国的预算甚至出现了 0.58% 的盈余。结果是中国的公共债务占 GDP 的比例仅出现缓慢增长。2008 年中国的债务占 GDP 比例约为 20%。2009 年,中国由于采取了庞大的经济刺激计划,其预算转为负数。2010 年,预算赤字达到了峰值,即 GDP 的 2.8%。到 2012 年,这一比例有望回落到 2% 以下,而中国的公共债务占 GDP 比例仍将保持在相对较低的水平。

9.4　中国的汇率政策

9.4.1　中国的汇率制度

自 1991 年 4 月以来,中国的官方汇率制度从固定汇率转向了由当局掌控的浮动汇率制度。人民币的官方汇率波动得更加频繁,但在 1994 年之前的大部分时间里都在贬值。在 1994 年初,官方汇率与调剂市场合二为一。合并后,官方汇率从 1 美元兑换 5.80 元人民币降至 8.70 元人民币。因为大部分的外汇在合并之前已经在调剂市场完成了交易,所以 1994 年官方汇率的大贬值对中国贸易的影响不是非常显著。在 1994—1997 年,中国的汇率制度应该是"一个统一的、受控的浮动汇率制度"。在这个系统下,中间价只针对美元设置小幅波动,并允许中间价缓慢移动。在这期间,由于中国的国际收支顺差的提高,人民币名义汇率上升了 4.5%。1996 年,经常账户交易的人民币可自由兑换。

1997 年亚洲金融危机爆发后,中国转向了事实上的盯住美元的汇率制度。在资本管制的帮助下,"不贬值"的坚定承诺使中国毫发无损地渡过了亚洲金融危机。

自 2003 年起,美国政府开始向中国施压要求人民币升值。2005 年 7 月,中国放弃盯住美元而重新回到管理浮动汇率制。与此同时,人民币兑美元汇率从 1 美元兑换 8.28 元人民币上升到兑换 8.11 元人民币,人民币升值达 2.1%。

新汇率制度的特点是所谓的"依据一篮子货币"。根据央行的规定,将每个工作日结束时人民币兑美元的收盘汇率作为第二天交易区间的中间价。人民币的中间价每天可以相对美元汇率上下波动达 0.3%。值得注意的是,人民币汇率并不是完全地盯住一篮子货币。所谓的篮子只是一个参考,人民币兑美元汇率中间价仍然可以由央行的自由裁量权决定。似乎每天人民币汇率的确定基于两个重要因素:第一,人民币兑美元汇率由篮子里给定的货币确定;第二,人民币升值的幅度是否对中国有利或负担得起。只有在权衡了这两个因素后,才会公布每一天的汇率中间价。因此,中间价没有必要基于前一个工作日的平均价设置。外汇市场的一级交易商将提供买入卖出价,但很难说他们能确定中间汇率,因为他们将竭尽所能听从命令,否则就将成为局外人,而持久成为局外人将使他们失去在外汇市场上作为一级交易商的地位。

在 2008 年全球金融危机爆发后,人民币汇率又重新暂时性地盯住美元,并在中断 18 个月后的 2010 年 6 月与美元脱钩并恢复升值。

2012 年 4 月,央行将人民币兑美元汇率的单日波动幅度从 0.5% 扩大到了 1%,成为允许由市场供求在决定人民币汇率上发挥更大作用的努力的一部分。中央银行承诺,它将保持人民币汇率的"正常波动",使汇率稳定在"合理均衡的水平",并保持宏观经济和金融市场的稳定。

9.4.2　中国当前的汇率政策

在 20 世纪 80 年代,中国仍处在其增长战略的形成过程中,并在进口替代和促进出口两种选择中犹豫不定。在 20 世纪 90 年代,中国的汇率政策愈发朝着有利于出口的方向,这反过来也是被积累外汇储备的欲望所驱动的。

1994 年汇率制度改革后,中国在国际收支平衡上达到了基本的满意。中国似乎得意于浮动的可控以及在以市场供求决定汇率方面已经没有什么问题了。事实上,在 1994 年的改革后,由于受国际收支顺差的驱动,人民币汇率是上升的。然而,亚洲金融危机突然改变了中国政策的前景。

在亚洲金融危机期间,采取一种事实上的盯住美元而非使用竞争性贬值的方法是绝对正确的决定。问题是为什么金融危机之后,中国政府拒绝与美元脱钩。其实,中国坚持与美元挂钩背后的原因是多重的。第一,在 2003 年,中国政府仍不确定经济是否已经真正复苏。人们普遍认为,即使人民币出现很小的升值都将导致大量的破产和数以百万计的工作岗位丢失。第二,许多人认为,由于"非理性的人民币升值预期",一个很小的升值都会招致更多的资本流入并对人民币升值进行押注,这就反过来加大了人民币的升值压力。因此,与美元脱钩会使升值无法控制,最终导致人民币过度升值,从而造成可怕的经济后果。第三,一些美国经济学家成功说服了许多能跟上面说上话的中国经济学家,使他们相信日本的经济泡沫就是由于日元在 1985 年广场协定之后升值的结果,而如果中国允许人民币与美元脱钩并升值,中国经济就会遭受日本自 1985 年以来所遭受过的同样的情况。第四,美国政府公开采取行动对中国施压逼迫人民币升值造成了公众的愤慨,而放弃挂钩则像是屈服于美国的压力。因此,人民币升值在一定程度上成了一个政治问题。

进入 2005 年之后,经济形势变得更加有利于人民币升值:当年中国的出口增长了20%,每年都有超过 10% 的经济增长,房价上涨迅速,并且中国的外汇储备接近了 7 000 亿美元。对于人民币升值所可能造成的通货紧缩对经济的负面影响,人们的恐惧显著降低。与此同时,全球经济失衡正在迅速恶化,国际社会也在聚集力量对人民币升值施压。因此,央行最终采取了更加灵活的汇率制度,并允许人民币在 2005 年 7 月升值 2%。

因为中国一直保持着巨额双顺差(经常账户和资本账户盈余),所以人民币时常处于升值的压力下。为了引导人民币以渐进的方式升值,央行不断地对外汇市场进行干预。央行在考虑干预的强度时,主要考虑到以下几个因素。

(1) 宏观经济形势,尤其是增长和通货膨胀。

(2) 长期调整的需要。

(3) 贸易平衡。

(4) 对冲能力。

根据"三元悖论",在下面三项选择中只能选择两项:固定汇率、资本的自由流动和货币政策的独立性。作为一个大型经济体,中国毫无疑问地必须保持货币政策的独立性。因此,当中国决定开始进行汇率逐步升值的过程时,必须用一种谨慎的方式对待资本账户的自由化。否则,跨境资本流动将使经济变得不稳定。事实上,自 2006 年以来谈论得最多的过剩流动性,可以部分地归因于在面对巨额双顺差时的缓慢升值。

中国采取的"依据一篮子货币"汇率制度的最重要原因之一是,只要盯住"篮子"就可以引发人民币汇率双向运动的可能,而无论对于中国的国际收支平衡地位来讲会发生什么。汇率的双向运动反过来又会给国际投机者造成不确定性,从而遏制投机资本的流入。不幸的是,直到 2008 年全球金融危机爆发,美元对所有其他主要货币一直在不断地贬值。因此,人民币几乎在不间断地升值。当新的汇率制度未能遏制押注人民币升值的资本流入时,资本控制就必须在阻止热钱的流入以及降低人民币升值的压力上发挥重要的作用。

总的来说,中国的汇率政策成功地让人民币升值,从而在保持经济和金融稳定的同时减少了中国的外部失衡。事实上,自 2005 年以来,人民币的实际升值已超过了 30%。

然而,人民币逐步升值的缺点也是显而易见的。逐步升值意味着央行必须不断地干预外汇市场,其结果就是中国积累了巨额的外汇储备。在 2003 年开始讨论人民币升值的利弊时,中国的外汇储备量约为 5 000 亿美元,而现在则超过了 3 万亿美元,远远超出了中国合理的需要。中国将大部分的外汇储备投资于美国政府债券和其他主权政府债券。虽然中国是世界其他国家的净债权国,有着 2 万亿美元的净国际投资头寸,但相对于外国投资在中国的高回报率,这种投资的回报率很低。中国在 2011 年的投资收入是 −2 700 亿美元,这反映出了严重的资源配置不当,如果美元在未来进一步贬值,这种情况会变得更糟。因为中国的国外资产主要是用美元计价,而中国的外债主要是用人民币计价,所以任何美元兑人民币的贬值都会引起中国资本的损失。

自 2009 年 4 月起,央行开始推进人民币贸易结算,这被广泛认为是人民币国际化的开始。人民币国际化的过程本质上是一个资本账户的自由化过程。由于国际化,中国事实上已经开放了短期跨境的资本流动。因为资本账户自由化是在利率和汇率自由化之前推出的,所以在中国的金融市场会有很多利率和汇率的套利机会。在不久的将来,全球资本流动通过短期跨境资本的流动将在人民币汇率的确定上发挥越来越重要的作用,央行将不得不加快对金融市场以及汇率和利率的自由化改革,否则,中国的宏观经济管理能力将被严重削弱。

结　　语

基于过去 20 年的经验,可以找出中国宏观经济波动和管理的一些基本模式。

第一,中国在过去 20 年中的经济增长主要是由投资所驱动。投资增长率的上升通常会持续到产生严重的经济过热。而经济过热的发展又分两个阶段:首先是 GDP 的增长速度高于潜在增长率;其次是通货膨胀恶化。

第二,经济增长和通货膨胀之间有很高的相关性,但伴随有不可预知的时间滞后。每当 GDP 的增长率超过潜在的增长率时,几个季度后通货膨胀率将会上升。每当 GDP 增长放缓时,通货膨胀率将会在类似的滞后时间后下降。因此,在价格失控之前,必须采取一些先一步的行动。同样地,当经济增长正在放缓时,通货膨胀率仍然可能处于高点甚至会进一步上升。如果政府未能及时改变政策方向,几个季度后就会出现通货紧缩的情况。

第三,钱对中国来说十分要紧。货币供应的变化将最终导致实际 GDP 和通货膨胀的变化,尽管伴随着各种各样难以预测的滞后。

第四,在正常情况下,通过改变货币供应来管理宏观经济优于信贷控制。然而,由于信贷的可获得性是投资增长和 GDP 增长最重要的先决条件,因此,在一些极端的情况下,尽管有副作用,但为信贷确定目标以及使用"道德劝告"实现信贷目标都比采用控制货币供应的手段更为有效。

第五，随着金融自由化和创新的发展，央行越来越难以精确控制广义货币 M2 并通过控制 M2 来对实际产出和通货膨胀产生影响。因此，央行需要及时地从以货币总量为目标转向以市场基准利率为目标。

第六，财政政策对于推动经济增长和克服通货紧缩都是非常有效的。然而，中国政府在使用财政政策来刺激经济方面还是十分谨慎的。因此，其能够保持稳定的财政状况，这反过来也为政府在逆境中促进经济提供了足够的空间。

尽管 GDP 增长和通货膨胀都是在围绕一个周期性模式中的长期增长趋势而波动，但在过去的 20 年中还是发生了一些根本性的变化。第一，固定资产投资在 GDP 中所占比重已经达到 50%，通过刺激投资来促进 GDP 增长已经越来越困难了，对于出口来说也是如此。第二，由于频繁使用扩张性的货币政策，在过去 20 年的大部分时间里，广义货币增长率已经明显高于名义 GDP 增长率。因此，中国 M2 与 GDP 的比率已经达到了 180%，这在世界主要经济体中都属于最高的。极高的经济货币化程度意味着央行将变得越来越难以通过货币供应的变化控制经济的流动性。这是由于这样一个事实：M2 的最大组成部分——家庭储蓄存款是内生性的。此外，通货膨胀的影响也令人担忧。第三，中国经济在宏观经济管理中最牢固的一点，曾经是，现在依然是其较低的公共债务与 GDP 的比率。然而，自满是危险的。因为在中国，以地方政府债务和国有企业债务的形式存在的或有债务是非常高的。不久的将来，中国的财政状况可能会迅速恶化，因为提高税收的空间正在不断缩小，潜在经济增长正在放缓，这在目前当然还是一个有争议的问题，而公共支出可能会迅速上升。

总而言之，中国宏观经济管理最重要的问题之一就是，短期宏观经济稳定性的实现在很多情况下都是以结构调整和资源合理配置为代价的——中国已经逐渐弹尽粮绝。为了能在未来 10 年实现足够的增长和经济稳定性，如何达到短期的宏观经济稳定和长期的结构调整的平衡，是中国面临的一大挑战。而最近中国经济在供给方面的变化，如劳动年龄人口的减少，使这一挑战变得更为严峻。

参 考 文 献

Allen F，Qian J，Qian M. 中国的金融体系：过去、现在和未来（第一稿：2004 年 10 月，最后修订：2005 年 7 月 21 日）//Loren Brandt，Thomas Rawski. 有效的转变：起源、机制和中国长期繁荣的后果，2005.

Allsopp CJ，Vines D. 评估：宏观经济政策. 牛津经济政策的回顾，2000，16(4).

Blanchard O，Giovanni F. 平衡中国的增长：一个第三手的方式. 麻省理工学院经济学系，研究论文系列，麻省理工学院经济学系，工作论文第 05-32 号，2005.

Corden M. 那些经常账户失衡：持怀疑态度的观点//墨尔本应用经济和社会研究学院工作论文第 13/06 号. 墨尔本：墨尔本大学，2006.

Chow G. 中国的经济转型（第二版）. 马萨诸塞州 Malden：Wiley-Blackwell，2007.

Green S. 让货币政策在中国发挥作用：来自货币市场前沿的报告//工作论文 245 号. 斯坦福大学，2005，7. 579 Serra Mall @ Galvez，兰多经济学大厦 153 房间，加利福尼亚州斯坦福，CA 94305-6015 第 6 页。

Humphery T. 通货膨胀论文集. 里士满联邦储备银行，美国国会图书馆目录分类卡号：79-600183，1979.

Jackman R，Mulvey C，Trevithick J. 通胀经济学（第二版）. 牛津：Martin Robertson，1981.

Kwan C. 自雷曼危机以来中国的商业周期//为宏观经济会议撰写的论文. Nomura Foundation，2012，11，13. http://www.nomurafoundation.or.jp/data/20121113_C-H_Kwan.pdf.

Lardy N R. 中国未完成的经济革命.华盛顿:布鲁金斯研究所出版社,1998.

Lardy N R. 全球金融危机后维持中国的经济增长.华盛顿:彼得森国际经济研究所,2012.

Liu P,X Tao. 中国的货币政策传导——"信贷渠道"和它的局限性//论文第 22 号.柏林经济学院柏林商业研究所工作论文(FHW-Berlin)Badensche Str,2006,2:50-51 D-10825.

Ma G,Wang Y. 中国的高储蓄率:神话和现实.国际清算银行工作论文第 312 号,2010,6.

McKinnon R I. 经济自由化的顺序:向市场经济过渡中的财政控制.华盛顿:约翰·霍普金斯大学出版社,1991.

McKinnon R I. 汇率协调超越东亚货币危机.亚洲经济杂志,1998,12(4):12.

McKinnon R I. 金融危机后,东亚美元标准复兴:对高频汇率挂钩的一种解释.斯坦福大学经济系,2000.

McKinnon R I,Ohno K. 美元和日元.马萨诸塞州剑桥:麻省理工学院出版社,1997.

Perkins D H. 中国最近的经济表现和未来前景.为《亚洲经济政策研究》创刊号准备的论文,在东京举办的日本经济研究中心研讨会上发表,2005,10,22.

Porter N,Xu T. 中国银行间市场的动力是什么？Nigel Chalk 授权销售,2009 年 9 月,国际货币基金组织的工作论文,09/189。

Taylor J. 货币传导机制:一个实证框架.经济视角杂志,1995,9(4):11-12.

Wang S,Hu A. 危机中的中国经济:国家能力和税收改革.M. E. 夏普公司,2001:201-202.

Xie D,Yu D. 中国货币政策的发展和公开市场操作.未发表的论文,香港城市理工学院委托,1998.

Yi G,Zhang L. 国际金融.上海:上海人民出版社,1999.

Yi G. 中国货币政策传导机制//新兴市场经济体中货币政策的传导机制 BIS 论文.2008,35:179-181.

Yu Y. 用于中国的财政稳定性分析的分析框架.世界经济,2010(6).

Yu Y. 亚洲金融危机期间中国的通货紧缩,及国际金融体系的改革.亚洲经济公报,2008,8,17(2):163-174.

Yu Y. 中国的宏观经济前景.世界经济和中国.2001,9(1).

Yu Y. 中国开放经济的宏观经济管理和中国入世//Lee,K.、Lin. J. 与 Kim. S. 世界经济:中国入世反响.首尔:韩国国际经济政策研究所,2001.

Yu Y. 克服人民币升值的恐惧.(中文),北京:世界经济与政治研究所,国际经济问题回顾,2003,9-10.

Yu Y. 全球失衡与中国,澳大利亚经济评论,2007,40(1):1-21.

Yu Y. 中国宏观经济管理:问题和前景//Eichengreen B,Wyplosz C,Park Y. 中国、亚洲和世界新经济.牛津:牛津大学出版社,2008.

Yu Y. 中国应对全球金融危机的政策//Richard Snaper 讲座.墨尔本:澳大利亚政府生产力委员会,2000,11,25.另见 Shaw. 与 Liu. B. 经济危机对东亚的影响.马萨诸塞州:Edward Elgar,2011.

Yu Y. 重新平衡中国经济.经济和政治周刊,2011,46(35).

Yu Y D. 宏观经济管理和资本流入.世界经济,1996(10).世界经济与政治研究所.

Yu Y D. 外汇储备积累的战略思考.世界经济,1997(10).世界经济与政治研究所.

Yu Y D,Zhang Y. 货币政策分析及其前景//Liu G,Wang L,Li J. 中国经济前景,2001 春季蓝皮书.北京:社会科学文献出版社,1996:40-62.

Yu Y,Li J,Cong L. 中国的积极财政政策//Liu G,Wang L,Li J. 中国经济前景,2001 春季蓝皮书.北京:社会科学文献出版社,2001:15-41.

第10章

中国自20世纪50年代以来的收入不平等趋势

作者：卡尔·里斯金（C. Riskin）

中国自 1978 年以来实现了超乎寻常的经济增长，与之相随的是经济不平等现象也得以同步增加。中国在 20 世纪 70 年代还是世界上收入最为平等的社会，到 2010 年可能已成为亚洲收入最不平等的国家。2012 年官方基尼系数为 0.474，但部分非官方估计数字要高得多。

"集体主义时代"（1950—1978），由于实行了消灭私有财产、将公共部门工资压缩到很小范围的政策，从而减少了经济不平等现象。然而，不同种类的不平等有着截然不同的表象。例如，本地自给自足的政策加剧了当地社会同各大企业之间的不平等。另外，由于城市倾向于发展政策以及户口制度的存在，导致城乡收入差距加大。

1978 年后的改革始于农村地区，数年之间就减少了城乡差距。按照国际比较标准，随后又有所扩大。然而，经过正确测算，地区收入不平等似乎在一开始有所增加，然后又回落到比原来更低的程度。

21 世纪以来，中国的发展模式导致经济越来越失衡。这种情况与收入不平等问题密切相关。中央政府致力于减少这两种现象，然而，却遭遇了来自既得利益者的阻力。

10.1 导言：中国的收入有多不平等？

"中国奇迹"（中国 30 多年来实现的超高水平的经济增长率）的盛名促使中国由低收入国家变成中等收入国家，成为工业强国，随之而来的是方兴未艾的不平等现象。中国 1980 年在收入分配方面还是世界上最平等的国家，到 2010 年，已变成亚洲最不平等的国家（见表 10-1）。

表 10-1　亚洲收入不平等情况（2000—2011）

国家	基尼系数
越南	0.376
印度	0.368
斯里兰卡	0.403
菲律宾	0.44
孟加拉国	0.31
巴基斯坦	0.327
中国	0.474

资料来源：联合国开发计划署，《2011 年人类发展报告》。除中国外，基尼系数都是采用 2000—2011 年所得到的数据。中国的基尼系数 2012 年的数据，见图 10-1。下面还有关于基尼系数衡量不平等程度的讨论。

中国的收入有多不平等？据国家统计局统计，中国基尼系数在 2008 年达到最高值
0.491，随后到 2012 年逐年下降（见图 10-1）。部分独立的机构其基尼系数估计数据要高得
多。西南财经大学中国家庭金融调查中心（中国成都）的基尼系数估计数据高达 0.61，这个
数据与南美和非洲南部那些高基尼系数地区属同一水平。[①] 另外，中国收入分配课题组（目
前正对中国城乡家庭收入定期开展调查的一个国际研究项目）估计 2007 年（最近一次调查）
的基尼系数为 0.483，与当年官方估计数据基本相同。[②]

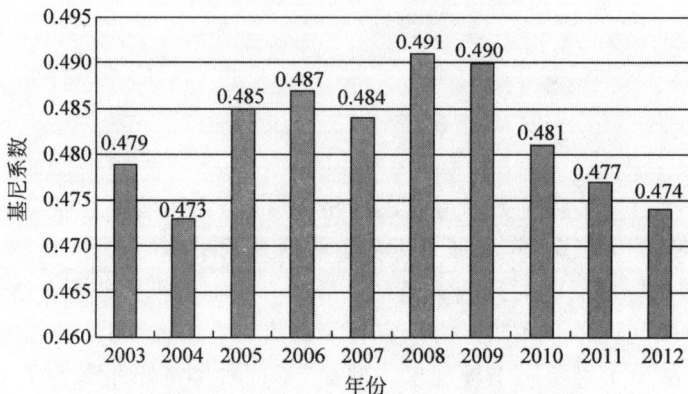

图 10-1　中国官方基尼系数估计（2003—2012）

资料来源：《中国日报》（美国版），2013 年 2 月 1 日，http://usa.chinadaily.com.cn/business/2013-01/19/content_
16142627_2.htm，获取时间 2013 年 2 月 1 日。

中国的高收入被刻意隐藏，且存在抽样不足的情况。如果将这种隐藏的高收入情况计
算在内，估计的基尼系数可能要增加 4 个百分点（李实、罗楚亮，2011）。那么，中国"真正"的
基尼系数尚存在争议，或者至少不确定。然而，尽管对于绝对值的估计差别较大，分析者们
普遍认为自 20 世纪 80 年代中期以来，收入不平等的趋势主要是上扬。

本章接下来讨论中国收入分配的变化以及中国发展模式中发生这些变化的根源。我们
主要通过收入来考量经济不平等。这是不可避免的选择，其他值得注意的指标还有：消费、
教育、卫生保健及其他改善生活的指标，以及政治权利。例如，卫生保健是福利的一个方面，
但在收入中不能很好地体现出来。世界卫生组织《2000 年世界卫生报告》重点关注了中国
卫生保健的不平等情况，在对 191 个国家进行"金融分配公平"调查时，中国排名低至 188 位
（印度名列第 42 位）。该报告批评称，中国人从个人腰包里支付了 75% 的卫生保健费用。
在总体卫生制度表现方面，中国也才名列第 144 位，远低于印度的 112 位。还有，中国的卫
生状况名列第 81 位，而印度为 134 位；在卫生分配方面中国名列第 101 位，印度为 153 位。
中国卫生保健的不公平且表现较差的卫生制度如何能够使中国人比那些生在更为公平、拥
有更加优秀卫生制度的国家的人更加健康呢？虽然中国卫生保健制度不公平、效率低下是
毋庸置疑的，但《世界卫生报告》可能有所夸张，至少根据国际比较标准有些夸张。

---

① 2010 年数据见 http://english.caixin.com/2012-12-10/100470648.html。
② 中国收入分配课题组抽样的家庭是从国家统计局的大型样品库里抽取的，因此，其结果类似不足为奇。然而，
中国收入分配课题组的收入定义相比官方定义更为接近国际标准实践。另外，如同下列所示，在考虑地区价格差别后，
中国收入分配课题组的基尼估计数据有较大程度的下降。

10.2　衡 量 问 题

收入分配的不平等程度通常通过几种方式来衡量。基尼系数是最为常见的衡量方式。该系数为单个数字,利用洛伦兹曲线来表现,描述了所有人在分配方面的总体情况,包括拥有情况(如储存)或收到情况(如流动)。基尼系数的主要好处在于能够直观地反映不平等程度:基尼系数范围为从 0(分配完全平等)到 1(分配极端不平等)。一个国家的基尼系数为 0.25,则相对收入分配平等,如为 0.6,则相当不平等。此外,基尼系数是中国以及其他国家广泛使用的衡量方式,因而有利于国际比较。该系数也有部分短处:一是存在模糊的可能,即不同的洛伦兹曲线可能会交叉;二是不同的分配情况可能得出同样的基尼系数。此外,一个国家的基尼系数不能直接分解为部分地区(即州或省)的系数,所有地区的系数也不能汇总为总体系数。然而,由于 $G = \sum r_i C_i$,可以进行间接分解推算。此处,G 为总收入的基尼系数(例如);r_i 为第 i 个收入源(比如工资收入)相对总收入的比率;C_i 为该收入源的集中比率,或"假基尼系数"。集中比率用于衡量某个收入源在总收入中的分配情况,而非该收入源的分配情况。[1]

另一种常见的衡量不平等的方式为泰尔指数,这是一种广义熵指数。"熵"在这里指数据的非随机程度。某类分配不平等并非指在所有人中随机分配,而是以非随机方式集中分配。该广义熵指数包括一个参数 α,是用于衡量收入在分配各个部分变化的敏感指数。如果 $\alpha=1$,那么整个分配中敏感指数就是相同的,从而得出泰尔 T 指数。

$$GE(\alpha) = \frac{1}{N} \sum_{i=1}^{N} \left[\frac{y_i}{y} \ln\left(\frac{y_i}{y}\right) \right], \quad \text{for} \quad \alpha = 1$$

这里,N 为人口数量;y_i 为人均国民收入;$\bar{y}$ 为平均人均国民收入。$\alpha=0$ 时,泰尔 T 指数为广义熵指数,该指数对于更低收入地区分配变化更为敏感。[2]

同基尼系数相比,泰尔指数有不同的优势和弱势。其主要优势在于可直接分解,这样就可分辨出一个国家的总体不平等有多少是通过各子集之间的不平等得出的,有多少是通过各子集内部的不平等得出的。另外,它不如基尼系数那么直观:泰尔指数值并不能直接显示出某个国家不平等水平的高、低或中等。

为了衡量地区内部的收入不平等水平,较常用也较容易的衡量方式就是地区人均收入的变异系数(等于地区平均收入标准差除以平均值)。当然,这种衡量方式忽略了各地区内部的不平等(在中国,地区内部不平等在总体不平等中占很大比例),只关注地区均值的离散程度。在中国,还必须特别注意人均收入是如何测算出来的。这是因为中国存在户口制度,即将每个家庭安排到特定的地方。如果人们搬到另一个地方,通常户口并不会随之迁走。因此,在大规模人口流动时代,一个地方的注册人口可能与实际居住人口大相径庭。接下来会对此详细解释。

---

① 后者将会得出该收入源真正的基尼系数。

② 有关针对不平等的各种常见衡量方法的讨论见世界银行《贫穷手册》,见 http://siteresources.worldbank.org/PGLP/Resources/PMch6.pdf.

10.3 集体主义时代

如果我们把 1949 年以来分为两个时间段,即集体主义时代(1950—1978 年),以及 1979 年后的改革时代,可以说,第一时间段的特点是收入平等逐渐降低;第二时间段的特点则是不平等逐渐增加(尽管第二时间段初期曾出现均衡变化,如下所示)。第一时间段初期收入逐渐平等是因为共产党领导的政府开始实行剧烈的社会经济变革。这些变革通过消灭大部分形式的私有财产来减少收入不平等。20 世纪 50 年代中期至后期,农村地区已经没有土地和资金私有的情况,因为中国已经从小农耕作变为大规模集体农业,然后在短短数年内变为"公社",与财产所有分配相关的收入不平等也就随之消失了。中国城市地区的私营企业到 1957 年也消除殆尽,以前的业主成为了出租方,他们在几年之间按照其拥有的财产得到利息,这种情况到 1966 年也消失了。

大多数城市居民工作会得到工资,工资结构由国家制订,差别很小。毛泽东的社会主义观并不认同个人主义,而是不断推崇集体力量,在农场和工厂里团结一心,这种情况基本上意味着工作单位内部个人收入差别很小。

"大跃进"(1958—1960 年)和"文化大革命"(1966—1976 年)期间,完全不存在物质奖励,工人们的工资长年没有增长。拿着高工资的人们最终退休,而拿低工资的人并未得到提升,导致工资的分布范围越来越窄。到 20 世纪 70 年代后期,中国已成为世界上收入分配最为平均的国家之一。然而,收入不平等的情况主要存在于当地机构内部的分配,如生产小组(由村里的邻居组成)或工厂。然而,这些单位间的分配也有所不同。由于毛泽东不断地削弱中央计划体制,打击官僚主义、城市霸权以及知识分子"资产阶级",中国不可避免地演变成相对"自给自足"的结构,包括准自治的聚居区和企业。收入上的较大不同在其间可能也确实存在。例如,农村地区,存在土地肥沃、灌溉条件好,且靠近城市或市场的村子,也存在贫穷、偏远、处于山区的村子。这种差别正是基于经济学家所考虑的"租金"理论,即本地条件导致了本地资源回报率的绝对不同,这样就没有人会有动力去努力工作、提高效率、获得技能或加强管理。这种动力在集体主义时代后期极为缺乏。

中国当时的普遍平均主义还有另外一个显著的例外,那就是城乡收入差别,这个差别相比其他发展中国家而言也是较大的。这是中国共产党和政府的两项基本且密切相关的政策所造成的:第一,社会经济体制和国家发展计划均偏重于城市地区,却忽略拥有大多数人口的农村地区。例如,城市工人及其家庭都能够享受较大的社会福利,包括有保障的工作、补贴住房、医疗保健、孩子教育,而这些农村居民都没有。五年计划的大量投资都是投向城市工业,只有很少一部分投向农业。其结果是,工业资本累积快速增长,劳动生产率不断提高。到 20 世纪 70 年代末,每名工人的产出同每名农民的产出比为 8 比 1,这个数据在 20 世纪 50 年代初期是 2.5 比 1。如此悬殊的生产率差别肯定会最终在个人收入城乡差别中体现出来。

第二,20 世纪 50 年代开始实施户口制度在城乡人口之间建起了一堵墙。拥有农村户口的人禁止前往城市地区。食品定量配给更是加剧了这种现象:即使一个农民躲过了限制,到城里寻找更好的工作,他(她)也没有办法获得食物。如果没有这种限制,许多农村人就可以到城里找到边缘化的城市工作,即使收入低于有着城市户口的居民的工资,但也远高于务农收入,而这样也能够降低平均城市收入。另外,农业劳动力输出也会增加农村收入(在有着富余劳动力的地区,农村劳动力的边际产量会低于平均产量)。随着城市收入降低,农村收入增加,城乡差距,或者至少在增长率上的差距会缩小。户口制度有效地堵住了劳动力流动,不然就能够遏制住城乡不平等的不断增加。

具有讽刺意味的是,毛泽东的主要目标之一就是减少"三大差别",即脑力劳动和体力劳动的差别、工人和农民的差别、城乡差别,其中两个直接反映了城乡收入差别。这个目标成为毛泽东时代最后10年不断追寻的戒条,他采取了史诗般的措施来实现,最为著名的则是在文化大革命中清除城市卫生保健设施,将其搬迁到农村地区满足农民需求。尽管采取了这些措施,城乡差别还是继续拉大。官方的人均消费统计显示,城市人口相比农村人口的相对优势从1952—1975年增长了27%(见表10-2)。即使在文化大革命时期,采取了各项措施来减少差别,仍然增长了7.6%。如此一来,在改革前的整个集体主义时代,城市居民的收入优势在增加。至于城乡居民收入差别的绝对数据,20世纪70年代末,估计数据的范围从世界银行的2.2比1(不包括所有补贴)到托马斯·罗斯基的5.9比1(城市收入中包含了城市补贴)(世界银行,1983年;罗斯基,1982年)。

表 10-2　城乡人均消费比指数(1952 年为 100)

年份	指数
1952	100
1957	108
1965	118
1975	127

资料来源:里斯金,1987 年,第 241 页,《中国经济年鉴》,1981 年,Ⅵ,25。

总之,中国现代经济史中结束于20世纪70年代末的"集体主义时代",其特点是收入分配不平等的减少,城乡人口差别则除外,尽管毛泽东表示强烈的反对并且采取了有力的措施予以减小,但城乡差别还是大幅增加,原因在于20世纪50年代采取的制度和政策结构,其给予非农经济和城市居民特权,并且限制农村人口通过迁移进入特权部门的可能性。

10.4　改革时代:城乡差别

1978年底,中国开始进行经济改革,从中央计划的弱小分散经济转变为国家大量参与的市场经济。这一变革初始阶段就是土地革命:20世纪80年代初期解散农民公社,取而代之的是家庭联产承包责任制,抛弃以前坚持的粮食生产当地自给自足,转而鼓励多样化和劳动分工;农民生产的粮食、棉花及其他作物价格大幅提升。农业生产快速增长,资源从低价值作物转向高价值产品(禽类、蛋类、鱼类、猪肉、水果和蔬菜等)。农产品价格提升,产量增加,加上高价值产品促使农业收入急剧增加;从1978年到1984年,农村人均收入翻了一番多。这也是新中国成立后农村人均收入增长率首次并且唯一一次超过城市。官方的家庭调查发现,从1978年到1983年,农村收入增长了98%,而城市收入增长为47%(里斯金,1987,第292~293页)。由于农村普遍比城市贫穷,其收入的快速增长减小了城乡差别。因此,有趣的是,收入悬殊的改革和变化时代一开始就导致了相反的结果。

　　然而，到 1985 年，农业生产和收入的繁荣景象结束了。过去将资源投入高价值产品以及利用农田资本建设的增长潜力已经耗尽。此外，农业价格不再上涨以及各种体制的变化降低了农民从事农业生产的积极性（Sicular，1988）。20 世纪 80 年代后期，农业生产和收入增长陷于停顿（见表 10-3）。然而，1984—1989 年的 GDP 实际年均增长率为 8.86％，5 年中的工业生产增长了 134％，城乡收入差距再次拉大。20 世纪 80 年代末期，出现了"六四风波"，极大地影响了城市经济。对于城市可支配收入和农村净收入比值的官方调查数字显示，差别从 1985 年的 1.86 加大到 1990 年的 2.2。[①] 但是，这些数据有几个方面的缺陷，尤其是没有纳入城市补贴，因而促使该比值偏低，同时也没有纠正城乡价格差别，促使该比值偏高。

表 10-3　粮食生产（1984—1989 年）　　　　　　　　　　　　　　　百万吨

年份	产量
1984	407.3
1985	379.1
1986	391.5
1987	403.0
1988	394.1
1989	407.5

　　中国国家统计局数据显示，从 1988 年到 1995 年城乡差距从 2.19 上升至 2.63（按照 1988 年价格）。然而，对这些年进行独立估计的数据却有所不同，差距基本上保持不变，1988 年为 2.42，1995 年为 2.38。[②]

　　城乡差距从 20 世纪 90 年代开始受到新的因素的影响，尤其是国有企业改革，造成 30％的公营企业（国有企业和集体企业）人员下岗。城市公营企业从 1993 年到 20 世纪 90 年代末总共分流出了 5 000 万左右的工人。对失业工人采取多种安置方式：部分人从原有企业或当地政府建立的再就业中心领取适当的生活补助，其他人则提前退休或在私营部门寻找新工作。可以说，几乎所有人的收入相比以前都大量减少。这种对于城市平均收入的负面影响限制了城乡差距的拉大。根据城乡价格不同进行矫正后的不变价格对城乡差距进行独立估计后显示，从 1995 年（2.24）到 2002 年（2.27），几乎没有增长（Sicular 等，2008）。然而，增速减缓只是国有企业改革的暂时结果，当改制基本结束以后，城乡差距继续呈上扬趋势，到 2007 年（2.91）上涨了 20％（Shi Li 等，2011）。[③] 不管怎样衡量，按照国际比较标准，中国的城乡收入差距都异常的大（Knight 等，2006）。

　　为何中国的城乡收入差距按照国际比较标准有如此之大？毫无疑问，中国是唯一一个

---

　　① 见表"城乡家庭人均年收入与支出"．全中国数据中心．http://www.chinadataonline.com/member/macroy/macroytshow.asp? code＝A0501．

　　② 参见 Azizur Rahman Khan and Riskin（2001）第 44-45 页。该报告有关中国收入分配课题组 1988 年和 1995 年（后来是 2002 年和 2007 年）对城乡收入进行的调查，发现国家统计局 1988 年缩小了城乡差距，1995 年夸大了城乡差距。众多的、但并非所有的研究采用了中国收入分配课题组，而不是国家统计局的定义。尽管中国收入分配课题组对 1988 年至 1995 年间的生活费用进行了矫正，并没有研究完全矫正了生活费用方面的城乡差别。

　　③ 这些估计数据矫正了城乡地区和各省间的价格差别，但并未针对生活在城里的迁移人口。针对该情况的进一步调整些许地减少了城乡差距。见 Sicular 等（2008 年）和 Li 等（2011 年）。

强力采取城市优先发展政策的发展中国家。[①] 然而,相较其他发展中国家而言,中国在采取人口控制制度(户口制度)方面走得更远,户口制度在中国城乡之间筑起一道高墙,让更为贫穷的农民无法享受经济快速发展带来的好处。由于选择了不同的精确衡量方式,对于城乡差距的估计数据差别很大,这就出现了一个问题:在对收入不平等进行国际比较时,其结果一定程度上会显示出衡量方式的不同(例如,是否计算地区生活费用,如何计算进城的移民),而非不平等方面的不同。

10.5 地区不平等

中国的地区不平等是指 32 个省和省级地区(包括 4 个直辖市和 5 个自治区,香港和澳门两个特别行政区通常由于特殊情况而忽略掉)之间的不同。如同很多发展中国家一样,中国各个地区在收入和发展水平上有着很大的不同。2010 年,上海城市人均可支配收入为3.1838 万元,是贵州(1.4142)的 2 倍多,而上海的农村人均收入是贵州的 4 倍多。[②] 社会指标方面也有类似的不同,如婴儿死亡率和文盲率(Fan 等,2011)。1978 年后的工业发展集中于工业化程度已经更高的东部沿海地区,这种情况明显反映出收入的地区分布随着时间的推移会更加不平等,至少在改革初期会这样。有证据表明,尽管各省的人均收入可能会出现某种趋同,但东部省、西部省和中部省的发展有所不同。[③] 中国收入分配课题组发现的证据显示,到 2002 年,地区人均收入出现总体趋同(Gustafsson 等,2008)。2007 年,该项目分成 4 个地区组进行采样,包括:①大地区,即省级大城市;②东部地区;③中部地区;④西部地区。[④] 在计算省人均收入时,他们还使用了能够反映出各地区生活费用不同之处的价格(平价购买力)。由于富裕地区的生活费用要高得多,使用平价购买力价格后,各地区衡量出来的不平等情况急剧减少,见表 10-4。

表 10-4 地区收入差距

地区 \ 年份	2002	2007
大城市	2.34	2.44
东部地区	1.65	1.74
中部地区	1.12	1.16
西部地区	1	1

资料来源:(Shi Li 等,2011)。该数据是各地区人均收入相对西部地区的比值。价格则根据各地区生活费用不同进行了矫正。收入采用中国收入分配课题组的定义,同收入的官方定义相比,该定义更为接近国际实践。

正如表 10-4 显示,2002—2007 年,地区不平等有着小幅增加。然而,地区不平等绝大部分是因为城乡不平等;一般说来,各地区内部的不平等是造成全国不平等的大多数原因,

---

① 见有关该课题的经典处理,利普顿,1977 年。
② 这些数据来自中国国家统计局,见 http://www.chinadataonline.com/.
③ 意指这些组内部的趋同现象超过了相互间的差异。
④ 中国收入分配课题组在省一级的抽样量似乎太少而并不能得出有意义的结论,因此,将各省份如此划分有一点的统计优势,同时能反映出中国的常见分法。

而地区间的不平等这个因素只占总体不平等的 20%（Li、Luo 与 Sicular，2011）。

由于人口流动导致衡量地区分配时数据不实，所以衡量地区不平等的重要性进一步降低了。我们注意到，由于户口制度的原因，实际居住人口与官方登记人口大相径庭。2000 年，深圳市登记人口为 100 万，但实际人口有 700 万（Drysdale，2012），而贵州 2010 年登记人口为 4 190 万，超过了实际居住人口（仅 3 480 万）的 20%（Chao Li 与 Gibson，2012）。如果使用基于登记人口的地区人均收入来衡量地区不平等，贵州省的数字将会低估，而深圳的数据则会高估，如此一来就更是夸大了两者间的差距。上述讨论的中国收入分配课题组的估计数据则不存在这种误差，因为他们是基于收入调查，而对地区不平等进行的大量研究都采用人均 GDP 作为主要指标。[①] 该做法在衡量地区时往往非常有用，但如果个人福利在客观上存在不同，那么个人可支配收入则是更好的分析指标，而非人均 GDP，尤其是在中国，家庭收入在 GDP 中所占份额非常低。

使用地区人均 GDP，同时利用登记人口来矫正数据而非利用居民人口，Chan 与 Wang（2008）发现地区收入不平等在 20 世纪 90 年代初急剧增加，但随后保持得相当稳定，可以认为是因为人口长途流动起到了越来越重要的作用。Chao Li 与 Gibson 近来采用同一方法对从 1978 年改革开始到 2010 年的整个时期的数据进行了矫正。通过正确衡量，他们发现，地区不平等现象（根据人均 GDP）在改革开始后的 10 年内一直下降；20 世纪 90 年代初期开始增加；随后开始波动起伏，到 2010 年又退回到 1990 年的低水平，且低于 1978 年的水平。根据该衡量数据，地区不平等并无远期上扬趋势。然而，需要注意的是，GDP 并非衡量福利的良好指标（也并非想让其成为良好指标），而其他的研究，如重点关注家庭收入的中国收入分配课题组，确实发现此类不平等有了较大程度的增加。

结语：不平等和不平衡

人们有着广泛共识，世纪之交，中国经济在多个方面表现得极为不平衡：过度依赖出口、高储蓄率、重工业制造、大型国有企业、过低估值的货币以及金融抑制（利率低于市场价格）；国内消费需求不足、服务业以及劳动密集型中小型企业。收入不平等与此类不平衡现象密切相关，这种情况促使家庭收入相比企业和政府收入较低，劳动收入相比利润收入较低，不占优势的内陆地区落后于富裕的沿海地区。中国政府关注不平衡以及日益增加的收入不平等对于社会稳定存在的潜在影响，自 21 世纪初就一直在努力调整发展方式，让其更公平，更有利于穷人，更关注内地农村地区，对于环境保护更加敏感，等等。中央政府投入大量资金改善农村教育和公共健康，为城市和农村居民提供社保。尽管总体上在人民福利上有着实际的进步，但因为不平衡经济而产生的既得利益集团，即沿海省份、重型制造业、出口业和银行系统等，有着强大的力量，截至目前，尽管用去了 10 年的时间，中央政府仍然未能改变中国的不平衡发展模式。

同时，自 20 世纪 70 年代末开始的改革时代开始，中国持续 30 多年的高速增长耗尽了巨大的富余劳动力资源。相比劳动者并无实际讨价权的富余劳动力模式，增长促使工资上

[①] 列表可参见表 2，Li 与 Gibson（2012）。中国收入分配课题组 1988 年和 1995 年的数据缺乏有关流动人口的信息，2002 年和 2007 年囊括了流动人口调查。

扬的模式更加符合恢复平衡的目标。随着走向 21 世纪的第 2 个 10 年,一个至关重要的问题就是,这种客观条件的改变,连同中国中央领导层的改革倾向,在面临中国社会出现的如此巨大的不平衡现象时,是否足以实现更为平等的发展模式。

参 考 文 献

Carter C A. 中国城乡收入差距:对全球食品市场的影响. 美国农业经济学杂志,1997,79(5):1410-1418.

Chan K W,Wang M. 重塑中国地区不平等(1990—2006 年):实际和登记人口数据的净评估. 欧亚地理与经济,2008,49(1):21-56.

Drysdale P. 中国地区收入不平等. 东亚论坛,2012.

Eastwood R,Lipton M. 农村与城市收入不平等与贫穷:地区间的趋同抵消了其间的差异?. 自由化和全球化时代的不平等、增长与贫穷. 牛津:牛津大学出版社,2004.

Fan S,R Kanbur,Zhang,X. 中国地区不平等:经验与政策. 金融发展评论. 2011(1):47-56.

Fang X,Yu L. 政府拒绝公布基尼系数. 财新(中国经济和金融)http://english. caixin. com/2012-01-18/100349814. html.

Gustafsson B,Li S,Sicular T. 中国不平等与公共政策. 伦敦,剑桥大学出版社,2008.

Khan A R,Riskin C. 全球化时代中国不平等与贫穷. 牛津:牛津大学出版社,2001.

Khan A,Riskin C. 中国家庭收入与分配,1995 年和 2002 年. 中国季刊,2005(6).

Knight J,Li S,Song L. 中国城乡分化与政治经济演变//J K,Cullenberg,S,Pattanaik,P K,Pollin S. 全球化时代的人类发展:向 *Keith B. Griffin*,Boyce,J. K. 致敬的论文集. Cheltenham,英国:Edward Elgar,2006.

Li C,Gibson J. 中国日益增加的地区收入不平等:事实或赝象. 怀卡托大学经济学论文,2012(9).

Li S,Luo C. 中国收入差距究竟有多大?. 经济研究,2011(4):68-78.

Li S,Luo C,Sicular T. 概览:中国收入不平等与贫穷(2002—2007 年)//CIBC 论文集. 西安大略大学,2011(10).

Lipton M. 为什么穷人始终穷:世界发展中的城市偏见. 伦敦:Maurice Temple Smith Ltd 出版社,1977.

Rawski T G. 中国收入分配的简单算法. 经济研究,1982,22(1).

Sicular T. 后毛泽东时代的农业计划与定价. 中国季刊,1988,116:671-705.

Sicular T,Yue X,Gustafsson B. 城乡差距与收入不平等. G. Wan 理解中国的不平等与贫穷:方法与应用. 汉普郡:Palgrave Macmillan 出版社,2008.

Wei T. 指标显示财富差距到警戒线. 中国日报美国版. http://usa. chinadaily. com. cn/business/2013-01/19/content_16142627_2. htm.

Whyte M K. 社会火山的神话:透视当代中国的不平等与分配不公. 斯坦福:斯坦福大学出版社,2009.

Wong C. 为和谐社会埋单. 中国经济季刊,2010(6).

世界银行. 中国:社会经济发展. 华盛顿特区:世界银行,附录 A:275.

第11章

中国农业：过去的失败，当前的成功以及激活政策

作者：黄季焜，斯科特·洛则勒（Scott Rozelle）

导　言

本章 11.1 节，我们将介绍中国农业领域过去五六十年的表现情况。我们将特别考察 1950—1978 年的社会主义时代以及 1978 年至今的改革时代在产量、生产率和效率方面的增长。本章 11.2 节，我们将介绍中国农业经济取得的成功和遭遇的失败，我们还有意找出导致出现我们所观察到的表现情况的因素。特别是，我们试图指出促进农业领域表现以及限制农业领域表现的政策。

11.1　中国改革前时期的农业：政策失败

社会主义时代，有关农业在生产食品和其他工业原材料方面的表现情况的记录非常混乱。总体趋势显示农业领域对于增加食品供应特别是粮食供应起到了重要作用。1952—1978 年，尽管总耕种面积增加了 6.3%，但粮食耕种面积保持不变。然而，从 1952 年到 1978 年，产量增加了 91%。总体来看，中国粮食产量平均每年增长超过 2.5%。粮食生产增长率略微快于人口增长率（1.9%）。如此看来，社会主义时期，中国农业领域增加了人均卡路里的数量。

尽管中国领导人成功地保持了食品产量，但社会主义时期的中国在食品方面的记录却很死板。从 1950 年到 1980 年，人们的口粮都是定量供应。全国大部分地区，食品仅限于主粮，其他产品极为有限。

食品生产制度也遭遇了灾难性的失败。最为突出的事件就是 20 世纪 50 年代末和 60 年代初的饥荒（Aston 等，1984）。尽管造成饥荒的原因有很多，但耕种失败以及缺乏充足的食品供应却是其中的部分原因（Chang 与 Wen，1997）。

其他研究几乎都认为中国的农业经济在 20 世纪 50 年代、60 年代和 70 年代非常失败。例如，农村人均收入停滞不前。20 世纪 70 年代的农村家庭平均收入与 50 年代几乎相同（Lardy，1983）。1978 年大多种类的食品年人均消费绝对水平非常低，油只有 1.1 千克，肉 6.4 千克（Huang a 与 Bouis，2001）；住房数量或质量方面也没有什么改善（国家统计局，1999）；贫困率（按照农村人口每人每天生活费用低于 1 美元计算）几乎为 40%。

另有原因表明生产率几乎没有增长。利用现有的数据［斯托恩（Stone）、洛则勒（Rozelle）（1995）、Wen（1993）］也能得出同样的结论。这些作者认为，农业领域的全要素生产率增长在20世纪50—70年代几乎为零。

社会主义时期也发生了许多政策变化。20世纪40年代末期，内战结束后，官员们开始进行全面的土地改革（Perkins，1994）。将大部分从地主和富农手中收回（有时采用暴力手段并且几乎没有补偿）的土地分给中国所有的农村家庭。除少数外，几乎所有的农村家庭都分到了土地。

尽管并无实际的研究证明20世纪50年代初产量的变化与新土地分配政策带来的动力有关，即便是有，其带来的影响也很快会消失。到20世纪50年代中期，社会主义领导人已经开始在抑制土地私有化所带来的动力（Lardy，1983）。早在1953—1954年，官员们就开始将农民们编成集体。20世纪50年代中期，集体又合并成了公社。这些措施大体上消灭了中国家庭农业的存在。

公社成立不久（加上大量其他激进政策的影响），中国农业遭受了巨大的打击（Lardy，1983；Aston等，1984）。几乎所有省份的产量都在下降。全国多个地区开始爆发饥荒。

尽管有关引发饥荒的各个因素所占的相对比例仍存争论，但几乎所有人都认为，共产主义运动及动力缺失是20世纪50年代末、60年代初产量大量下滑的主要原因之一（Putterman，1993）。基本问题是单个家庭并不享有对剩余产品的索取权，而并不干活的集体领导人才有决策权。社会主义时期，生产率并无增长几乎肯定是因为集体农业制度存在动力低下的问题。

社会主义领导人的食品定价策略并不鼓励高效地生产或分配商品和服务。官员们按照规定设定价格（Sicular，1988b）。20世纪60年代和70年代，粮食价格几乎就没有变化。粮食进出价格仅起到核算功能，粮食短缺非常普遍。

20世纪50—70年代几乎没有交换市场。国家市场/采购组织并不鼓励销售农产品以获取利润。此外，几乎不存在竞争。采购官员们并无动力去寻找低成本或高质量的生产者（Sicular，1988a；Huang与David，1995）。到20世纪50年代，农产品的采购和运输都被国家垄断。

缺少价格信号以及市场营销商的积极参与意味着国家要负责设定供应和需求目标。特别是，产量水平和种植目标并未由响应价格信号的营销商决定，而是由计划者决定。为了抑制对供应不足（以及定价偏低）的农产品的需求，市场/采购政策官员们还对城市地区的食品销售和分配实施严格控制。票据按人分配，只有城市粮店才能销售和供应食品。

简言之，实施社会主义后的30年，中国的农业经济僵化、混乱、表现较差。一方面，生产在增加，而这主要是因为国家主导的投入，即要求农民进行劳动（强迫农民无偿劳动）。另一方面，生产率停滞不前，农村收入并无增加。生产组织、国家的定价制度以及市场营销制度不能带来任何动力，并不存在结构上的转变。

11.1.1　中国过渡时期的农业

改革前时期（1950—1978年）农业表现不佳的状况在改革伊始就消失了（国家统计局）。不管这些成功是如何衡量出来的，1978年后农业最终开始为国家经济发展做出贡献。改革的头6年（1978—1984年），农业生产年均增长率（根据农业生产总值测算）增加了2倍，达到 7.1％。尽管随后从 1985—2000 年,按照国际标准,年均增长率下降到 3.8％,2000—2010 年为 4.4％,但这些持续的增长率仍是很高的。

中国农业经济的各个部门都实现了增长(国家统计局)。1978—1984 年,粮食生产总体上每年增长 4.7％,所有主要粮食生产都实现了增长。尽管耕种面积并未增加,但粮食生产却实现了翻番。1978—1984 年,粮食生产增长率超过了 20 世纪 70 年代初期和中期。

改革时期(1978 年至今),除粮食领域的产量增长外,更为重要的是,中国农业经济稳定地实现了从粮食生产第一向生产高价值经济作物、园艺产品以及畜/水产品的转变。同粮食部门一样,相比 20 世纪 70 年代,总体上来看,经济作物,尤其是诸如棉花、食用油类作物、蔬菜和水果等特殊作物在整个改革时期也实现了快速增长(国家统计局)。

20 世纪 80—90 年代,中国农业也迅速地改变了粮食第一的现状。牲畜和渔业部门增长总体上超过了作物部门,并且超过了作物部门的大部分门类。改革初期,牲畜生产每年增长 9.1％,1985 年后每年增长率也在 6.5％~8.8％。渔业部门是农业中增长最快的领域,改革时期每年的增长率超过 10％。

改革时期为农村经济(农村经济的定义要比农业更为广泛)带来了更为重要、更加革命性的变化。整个改革期间,虽然农业年均增长差不多 5％(如上所示),但总体上经济增长率,以及工业和服务业的增长率甚至更快。事实上,自 1985 年开始,工业和服务业增长率就要比农业快两三倍。由于各部门增长率的不同,农业在 GDP 中所占比例已从 1970 年的 40％下降至 2000 年的 15％。2012 年,农业在经济中的比重降至 10％以下。这些数据清楚地表明,农业实现成功发展具有讽刺意味的特征之一已在中国出现。农业在经济转型中发挥重要作用意味着其重要性已经降低。

11.1.2 其他变化

农业部门对外开放导致中国农业的本质受到了剧烈的影响(Huang 与 Chen,1999)。早在 20 世纪 80—90 年代初期,中国就开始从封闭国家向世界最大贸易国的转变。开放政策也影响到了农业贸易。从 1980 年到 2000 年,中国农业贸易总值年均增长约 6.0％(国家统计局)。2000 年以后,农业贸易额又翻了一番多,促使中国成为世界上最大的农业产品进口国。然而,中国不仅仅是一个进口国。到 2003 年,农业出口水平已超过进口(国家统计局,2010)。过去 10 年,食品出口增长快于进口,但 2010 年,中国在食品(包括加工食品)方面大体上仍然是自给自足(97％)。

除贸易总量的增长外,整个改革时期,中国在农业贸易构成方面也发生了剧烈变化。土地密集型大宗商品的净出口有所下降,例如粮食、油籽和糖类作物(Anderson 等,2004)。同时,高价值、更加体现劳动密集型的产品的出口实现增长,如园艺产品和动物产品(包括水产品)。

今天的中国(经过 30 多年的改革),农业领域最为突出的不同之处在于中国政府官员和当地领导在生产和销售环节所扮演的角色。改革伊始,国家的作用就在降低。然而,在改革的头几年,可能不管怎样,政府仍在介入农业生产和销售(Sicular,1988b;1995)。然而,到 20 世纪 80 年代后期和 90 年代就有所不同了。国家的作用逐渐而稳定地减少,允许市场和私人代理商介入。到 2000 年,情况发生了剧烈的变化。事实上,今天中国农业经济最为突出的特征之一就是政府不再介入农业投资、生产、销售和消费的日常交易(除部分例外)。

　　甚至到改革 30 年之后,这种开放经济最为突出的两个特征包括土地家庭经营、土地小规模承包。1980—2000 年,家庭经营的平均土地面积从 0.70 公顷下降至 0.55 公顷。尽管近几年土地平均面积在逐步增加,但直到 2010 年,中国农村家庭平均土地面积也只有 0.75 公顷左右。

　　另外,将小型土地组织成为大型合作组织的情况并不多见。尽管近年来生产和销售合作组织(称为农民专业合作组织)的增长率有所增加,但到 2008 年,中国只有大概 20% 的农村拥有农民专业合作组织(Deng 等,2010)。只有 10% 的农民加入了农民专业合作组织。如此低水平的参与率意味着合作组织在中国的流行程度远远不及其他东亚国家及众多西方国家(参与率几乎 100%)。

　　由于这种情况(加上下面将要讨论的其他政策),今天的中国拥有由数千万块小型农田构成的、世界上最为正常的家庭农业经济。根据中国农业政策中心最近进行的一项调查,几乎 100% 的调查回复显示,农民们表示种植什么由自己决定,不会受到任何地方官员的强迫(洛则勒等,2006)。另一项对 8 个省份随机抽取的家庭进行调查显示,所有农民都表示他们自己做主购买化肥,当地官员并不介入交易(Zhang 等,2005)。所有化肥都是从私人商户手里买到的。采购方面,以前的情况是政府国营采购机构负责采购农业产品,现在,大部分粮食、油籽、纤维作物以及所有的园艺和牲畜产品都由小型私有商户购买(Wang Honglin 等,2009)。

　　中国的市场集中体现了农业经济的自由本质(洛则勒等,2000)。市场中有数百万的小型商家,他们在大部分市场中可以毫无限制地相互竞争。这种程度的竞争促使农产品市场呈现高度统一和高效的特点。Park 等(2002)、黄季焜等(2004)、洛则勒和黄季焜(2004;2005)发现产品价格在地区市场的统一程度等同于或超过美国。肥料价格在全省也是统一的(Qiao 等,2003)。

11.1.3　生产率发展趋势与农业收入

　　尽管改革时期的农业生产率发展趋势有可能不同于产量发展趋势(改革前时期也是这样),但过去 30 年并非这样。如前所述,从 20 世纪 80 年代初期开始,生产率和每个单位土地的产量均迅速提高。此外,整个改革时期,以农民人均产量测算出的农业劳动生产率发展趋势与产量发展趋势保持一致。

　　因此,如果采用更为全面的生产率衡量方式,中国改革时期的农业又会是怎样呢?这些衡量结果会相同或相反吗?事实上,大部分研究者发现,全要素生产率发展趋势大体上同部分衡量结果相同。多篇论文对中国农业全要素生产率进行了衡量(McMillan 等,1989;Fan,1991;Lin,1992;Wen,1993;黄季焜与洛则勒,1996;Fan,1997;Jin 等,2002)。大部分的实证工作显示在改革的头几年(1978 年至 1984 年),综合测算的生产率(要么根据推定的全要素生产率指数,要么根据基于回归的等价指数)每年增长 5%～10%。Fan(1997)和Jin 等(2002;2010)的论文显示,20 世纪 90 年代和 21 世纪头 10 年,全要素生产率继续以每年超过 2% 的速度增长(这在任何国家都是健康速度)。

　　改革时期农业收入稳步增加,部分因为生产率增加,可能更多是因为专业化所带来的效率提升(促使农民转而生产更多更高价值的作物、牲畜产品以及非农工作的增加)。1978—2011 年,农村人均收入(以实际价格计算)增至 10.6 倍。2011 年人均收入达到 6 977 元。

年均增长率(30 多年来每年 7.5％)极为突出,与日本和韩国经济起飞时代的增长率一样高(尽管农村收入增长率慢于城市人均收入增长率)。

11.2 构建改革的制度基础和策略：激活因素

本节中,我们将评估中国农业/农村经济出现这些表现和变化背后的政策。我们也会尽可能多地针对这些政策对农业领域表现存在的影响提供实证。

11.2.1 价格政策变化

改革最初几年,尽管中国领导人并未计划解除对市场的管控,从而将其转变为决策的驱动力,但他们,甚至是在最初几年,确实采取了举措重建针对生产者的鼓励措施。早在 1979 年,领导人就针对农民提出了鼓励措施,并将其体现在农民出售作物的价格上(初期仍是出售给国家——Lardy,1983；Sicular,1988b)。根据中国国家统计局的数据,粮食与肥料的相对价格在改革头 3 年上涨了 60％。

集中联系到改革初期各次事件的时间点就会发现,由于其实施的时间节点和内容,定价政策似乎非常有效。价格第一次增长是在 1979 年,与改革者决定取消集体经营的时间几乎一致。然而,鉴于领导层决定逐步实施始于中国最贫穷地区的家庭承包责任制,没有理由相信其会给中国总体农业增长带来立竿见影的效果(因为初期只有部分农业最不发达地区的少量农民介入其中)。然而,价格上涨立刻就影响到了所有农民/农业生产小组,他们所在的地区有些解除了集体经营,有些则没有。Lin(1992)认为,到 1981 年,价格第二次较大幅度上涨之时,中国不到半数的农民已被允许脱离公社。

实证研究显示,过渡的最初几年,价格变化对产量存在影响(Lin,1992；黄季焜与洛则勒,1996；Fan 与 Pardey,1997)。Lin(1992)发现,改革头 6 年,15％的产量增长是因为相对价格的上涨。黄季焜与洛则勒(1996)认为 1978 年至 1984 年,10％的产量增长是因为价格影响。

11.2.2 制度改革

除定价政策外,家庭承包责任制也经常被认为是中国农村经济改革的核心(Lardy,1983)。家庭承包责任制改革解散了公社,将土地承包给家庭。尽管土地所有权仍归集体(比如村或当地政府),但控制和收入权都归个人及家庭所有。

尽管 30 多年前启动了家庭承包责任区,但中国的地权一直都非常复杂(Brandt 等,2002)。土地承包的最初期限规定为 15 年。最初解散集体经营的政策(至少为控制和收入权)对于向农民平等分配土地的影响以及对于食品安全和扶贫进程的影响都是显而易见且有据可查的(Lin,1992)。

然而,可靠土地使用期限的现实情况更加复杂。尽管当地领导理应在 20 世纪 80 年代初给予农民土地期限 15 年,20 世纪 90 年代末给予土地期限 30 年,但很多地区的土地集体所有制却并不可靠(Brandt 等,2002)。特别是当地领导和当地政府,尤其是在 20 世纪 80 年代和 90 年代,经常使用所有权将村有土地在各个家庭中重新划分。这种重新划分行为有多种原因,包括公平、效率,以及接近于腐败的其他原因。不管分配的原因如何,20 世纪 80 年代和90年代(以及后来)，观察家和政策制订者就在担心这样的举措可能会造成土地期限不可靠(从身为农业生产者的家庭的角度来看)，对于投资和生产存在负面影响。尽管存在这些担心，大量作者(例如Jacoby等，2003)根据实证研究不断发现其对于短期或长期土地生产率均影响甚微。

尽管有着这些发现，但在20世纪90年代末和21世纪初期，大量高级领导人担心集体所有制以及脆弱的让与和转让权可能会对人口流动和农村信用造成负面影响。结果在21世纪初，中国通过了《农村土地承包法》，试图加强其可靠性(Deininger与Jin，2005)。此外，《农村土地承包法》明确禁止以各种原因重新分配土地。

今天，土地权利问题主要围绕一系列新的问题。许多领导现在正在寻求新的机制，即允许仍在从事农业生产的人能够获得额外耕地以增加农业生产收入。事实上，研究者发现，尽管缺乏完备的法律保护，过去10年，中国越来越多的土地被租来租去(Deininger与Jin，2005；Gao等，2012)。为了加速这一进程，《农村土地承包法》进一步阐明了承包土地转让与交换的权利。新法还允许家庭成员在承包期内继承土地。

11.2.3 所有权改革对农业表现的影响

家庭承包责任制改革所带来的动力因素的改变释放了农业生产和生产率的增长能力。在有关该课题的首批研究之一中，Lin(1992)使用回归分析法估计中国家庭承包责任制对于改革初期(1978—1984年)产量总体上涨所起的作用占42%~46%。同时，Fan(1991)和黄季焜与洛则勒(1996)发现，甚至在考虑到20世纪70年代末期和80年代初期的技术变化、制度变化后，其作用也占大约30%。

家庭承包责任制的影响远不止促进生产。McMillan等(1989)采用全要素生产率计算方式显示取消集体经营增加了全要素生产率。动力因素更是1978—1984年全要素生产率增长(23%)的几乎所有原因。金Jin等(2002)还证明，家庭承包责任制改革在20世纪80年代初期贡献了7%的全要素生产率增长。

然而，20世纪80年代中期以后，取消集体经营以及动力因素改善的直接效果消失了。De Brauw等(2004)证明，一次性所有权改革的结束是20世纪90年代粮食和其他作物生产增速放缓(尽管仍在增加)的主要原因。

11.2.4 国内生产市场自由化政策

除定价变化以及取消集体经营外，改革者另一项重要任务就是建立更为有效的交换制度。市场，不论是经典的竞争市场还是某种切实的替代制度，都是通过促进代理商之间进行交易以实现专业化和贸易，利用定价机制向生产者和消费者提供有关资源相对缺少的信息，从而提高经济效率。但是，为了更为有效地发挥效用，市场需要制度支撑来确保竞争，规定并行使所有权和合同，保证信用和金融，并提供信息(McMillan，1997)。社会主义时代的中国，这些制度几乎完全缺失。如上所述，实际情况是中国中央和省级计划部门指导生产及其他经济交易，他们的指示就是为了保证合同得以执行，确保链条中各个部门进行交换。市场自由化要求消除计划手段。然而，在建立必要的市场支撑制度的同时，为了成功地推行以市场为驱动的制度，其实施的过程需要允许生产者不断掌握消息，接触营销渠道。

对20世纪80年代初期政策及市场活动范围进行考察后发现，1985年以前，中国食品经济的营销环境只发生了有限程度的变化。改革者确实允许农民在 10 个计划性门类中加强作物生产和销售的自我意识,如蔬菜、水果、粗粮等。另外,到 1984 年,国家只对 12 种农业产品进行控制,包括大米、小麦、玉米、大豆、花生、油菜籽以及其他几种经济作物(Sicular,1988b)。然而,尽管这种情况似乎代表农业经济向自由化转变的重要举措,但 1984 年,几乎全由政府计划部门管控的作物仍然占据耕地面积的 95% 以上。因此,通过国家政策和实践,几乎所有耕地面积的产出和销售仍然直接受到中国计划者的影响。

在减少对自由市场贸易限制的同时,改革进行得小心谨慎。1979 年,政府作出了允许重建自由市场的决定,但最初只允许农民在本国领土内交易蔬菜和有限数量的其他作物和牲畜产品。1980—1984 年,改革者确实逐渐减少了对交易发生距离的限制,但正如 Sicular(1988b)和 Skinner(1985)指出的,20 世纪 80 年代初期,主要的经营场所一般是在当地农村的定期市场。农民确实也开始在城市中出售产品,但城市中的自由市场到 1982 年和 1983 年才开始出现。交易者除具有小型化和频度不高等特点外,也不能参与仍由国家采购部门严格控制的国家垄断商品的经营。

农村和城市市场拓展的事实肯定了有关市场自由化在 20 世纪 80 年代初期并未开始的猜想。尽管农业产品市场在 20 世纪 80 年代已得到允许,但其数量和规模决定了其只能是中国食品经济中的小角色。1984 年,政府采购网络仍然采购了超过 95% 的营销粮食,超过 99% 的营销棉花(Sicular,1995)。1980 年,所有城市地区总共只有 2 000 个市场,到 1984 年,这个数字也仅增至 6 000(deBrauw 等,2004)。20 世纪 80 年代初期的北京,只有大概 50 个市场,每年每个市场交易商品在 100 万元左右。平均每个市场大约要服务 20 万北京居民,每人全年只交易 5 元的商品。

然而,1985 年以后,市场自由化才真正开始。采购制度的变化,进一步减少对商品交易的限制,国家粮食交易系统开始商业化,农村和城市地区市场建设拓展的要求促使以市场为导向的活动大量涌现(Sicular,1995)。例如,1980 年,国家市场局仅注册有 24.1 万个私营和半私营交易企业;到 1990 年,这个数量超过了 520 万(deBrauw 等,2002)。从 1980 年到 1990 年,北京各个城市食品市场人均商品交易额上涨了近 200 倍。到 1990 年,私营商家交易了中国超过 30% 的粮食,对于剩下的粮食,半数以上被商业化的国家粮食交易公司购买和出售,这些公司很多已开始表现为私营商家(洛则勒等,1999;2000)。

甚至在 1985 年开始实行生产自由化之后,自由化进程仍是局部存在,实施时也是时而开放,时而取消(Sicular,1995)。例如,粮食局首次实施商业化以后,1988 年粮食价格上涨,领导们决定停止粮食改革,允许各省领导介入粮食在各省的流进流出。20 世纪 90 年代初期,政策又再次放松,中期又再次收紧。20 世纪 90 年代末又发生了另一轮的开放和取消自由化。

尽管自由化时而开放又时而取消,但随着私人交易权延伸至各类农业产品在履行完对国家的合同义务之后的富余产品,国家市场营销制度的基石开始动摇(洛则勒等,2000;黄季焜与洛则勒,2006)。粮食产量在 1984 年和 1985 年经历了创纪录的增长,其后,政府于 1985 年宣布进行第二阶段的价格和市场改革,旨在从根本上限制政府对价格和市场的干预范围,进一步扩大市场分配的作用。此次改革旨在逐步消除对除大米、小麦、玉米和棉花以外的农产品的计划采购;政府商业部门只能继续在市场上收购和销售。对于粮食生产,则通过减少配额并提升采购价格来实现激励。1984 年,粮食生产的强制配额采购占到了

29％,而 1985 年则降至 18％,1990 年降到 13％。以市场价格进行协商采购的比例在 1985 年仅为 3％,1985 年增至 6％,1990 年达到 12％。

11.2.5 技术和水利基础设施发展

20 世纪 80 年代、90 年代及 21 世纪头 10 年,中国的农业研发仍然计划全由国家农业研究系统控制。政府大部分育种项目都聚焦于大米和小麦,反映出向城市居民提供低成本食品的需求。官员们也一直很关注国家食品安全。因此,高产量是大部分研究项目的目标。只是在 2000 年以后,研究项目才开始考虑质量问题。尽管有部分私营国内公司和合资公司进入农业研发项目(这种情况在近年来与日俱增),但仍然对他们存在政策歧视。

20 世纪 80 年代和 90 年代,中国农业研究系统算不上优秀,从业人员受训情况较差,研究工作也存在大量重复情况。简言之,研究工作并未得到有效管理。为此,20 世纪 80 年代,政府官员开始实施全面的计划,对农业研发系统进行改革。科研拨款机构将拨款从制度支持改为竞争立项。研发项目获得优先考虑,更多的研发项目得到支持。政府还鼓励应用型研究机构通过将其技术市场化来获得收入。

尽管算不上完美,但到 21 世纪头 10 年,研究改革大部分取得了成功。实证研究发现,采用竞争立项制度提高了中国农业研究系统的效率(Jin 等,2002)。有趣的是,依靠商业化收入来资助研究收效甚微。今天的科学家们资金更加充足,受训也更为良好。至少在整个 20 世纪 90 年代和 21 世纪初期,几乎可以肯定,育种领域的不完善是造成作物育种研究改革措施效率低下的部分原因。近年来,种植生物技术投资已成为中国重点关注的领域之一(Huang 等,2005)。

尽管私营部门在全世界许多国家的农业研发中发挥了重要作用,但中国只有少量的农业研发是由私营部门完成的(尽管近年来其占比逐渐增加)。私营部门参与积极性不高的原因可能是因为"拥堵"效应,因为中国政府非常重视国家食品安全,向农业研发提供了大量投资。

除农业研发外,国家在水控制(包括灌溉和洪水控制)方面的投资远远超过了研发方面的投资。20 世纪 50 年代、60 年代和 70 年代,水利官员们将大部分资金用于修建大坝和地面灌溉网络。其中的大部分投资是以强制农民提供无偿劳动的方式实现的。20 世纪 80 年代初,官员们更加关注利用地下水(Wang 等,2005b)。到 2005 年,中国拥有世界上最多的管井。尽管最初的投资是由当地政府提供的,到 20 世纪 90 年代末,政府开始鼓励私营部门向地下水利用进行投资(Wang 等,1995b)。20 世纪 90 年代中期以后,地面水领域的主要政策鼓励措施是管理改革,其目的是促使水利用更为高效。

实证文献清楚显示,国家投资对于改善农业表现非常有效。黄季焜与洛则勒(1996)和 Fan(1991)证明了技术投资对农业产量的影响。Jin 等(2002;2010)的论文显示,20 世纪 80 年代、90 年代和 21 世纪头 10 年的全要素生产率都体现出了影响。黄季焜等(2002;2004 年)的论文显示,生物技术让数百万农民受益,促进了农业生产率。尽管鲜有针对灌溉影响农业生产率的实证研究,但中国的灌溉面积从 1950 年的 1 600 万公顷增至 2010 年的 6 000 万公顷左右(覆盖了大约 50％的耕地——国家统计局,2011 年)。

11.2.6　贸易政策

改革时期,贸易以及其他对外政策在中国农业经济改革中发挥了主要作用。20 世纪 80 年代,较低的关税和政策所带来的农业贸易增长开始影响国内贸易。最初几年,贸易保护水平降低大部分是因为汇率贬值以及国有贸易公司控制商品数量的减少(Huang 与 Chelan,1999)。此外,政府允许私营公司进入农业进出口贸易领域参与竞争(Martin,2002)。在农产品大量生产的情况下,此类举措刺激了出口水平。20 世纪 80 年代和 90 年代,政策制订者还出台进口自由化规定,允许国营贸易公司增加进口数量。

由于加强竞争的同时还降低了进口关税水平。20 世纪 90 年代,政府出台了新的规定,降低贸易保护水平。20 世纪 90 年代中期,简单平均农业进口关税从 42% 降至 24%(Rosen 等,2004),2001 年又进一步降至 21%。

贸易政策措施促进中国的农业经济更加正常化(Huang 等,2004)。实证研究显示,政府出台了大量更低水平的贸易保护政策,允许在贸易中进行更多的竞争,减少特许程序方面的规定。汇率改变也发挥了重要作用(Rosen 等,2004)。20 世纪 90 年代,政府不仅降低了关税,放宽了限额,还采取措施减少非关税壁垒(Huang 与 Chen,1999)。

鉴于中国入世前所进行的改变,尽管入世对于中国来说是一件较大的事(并且其必然对众多领域带来影响),但其并不让人感到意外,入世进程被认为是前期贸易自由化政策的延续。因此,中国在入世协议中对于农业领域所做出的承诺,包括市场准入、国内支持和出口补贴,实际上就是中国 20 世纪 90 年代所做的事情。

11.2.7　贸易和贫穷影响

发展的力量会带来进步和问题,同样,一个国家在推进极富雄心的农业贸易自由化政策时也会带来正面和负面的后果(Anderson 等,2004)。研究显示,平均来看,一个国家入世会有利于农村居民并增加收入。事实上,根据 Anderson 等(2004)的论文,更加自由化的贸易协议给中国带来的收获几乎在所有国家中都是最多的。

然而,任何贸易协议中都会有赢家和输家。中国农业经济的本质,其竞争力和市场化范围,意味着贸易自由化的影响会迅速传遍整个经济。能够生产出具有竞争力的产品的家庭基本上都会从自由化中获益(因为自由化程度更高的贸易环境会增加出口,从而提升国内价格),而那些生产出的产品不具有竞争力的家庭则会因此受到伤害(因为进口会增加,国内价格会降低)。

黄季焜等(2007)近来研究了入世以及未来贸易自由化对中国农民的影响。据他们分析,因为贸易自由化而受到伤害的农民只占少数(且非常特殊)。特别是来自中西部贫穷的玉米、棉花和小麦产区的农民会因为出口增加和价格降低受到伤害。由于出口增加有助于产品国内价格的上涨,其他大部分地区的农民都会受益。

评估造成负面影响的原因时发现,存在几个决定性因素。第一,由于社会资本更少,贫穷地区的家庭进入非农部门的机会更少。如此一来,富裕的家庭就能够利用其参与非农部门所获得的收益来抵消贸易自由化带来的损失,但贫穷的家庭一般很少能够这样做(尽管人口流动的增加让其不再是个问题)。第二,贫穷地区的农民经常会种植在国际上缺乏竞争力的作物,如玉米、棉花和小麦。而对于中国享有比较优势的农产品,如园艺作物和水产品,他们可能很少种植（养殖）。最后，相比富裕地区，贫穷地区农民的物质资本和人力资本更少，他们更加难以摒弃因贸易自由化而导致种植利润减少的作物，改而种植能从中获利更多的作物。

结　　语

总结本章的研究结果，尽管改革前时期变化甚微，但到改革时期，中国的农业经济发生了根本的变化。具有讽刺意味的是，尽管农业部门在改革时期实现了稳步增长，但增长更为迅速的工业和服务业促使农业在总体经济中的重要性下降。这种下降既体现在产值上，也体现在从业人员上。因此，中国的农业在重要性方面降低了，这个特点在绝大多数经历经济发展和城市化的国家中都是常见的。

尽管重要性下降了，但农业部门并未停滞不前，其结构发生了剧烈变化。农业部门从以粗粮为主转为以细粮为主，从主要粮食转为高价值作物。种植业相对下降，畜牧业和渔业比重增加。

更为广泛的农业经济其他方面也发生了变化：贸易增加了，贸易类型也随着国家的比较优势而发生了变化；最为显著的是，中国的贸易变化影响了所有家庭，大部分是积极影响；富裕和贫穷家庭也都发生了剧烈变化。

变化的根源大部分是因为改革时期中国政策实施的结果：定价、生产组织以及市场营销方面的政策都发生了变化；中国官员将大量的资源投向农业技术和水利；贸易和对外经济也发生了根本变化。

中国农业改革最为重要的特征之一就是改革步伐。我们的分析与洛则勒(1996)相同，即农业改革政策的顺序遵循了 McMillan 与 Naughton(1992)所描述的中国在更为广泛的整个经济改革中所采取的渐进策略。改革初期，领导们有意识地限制了以市场为基础的经济活动的推进步伐，最多允许次要产品在严格制订的区域交换（即次要的水果和蔬菜）。直到1985 年家庭承包责任制完全实现之后，政策制订者才开始鼓励更为重要的商品（如粮食）参与市场活动。甚至早期的营销系统变化也是在中国两层价格系统框架下完成的(Sicular, 1988b)。直到 20 世纪 90 年代初期，领导们才开始实施更为全面的市场自由化，而此时距离家庭承包责任制的实施已超过 10 年。这些描述清楚地表明中国改革可分为两个明显的阶段：1978 年至 1984 年的动力因素改革时期；始于 1985 年并一直延伸至 21 世纪初期的市场逐渐自由化时期。

此外，许多农业以外的政策和其他因素也对农业部门产生了影响。其他农村政策，例如规定财政改革、乡镇和村属企业的建立和自由化以及农村管理的政策，对于农业也极有可能发生了较大的影响（尽管不直接）。城市就业政策、户口限制、汇率管理以及许多其他政策通过影响经济中的相对价格、从事非农工作的机会以及留在农业的总体吸引力等方面来对农业产生影响。

总之，这些政策通过提高食品产量、促使价格降低以及改善非粮食品以及工业原材料供应，从而对中国农业部门带来了显著影响。这些政策，包括定价、改进所有权、市场自由化、投资以及贸易，促使生产者更为高效，释放了劳动力和资源，有助于农业/农村经济发生结构性转变。中国农业开始在国家发展中发挥有效作用，最令人信服的指标就是：粮食的重要性在种植部门中下降；种植部门在整个农业部门中的重要性下降；农业的重要性在总体经济中的重要性下降；农村收入和农业生产率都提高了。

参 考 文 献

Anderson K，黄季焜，Ianchovichina E. 中国入世会影响农村家庭收入吗?. 中国经济评论，2004，15：
　　443-456.

Aston B，Hill K，Piazza A，Zeitz R. 中国大饥荒(1958—1961 年). 人口与发展评论，1984(10)：613-645.

Brandt L. 商业化与农业发展：中国中东部. 伦敦：剑桥大学出版社，1989.

Brandt L，黄季焜，Li G，洛则勒. 中国的地权：事实、故事与问题. 中国季刊，2002(47)：67-97.

Chang G，Wen G. 公共食堂与 1958—1961 年中国大饥荒. 经济发展与文化变化，1997(15)：1-15.

国家统计局. 中国统计年鉴. 北京：中国统计出版社，1981-2012.

deBrauw A，黄季焜，洛则勒，Zhang L，Zhang Y. 改革时代中国农村劳动力市场的演变. 比较经济学杂志，
　　2002(30)：329-353.

deBrauw A，黄季焜，洛则勒. 中国农业转型的改革排序. 转型经济学，2004，12(3)：427-466.

Deininger K，Jin S. 经济发展过程中土地租赁市场的潜力：来自中国的证据. 发展经济学杂志 2005(78)：
　　241-270.

Deng H，黄季焜，Xu Z，洛则勒. 政策支持与中国农村涌现的农民专业合作组织. 中国经济评论，2010，21：
　　495-507.

Fan S. 技术变化和制度改革对中国农业生产增长的影响. 美国农业经济学杂志，1991(73)：266-275.

Fan S. 中国农业生产与生产率增长：新衡量方法与证据. 食品政策 1997(22)：213-228.

Fan S，Pardey P. 中国农业研究生产率与产量增长. 发展经济学杂志，1997(53)：115-137.

Gao L，黄季焜，洛则勒. 中国耕地租赁市场与农业投资. 农业经济学，2012(43)：391-403.

黄季焜，Chen C. 贸易自由化对中国农业的影响//商品与当地农业研究. 印度尼西亚茂物：联合国亚太经济
　　社会理事会 CGPRT 中心(亚太湿热带地区杂粮、豆类、薯类作物研究和开发区域协调中心)，1999.

黄季焜，David C. 中国政策改革与农业动力//工作论文. 中国科学院地理科学与资源研究所中国农业政策
　　中心，1995.

黄季焜，洛则勒. 技术变化：重新发现中国农业经济生产率的增长引擎. 发展经济学杂志，1996(49)：
　　337-369.

黄季焜，洛则勒. 中国农业商品市场的出现. 中国经济评论，2006.

黄季焜，Pray C，洛则勒，Wang Q. 中国种植生物技术. 科学，2002，295：674-677.

黄季焜，Hu R，van Meijl H，van Tongeren F. 生物技术促进中国作物生产率：贸易与福利影响. 发展经济学
　　杂志. 2004，75：27-54.

黄季焜，洛则勒，Chang M. 中国农业动力的扭曲本质及入世的影响. 世界银行经济评论，2004，18(1)：
　　59-84.

黄季焜，Hu R，洛则勒与 Pray C. 农田中的转基因抗虫水稻：评估中国的生产率与健康影响. 科学 2005，
　　308：688-690.

黄季焜，Jun Y，Xu Z，洛则勒，Li N. 中国农业贸易自由化与贫穷. 中国经济评论 2007(18)：244-265.

Jacoby H，Li G，洛则勒. 征地风险：中国农村土地产权制度不稳定与投资. 美国经济评论，2003，92(5)：
　　1420-1447.

Jin S，黄季焜，Hu R，洛则勒. 中国农业技术的产生与传播及总体因素生产率. 美国农业经济学杂志，2002，
　　84(4)：916-939.

Jin S，Ma H，黄季焜，Hu R，洛则勒. 生产率、效率与技术变化：考量中国转型中的农业表现. 生产率分析杂
　　志，2010(33)：191-207.

Johnston B. 发展中国家的农业与结构转型：研究调查. 经济文学杂志,1970(8)：101-145.

Johnston,Mellor. 农业在经济发展中的作用. 美国经济评论,1961.

Lardy N R. 中国现代经济发展中的农业. 剑桥：剑桥大学出版社,1983.

Lin J. 中国农村改革与农业增长 美国经济评论,1992(82)：34-51.

Martin W. 改革与入世对中国农业政策的影响. 转型经济学,2001,9(3)：717-42.

McMillan J. 转型中的市场//大卫·克雷普斯,K. F. 瓦利斯. 经济学与计量经济学的进步：理论与应用(第2卷). 剑桥：剑桥大学出版社,1997：210-239.

McMillan J,Naughton B. 如何改革计划经济：来自中国的教训. 牛津经济政策评论,1992(8)：130-143.

McMillan J,Walley J,Zhu L. 中国经济改革对农业生产率增长的影响. 政治经济杂志,1989(97)：781-807.

Park A,Jin H,洛则勒,黄季焜. 市场涌现与转型：中国粮食市场的套利、转型成本与自给自足. 美国农业经济杂志,2002,84(1)：67-82.

Perkins D. 中国完成迈向市场的步伐. 经济透视杂志 1994,8(2)：23-46.

Putterman L. 中国农村发展的持续性与变化. 纽约：牛津大学出版社,1993.

Qiao F,Lohmar B,黄季焜,洛则勒,Zhang L. 生产者从投入市场和贸易自由化中获益：中国肥料个案. 美国农业经济杂志,2003,85,(5)：1223-1227.

Rosen D,黄季焜,洛则勒. 竞争力根源：中国发展的农业兴趣. 国际经济学政策分析(第72卷). 华盛顿特区：国际经济研究所,2004.

洛则勒. 停滞而无平等：改革后中国农村经济收入与不平等的类型变化. 中国杂志,1996(35)：63-96.

洛则勒,黄季焜. 中国玉米经济：供应、需求与贸易. 美国粮食协会报告. 中国北京,2004.

洛则勒,黄季焜. 中国大豆经济：供应、需求与贸易. 美国大豆协会报告. 中国北京,2005.

洛则勒,Li G,Shen M,Hughart A,Giles J. 离开中国农场：有关农村人口流动的新方式及存在障碍的调查结果. 中国季刊,1999(158)：367-393.

洛则勒,Park A,黄季焜,Jin H. 官僚到企业家：中国转型商品经济中国家角色的变化. 经济发展与文化变化,2000,48(2)：227-252.

洛则勒,黄季焜,Sumner D. 中国园艺经济：供应、需求与贸易. 美国大豆协会报告. 中国北京,2006.

Sicular T. 中国农业商业的计划与市场. 政治经济杂志,1988a96(2)：283-307.

Sicular T. 后毛泽东时代的农业计划与定价. 中国季刊,1988b(116)：671-703.

Sicular T. 重新定义国家、计划与市场：中国农业商业改革. 中国季刊,1995(144)：1020-1046.

Skinner W. 中国农村市场：抑制与复苏. 中国季刊,1985(103)：393-413.

Stone B,洛则勒. 中国食品作物生产变化(1931—1985 年)//东方与非洲研究学院——研究与专著系列(第9卷). 伦敦：1995,8.

Wang H,Dong X,洛则勒,黄季焜,Reardon T. 有中国特色的园艺作物生产与采购：华北个案. 世界发展,2009,37(11)：1791-1801.

Wang J,黄季焜,洛则勒. 华北平原管井所有制与生产的演变. 澳大利亚农业与资源经济杂志,2005a(49)：177-195.

Wang J,Xu Z,黄季焜,洛则勒. 水管理改革的动力：评估对黄河盆地用水、生产率与贫穷的影响. 环境与发展经济学,2005b(10)：769-799.

Wen,G. 中国农业领域总体因素生产率变化(1952—1989 年). 经济发展与文化变化,1993(42)：1-41.

Zhang,L,Li Q,洛则勒. 中国肥料需求：什么原因促使农村使用如此多的肥料？//工作论文. 北京：中国科学院中国农业政策中心,2005.

第12章

中国经济转型中的国有与非国有企业

作者：宋立刚[①]

在经济转型中,中国企业体制改革的重要组成部分是从计划经济向市场经济的过渡。改革进程从 1978 年开始,延续至 21 世纪的第一个 10 年。这次企业体制改革的重点是国有企业的所有制改革,以及非国有企业包括外商投资企业和本土私营企业的发展。在过去的30 年中,国有企业的所有制改革通过奖励机制释放了强大的生产力,与不断增长的私营企业一起,促进了中国基础经济的快速增长。改革使得企业家精神不断上升,反过来这种精神的注入又推动了中国经济的强劲增长。这些改革改变了国有企业与非国有企业的相对重要性,使非国有企业在经济总量中的份额不断增加。为了适应这些根本性的变化,中国的金融和银行体系、劳动力市场体系、地方政府体系以及法律体系,都进行了相应的体制改革。中国企业体制改革的意义就在于,私营企业为中国 GDP 的贡献率超过了 60%,为工业增加值总量的贡献率超过了 80% 以上,为劳动力就业的贡献率超过了 97%。

然而,在国有企业和非国有企业改革中,都有一些尚未完成的关键任务,如国有企业的关系,国有企业的垄断和竞争、法人治理结构、企业管理中的财务管理制度及监管体系等,以及需要通过完善市场机制培养企业家市场,进一步完善中国的法律体系及法院判决的执行。完成这些任务的主要困难在于现有的机构仍没有完全与市场机制相适应,尽管这些机构在过去已有所改变。中国要完成企业体制改革的任务并维持长期的增长和发展,解决之道只能是通过深化体制改革来克服这些困难。否则,就会使资源配置发生扭曲和低效,并与经济转型所设定的最终目标——通过最有效和公平的方式改善中国人民的生活水平发生偏离。

中国企业体制改革分为三个阶段,本章回顾了迄今为止在企业体制改革方面所取得的进展,并强调了每个阶段所涉及的关键问题以及对中国经济成就的影响。此外,这一章还明确了体制改革中尚未完成的任务,并指明了发展的方向。

12.1　中国企业改革：回顾

改革之前,几乎所有的中国企业都是国有企业或集体所有制企业,中央或地方政府全部或大部分拥有这些企业的所有权,并直接或间接对其进行管理控制。特别是国有企业的生产目标,以及所投入的生产要素(如劳动力和生产原料)都要依据国家计划制订。国有企业

---

① 对 Haiyang Zhang 协助提供研究表示感谢,本人承担所有可能出现的错误。

的管理者没有权力参与和决定企业该生产什么产品或以什么价格购买投入的生产要素和出售最终产品。在中国企业的运作中,计划机制取代了市场机制。这种体制的后果是,由于管理者和工人缺乏积极性,导致国有企业效率低下;由于资源的配置不当使得工业生产出现停滞,由于价格体系的扭曲使得用于消费的制造产品短缺。经济研究结果显示,改革前的国有企业出现了停滞,甚至全要素生产率(TFP)的下降(世界银行1995;Zhou,2002,Zhu,2012)。

自从1978年中国正式实施改革政策以来,中国政府采取了实验性、务实性以及渐进性的方式改革国有企业,同时允许私营经济的存在、发展和繁荣。在实施了以国有企业为中心的工业体制改革后,中国政府又成功地进行了农村地区的改革,旨在通过生产责任制和部分农产品价格放开的政策刺激农民的积极性(Lin,1992)。工业体制改革同样涉及了如何通过各种企业制度改革来赋予企业自主权这个核心问题。这其中包括企业所有制改革、工业产品价格放开以及解决由于大规模缩减国有部门而导致的社会紧张日益加剧。(Garnaut等,2006)。

这种不间断的渐进式改革进程可以分为三个阶段。这里对每个阶段国有企业和非国有企业的相关成就进行了讨论,更重要的是每个阶段的改革都揭示了国有企业的改革进程对非国有企业的发展产生了什么样的影响。

12.1.1 第一阶段(1978—1992年):国有企业改革道路的探索

1. 给予国有企业更多的自主权和经济激励

1978年12月,中国共产党第十一届中央委员会第三次全体会议称:"中国经济管理体制中的一个严重问题是权力过于集中,因此应该进行大胆放权,以使地方的工业和农业企业能够在国家计划指导下获得更多的企业经营自主权。"1979年5月,在这个方针的指引下,原国家经济贸易委员会和六部委开始在北京、天津和上海选择八个企业进行赋予企业经营自主权试点。1979年7月,国务院发布了有关继续扩大国有企业经营管理自主权和有关企业利润留成问题的一系列相关文件。1980年,试点企业增加到了6000家,约占国家预算总值的16%、工业总产值的60%,工业利润总额的70%(Chen,2008)。

企业管理体制改革和利润留成,要在权力下放激励企业增加产量的情况下实现。然而,在权力下放试点项目中,由于管理者缺乏明确的责任以及宏观经济机构缺乏足够有效的控制手段,使得中国在1979年和1980年连续两年遭遇了巨大的预算赤字。为了解决这个问题,中央政府于1981年推出了"经济责任制",根据这个制度,管理者可利用利润留成这个激励政策,在他们完成与政府签订的合同任务后获得留成奖励。1984年5月,国务院出台了《关于进一步扩大国有企业自主权的规定》,这个规定赋予了国有企业在制订生产计划和利润留成方面更多的自主权。政府实现了权力下放,完成了中央控制订价体系向价格自由化体系的转变,这是经济改革转型中的一个关键所在。

1987年1月,政府开始推行"经营承包责任制"和"双轨制价格体系",即允许国有企业按市场价格出售他们超过计划配额的产品。这项措施可以使国有企业管理者通过生产更多产品而获得财务激励。这项市场化改革措施带动了企业内部的一系列重大发展,也催生了中国新的市场体系。截至1987年底,约有80%的大中型国有企业采取了"经营承包责任制",而到1989年,几乎所有的国有企业都采取了"经营承包责任制"(Chen,2008)。在这种"双轨价格体系"下,市场与计划机制一起开始发挥资源配置的作用。这就是诺顿

（Naughton,1992）所称的"中国从计划中成长起来"（没有从根本上改变其所有权结构）。1992 年 7 月,国务院发布了"国有工业企业管理机制转型的规定",该规定赋予了国有企业在确定产品价格和工资方面、在雇用和解雇员工方面、在确定固定资本投资方面,以及从事对外贸易等方面更多的权力。这项规定还赋予了国有企业在与政府谈判时更多讨价还价的权力,甚至可以抵制政府的干扰。规定发布后,许多国有企业开始裁员以减少企业负担、提高企业经营效益。这些改革措施使政府与企业之间的关系开始发生改变,企业在决策过程中越来越具有独立性。但同时,政府也开始面临失业率上升的问题,因而开始致力于为那些在企业重组过程中失去工作的劳动者制订补偿方案。随着阶段性改革后期所有制改革的不断深入,这项工作越发变得举足轻重。

2. 第一阶段企业体制改革的成果

第一阶段的改革产生了一些积极的成果。1978 年,国有企业在经济中占有主导地位,约 80% 的工业总产值由国有企业创造,大多数的城市劳动力由国有企业雇用（图 12-1 和图 12-2）。然而,随着时间的推移,国有企业在经济中的重要性逐渐下降。图 12-1 显示,国有企业在工业总产值中所占的比例从 1978 年的 78% 下降到 1992 年的 48%,非国有企业（主要包括集体、私营和其他类型的企业）第一次超过了国有企业。这是一个与经济转型目标相一致的重大转变,即通过增加非国有企业在经济总量中的份额建立市场体系。

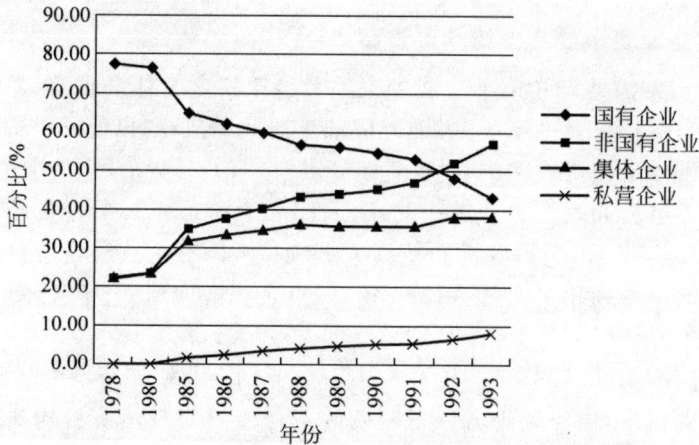

图 12-1   1978—1993 年各类型所有制企业占工业总产值的比例（百分比）

资料来源: 使用各年份《中国统计年鉴》中的数据计算得出。

非国有企业的主要部分为集体企业,主要包括城市非国有企业,以及位于农村地区的乡镇企业。集体企业通常是由其员工和其他经济实体合法拥有,但实际上地方政府经常操控着企业的经营管理（经合组织,2000）。1984 年国务院第一次使用"乡镇企业"一词。追溯到1958—1961 年的"大跃进"时期,这些乡镇企业被称为"社队企业"。那时的乡镇企业作用有限,只能生产钢铁、水泥、化肥、水电和农具。从 20 世纪 80 年代早期开始,为了鼓励农民就业和为地方政府提供收入,乡镇企业在很大程度上从中央计划需求和由地方政府推动其增长的状态中脱离出来（经合组织,2000）。

图 12-1 还显示,虽然民营企业在这个阶段稳步增加,但在总产值中所占的份额仍然相对较小。在经济改革开始后相对较长的一段时间里,民营企业仍然是中国国民经济的配角

和补充,即使在 1999 年的宪法中明确了其合法地位后依然如是。私有制本身使得这些公司更容易遭受各种歧视,部分原因是中央计划经济更青睐于国有企业。当这些公司发生违规行为时政府机构尤其是当地负责处理税收、工商行政管理登记、技术质量以及卫生等方面的部门,会更仔细和经常地对私人公司进行审查,而对国有企业和集体企业则相对宽松。在经济改革第一阶段,新兴的民营企业对国家有关民营企业政策的稳定性及连贯性仍抱有极大的不信任。正所谓"戴着红色的帽子",许多民营企业把自己伪装成国有企业或集体所有制企业,这样就更容易获得银行贷款或土地,获得从事进出口贸易的特权,以及利用公共资源和设施的权利,同时还能躲避当地官员的骚扰。当地官员则可以从民营企业获得可观的资金,这不仅仅意味着正常的税收收入,而且还包括当地官员在许多情况下自行决定向民营企业征收的各种各样的费用,由此来增加当地的收入和就业。由于政府与企业在合同条款中有关资产和利润留成的所有权关系模棱两可,而导致了政府与企业之间出现纠纷时,这种伪装关系就成为了主要问题(Garnaut 等,2001)。

第一阶段的改革赋予了国有企业管理者更多的自主权和财务激励。然而,国有企业的经营业绩并没有得到太大的改善,实际上在 20 世纪 80 年代中期后甚至还有所下降。按照这个标准,国有企业的体制改革远非令人满意。图 12-2 显示了国有企业的利润率从 1985 年到 1993 年一直在下降。国有企业的利润率(利润总额除以固定资产净值)从 1985 年的18%左右下降到 1990 年初的 6%以下。这种下降趋势大体上是由于非国有企业的进入而使竞争日益激烈所致,同时也是国有企业自身改革尚未完成所产生的影响。随着时间的推移,国有企业的其他绩效指标也出现恶化。20 世纪 80 年代后期,亏损国有企业的亏损总额急剧上升,并在 1990 年相对于产出达到了最高值(见图 12-2)。处于亏损状态的国有企业数量在不断上升,亏损总额也在不断增加。由于国有企业大范围和大额度的亏损,使得政府对国有企业的补贴也迅速膨胀,从 1986 年到 1992 年猛增了 37%(Chen,2008)。不出所料,在此期间国有企业上缴政府的税收也在下降。国有企业的亏损和政府方面的税收损失使得政府的预算状况恶化。因此,进一步的改革需要在增加国有企业管理者激励的同时,保护国家的利益和权利。

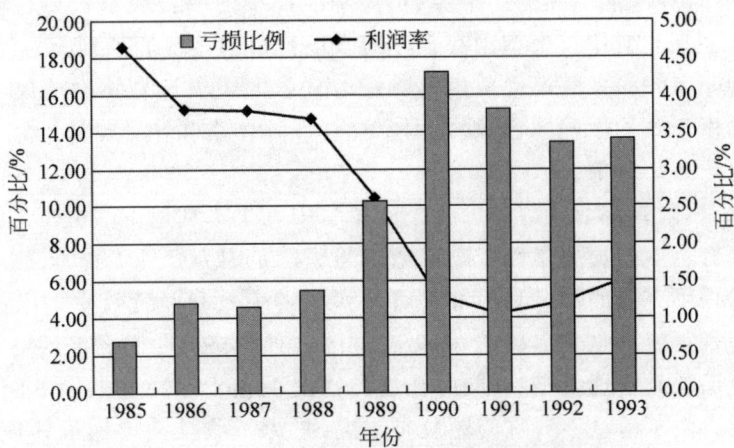

图 12-2　1985—1993 年国有企业的盈利和亏损(百分比)

资料来源:使用各年份《中国统计年鉴》中的数据计算得出.

注:1. 利润率(左轴):总利润除以固定资产净值.
　　2. 亏损率(右轴):亏损企业的亏损总额除以固定资产净值.

3. 国有企业第一阶段改革的关键问题

（1）所有权与控制权的分离。要找到一个深化国有企业改革的方案,重要的是要了解与国有企业第一阶段改革相关的问题是什么。国有企业的所有权归国家,但要依靠管理者和工人进行经营管理。所有权和管理控制权的分离至少会引起三个常见的问题,这些问题可能会在所有权和管理控制权分离的任何企业中出现(Lin,1998;Chen,2008)。

第一,"动机不同":企业的所有者和管理者的目标和利益不同。所有者总是想从其投资中获得最大可能的回报,而管理者想要的是个人收入和福利的最大化。由于动机不同,管理者的动机是从事那些有利于管理者的机会主义行为,而所有者却可能要承担费用。

第二,"信息不对称":所有者没有参与生产过程,没有关于材料需求、实际支出、收入等的直接信息来源。由于信息不对称,潜在的机会主义行为就有可能会成为现实。在国有企业这种情况下,管理者可能需要更多的库存、使用更多的投入,通过夸大成本或瞒报收入尽量减少上缴国家的利润。当最初的改革涉及了权力下放和价格放开时,管理者便有充足的机会利用这种改革尚未完成的体制来为自己牟利。

第三,"责任不对称":所有者对一个失败企业的管理者所能实施的惩罚与企业的价值不成比例。因此,对于风险较大的项目,管理者应该参与投资。如果项目成功,管理者可以获得很高的回报。如果项目失败企业可能会破产,在这种情况下,管理者应该按投资比例承担所有者的损失。

（2）国有企业的政策性负担和来自非国有企业的竞争。此外,第一阶段的经济体制改革为乡镇企业、民营企业、外商投资企业以及其他非国有企业提供了一个崛起的机会,而这些企业由于改革前缺乏进出口市场,其发展原本是受到限制的,它们的崛起完全是市场竞争的结果。虽然非国有企业没有国家的补贴和保护,它们在市场竞争中的生死存亡完全取决于自己的力量,但由于它们更能适应市场且管理灵活,故而在经济总额中所占的比例正在逐渐扩大,而国有企业所占的份额却在逐渐缩小,国有企业正面临着越来越大的竞争压力。

然而,国有企业仍然不得不承担许多远远超出其他市场经济体通常给予企业的正常水平的政策性负担,包括不能免除的剩余劳动力、不成比例的高税收负担,以及医疗、养老金、住房和教育等社会福利费用。大型国有企业的政策性负担是他们盈利能力仍相对较低的主要原因(林、蔡和李,1998)。政策性负担主要是由之前的中央计划体制遗留下来的,但其长期存在主要还是由于结构性问题,如缺乏国家社会保障体系和社会支持计划,以及用于提供公共服务的政府收入短缺等。

基于上述原因,国有企业在与非国有企业竞争中处于不利地位。由于这些原因的存在,使得很难区分国有企业的损失是由于政策遗留问题还是因为管理不善所致。由于国有企业的利润水平无法提供充分的信息和标准来对其管理者绩效和经营效率加以衡量,所以监督国有企业的管理者其成本是非常高的,因为在中国这种价格扭曲的经济环境下,国有企业的利润或损失不能反映其管理者绩效,同时在这种情况下也不存在其他简单而充分的指标来评价管理者绩效。由于信息不对称问题没有解决,权力下放反而增加了管理者投机行为的可能性。特别是,由于双轨制价格体系的存在,国有企业更容易掩盖收入和虚报成本而不被发现。因此,即使通过权力下放提高了国有企业的生产率,但国有企业上缴给国家的税收和国家能够从企业分享到的利润依旧是下降的。

12.1.2　第二阶段(1993—2002 年)：国有企业的改革创新

1.　所有权的转移(改制)

早期的国有企业改革成功促进了管理者的积极性，并使政府不再直接参与国有企业的管理。由于管理者的"经营承包合同"需要每三年重新签订，而内部人员对合同条款拥有了更多的控制能力，由此也促进了管理者的短期行为。事实上，尽管实行了改革，但国有企业的绩效从 1993 年到 1997 年还是出现了进一步的恶化(见图 12-3)。中国的政策制定者和许多研究者认为，国有企业的主要问题是产权界定不明确，政府依旧插手企业管理等。在随后的国有企业改革中，重点是通过所有权转换明晰产权("改制")，如中小型国有企业的私有化，将政府所有权和监管职能从对大型国有企业的直接干预和管理中加以分离。

1993 年 11 月，党的十四届三中全会通过了《关于建立社会主义市场经济体制若干问题的决定》，为十四大提出的"社会主义市场体系"这个远景提供了一揽子改革措施。《决定》提出了将国有企业转变为具有"产权清晰、权责明确、政企分开、管理科学"的"现代企业"的任务。同时允许中小型国有企业私有化。"一般小型国有企业，有的可以实行承包经营、租赁经营，有的可以改组为股份合作制，也可以出售给集体或个人。"

私有化正式开始于 1992 年邓小平南方谈话以后，而 1995 年小型国有企业的私有化大规模出现。到 1996 年年底，超过一半的小型国有企业完成私有化。在此期间，由于国有企业所有制改革重组使得超过 1 000 万的工人下岗。1997 年 9 月，第十五次党的代表大会发布了《关于国有企业改革和发展若干重大问题的决议》，正式承认"中国是一个包括私有经济在内的多种所有制形式共存的混合经济体"。

党的十五次代表大会进一步促进了小型国有企业的私有化，提出了"抓大放小"的口号。这是一个重要举措，因为大多数的中国国有企业属于"中小规模"，只有大约 1 000 个国有企业属于大型国有企业，需要保持国有的形式。政府鼓励大型国有企业通过各种内部重组形成商业集团，以此提高企业经营管理的效率。1999 年 3 月，第九届全国人民代表大会使私营企业的地位更加巩固，会议批准了一项宪法条款使得非国有企业从国家主导经济的"重要补充"地位上升成为了混合经济体的"重要组成部分"。

自 2000 年以来，中国加快了国有企业的改革，并取得了一些质的变化。第一，变化的规模已经扩大和影响到了几乎所有中央和地方政府控制之下的国有企业——小型、中型和大型国有企业。第二，所有权多样化已经十分广泛，完全的国有非财政企业已非常罕见。第三，使用重组机制的范围急剧扩大，包括破产、清算、上市、出卖给私营企业、国有企业及其资产和债务拍卖，等等。到 2001 年底，约 86% 的国有企业通过了改制，约 70% 的国有企业部分或全部私有化(Garnaut 等，2005)。

2.　第二阶段改革的成果

通过第二阶段的改革，国有企业的数量从 1993 年的 104700 家下降到 2002 年的 29449 家。按照 2005 年加诺特(Garnaut)等的统计，下降部分的大约 2/3 是由于私有化。在中国私有化不仅仅只局限于小型企业：国有企业私有化的平均规模约为 600 名员工。这个过程曾经是社会之痛：从 1993 年到 2002 年有超过 3 000 万的国有企业职工下岗[①]。与此同时，新开

---

①　见 1996 年和 2003 年的《中国统计年鉴》。

办的民营企业吸收了大部分的下岗职工,从而减轻了重组的社会成本。政府也通过为那些因企业重组而失去工作的人员成立再就业中心来缓解社会矛盾。

随着改革的深入,国有企业在经济总产值中的重要性持续下降,让位给了20世纪80年代快速增长的乡镇企业(见图12-1),甚至是在20世纪90年代(见图12-3)爆炸性增长的外商投资企业和私营企业。1999年后集体企业的重要性急剧下降,因为在1998年11月中央政府虽然发布了一项政策——鼓励以集体企业形式注册登记,但实际上私营企业早已摘掉了这顶"红帽子"。到1999年底,超过80%各地的国有企业和集体企业都进行了改制,其中包括大多数案例中的直接私有化(Garnaut 等,2006)。在20世纪90年代私营企业和外商投资企业迅速增加,并最终取代了集体企业而成为中国非国有企业的主要形式。

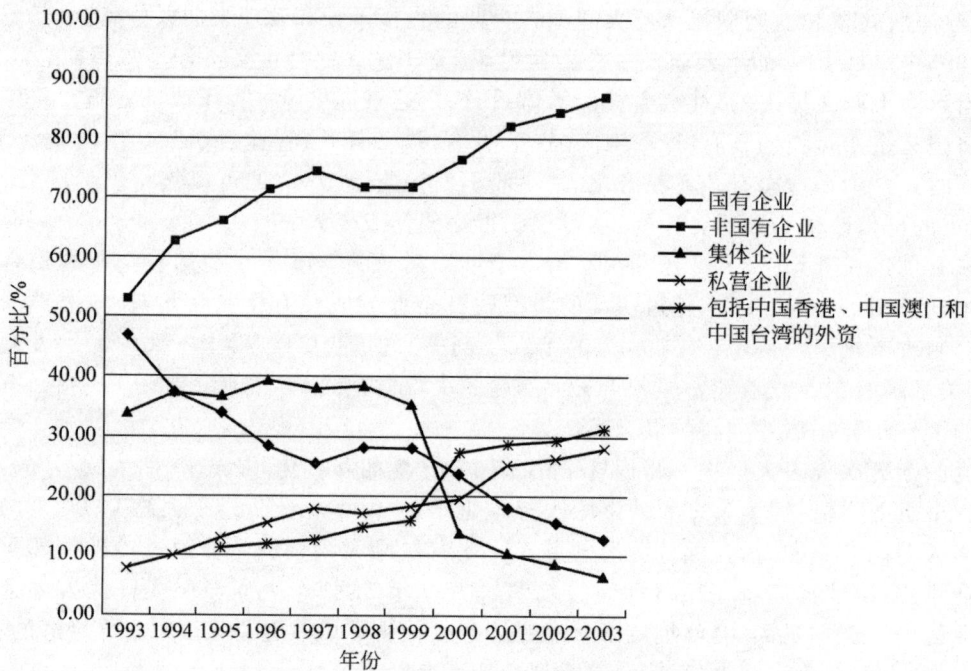

图 12-3 1993—2003 年各所有制类型占工业总产值的比例(百分比)

注:从2000年至2003年私营企业在工业总产值中所占的比例数是估计数,因为中国国家统计局自2000年以来仅将规模以上的私营企业纳入了统计范围内。

资料来源:使用各年份《中国统计年鉴》中的数据计算得出。

图12-4 显示了从1993年到2002年第二阶段改革期间国有企业利润率的变化。国有企业的年利润率(利润总额除以固定资产净值)下降趋势持续到1997年到达约1.7%的最低点,然后在2000年迅速反弹至6%,之后的两年一直稳定保持在这个水平。这一显著变化主要是由于减少了国有企业的管理费用负担,更主要是通过第二阶段改革中的所有制改革而实现的。

在20世纪90年代不只是国有企业出现了财务业绩疲软。根据经合组织的估计,集体企业和私营企业的总体利润率按照国际标准来说也是相对较低的。很大一部分的集体企业还出现了亏损,虽然其比例仅为国有企业的一半(经合组织,2000年)。此外,虽然外商投资企业的盈利能力曾经远远高于经济体内的其他部门,但也从1995年占资产的15%显著下

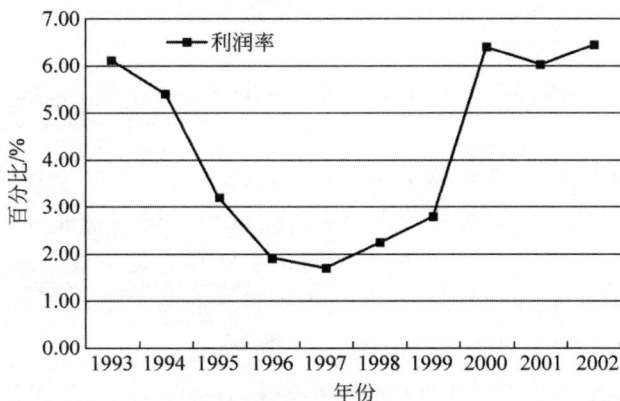

图 12-4 1993—2002 年国有企业年利润率（百分比）

资料来源：使用各年份《中国统计年鉴》中的数据计算得出。

降到了 1996—1997 年的 4％（世界银行，1999 年），而根据 2000 年以来《中国统计年鉴》的统计数据，这一比率在 2002 年又回升到了 15％。1997 年之前国有企业和非国有企业较低的利润率提示了在那个时期，中国经济在供给和需求方面可能存在严重的结构性问题。

在 1993 年到 2002 年经济改革的第二个阶段，中国政府进一步推动了国有企业的经济转型（改制）。在这 10 年左右的时间里，中国经济完成了从完全依赖国有企业和集体企业到以私营企业起主导作用的混合经济的转型。据加诺特等（2005 年）估计，私营部门已成为中国经济中最大的部门，约占 2003 年国内生产总值的 37％。总体来说，2003 年非国有企业大约占到了中国 GDP 的 2/3。

3. 与第二阶段改革相关的重大问题

（1）所有权的转换（改制）。在第二阶段改革期间使用了"改制"一词，而不是"私有化"，说明中央政府采取的谨慎态度。中央政府的主要担心是，"改制"可能会导致国有资产流失、银行贷款拖欠和国有银行得不到支付，以及大规模私有化引起的高失业率可能导致的社会动荡。中国公众担心私营企业和国有企业管理者可能普遍会通过损害国家和社会的利益来中饱私囊。政府已经考虑在相关政策的制定中引入有关国有企业重组过程的法规，并加强法规的执行力度，建立一个高效、透明的资产评估制度，以实现国有资产公平、顺利地转移。然而，政府对企业中国有资产进行处理的行政能力往往不足，因而需要加强。尽管如此，从国家向私人所有者稳妥成功地转移资产是"改制"过程的关键一步，它对在过渡期防止国有资产流失和维护社会稳定具有很大的意义。

在"改制"过程中，大量的国有企业员工下岗。从 1995 年到 2003 年，国有企业的数量从118 000 家下降到 34 000 家左右，国有企业的就业总人数下降了约 4 400 万人。国有企业的下岗人数占到了 2003 年全部城市就业率的 17％（Garnaut 等，2005）。中国中央政府向地方政府施加压力，要求在"改制"期采取一切可能的措施来维持就业和社会稳定。这使得中央政府和地方政府之间在承担"改制"成本上产生了利益冲突。一些地方政府没有资源来补偿所有的国有企业员工，因此为了避免"改制"过程中的阻力，只好向国有企业的潜在买家打折出售国有资产。

在减轻改制的社会成本上有两个至关重要的经济因素：国民社会保障体系的发展，以及促进新的私营企业成长来吸收国营企业下岗工人。从 1993 年到 2002 年,中央预算支出在社会保障方面出现了显著增加:从 1993 年的不到 1％增长到 2002 年的 6.3％。第二阶段改革期间,在减少企业管理费用负担方面取得了重大进展,但仅仅确保持续提高企业的竞争力是不够的。

在第二阶段改革期间,国内私营企业成为中国经济的主要参与者(见图 12-3)。在改革初期,私营企业通过提供工作岗位吸收下岗工人间接地为国有企业重组提供着支持。而在这种间接作用发挥重要性的同时,国内的私营企业在私有化进程中成为了重要的参与者。越来越多的私营企业开始将收购国有企业作为他们的主要发展战略。这些私营企业向濒临倒闭的国有企业注入了资本和活力,从而使工作岗位得以保留。

第二阶段改革的特点是国有企业所有权的转换(改制),这种转换带来了中国国有企业效率的提高(Garnaut 等,2005)。虽然"改制"的成功很重要,而与如此大规模重组相关的、可能有害的社会影响也受到了公众的注意。企业重组的工作仍有很长的路要走,企业的财务收益依赖于创造利润能力的进一步提高。采取措施进行技术和产品质量的提高以及工业组织的改善,已经成为企业效率持续提高的关键。这些领域的改革与减少经营管理负担的改革相比,在某些方面更为困难也会遇到更大的限制。

(2)中国加入世界贸易组织的影响(WTO)。在 1993 年到 2002 年的第二阶段经济改革中,中国一直准备着并最终于 2001 年加入了世界贸易组织(WTO)。正像经济理论所预言的,繁荣来自一个更加开放的经济体,中国普遍认识到了成为世贸组织成员的好处(Drysdale 与 Song,2000 年)。然而,一些经济部门,尤其是那些仍然效率低下和严重依赖政府补贴的国有企业,却担心加入 WTO 会造成竞争加剧的负面影响。到 20 世纪 90 年代末,几乎整个国有企业部门都处于负债状况,而国有银行也由于背负着国有企业所产生的不良贷款而濒临破产。针对这一情况,中国必须进一步落实深化改革,包括进一步的私有化和放松管制(Bajona,Chu,2004)。

WTO 是一个多边贸易体系,它显示了国际贸易的法律规则。通过加入世贸组织,中国必须向市场经济体的各种国际标准看齐,并为包括国内外企业在内的所有市场参与者提供一个相对公平的竞争环境。而国内企业则包括了国有企业和非国有企业。为加入世贸组织,对国内的一系列法律、法规和市场规则必须进行改变和调整。特别是自加入时起,中国就致力于部分消除对国有企业的补贴,最终让所有国有企业在商业基础上经营,自负盈亏。Hai(2000 年)明确地指出,中国加入世贸组织的一个重要意义是,加快国有企业改革以及帮助中国经济中的私营企业发展起来。

甚至在 2001 年 12 月正式加入 WTO 之前,由于中国政府已经决定允许所有领域私有制的存在以便成为 WTO 的一员,因此中国的入世行动就在支持国内改革方面发挥了重要的作用。因而,入世行动轻松解决了与国内私营企业地位相关的问题:如果要给予外国公司国民待遇,就没有理由不给予国内私营企业国民待遇(Bajona,Chu,2004)。通过加入世贸组织,国内私人企业尽管政治声音微弱,却受到了进一步的提升而成为中国经济的增长力量。

中国政府利用加入世贸组织为工具为经济改革制定了一个框架,并促使外部力量带动了国内改革(包括艰难的国有企业改革)的实现。例如,世贸组织协议使得国有企业更难于获得直接补贴。此外,由于需要一个更加开放的金融部门,入世迫使银行更加以利润为导向,并减少对不良国有企业的贷款。这两个因素结合起来,促进了国有企业的重组以及效率低下的国有企业的关闭(Bajona,Chu,2004)。入世时,国有企业仍代表了财政总收入的60%并依旧牢牢地归属于各类政府机构。如果直接面对所有这些既得利益者,改革定会遭遇强劲的阻力。然而,通过将国内改革与加入世贸组织捆绑起来,国有企业改革就成为了履行责任和兑现国际承诺的过程。

12.1.3　第三阶段(2003 年—目前):深化国有企业改革

1. 建立现代企业制度

在改革的这个最新阶段,深化所有制改革和完善公司治理成为国有企业改革的主要目标。为了管理剩余的大型国有企业,政府在 2003 年 3 月成立了国有资产监督管理委员会(国资委),代表国家履行职责和行使其权力,以所有者的身份对国有企业的资产、人员和经营实行全方位的管理。2004 年省级政府设立了地方国资委以管理基层国有企业。

2003 年 10 月,党的十六届三中全会发布了《关于完善社会主义市场经济体制若干问题的决定》,对中国公司治理体制的进一步发展有着深远影响的几个意识形态问题做出了突破。首先,中国共产党首次承认了财产权是所有制改革的"核心问题",而建立"现代产权制度"将是未来改革的一项重要任务。其次,中国共产党重新定义了社会主义经济中的公有制,并确定"股份公司"是公有制的主要组织形式。中国共产党进一步确定促进"混合经济"是其在建立中国市场体系过程中的主要任务。最后,也是非常重要的,促进和允许私营企业在企业融资和税收方面与国有企业平等经营。

自 20 世纪 90 年代中期以来,国有企业的公司化已经成为政府采取的一项重要改革措施,其目标是在市场体系中构建中国自己的现代企业。在进行了所有制改革后,一些国有企业开始上市。随着 2003 年进一步的思想解放,更多的国有企业转变成股份制公司。2007 年10 月,在第十七次党代会的报告中,国有企业改革被提到了 10 次。深化国有企业改革已经成为近年来中国经济改革的首要任务。到 2010 年底,中央政府直接控制下的国有企业被缩小到了 121 家,其中只有 22 家按照《公司法》成为公司化企业。

2. 第三阶段改革的成果

在过去 30 年,中国的非国有企业经历了从无到有、从弱到强的发展过程。1978 年,国有企业约占工业总产值的 80%;但自 2007 年以来,国有企业的份额稳步下降到不足 30%。另外,随着 2011 年非国有企业在经济总产值中所占比例超过了 73.8%,非国有经济已经成为中国经济增长最重要的引擎(见图 12-5)。非国有企业已经在经济活动的许多方面超过了国有企业,如就业总量、税收和工业利润等(见图 12-6、图 12-7 和图 12-8)。中国国内的私营企业也成了中国经济的主要市场力量,在产出方面超过了外商投资企业和国有企业(见图 12-5)。尽管如此,非国有经济的发展仍然面临着许多问题,如中小型私营企业难以从正规的银行渠道获得贷款、私营企业的人力资本和技术投资的不足,以及由于现有政策法规对民营企业和国有企业在某些工业部门和国家垄断行业的市场准入上存在不公平的竞争环境。

随着第二阶段经济改革的进展,国有企业不断恶化的财务状况开始好转。虽然从 1985 年到 1997 年其利润率一直在下降,但 1997 年后开始回升(见图 12-2、图 12-4 和图 12-9)。尽

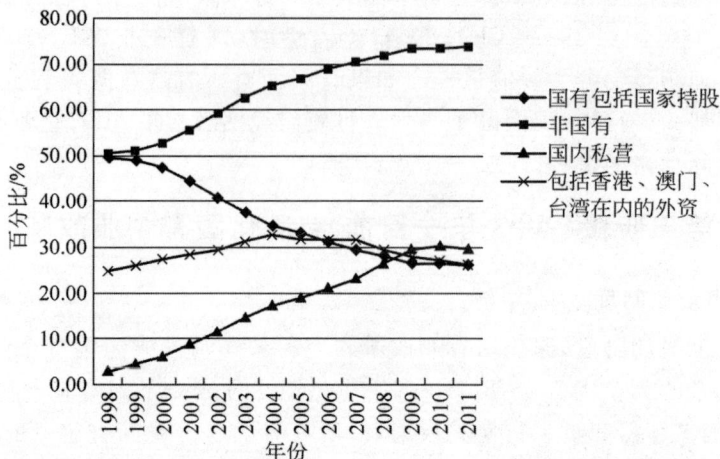

图 12-5　1998—2011 年规模以上的各种所有制企业占工业总产值的比例（百分比）

注：比较图 12-5 与图 12-3，我们发现各种所有制企业占工业总产值的比例存在矛盾。这是因为在 1998 年之前所有企业都包括在统计数据内，但自 1998 年以来，特别是自 2000 年以来，只有年销售收入超过 500 万元规模以上企业才纳入调查和报告范围内。此外，在图 12-5 中，国有企业还包括股权分置控股的，这也增加了国有企业在工业总产值中的比例。对于 1998 年和 1999 年的统计数据，规模以上和以下的企业纳入了报告范围内（本注同样适用于图 12-6、图 12-7、图 12-8 和图 12-9）。

资料来源：使用各年份《中国统计年鉴》中的数据计算得出。

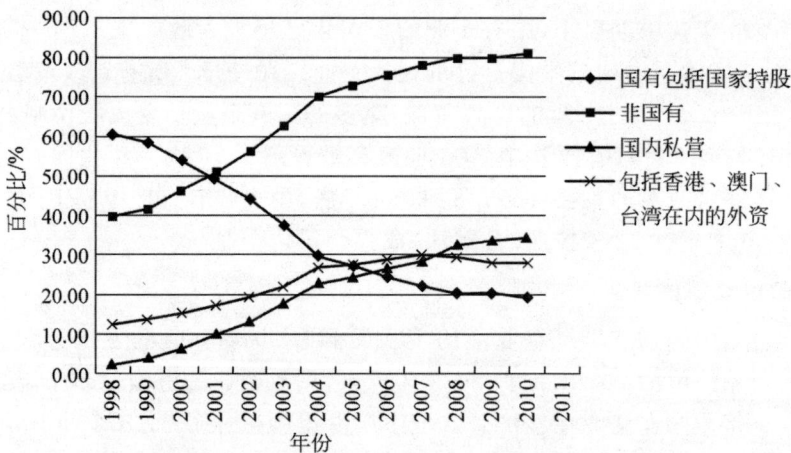

图 12-6　1998—2011 年规模以上的各种所有制企业年均就业比例（百分比）

资料来源：使用各年份《中国统计年鉴》中的数据计算得出。

管如此，Li、Liu 和 Wang(2012)都在很大程度上将国有企业在 21 世纪第一个 10 年内盈利能力的不断上升归因于国有企业加强了垄断市场的力量。他们表示，上游的国有企业向在工业化和全球化过程中得到解放的下游部门收取租金。他们暗示，在过去的 10 年相对较高的利润率，可能仅仅是一个市场导向的改革不完全所形成的生长破坏征兆，而并非国有企业的效率优势超过非国有企业的证明。

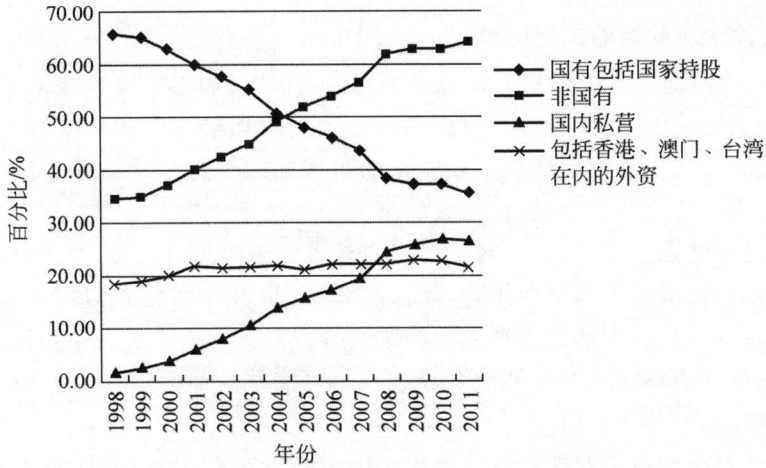

图 12-7 1998—2011 年规模以上的各种所有制企业年应交增值税比例（百分比）

资料来源：使用各年份《中国统计年鉴》中的数据计算得出。

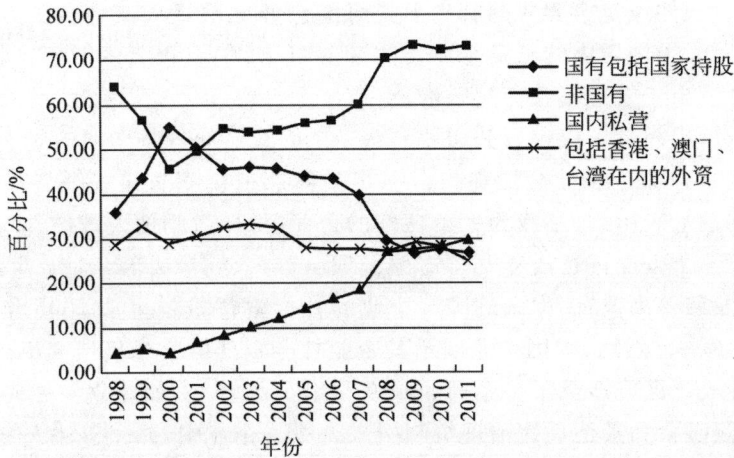

图 12-8 1998—2011 年规模以上的各种所有制企业年利润总额比例（百分比）

资料来源：使用各年份《中国统计年鉴》中的数据计算得出。

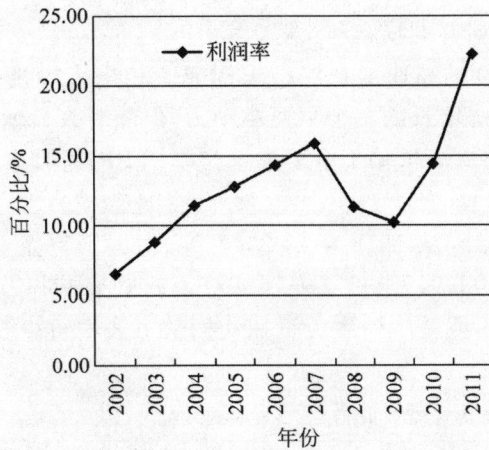

图 12-9 2002—2011 年国有企业年利润率（百分比）

资料来源：使用各年份《中国统计年鉴》中的数据计算得出。

3. 第三阶段企业改革的关键问题

（1）法人治理。建立有效的法人治理体系，已成为中国目前企业改革的首要任务，它以建立和发展"现代企业制度"为目标。有效的法人治理可以确保管理者的行为透明、负责任和有竞争力，公司可以更有效地适应不断变化的市场需求。为了从事符合社会或公众利益的，以利润为导向的价值增加活动，中国政府努力通过推动国有企业重组和调整管理激励机制来发展现代治理体系。此外，为应对来自国内外越来越激烈的竞争，中国企业需要在国内外市场中完善他们的决策机制以取得竞争的成功。采用符合国际惯例的法人治理机制，对于中国企业在竞争日益激烈的全球资本市场吸引外资的能力也是至关重要的。对那些上市公司来说，中国证券市场的发展有助于完善法人治理实践。然而，要真正完善这种实践，还需要更进一步的改变（Tenev 和 Zhang，2002）。

随着国内私营企业迅速发展并开始成为中国经济的主导力量，如何完善私营企业的内部治理结构，成为了他们能否取得成功以及可持续发展的关键问题。中国大多数的私人企业的所有权属于个人或一个家庭，并由所有者自己或他们的亲戚管理。然而，随着许多私人企业规模的成长，旧的或是家族式的管理形式可能已经无法适应其业务的发展。与发达国家的法人治理相比，中国国内的私营企业要想迎头赶上，仍有很大的差距。近年来，有很多中国国内私营企业由于管理不善而失败的例子。

成熟的法人治理超越了仅仅以公司盈利为目的。现代公司应该具有与公司发展利益和社会关怀利益相结合的企业社会责任。台湾半导体制造公司董事长兼首席执行官张忠谋（台积电）在其网站上表示，为了成为一个良好的企业公民，鼓励他人效仿、让社会更美好，台积电打算在以下 7 个方面进行改善[1]："道德、商业精神、经济、法治、工作/生活均衡、关心地球和下一代，以及慈善事业"。中国的国有企业的社会责任报告也从 2006 年的 5 家增加到了 2011 年的 76 家[2]。然而，中国企业展示其企业社会责任的数量仍然很小。

中国的治理改革已经涉及了一系列的制度和组织的转变，如建立一个多层次的国有资产管理体系，将董事会和其他现代治理机制引入到法人企业中，并完善法人社会责任。完善企业治理改革的效果始终不够均衡：处于竞争行业中的国有企业其治理改善显著，而处于受保护行业的国有企业其改善则微乎其微（世界银行，2012）。要改善法人治理，国有股东和监管职能应该在实践中充分分离。同样重要的是，要通过加强制度和监管执法有效地保护中国现代法人治理机制所拥有的权利和义务。

（2）科技与创新。持续的高速增长对中国构成了相当大的挑战。在过去的三年里，高水平的投资一直是中国经济增长的一个主要驱动力，但随着人口增长的快速放缓，投资率也在下降，中国未来的发展将更多依赖于全要素生产率（TFP）所带来的收益，正如（世界银行，2030）所认为的那样。

根据 Zhu（2012）的估计，从 1978 年到 2007 年，中国国有企业的年均 TFP 增长率是 1.68%，而非国有企业则为 3.91%（见下表）。（Zhu，2012）同时按时间划分为了三个阶段，其与本章中所描述的三个阶段基本一致。正如我们从下表中可以看到的，从 1978 年到 1988

---

[1] 见"来自主席和首席执行官的消息"。http://www.tsmc.com/english/csr/message_from_chairman.htm.

[2] 见"中国企业的社会责任：前景与挑战"。http://www.triplepundit.com/2012/09/corporate-social-responsibility-in-china/.

年,国有企业的年均 TFP 增长率为负数,表明国有企业在第一阶段的增长主要是由于资本和劳动力的增加。甚至到了 1998 年,国有企业生产率的增长率仍然很低,说明在这期间国有企业的业绩恶化。从 1988 年到 1998 年,非国有企业的生产率增长也从 1978—1988 年的 5.87% 下降到 2.17%,这表明中国经济存在结构性问题。1998 年后,国有企业的全要素生产率迅速增长,达到年平均 5.5%,超过了非国有企业 3.67% 的平均增长率。Zhu(2012)认为 1998 年后国有企业和非国有企业 TFP 的增长,源于私有化和贸易自由化的综合影响。

不同部门年均全要素生产率增长率表(百分比)

期　间	年均全要素生产率增长率(%)		
	非国有企业	国有企业	全部
1978—2007	3.91	1.68	3.61
1978—1988	5.87	−0.36	3.83
1988—1998	2.17	0.27	2.45
1998—2007	3.67	5.5	4.68

资料来源:Zhu(2012)。

为了保持相对较高的全要素生产率增长,中国需要进一步加快产业结构升级,加快技术创新,创建一个更具竞争力和更加开放的经济体。中国国家主席胡锦涛在 2005 年 10 月第一次提出要建设一个"创新型国家"。2006 年,中国政府制定了一项企业自主创新的战略(Zhang 等,2009)。正如(Zhang 等,2009)指出,中国在实施这一战略时,面临着来自中国当前的发展阶段及其经济转型特征的巨大挑战。第一,中国企业必须从创新上获取竞争优势的同时还要继续为庞大的中国劳动力队伍创造就业机会。第二,中国研发活动的主要参与者都是国有企业和政府研究机构,而私营企业仅占 2006 年研发支出总额的 3.5%。第三,支撑性的市场制度,如薄弱的知识产权保护、进出壁垒与公平竞争壁垒,以及欠发达的风险投资体系等,都不足以促进中国的创新。

为了解决上述问题,(Zhang 等,2009)建议采取平衡战略,建立正确的激励机制、培育私营企业的能力,以及加强包括风险投资体系在内的支持性市场制度。与他们的建议类似(世界银行,2030)为中国的创新政策提出了一个关键性的改革建议,即全民创新机制中重新定义政府的作用,"不要将重点放在发展专门的新技术方面,要转向制度发展和能动的环境以支持整个经济体在一个竞争性的市场体系中的创新努力。"

12.2　未完成的任务

经过 30 年的经济改革,中国始终朝着建立市场经济的方向前进。很多行业的竞争有所加强。由于竞争、非国有企业的成长,以及国有企业内部的管理改革,使得企业的经济行为越来越服从于市场力量。接下来的主要任务就是发展法律、金融以及其他制度,包括市场经济运行所需要的政府职能;将包括垄断企业在内的国有企业转变为现代商业实体;完善法人治理;以及升级中国经济结构以使更多的创新企业蓬勃发展。

在一个成熟的市场经济中,存在着许多有助于市场经济运行的制度。关键性的因素如下:保护私人财产权的制度;产品和要素市场中公平、公正的竞争环境;较少的进入或退出壁垒。中国国有企业改革的关键一步是要建立一个可以使各种所有制企业在一个公平的环境下互相竞争的市场环境,实现适者生存。为此,还有几个问题需要进一步解决。

12.2.1　国家、市场和企业家

正在进行的经济改革已经引入并允许自由市场力量在中国发挥作用,尽管是在渐进和试验的基础上。然而,发展经济学表明,市场本身并不能解决所有的问题,市场和国家都是协调经济活动以及促进国家发展的必要因素(Hayami,2001；Otsuka 和 kalirajan,2006)。在公共产品供给上的市场也会发生在私人产品上。一个国家发展的关键问题在于市场和国家在促进国家繁荣的过程中所担当的角色如何达到最佳组合(Otsuka 和 kalirajan,2006)。市场对提高经济繁荣的贡献,将在应对新技术的引进所带来的新机遇方面逐步增强。熊彼特(Schumpeter)将技术改造的关键过程描述为通过"创造性破坏"过程引入创新。促使企业家进行创新的不外乎是由自由市场力量所形成的盈利动机(Schumpeter,1975)。

中国的情况是,正在进行的经济改革一直是市场和政府之间相互作用的过程,同时实现了企业家的培育。中国政府一直在努力通过促进中国的市场经济并在经济发展过程中调整政府角色来朝这个方向迈进。然而,在中国经济的很多方面,国家干预或个人意志而非市场的力量仍然发挥着重要作用,导致资源配置效率低下。吴敬琏与范世涛认为,"腐败使中国倒退"(见本书第 4 章),而国内一些"特殊利益集团"也在阻碍着改革的进行[①]。

中国过去的改革经验表明,中国经济的发展在某种程度上一直伴随着"创造性破坏"的过程。正如约瑟夫·熊彼特很久以前所描述的那样:自 1978 年经济改革以来,环境的改善已经培育出了中国的私人企业家能力。企业家机会源自市场的发展以及中国制度规则的改变。在改革的第一阶段,企业家的一个普遍而短期的行为就是利用市场和制度结构两者间空白的做法。其结果,可能会导致腐败的非正规程序仍在中国蔓延。

艾哈迈德(Ahmad)和霍夫曼(Hoffman)(2008)提出了一个用于确定和衡量企业家能力的框架,其中将 6 个方面(监管框架、市场条件、资本获得、研发与技术的获得、创业能力以及文化)描述为影响企业家业绩的主要决定因素。这些决定性因素对于一个国家企业家精神的发展是非常重要的。这就意味着如果中国想要进一步促进经济发展,必须坚持具有适应性管理框架的市场经济,为国有企业和非国有企业提供公平获得资本与技术的机会,并提高尊重企业家的社会文化以及增强创业能力。

12.2.2　国有与非国有(打破国家垄断)

自 2002 年以来,关于中国是否出现了国有经济的扩张和私人经济的萎缩,一直存在激烈的争论。中国的一些经济学家将这一现象称为"国进民退",并认为这种现象导致了无主观故意却可预见的社会后果,削弱了经济增长的势头。然而,如果我们观察图 12-5、图 12-6、图 12-7 和图 12-8 就会发现,中国的国有企业其重要性一直在降低,而非国有企业的重要性则随着时间的推移在持续增长。例如,2002 年国有工业产值比例约为 40%,但到 2011 年则

---

① 见吴敬琏"借特权获得既得利益的特殊利益团体不愿改革"。http://business. sohu. com/20121218/n360730175. shtml.

降至26.2%,这表明总体经济在朝着私有化的方向发展。但是,如果我们仔细观察《中国统计年鉴》中的数据就会发现,国有经济在石油、天然气、烟草和有色行业的比例,近年来一直在增加。《中国企业家》进行的一项调查表明,占国有经济主导地位的主要行业是石油、石化、航空、钢铁、煤炭、金融、电信和铁路。这些行业与民生高度相关,是中国最赚钱的垄断行业。《澳大利亚人》报道,"正规银行全部贷款的3/4以上都贷给了150 000个中国的国有企业,而只有不到10%的贷款贷给了450万个国内公司。2009年,中国三大国有企业所获得的收入,远远超过了500个国内最大的私营企业的总和"。①

许多国家的经验都有力地证明,当把国有企业限制在自然垄断行业或那些在经济或社会意义上显然需要广泛公有制的行业中时,其对整个经济成就的贡献可能是最大的(经合组织,2000年)。尽管中国仍然是一个发展中国家,但相当精准地定义国有企业起主导作用的战略性产业对于经济的增长和发展是非常有利的。特别是,如果现行政策的方向是更快速和更广泛地让国有企业垄断者从包括服务行业在内的竞争激烈的行业中退出,以及更广泛更深入地让私人资本参与到国有企业部门的重组中,那么国有企业重组所带来的经济收益就会更大。随着社会资源和资金的高度集中,国有企业垄断者的规模变得越来越大,但由于长期的垄断经营,其活力则越来越小。大型国有企业垄断者通过价格扭曲和大量腐败浪费的机会阻碍了经济发展,导致了更高的消费者成本和更不公平的收入分配。

2005年和2010年,国务院发布了鼓励非国有经济以及引导私人投资进入这些垄断行业的相关政策。然而在现实中,私人投资进入中国的垄断行业仍存在着许多有形和无形的障碍。早在2012年,中国总理温家宝就承诺将推动国有垄断企业的改革:"我们必须推进铁路、电力和其他垄断行业的改革,完成和落实政策和措施,旨在促进非国有经济的发展,打破垄断,降低行业准入的门槛"。② 为了打破垄断行业为私人投资提供一个更重要的角色地位,应当通过更容易获得的银行贷款和其他金融资源,如证券市场,以及允许其在高端领域如金融和电信行业进行投资,来鼓励私营企业的发展。

12.2.3 企业融资

1. 银行体系的改革

自1978年经济改革以来,中国的银行体系已经从一个政府所有的和中央计划的贷款提供者逐步进入了竞争日益激烈的市场当中,不同类型的银行在这个市场中提供各种金融服务彼此竞争。中国银行体系改革的主要目的之一就是要建立激励机制,使银行的经营更像是竞争性的商业实体。尽管如此,中国的银行并没有获得充分的自主权,而是依旧受到政府的控制和影响。因为银行改革的内容会在本书的另一篇文章中涉及,这里就只简略地讨论一下银行改革和国有企业改革之间的关系。

中国的银行体系有两个独特的特性,对中国企业的发展有着重要的意义。第一,虽然原则上鼓励新的私营机构进入,但中国银行业本身仍然是由国有银行和国有股份制银行高度

---

① 见John Lee 的"私营企业撤退,下一届北京领导者的重担"//澳洲人,见 http://www.theaustralian.com.au/opinion/world-commentary/retreat-of-private-sector-a-millstone-for-beijings-next-leaders/story-e6frg6ux-1226509440039。

② 见路透社"特别报道:中国的其他权力斗争",http://www.reuters.com/article/2012/10/16/us-china-soe-idUSBRE89F1MP20121016。

控制的。第二个独特的特性是集中针对国有企业进行融资。国有企业在传统上一直受到银行贷款的青睐,因为国有企业被认为是低风险贷款者或者至少在贷款流失时也会有政府做后盾。虽然近年来份额有所下降,但在中国,国有企业仍然占据着大部分的银行贷款,约为银行贷款总额的75%[1]。自从2008年底全球金融危机后,中国政府启动其经济刺激政策,已经有一些迹象表明更多的银行贷款流向了国有或国有控股的企业。仅在2009年,85%的新增银行贷款都贷给了国有企业[2]。世界银行(2012)报道,中国政府公布的大部分的经济刺激计划都针对的是建筑和基础设施领域,这些领域仍由国有企业主导。国有企业还享受着较低的利率和优先获得证券和债券市场融资的权利(马丁,2012年)。相比之下,非国有企业得到的只有极小的一部分商业银行贷款(世界银行,2012)。因此毫不奇怪,除外商投资企业以外的非国有企业,较之国有企业更多依赖内部资金进行投资。

中国银行体系的发展因此成为了企业改革成功的根本。当前过度注重国有企业的银行体系所面临的一个关键问题是,如何更好地满足非国有企业日益增长的需要。一般来讲,非国有企业在总产值、就业、税收和利润以及更重要的生产力等方面,都比国有企业的效率更高。尽管如此,他们在从银行获得资金支持方面却处于不利的地位。因此,政府需要采取措施规范银行业中对待私人资本的态度,而银行则需要使他们的贷款程序更加公正透明,以便中小型私营企业能有平等的手段进行业务融资并与国有企业开展竞争。然而,改善其融资的努力主要集中在适应现有的机构上,但到目前为止所取得的成功十分有限。

从20世纪90年代以来,中国证券市场已经发展了20多年,中国股市在中国经济及其市场体系的发展中发挥了重要的作用。股票市场不仅帮助中国公司筹集急需的资金,而且也帮助上市公司完善了法人治理。到2011年底,在两个国内证券交易所上市的企业已有2 342家,股市总市值大约相当于中国GDP的2/3[3]。然而,几乎所有的上市公司都是大型国有企业,中国证券市场的发展还远远不能令人满意。

中国股票市场的发展一直受到政府过度控制、市场结构分散、流动性不足、缺乏透明度以及法律和监管框架不完善等因素的阻碍。中国证券市场效率低下的情况是由于缺乏一个公平透明的交易平台、由市场力量主导的有效的定价机制,以及旨在保护投资者尤其是小投资者的利益的补偿机制。在证券市场融资方面,对国有企业的偏向远远超过了非国有企业(张,2005)。这与非国有企业自20世纪90年代以来在中国经济中越来越重要的地位形成了鲜明的对照。人们可能会问,中国股市的表现在多大程度上是由于一些上市公司高价出售垃圾股、投资者的利益得不到适当地保护、市场缺乏可信度等所致。2011年,有252家公司进入IPO,但其中有占总数21.8%的55家企业,前三个季度的净利润都出现了下降。然而最近,政府已经在加快做出努力以开发并更好地规范股票市场。这些努力背后的主要动机有两重意义:为国有企业扩大和增加融资渠道;加强大型国有企业的外部财务约束和法人治理。

---

① 见维基百科的"中华人民共和国的经济",http://en. wikipedia. org/wiki/Economy_of_the_People's_Republic_of_China。

② 见"国有企业虽然重要但不要夸大"//中国经济观察,http://www. piie. com/blogs/china/? p=776。

③ 见"中国上市公司汇总"//贸易经济 http://www. tradingeconomics. com/china/listed-domestic-companies-total-wb-data. html。

2. 完善法律制度与中国的企业改革

中国企业改革一直伴随着中国的法律体系改革,因为经济增长需要可行的法律制度来提供稳定而可预知的财产权利与契约(North,1990;Hall 和 Jones,1999;以及 Clarke,2003)。在从"计划经济"向"市场经济"的过渡中,中国的国有企业需要独立于政府进行经营并通过市场来与其他法人实体打交道。对私营企业的发展来说,一个独立的、透明的和可强制执行的法律体系,可以对私有产权提供担保,促进业务交易并使企业家树立再投资的信心。随着经济改革的持续和深化,中国有必要改善其法律制度,以满足经济进一步发展和企业改革的需要。由于本书会在另一篇文章中讨论法律改革,所以这里的讨论只简要概述法律改革与企业改革的关系。

要建立一个能让所有企业(包括国有企业和非国有企业)都作为独立的市场主体参与的法律环境,即没有政府的干预,需要对以下的法律领域进行改革:第一,需要进一步加强企业和劳动力方面的合同法律,以定义企业的权利和义务,规范企业的创立和经营,以及保护劳动者的合法权益;第二,需要进一步完善合同法律,以保护缔约双方的合法权益,以使当事人之间的经济合同能够取代行政管制;第三,需要全面实施破产法和竞争法(反垄断),以促进所有各类型企业之间公平和有效的竞争,确保即使在国家不再直接管理企业的情况下也能使公共利益得到持续的保护;第四,中国需要加强金融法律,包括证券法律法规,以使企业的融资活动能在市场驱动的环境下而不是通过计划机制或由政府干预进行。经过30 多年的努力,中国的法律框架得到了很大程度的完善。对上面提到的各种法律法规都已根据经济发展的需要进行了颁布、实施和修订。然而,为了完善法律制度和实践,还有更多的工作需要去做。

在所有这些法律法规中,《公司法》和《劳动合同法》在企业改革中发挥了重要的作用,并引起了公众的广泛关注。1993 年的《公司法》通过对企业的形成、法人治理结构、公司财务、股东权利等方面的内容进行了明确的界定,对于保护公司和股东的利益非常重要。然而,现有大部分的国有企业基本上还是按照 1988 年的《国有企业法》及其 1992 年的隶属法规进行管理。在很大程度上,1988 年的《国有企业法》仍然受到计划经济的影响,而 1993 年的《公司法》则是中国实行市场经济的产物。1993 年的《公司法》为国有企业转化为法人企业和股份制企业提供了坚实的法律基础。同时,通过经济和法律方面的改革,包括破产法、证券法和竞争法在内的很多相关法律陆续发布和更新。在 21 世纪初,治理商业组织的法律制度得到了大幅度的修订,从而进一步支持了中国的经济改革。

另一个重要的法律更新是旨在保护劳动者权益的《劳动合同法》的形成和发展。随着经济改革的进行,产业与工人的关系不可避免地经历了根本性的变化,劳动立法因而成为改革过程中的必需。20 世纪 80 年代,劳动合同制度首先在经济特区的合资企业中进行了尝试,之后扩展应用到国有企业中。1995 年的《劳动法》是中国为打破"铁饭碗"(永久就业)引入劳动合同制度的第一个国家法律。然而,1995 年的《劳动法》并没有为员工提供足够的保护。在中国,滥用员工问题突出,劳资关系不稳定,劳动者权益没有法律保护。在 1995 年至2006 年,中国的劳动争议增加了 13 倍多(Ngok,2008)。持续的国有企业私有化使得失业率不断上升,特别是在 20 世纪 90 年代后期低收入的临时工中。《劳动合同法》于 2007 年通过,2008 年生效,希望能够填补 1995 年《劳动法》所遗留的一些空白。它的目的是赋予员工更多和更易行使的权利,从而实现创建和维持"和谐社会"这个最基本的社会方略。

3. 中国企业面临的新挑战

来自人口、法律和经济的发展所带来的工资率上升给包括国内企业和外商投资企业在内的中国企业增加了压力。

中国目前正面临着"刘易斯转折点",从农村来到城市的剩余劳动力供应有所减少(蔡、王,2009年)。这对中国经济的结构性改变有着显著的影响,因为在这种人口变化的影响下,要在保持通货膨胀可控的同时使中国的生产力出现非凡的增长将会越来越困难(Garnaut,2010)。中国的企业将不得不在提高生产力而不是增加劳动力投入的基础上向前发展。为应对这种变化,就需要对服务业和高端制造业的劳动力进行更多的培训。

全球金融和经济危机大幅降低了对中国出口产品的需求。在2008—2009年的危机期间,中国的许多出口企业倒闭,数百万的工作岗位消失。为了减轻国际金融危机导致的负面影响,中国政府采取各种措施促进经济发展,如增加政府投资、扩大内需、鼓励自主创新以及调整经济结构等。然而,其中的一些措施可能需要很长时间才能奏效。关键是中国通过深化体制改革可能会创造出进一步发展的空间。具体而言,中国应该通过进一步对外开放和发展服务业来促进就业,因为服务业具有大量吸收来自出口企业的劳动者的潜力。为推进在服务业中的投资,中国政府首先应打破国有企业在金融、保险、教育、医疗,电信和运输等领域的垄断,将其对私人投资开放。

中国企业的进一步发展及其想要成为跨国公司的雄心促使他们进行海外投资。相对有限的国内自然资源供应以及对增长受到资源约束的担心,也促使中国政府鼓励国有企业和国内私营企业进行海外投资。中国的对外直接投资(ODI)在最近几年迅速增长。到2009年底,中国有108个央企投资了5 901家海外公司(SOASAC,2010)。央企的海外总资产已超过人民币4万亿元(按当前汇率计算,相当于5 970亿美元)。2009年,从海外经营获得的利润占央企利润总额的37.7%。根据商务部的统计,到2009年底,中国国有企业的海外直接投资占全部海外直接投资股本的69.2%,而私营企业的海外直接投资只占总投资股本的1%[①]。按海外资产和企业规模排名的前30个公司都是国有企业。

Song等(2011)把国有企业参与海外市场与国内的结构性改革和公司发展联系了起来,因为他们不得不在一个新的业务和政治或体制环境中前行,他们在中国享有的特权在这种环境下不复存在。海外激烈的竞争迫使国有企业通过采取提高效率的措施来提高自己的竞争力。因此,对于他们来说,必须在三个基本方面进行改变:竞争力、所有权和管理制度。这些方面的改变对国有企业海外投资的成功至关重要,也将对未来中国国有企业的改革进程产生一定的影响。

结　语

在过去的30年里(1980—2010年),中国的企业已经有了明显的转变。1978年,在全球财富500强名单中没有一家中国大陆的公司,而到2012年已有70家,其中的65家是国有企业,这充分证明中国已经在企业改革和经济发展上取得了巨大的成就。非国有企业,特别

---

① 　见中国商务部2009年出版的《中国对外直接投资统计公告》。

是国内的私营企业,已成为产值的最大贡献者。中国的企业改革具有几个鲜明的特点,反映了政策所构成的限制和其他的经济特殊性,需要在得出结论时加以考虑。

未来采取的措施,应有助于提升企业的财务绩效,并为整个经济的真正增长提供进一步的推动力。到目前为止在许多方面实施的改革,为提高企业绩效提供了必要的制度框架和途径,但常常缺乏有效运作的条件。在某些领域(如结束商业银行政策性贷款)的进展不够,正在限制或阻碍其他领域的改革进展。尽管如此,在本章所引用证据的基础上,还是可以得出某些合理的结论的。

第一,非国有企业在过去的 30 年里已经成为经济体中产值和就业整体增长的主要贡献者,他们很有可能仍然是未来经济绩效的主要决定者。改革国有企业对于提高效率以及将更多的资源释放用于那些包括私营企业在内的更具生产力的领域都是十分必要的。但这些改革在提高整个经济体的业绩方面能够发挥多大的作用,还取决于非国有企业问题的解决程度,以及它们的经营环境的改善程度。

第二,减少私营企业融资不利条件的措施会潜在地大幅提高商业银行和其他借贷机构的财务业绩,同时还能加速私营企业的发展。货币市场和资本市场的进一步发展对于确保金融秩序更加稳固尤为重要。以市场为基础的企业重建,也需要这些市场能够提供相应的机制,这在中国尤为如此。在企业重建过程中,为了将资源释放给那些更具效率和生产能力的企业,应该允许那些低效的企业(无论是国有企业或是非国有企业)走向破产。这是中国迈向产业结构优化的唯一有效的途径,通过这条途径,社会福利也会得到改善。

第三,国有企业改革的成功有赖于创造一个由更加透明和运转良好的制度支撑的平等竞争环境,其中包括了中国的法律体系。需要彻底完善国有企业的法人治理,同时要努力增强企业的财务绩效。企业目前许多的财务问题都反映了过去在投资和其他业务决策上由于管理和财务纪律薄弱而出现的错误。企业需要比过去更加有效地应对市场力量。为了使中国企业能够为未来的增长做出更积极的贡献,就需要在上述的关键领域取得实质性的改革进展。这种紧迫性在一定程度上反映了这样的事实,即改革越来越需要相互依靠,以及企业针对因国内外日益激烈的竞争而带来的内部和外部商业环境的变化需要进行快速而有效的调整。

第四,中国正面临着在其下一阶段成长和发展的巨大挑战。深化国有企业和非国有企业的体制改革,是中国总体战略的重要组成部分。其成功与否将取决于中国如何处理与国有企业和非国有企业的未来发展有关的现有制度和政策方面的问题。

参 考 文 献

Ahmad N,Hoffman A. 一个确认和衡量企业家能力的框架方案. 经合组织统计工作论文. http://dx. doi. org/10. 1787/243160627270.

Ayyagari M,Kunt A,Maksimovic V. 正式与非正式金融:来自中国的证据. 牛津大学出版社,2010.

Bajona C,Chu T. 中国加入 WTO 对国有企业的影响. 东西方中心工作论文. http://www. eastwestcenter. org/sites/default/files/private/ECONwp070. pdf.

Cai F,Wang, M. 中国的未富先老过程. C. Fang,D. Yang. 中国人口与劳动力年鉴(第一卷,第三章), Leiden and Boston Brill,2009:49-64.

Chan A,Unger J. 一个改革中的中国国有企业:什么样的资本主义模式?. 中国杂志,2009,62.

Chen J. 中国企业改革发展三十年. 北京：中国金融、政治和经济出版社, 2008.

Chow G C. 中国的经济转型. 马萨诸塞州莫尔登：布莱克威尔, 2002.

Clarke D. 经济发展和权利假说：中国的问题. 美国比较法律杂志, 2003, 51: 89-111.

Deer L, Song L. 中国的再平衡方法：一个概念性和政策性框架. 中国与世界经济, 2012(20): 1-26.

Drysdale P, Song L. 中国加入 WTO：战略问题与定量评估. 伦敦：Routledge, 2000.

Garnaut R, Song L, Yao Y, Wang X. 中国民营企业. 堪培拉：澳大利亚国立大学亚太出版社, 2001.

Garnaut R, Song L, Tenev S, Yao Y. 中国的所有制转型：过程、结果、展望. 华盛顿特区：国际金融公司和世界银行, 2005.

Garnaut R, Song L, Yao Y. 中国国有企业改制的影响与重要性. 中国杂志, 2006(55): 35-63.

Garnaut R. 转折点的宏观经济含意. 中国经济杂志, 2010(3): 181-190.

Hai W. 中国的 WTO 成员地位：重要性及其含义//中国经济研究中心工作论文系列. 北京大学, 2000.

Hall R, Jones C. 为什么有些国家每个工人的产出比其他国家的更多?. 经济学季刊, 1999(14): 83-116.

Hayami Y. 发展经济学：国家从贫穷到富足(第二版). 牛津：牛津大学出版社, 2001.

Hayami Y. 社会资本、人力资本和共同体机制：关于经济学家的概念框架. 发展研究杂志, 2009, 45(1): 96-123.

Jefferson G H, Singh I. 中国的企业改革：所有权、转型与成就. 牛津：牛津大学出版社, 1999.

Li H, Meng L, Wang Q, Zhou L. 政治关系、融资与公司绩效：来自中国民营企业的证据. 发展经济学杂志, 2008, 87: 283-99.

Li X, Liu XW, Wang Y. 中国国家资本主义的一种模式. http://igov. berkeley. edu/sites/default/files/55. Wang_Yong. pdf.

Lin J Y. 中国的农村改革和农业发展. 美国经济评论, 1992, 82(1): 34-51.

Lin J Y. 中国的国家干预、所有权与国有企业改革. Wu Rong-I, Chu Yun-Peng. 亚太竞争政策、集中与多元文化论中的商业、市场和政府(第四章). 伦敦：Routledge, 1998.

Lin J Y, Cai F, Li Z. 竞争、政策负担与国有企业改革. 美国经济评论论文及学报, 1998(88).

Martin M F. 中国的银行系统：提交给国会的问题. 美国国会研究服务报告. http://www. fas. org/sgp/crs/row/R42380. pdf.

McKay H, Song L. 中国作为全球制造业大国：战略考虑和结构调整. 中国与世界经济, 2010(18): 1-32.

McMillan J, Naughton B. 如何改革计划经济：来自中国的经验教训. 牛津经济政策评论, 1992, 8: 130-143.

Naughton B. 从计划中成长：中国的经济改革(1978-1990), 1992.

Nga N T. 所有制偏见和经济转型：来自越南制造业的证据//克劳福德博士学位论文. 堪培拉：澳大利亚国立大学公共政策学院, 2013.

Ngok K. 中国市场转型背景下的劳动力政策和劳动力立法变化. 国际劳动力与工人阶级历史, 2008: 45-64.

North D. 制度, 制度变迁与经济成就. 剑桥：剑桥大学出版社, 1990.

经济合作与发展组织. 改革中国企业. 巴黎：经济合作与发展组织, 2000.

Otsuka K, Kalirajan K. 亚洲水稻的绿色革命及其对非洲的可转移性：导论. 发展经济, 2006, 44(2): 1.

Schumpeter J. 资本主义, 社会主义与民主主义. 纽约：哈珀, 1975.

国务院国有资产监督管理委员会. 关于中国的中央所属企业综合绩效的报告, (2009). http://news. xinhuanet. com/fortune/2010-08/13/c_12444135. htm.

Song L, Zhang Y. 刘易斯拐点后中国增长会放缓吗?. 中国经济杂志, 2010(3): 211-221.

Song L, Yang J, Zhang, Y. 国有企业对外投资与中国的结构性改革. 中国与世界经济, 2011(19): 38-53.

Tenev S, Zhang C, Loup B. 中国的法人治理与企业改革. 华盛顿特区：世界银行和国际金融公司, 2002.

White L. (即将出版的)"政治机制和腐败". G. Chow, D. Perkins. 劳特利奇 Routledge Handbook 之中国经济. 英国阿宾登：Routledge.

世界银行. 中国国有企业改革的政策选择. 世界银行讨论论文 335 号, 1995.

世界银行.中国：国有企业改革.世界银行报告 14924-CHA 号,中国与蒙古部,1996.

世界银行.中国 2020.华盛顿特区,1997.

世界银行.中国：经受风吹雨打,接受经验教训.国家经济备忘录,报告 18678CHA,1999.

世界银行与中华人民共和国国务院发展研究中心.中国 2030.华盛顿特区,2012.

Zhang C,Zeng D Z,Mako W P,Seward J.中国对企业引导创新的推动.华盛顿特区：世界银行,2009.

Zhang W.中国证券市场在国有企业改革和私营企业发展中的作用.D. Vandenbrink,D. Hew.亚洲资本市场：在经济发展中变换角色(第五章).全球研究东京俱乐部基金,2005.

Zhu X.了解中国的经济增长：过去,现在和将来.经济展望杂志 2012(26)：103-124.

第13章

中国对外贸易

作者：冯国钊（K. C. Fung）与 Sarah Y. Tong

贸易扩大对于中国近几十年的增长至关重要。贸易自 1978 年以来年均增长率为 17%，始终高于 10% 的总体经济年增长率，而后者已经令人瞠目（Tong，2013）。1978 年，中国首次实行"改革开放"政策，商品出口额达到 98 亿美元，而进口额达到 109 亿美元（Fung，1998 年；Fung，Iizaka 和 Tong，2004 年）。2011 年，中国进出口额分别约为 1.74 万亿美元和 1.9 万亿美元。事实上，过去 30 年来，贸易的自由化和扩大化对于中国卓越的发展和转型发挥了重要作用。

中国 2001 年加入了世界贸易组织，随后，其贸易开始进一步加速扩大（Tong 和 Zheng，2008）。2001—2008 年，发生了全球性的经济危机，但中国贸易年均名义增长率仍然达到了令人惊讶的 26%。总体上，21 世纪头 10 年，中国总体贸易年均增长超过 20%，而 20 世纪 80 年代为 12%，90 年代为 15%。因此，中国已经成为世界主要贸易国，2009 年出口名列第一，而进口则为第二，分别占世界总额的 9.6% 和 7.9%。

因此，中国现在的对外贸易具有全球性的重要影响。尽管欧盟和美国为中国最大的出口市场，但对于全世界众多其他国家来说，中国已成为其最重要的贸易伙伴。受到影响的经济体及其受影响程度对于那些不熟悉该领域的人来说会感到有点意外。例如，中国于 2010 年成为巴西最大的出口市场，同时也是巴西第二大进口国。这一排名在 2000 年还分别是第 12 位和第 11 位。2010 年，中国是墨西哥第三大出口国，也是第二大进口国。这一排名在 2000 年分别是第 19 位和第 6 位（Aminian、Fung 和 Ng 2009，Fung 和 Garcia-Herrero，2012）。

在亚太地区，中国已成为多数经济体的最大贸易伙伴，这一点可能不让人惊讶（Tong 和 Chong，2010）。2011 年，中国已经是澳大利亚、日本和韩国的最大出口市场和进口国。中国也是台湾地区最大的贸易伙伴和东盟十国最大的进口国。

我们将在本章讨论中国贸易的各个重要方面。在 13.1 节中我们将重点关注中国贸易的基本特征。在 13.2 节中，我们将关注中国在地区和全球供应链中的参与情况。在 13.3 节中，我们将考察外国直接投资如何促进了中国贸易的发展，尤其关注中国在各种生产网络中的参与情况。最后进行总结。

13.1 中国贸易的基本特征

除令人印象深刻的扩大外，中国的对外贸易还有几个有趣的特点（Fung，Iizaka 和 Tong，2004；Fung，2004）。第一，中国贸易的大部分是由外资企业实现的。21 世纪头 10 年中期,外资企业实现了中国出口的近 6 成,而 1995 年才 30％左右(Tong,2013)。2006 年后,这一数字逐渐下降,但在 2011 年仍超过一半(见图 13-1)。

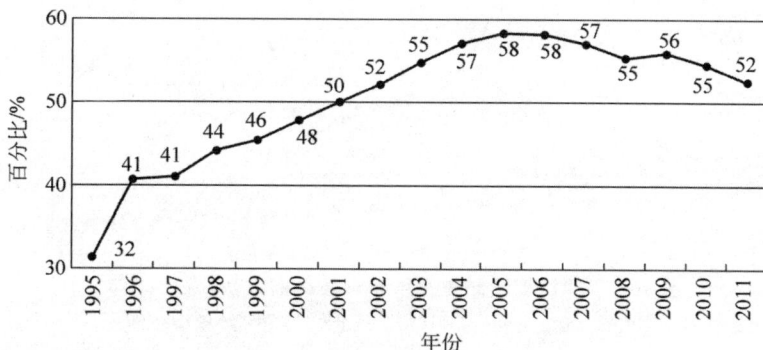

图 13-1　外资企业占中国出口总额中的份额(1995—2011 年)
资料来源:各年度《中国海关统计》;香港经济导报社。

第二,中国大量贸易为加工贸易。这种现象主要与中国的零部件贸易,以及中国深入参与地区和全球价值链有关。换句话说,中国进口材料、产品和零部件,将其组装起来,然后出口。加工贸易在 1996 年到 2005 年最为重要,其在总出口和进口中的份额分别占到 55％和 45％左右。尽管这些数据在 2011 年迅速下降到 44％和 27％,但加工贸易仍然是中国贸易的显著特征。近来最为有名的案例莫过于对 iPhone 的研究(Xing 与 Detert,2010)。作者在 iPhone 的研究中使用了分解的企业级数据,对包括中国在内的各国带来的附加值进行了估计。

还有部分证据表明该贸易特点是由外国直接投资促成的(Fung、Korhonen,Le 与 Ng,2009 年)。例如,在由外资企业实现的所有出口中,大部分属于加工贸易,21 世纪初占比为 80％,近年来为 70％(Tong,2013)。我们将在 13.3 节进一步详细探讨外国直接投资同中国供应链之间的联系。

第三,中国贸易极度不平衡(Tong,2012)。除 1993 年外,中国自 1990 年以来一直保持着贸易顺差。其贸易顺差在总贸易额中的占比处在 2004 年最低的 2％与 20 世纪末期以及当前全球经济危机爆发前几年间的超过 10％之间(见图 13-2)。2005 年以前,尽管中国商品贸易顺差从 1994 年的不到 10 亿美元大量增长至 2004 年的 330 亿美元,但其在国内生产总值中的占比一直低于 5％。而在随后的连续 4 年内,贸易顺差迅速增长,于 2007 年和 2008 年分别达到 2 600 亿美元和 3 000 亿美元左右,分别占国内生产总值 9％和 8％左右。

如此巨大且日益增长的不平衡同外资企业和加工贸易在其间扮演的角色息息相关。作为中国出口活动的主要参与者,外资企业也是中国贸易顺差的主要来源。2005 年,由外资企业行为所产生的贸易顺差大约为 570 亿美元,占中国贸易顺差总额的 55％左右。外资企业推动贸易不平衡所发挥的重要作用在中国同美国的贸易中最为明显。从 2004 年到 2006 年,外资企业贡献了超过 70％的中美贸易顺差(Tong 和 Zheng,2009)。近年来,虽然外资企业在总出口中的比重有所下降,但其对中国贸易顺差的贡献却达到了历史新高,2009 年超过 60％,而 2011 年则超过了 80％。

导致中国贸易不平衡更为重要的方面则是其对加工贸易的高度依赖。很明显,加工贸

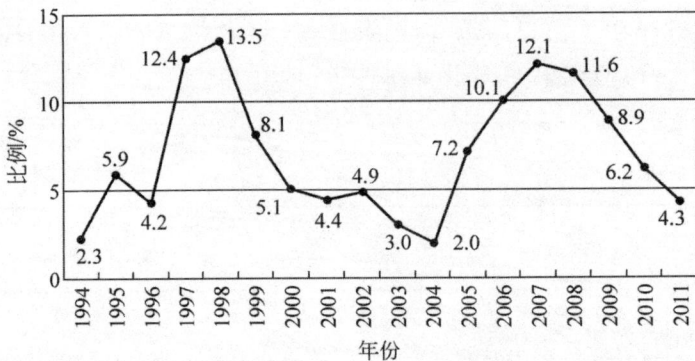

图 13-2　中国贸易顺差占贸易总额比例（1994—2011 年）

资料来源：各年度《中国海关统计》；香港经济导报社。

易会带来顺差，所以加工贸易越多，贸易顺差越高。对于中国来说，加工贸易不仅几乎是顺差的唯一源泉，其实际上还弥补了非加工贸易或常规贸易所造成的逆差。因此，总体来说，中国实现了大量的顺差。这一特点在近年来尤为明显（见图 13-3）。例如，2011 年，中国加工贸易顺差是总体贸易顺差的 2 倍多。

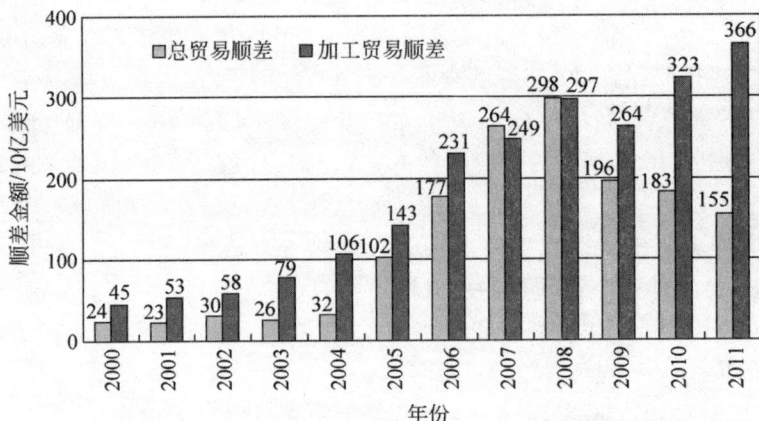

图 13-3　中国的贸易不平衡（2000—2011 年）

资料来源：各年度《中国海关统计》；香港经济导报社。

第四，身为全球供应链中的重要一环，中国同重要贸易伙伴的贸易关系有着显著特征。中国主要从东亚邻国或地区进口商品，尤其是台湾地区、韩国和日本，同时向世界上的主要消费市场美国和欧盟出口商品。这一特点也同外资企业和中国总体贸易中的加工贸易有关。国内公司，尤其是在华外资企业，进口产品和零部件，经过加工和组装，然后将成品出售给发达国家的消费者。事实上，有着"中国制造"字样的产品应该是"亚洲制造"（Wong 与 Tong，2012）。

其结果是，中国同亚洲贸易伙伴之间存在贸易逆差，而同美国和欧盟则存在较大的顺差。2011 年，中国对美国和欧盟的贸易顺差分别达到 2 020 亿美元和 1 450 亿美元。同时，中国同台湾地区、韩国和日本存在高额的贸易逆差，分别为 900 亿美元、800 亿美元和 460 亿美元。中国同澳大利亚以及东盟 4 个主要国家（印度尼西亚、马来西亚、菲律宾和泰国）也存在 500 亿美元左右的逆差（见图 13-4）。

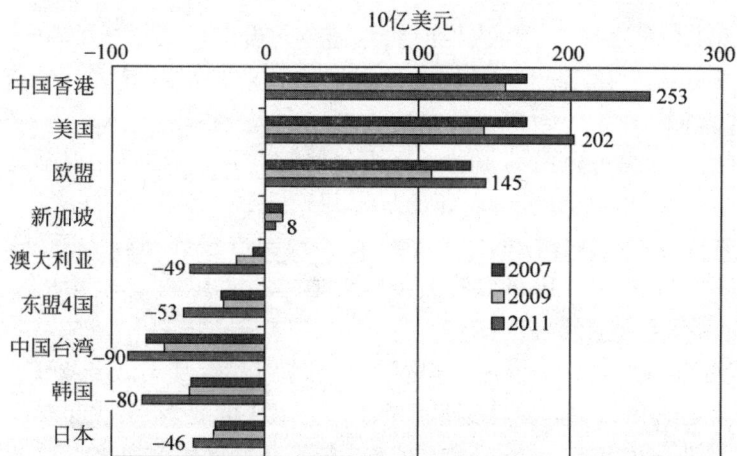

图 13-4　中国与某些经济体的贸易平衡（2007 年、2009 年、2011 年）
资料来源：各年度《中国海关统计》；香港经济导报社。

需注意，中国内地同香港特别行政区之间也存在大量的贸易顺差。在 2011 年这个数字为 2 530 亿美元，高于对美国贸易顺差 1/4 以上。这是因为其通过香港进行了大量的再出口。尽管这些再出口日益减少，但其很大程度上让中国的贸易数据复杂化（Fung 与 Lau，2001，2006；Tong，2005）。再出口对于中国贸易的重要影响主要体现在对中国双边贸易平衡存在的不同报告和估计。我们将在下一节详细讨论这个问题。

最后，尽管中央政府日益重视实现贸易和投资活动的多元化，但中国的贸易仍然在地理上集中于沿海地区。事实上，珠江三角洲和长江三角洲这两个沿海地区，即包括上海、浙江、江苏和广东，总共实现了中国 70％ 左右的出口和 1/3 左右的进口。有迹象表明，特别是从 2009 年起，外资企业和相关的贸易活动已开始向内地转移。然而，这种变化到现在仍然非常有限。例如，中部六省，包括山西、安徽、江西、河南、湖北和湖南，人口占 1/4 多，2011 年的进口和出口分别占全国总额的 4.9％ 和 4.2％，比 10 年前的数字下降了 1 个百分点。

13.2　通过香港进行再出口及其影响

中国实现改革开放的 30 年间，香港发挥了独有的重要作用，尤其是在贸易方面。香港既是投资者，又是亚洲的贸易中心和金融中心，中国的上述贸易特征都与香港直接或间接相关。换句话说，在中国扩大同世界交流的过程中，香港充当了窗口和平台的作用，尤其是在中国经济开放的初期。

20 世纪 90 年代中期，香港基本上占到了中国总出口的 1/4，而美国和欧盟当时则要低得多，分别是 18％ 和 13％。有充分的理由相信，中国对香港的大部分售出事实上又重新出口到了第三方市场。例如，在 1995 年，香港源自中国内地的再出口为 6 360 亿港元，等于 800 多亿美元。考虑到运输费用、其他相关费用以及附加值，中国对香港售出可调整为 600 亿美元左右，超过中国海关所报告的总额。这就让我们相信，在 20 世纪 90 年代，中国对香港售出主要是为了再出口。

再出口的直接重要影响则是促使中国同主要贸易伙伴的贸易数据复杂化，尤其是同美国。20 世纪 90 年代,香港源自中国内地的超过 2/3 的再出口商品都运到了美国。1/4 运到了欧洲,日本则占 10％左右。一般来说,通过香港进行的再出口导致相关进口国家会高估原始出口国的出口额。由于中国内地是香港再出口商品的主要购入来源,所以中国同美国和欧盟之间的双边贸易数字就受到了最为严重的影响。同样,中国也从香港购入了大量的再出口商品,不过这些商品主要来自相邻的日本和我国台湾地区。

其结果是,中国同贸易伙伴间的贸易数字在各种报告中存在较大差异。20 世纪 90 年代末期和 21 世纪初期,美国政府报告的中美贸易逆差总是中国政府报告的 2～3 倍。报告存在差距主要是因为经香港的再出口。

过去 10 年,尽管再出口在香港的出口贸易中愈加重要,但其贸易额在中国总体贸易中的比重却逐渐下降。香港在中国总体贸易中的比重从 20 世纪 90 年代起逐渐下降到 2000 年的 18％,近年来又进一步降至 14％左右。此外,香港出口贸易更加集中于再出口,近年来在总贸易中比重超过了 95％。

正如表 13-1 所示,尽管再出口价值在世界贸易中的份额不到 5％,但仍然是如今世界贸易中的重要组成部分,尤其是在东亚以及在零部件贸易中。2010 年,东亚 9％的出口为再出口,其中 49％为零部件贸易。尽管中国的再出口数字尚不得知,但鉴于中国深深介入到了东亚供应链中,可知再出口对于中国仍然非常重要。近年来,香港超过半数的再出口是出口到中国内地,这个比例在 20 世纪 90 年代末期还是 1/3 左右。对于从香港以及其他地区向中国进行的再出口,2/3 以上为零部件贸易(见表 13-1)。下一节,我们将进一步探讨中国在地区和全球供应链中的参与情况。

表 13-1　中国在各主要市场的再出口价值(2010)

合作伙伴	出口商					
	中国内地	香港地区	台湾地区	港台地区合计	东亚(12)	世界
零部件再出口价值/百万美元						
中国内地	—	127 949	3 015	130 964	130 964	131 117
香港地区	—		2 131	2 131	2 131	3 020
台湾地区	—	4 294		4 294	4 294	6 012
中国(3)		132 243	5 146	137 389	137 389	140 150
东亚(9)		21 748	1 089	22 837	22 837	27 823
东亚(12)		149 697	6 235	155 932	160 227	161 961
欧盟(27)		11 990	168	12 158	12 157	18 959
北美自由贸易协定(3)		12 393	328	12 721	12 722	45 858
世界		189 941	6 836	196 777	196 779	265 326
零部件再出口占全部再出口的百分比/％						
中国内地	—	62.3	68.6	62.4	62.4	61.7
香港地区	—		62.5	62.5	62.5	34.1
台湾地区	—	50.6		50.6	50.6	46.5
中国(3)		61.8	66.0	62.0	62.0	59.8
东亚(9)		47.1	35.9	46.4	46.4	45.3
东亚(12)		59.5	57.5	59.4	59.1	57.3
欧盟(27)		28.0	31.9	28.1	28.1	26.4
北美自由贸易协定(3)		26.7	27.6	26.7	26.7	31.9
世界		49.2	52.6	49.3	49.3	41.1

合作伙伴	出 口 商					
	中国内地	香港地区	台湾地区	港台地区合计	东亚(12)	世界
所有商品再出口价值/百万美元						
中国内地	—	205 450	4 394	209 844	209 844	212 584
香港地区	—	—	3 408	3 408	3 408	8 847
台湾地区	—	8 492	—	8 492	8 493	12 944
中国(3)	—	213 942	7 803	221 745	221 745	234 375
东亚(9)	—	46 138	3 036	49 173	49 174	61 371
东亚(12)	—	251 588	10 838	262 426	270 919	282 801
欧盟(27)	—	42 815	526	43 340	43 341	71 854
北美自由贸易协定(3)	—	46 409	1 188	47 597	47 599	143 547
世界	—	385 894	12 996	398 890	398 894	644 826
所有商品再出口占出口总额的百分比/%						
中国内地	—	97.7	5.7	73.1	31.9	20.3
香港地区	—	—	9.0	1.3	0.9	1.9
台湾地区	—	91.2	—	21.8	6.3	2.7
中国(3)	—	97.4	6.8	38.1	18.7	11.9
东亚(9)	—	94.1	4.3	11.1	4.7	3.8
东亚(12)	—	97.0	5.9	26.6	12.1	9.1
欧盟(27)	—	93.8	1.9	11.3	6.9	1.4
北美自由贸易协定(3)	—	97.4	3.4	11.7	6.8	6.2
世界	—	96.3	4.7	17.7	9.0	4.5

注：由于中国内地的再出口价值数据缺失，中国的数字仅包括了香港和台湾。东亚(9)=印度尼西亚、日本、韩国、马来西亚、蒙古、菲律宾、新加坡、泰国和越南。东亚(12)=东亚(9)再加中国(3).

资料来源：依据联合国商品贸易统计数据库的统计数据计算。

13.3 中国在地区和全球供应链中的参与情况

世界银行的 Francis Ng 与 Sandy Yeats(2001 年,2003 年),Hummels、Ishii 与 Yi(2001 年)最先尝试使用经验法来测算产品分成或垂直专业分工。Francis Ng 与 Sandy Yeats 仅使用商业贸易统计数据库(COMTRADE)数据。Hummels、Ishii 与 Yi(2001 年)则使用贸易数据和投入产出表,但对中国并不适用,也没有区分加工贸易和非加工贸易。在这些先驱性工作之后,还有 Chen、Cheng、Fung 与 Lau(2004);Chen 等(2013);Ping(2005);Dean,Fung 与 Wang(2008);Lau 等(2007)进行了研究,连同其他论文,使得研究文献越来越多。

从组织上来说,这些经济文献采用了 4 种方法来测算供应链或价值链。Ng 与 Yeats(贸易数据法)只采用了国际兼容贸易数据。这种方法的优势在于简单,避免了使用投入产出表所需的大量数据。但这种区分零部件贸易的方法往往会让人批评其忽视了中国出口贸易中进口中间产品的重复计算问题。

与之不同,Dean、Fung、Wang(2008)以及 Koopman、Wang 与 Wei(2012)均以 Hummels、Ishii 与 Yi(2011)的方法(HIY 法)为起点,而后采用不同的方式来对投入产出系数以及加

工和普通贸易进行估计,并采用了新方法来辨别进口中间产品。这种方法通常称为分离投入产出法或 KWW 法。而不区分投入产出系数以及加工和普通贸易的测算结果称为非分离结果。Dean、Fung 与 Wang(2008)对分离法和非分离法的不同进行了更为详细的解释。本质上,分离法将投入产出数据和贸易统计合并,是用二次规划模型,将中国投入产出矩阵分成 4 个子矩阵。这种估算法采用二次罚函数,利用优化模型对 4 个子矩阵进行求解,相对于官方公布的投入产出数据以及正常贸易和加工贸易统计数据都只存在最小的偏差。但分离法仍然存在部分会令人质疑的假设,例如其假设正常出口和国内销售都采用同等比例的进口产品。如果正常出口贸易中的进口产品比例高于国内销售,那么外国成分(或垂直专业分工)应是 3 个要素的加权值,因此,分离法低估了中国出口贸易中的外国成分。此外,尚不能肯定这种估计相对于备用最小化标准有多么健全。我们在此总结 Dean、Fung 与 Wang(2008)以及 Koopman、Wang 与 Wei(2009)的计算结果见表 13-2 和表 13-3。

表 13-2　Dean、Fung 与 Wang(2008 年)的计算结果　　　　%

方法	出口	垂直专业分工比例	1997 年	2002 年
非分离	总体	直接	9.0	15.0
	总体	总体	17.9	25.4
分离	总体	直接	46.1	42.4
	加工	直接	81.7	72.5
	普通	直接	1.9	4.5
	总体	总体	47.7	46.1
	加工	总体	81.9	74.3
	普通	总体	5.3	10.8

注:该表中的数据是除中国外的实体贡献的附加值占出口总值的百分比.

表 13-3　Koopman、Wang 与 Wei(2009 年)的计算结果　　　　%

	HIY 法			KWW 法		
	1997 年	2002 年	2007 年	1997 年	2002 年	2007 年
所有商品						
总体外国附加值	17.6	25.1	28.7	46.0	46.1	39.4
直接外国附加值	8.9	14.7	13.7	44.4	42.5	31.6
总体国内附加值	82.4	74.9	71.3	54.0	53.9	60.6
直接国内附加值	29.4	26.0	20.3	22.2	19.7	17.1
	正常出口			加工出口		
	1997 年	2002 年	2007 年	1997 年	2002 年	2007 年
所有商品						
总体外国附加值	5.2	10.4	16.0	79.0	74.6	62.7
直接外国附加值	2.0	4.2	5.0	78.6	73.0	58.0
总体国内附加值	94.8	89.6	84.0	21.0	25.4	37.3
直接国内附加值	35.1	31.9	23.4	11.7	10.1	10.9

注:该表中的数据是外国成分或国内成分占中国总出口附加值的百分比.

与之不同,Chen、Cheng、Fung 与 Lau(2008);Lau 等(2007),Chen 等(2013)采用扩大化的投入产出文献法。该种方法基本采用未公布数据(公布的投入产出表背后的原始数据)来创建两个投入产出表,一个针对中国加工出口,一个针对中国非加工出口。我们将这些论文的计算结果总结如下:

Chen 等(2008,2013)的计算结果见表 13-4、表 13-5。

表 13-4　中国加工和非加工出口贸易产生的附加值及利用的劳动力

年份	出口类型	每 1 000 美元出口中的国内附加值/美元			每 1 000 美元出口利用的劳动力/人·年		
		直接	间接	合计	直接	间接	合计
2002	总体	204	262	466	0.095	0.147	0.242
	加工	166	121	287	0.045	0.066	0.111
	非加工	240	393	633	0.142	0.221	0.363
2007	总体	226	365	591	0.031	0.067	0.098
	加工	174	193	367	0.022	0.029	0.051
	非加工	270	510	780	0.038	0.100	

表 13-5　各部门创造的中国国内附加总值(2007 年)

部　门	中国向世界出口的每 1 000 美元(离岸价格)中,各部门所创造的中国国内附加总值		
	加工出口/美元	非加工出口/美元	总体出口/美元
1. 农业	204	929	933
2. 采煤、洗煤与加工	158	844	845
3. 原油和天然气产品	159	878	881
4. 铁矿开采	474	855	788
5. 有色金属开采	441	873	636
6. 食品生产与烟草加工	533	830	753
7. 纺织品	598	877	834
8. 穿戴用衣服、皮革、皮毛、绒毛及相关产品	589	891	797
9. 木材加工与家具	733	840	815
10. 纸产品、印刷以及记录媒介再生产	632	794	696
11. 石油加工、炼焦以及核燃料加工	268	447	381
12. 化学品	320	690	556
13. 非金属矿产品	488	860	814
14. 金属熔炼与压制	300	659	619
15. 金属产品	520	840	738
16. 普通和特殊设备	391	786	657
17. 运输设备	424	793	639
18. 电力设备与机械	411	782	565
19. 电信设备、计算机及其他电子设备	524	703	541
20. 器具、仪表、文化及办公用品	451	814	517
21. 其他制造产品	376	873	702
22. 废料与废品	872	960	954
23. 电力与热力生产与供应	565	875	747
加权总计	367	780	591

一般来说,Chen 等使用扩大化投入产出法所得到的结果与分离投入产出法或 KWW 法的结果基本一致。从各个部门来看,基本上高技术行业中的外国成分更高。似乎中国出口贸易可察觉到的复杂性可能部分反映出了高度进口产品(或高度垂直产品分工)的情况。然而,这个主要结论与 Rodrik(2006)和 Schott(2008)的结论有所不同。

分离投入产出法与扩大化投入产出法的出发点都是采用官方公布的中国投入产出表。由于投入产出表采用固定的投入产出系数,因此使用该表有着内在缺陷。其结果是,利用任何一年的投入产出表所得到的国内附加值(部分其他论文中为国内劳动力利用),预测未来数年的结果往往容易出错。克服这个问题的一个办法就是,正如 Feenstra 与 Hong(2007)的方法,根据要素价格和产品构成方面的变化来预测数年中投入产出系数的变化。另一种方式就是利用各年的投入产出表来直接预测国内附加值的变化。

此外,扩大化投入产出法使用未公布的官方数据而不是估计来直接测算中国出口贸易的国内附加值和劳动力利用情况。但是,要判断未公布数据的质量存在难度。同时,其计算结果可能难以复制。这两种方法都有其优点,其结果似乎也合理。

Erumban、Stehrer、Timmer 与 de Vries(2011)采用不同的方法,我们可称之为世界投入产出法。他们试图利用全世界的进口中间产品来创建投入产出表,从而测算外国附加值,同时使用世界投入产出表来估计中国出口中的附加值成分。某种意义上来说,这项研究最具挑战性,可媲美经济合作与发展组织及其他国际组织正在进行的研究工作。该方法的一个缺点是数据要求更具挑战性,而且将此法用于中国时,并不能区别出加工和非加工贸易中进口中间产品的比例。该方法仍然需要使用商业贸易统计数据库并且按联合国广泛经济类别分类(UN BEC),从而将各表关联起来。要匹配不同的数据,各类产业所做的修正可能会非常大。各种时间序列数据的一致性可能也是一个问题。文献中的所有方法总体上都既有优点也有缺点,尤其是在数据质量方面甚至严重缺乏数据。

世界投入产出法的部分结果似乎显示,从 1995 年到 2006 年,中国出口贸易中的外国附加值成分有所增加。在此提醒读者,外国附加值成分是指:如果中国出口价值 1 美元的计算机,这 1 美元中有多少是由中国以外的公司或实体所贡献的附加值?制造业中,1995 年的成分比例是 14%,2006 年为 21%,这与很多产业面临的趋势相同。电力机械行业中,几乎 1/3 的产值是由中国以外的劳动力和资本创造的。各项研究在这方面的结论也有所不同。例如,使用世界投入产出表,中国出口贸易中的外国附加值成分在日益增长。但使用分离法(或 KWW 法)或 Chen 等(2008)的扩大化投入产出法,外国附加值成分似乎在逐渐减少。这一差别可能是因为世界投入产出表法将加工出口和非加工出口混在一起。事实上,在 Dean、Fung 与 Wang(2008)的研究中,如果我们使用非分离法,中国出口贸易中的外国附加值似乎也是日益增长。总之,有大量研究尝试正确地计算中国出口贸易中的国内附加值(或者反过来说外国成分)。一般来说,如果我们考虑到了加工贸易和非加工贸易的差别,中国出口贸易中的国内成分似乎是在日益增长。但在电子和计算机相关行业的出口贸易中,外国成分似乎非常高,正如 iPhone 个案研究中提供的极端情况。

13.4　中国供应链和外国直接投资

众所周知,中国大量深入地参与亚洲制造网络并广泛地同亚洲邻国进行贸易,尤其是在零部件方面。例如,假定我们采用 Francis Ng(2003)开创的方法,挑选出符合零部件标准观念的贸易项目,从而考察中国和日本间的贸易。进出口前十位见表 13-6 和表 13-7。

表 13-6　2010 年中国向日本出口零部件前十位

国际贸易标准分类	零 部 件	出口/百万美元	零部件百分比/%
764	电信设备零件	6 663	24
65	纺织纱线、织物及成品材料	4 098	15
776	电子设备零件	2 601	10
759	办公及附加设备零件	2 580	9
772	开关设备零件	2 420	9
784	机动车零配件	1 795	7
82 122	家具	884	3
691	钢铁结构零件	687	3
82 119	座椅零件	407	1
7 239	建筑机械零件	403	1

资料来源:基于联合国商品贸易统计数据库的数据进行计算。

表 13-7　2010 年中国从日本进口零部件前十位

国际贸易标准分类	零 部 件	进口/百万美元	零部件百分比/%
776	电子设备零件	18 545	32
784	机动车零配件	7 790	13
772	开关设备零件	7 638	13
759	办公及附加设备零件	3 813	7
764	电信设备零件	3 758	6
65	纺织纱线、织物及成品材料	3 146	5
88 411	未安装的光学元件零件	1 980	3
7 139	内燃机零件	1 364	2
7 239	建筑机械零件	1 296	2
8 749	器具及其附件零件	934	2

资料来源:基于联合国商品贸易统计数据库的数据进行计算。

由此可看出,中国同其他东亚国家(比如日本)之间进行贸易的主要零部件为电子产品和电信产品,汽车零部件也占很大一部分。中国和日本在维持并扩大东亚及东南亚制造网络方面发挥了重要作用。文献中有一个重要问题,中国参与供应链是否与处于中国以及亚洲其他经济体的大量外国直接投资有关联。换句话说,各种零部件的贸易和组装是在非本地工厂(外国附属机构)推动下生产出成品,还是主要由当地供应商生产? Aminian、Fung与 Iizaka(2007),Fung、Iizaka 与 Siu(2010)进行回归分析,试图确认东亚和东南亚的外国直接投资是否能部分解释这两个地区的零部件双边贸易。结果似乎显示,在控制好标准的重要决定因素后,外国直接投资就成为额外的重要解释变量。此外,在各种外国直接投资来源中(日本、美国和韩国),日本直接投资似乎对于促进中国和其他亚洲国家在该地区的供应链最为重要。流入中国的外国直接投资确实与流向其他东亚和东南亚经济体的外国直接投资成正比,其部分原因就是外国直接投资在亚洲制造网络中所发挥的作用(Chantasasawat、Fung、Iizaka、Siu,2009)。由于供应链网络同拉美以及东欧和中欧的网络关联并不紧密,因此流入中国、拉美以及东欧和中欧的外国直接投资并不会系统性地相互关联(Chantasasawat、Fung、Iizaka、Siu,2009;Fung、Kornhonen、Le、Ng,2010)。

结语——未来展望

过去30年来,中国在经济现代化方面取得了巨大进步。贸易自由化及随后的扩大化也凸显出这一非凡的变革。然而,随着中国成为主要贸易国以及日益深入地参与到地区和全球供应链中,不平衡现象也逐渐增加,并日益累积。

2008年爆发的全球性金融和经济危机暴露出中国出口导向型发展战略的弱点,从而迫使其调整总体政策优先领域。对于最为依赖出口的地区和行业,出口需求锐减促使中国出现大规模的破产和失业。同时也导致了经济增长减缓,中国政府必须采取激进的财政措施来恢复国民信心和经济增长。

贸易结构适度调整就是从那时候开始的,部分原因是发达国家的对外需求持续疲软。中国的总体贸易顺差在下降,同时,外资企业和加工贸易的成分也在适度减少,内地在贸易领域的重要性也逐渐增加。

尽管如此,政策推动的结构转变却仍未开始。这种转变面临几个方面的挑战。第一,中国出口导向型生产能力是多年来投资的结果,需要时间来调整。第二,从最为低端的加工贸易,提升价值链地位,转向高技术产业需要总体经济的升级,同时需要极大地提高劳动力素质。第三,重新定位成内需驱动型经济需要构建在大规模且更为公平的消费型社会的基础上,而中国目前在这方面还比较匮乏,经济和社会领域都需要更为彻底的改革。

鉴于全球经济的悲观形势,中国可能只有实施鼓励贸易进行结构转变的政策。即使全球经济最终好转,中国也不能指望其贸易能够像危机前那样迅速增长。预计世界各国都可能会出台限制从中国进口的政策。尽管如此,即使外需仍然萧条,中国这个大规模的大陆经济仍有足够的潜力来保持健康的增长率。

参 考 文 献

Aminian N,冯国钊,Iizaka H.东亚外国直接投资以及地区内贸易与生产共享//日本经济产业研究所讨论文章07-E-064.日本东京:日本政府,2007,12.

Aminian N,冯国钊,Iizaka H,Siu A.东亚零部件贸易与外国直接投资,亚太地区发展中国家突现的贸易问题//联合国亚太经社会(UNESCAP).贸易与投资研究64.联合国出版社,2008:45-74.

Aminian N,冯国钊,Ng F.东亚和拉美贸易与经济一体化比较分析.经济转变与转型,2009(42):105-137.

Chantasasawat B,冯国钊,Iizaka H,Siu A.巨大的吮吸声:中国让其他亚洲经济体的外国直接投资转向?//亚洲经济论文集,2005,3(3):122-140.

Chantasasawat B,冯国钊,Iizaka H,Siu A.外国直接投资流入拉美、东亚、东南亚和中国:替代或互补?.发展经济学评论,2010,14(3):533-546.

Chen X,Cheng LK,冯国钊,Lau LJ.出口中的国内附加值与劳动力利用情况评估：以中国对美出口为例.
张贤旺,王家骁.中国和亚洲：经济和金融交流.牛津：劳特利奇出版社,2008.

Chen X,Cheng L,冯国钊,Lau LJ,Sung Y,Zhu K,Yang C,Pei J,Duan Y.中国出口中的国内附加值和劳动力利用情况：定量分析.中国经济评论(即将出版),2013.

Dean J,冯国钊,Wang Z.中国贸易的垂直专业分工情况//美国国际贸易委员会工作论文 EC2008-09-D.华盛顿特区：美国政府,2008,9.

Dean J,冯国钊,Wang Z.测算垂直专业分工：中国个案.国际经济评论,2011,19(4)：609-625.

Erumban AA,Los B,Stehrer R,Timmer M,deVries G.切割全球价值链//世界银行有关全球生产与贸易的附加值分裂的专题研究小组提交的论文.华盛顿特区,2011,6.

冯国钊.解释中国贸易：部分国内和地区考虑.R. Baldwin、R. Lipsey 与 J. D. Richardson.经济发展的基础——地理和所有制.美国国家经济研究局会议卷,芝加哥大学出版社,1998.

冯国钊.贸易与投资：中国、美国和亚太经济体,中国——崛起的地区和技术力量//美国中国经济与安全评估委员会会议报告,第 108 届国会第 2 次会议.华盛顿特区：美国国会,美国政府印务局,2004.

冯国钊,Garcia-Herrero A.阿宾顿.中国拉美经济关系.英国：劳特利奇出版社,2012.

冯国钊,Iizaka H,Tong S.中国的外国直接投资：政策、近期趋势与影响.全球经济评论,2004,32(2)：99-130.

冯国钊,Korhonen I,Li K,Ng F.中国以及中欧和东欧国家：地区网络、全球供应链或国际竞争对手?.经济一体化杂志,2009,24(3)：476-504.

冯国钊,Lau LJ,Xiong Y.美国中国双边贸易平衡的调整估计-更新.亚太经济评论,2006.11(3)：299-314.

Hummels D,Ishii J,Yi K.国际贸易垂直专业分工的本质与增长.国际经济学杂志,2001(54)54：75-96.

Lau L J,Chen X,Cheng LK,冯国钊,Pei J,Sung Y,Tang Z,Xiong Y,Yang C,Zhu K.美国中国贸易平衡国内附加值估计//第 295 号工作论文.斯坦福国际发展中心：斯坦福大学,2006.

Lau LJ,Chen X,Cheng L,Sung Y,Yang,C,Zhu K,Pei J,Tang Z.控制中国加工出口的新型非竞争进口型投入占用产出模型.中国社会科学(中文版),2007,2(5)：91-103.

Ng F,Yeats A.东亚生产分成：谁为谁生产了什么,为什么?.LK Cheng,HKierzkowski.东亚的全球生产与贸易.波士顿：克鲁维尔学术出版社,2001.

Ng F.亚洲主要贸易趋势——地区合作与增长有何影响.世界银行政策研究工作论文 3084,2003.

Ping X.垂直专门化、产业内贸易与中美贸易关系.北京大学中国经济研究中心课题组,第 C2005005 号,2005.

Rodrik D.中国出口为何如此特殊.中国与世界经济,2006(14)：1-19.

Schott P.中国出口的相对复杂性.经济政策,2008(53)：5-40.

Tong SY.美国中国贸易平衡：究竟有多大？.中国：国际杂志,2005,3(1).

Tong SY.全球危机与中国贸易调整.DL Yang.全球衰退与中国政治经济.纽约：帕尔格雷夫·麦克米伦出版社,2012.

Tong SY.中国经济仍属高度出口导向型.Wang Gunwu,Zheng Yongnian.中国：发展与管理.新加坡：世界科学出版社,2013.

Tong SY,Siew Keng Chong.中国贸易前景与中国东盟贸易关系.Y Zheng,SY Tong.中国与全球经济危机.新加坡：世界科学出版社,2010.

Tong SY,Yi Zheng.中国贸易加速与东亚地区生产网络的深化.中国和世界经济,2008,16(1).

Tong SY,Yi Zheng.中国日益严峻的外部不平衡：贸易、外国投资与地区生产分成.D. Yang,L. Zhao.中国改革 30 年.新加坡：世界科学出版社,2009.

Wong J,Tong SY.中国同东亚的新型关系.ST Devare,S. Singh,R Marwah.崛起的中国：亚洲伙伴关系前景.新德里：劳特利奇出版社,2012.

Xing Y,Detert N.iPhone 如何加大美国同中国的贸易赤字.亚洲发展银行第 257 号论文.东京,2010.

第14章

中国引进外国直接投资和对外直接投资

作者：黄亚生[①]

中国现已成为世界上外国直接投资最大的接受国和输出国。如图 14-1 所示，1979 年至 2011 年，中国吸收的外国直接投资累计达到 1.177 万亿美元。图 14-2 显示了流动数字。[②] 2010 年，流入中国的外国直接投资达到 0.105 7 万亿美元，大致相当于美国当年引进外国直接投资的一半。但可以论证的是，中国引入的外国直接投资对于中国经济的影响则大于外国直接投资对于美国的影响。正如本章随后会讨论的那样，流入发达国家的大部分外国直接投资实际上是并购协议，而几乎所有流入中国的外国直接投资都是绿地投资。

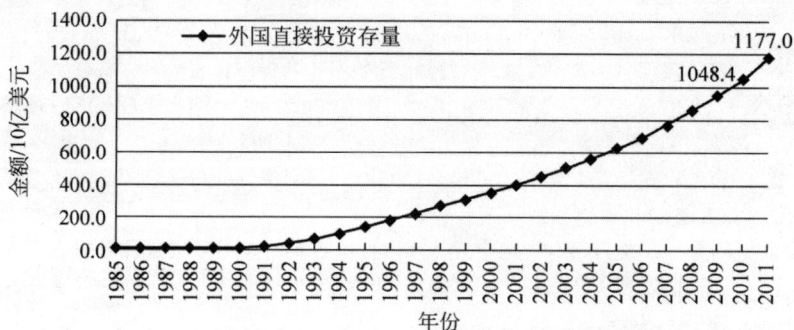

图 14-1　中国引进外国直接投资存量

资料来源：NSB(2012)。

在对外输出方面，中国只是后起之秀，但其对外直接输出投资（通常称为对外直接投资，OFDI）的增速却非常快。截至 2010 年，中国对外直接投资存量达到 3 172 亿美元。鉴于中国只是新近开始对外直接投资，其在全世界对外直接投资存量中仍然只占很小的比例。中国现在只占世界对外直接投资存量的 1.5%，差不多 10% 的对外直接投资流向了发展中国家。但在 1990 年，中国对外直接投资存量仅为 40 亿美元，到 2000 年也才 280 亿美元。现在，中国对外直接投资总量已经超过了新加坡和巴西。

本章将探讨有关中国引进外国直接投资和对外直接投资的部分基本事实。主要论点有两个：第一，如何测算引进外国直接投资和对外直接投资以及两者间的关系，这都是非常复

[①]　本章撰写得益于 Rui Kong，Hong Gao，Lin Fu 所做的卓越研究。在此特别说明。

[②]　如无特别说明，本章中所有有关中国引进外国直接投资和对外直接投资的数据均来自国家统计局 2012 年发布的《中国统计年鉴》。

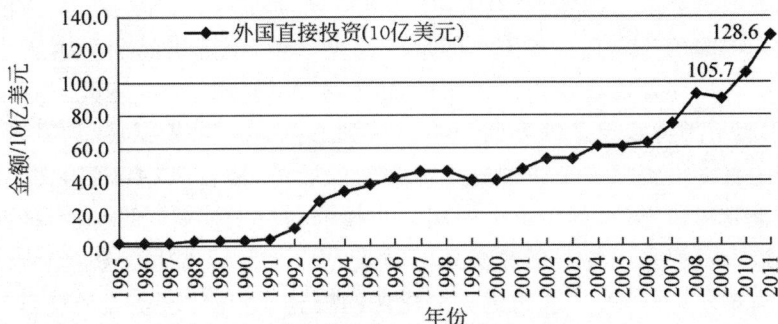

图 14-2　中国引进外国直接投资流量测量

资料来源：NSB(2012)。

杂的问题。第二,除针对企业的特殊因素(即外国直接投资经济学家一般都会强调的那些因素)外,中国引进外国直接投资和对外直接投资,虽然并非全部但也绝大部分是由中国经济的制度特点所推动的。

14.1　引进外国直接投资

首先,最重要的就是对外国直接投资进行准确定义。如果外国投资导致了对国内资产的"外国控制",则称为"直接"。那么,根据国际货币基金组织的定义,外国直接投资是指"在投资人以外的经济体所经营的企业中拥有持续利益的一种投资,其目的在于对该企业的经营管理具有有效发言权"。

对于外国企业是否具有"有效发言权",门槛的设定问题则需要判断。发达国家一般设定的门槛为 10％。这是经济合作与发展组织各成员国通行的定义,并写入了国际货币基金组织国际收支手册第五版中。意指有关外国直接投资最为标准的数据来源认为 10％就是门槛。另外的定义问题是如何构成"直接"。大众媒体,甚至是学者们经常认为,外国直接投资是指促使建造实际资产的投资,如工厂,但事实并非如此。外国直接投资可以通过收购以及公开资本市场实现,如证券交易所。外国直接投资的定义特点是资产净值门槛,而非投资或资产交易的形式和场所。按照这个定义,如果某家外国企业在美国纽约证券交易所购买了超过 10％的某只股票,在国际收支统计上来看,这种资本流入就称为外国直接投资,而非证券投资①。

在此,要注意的是中国同其他国家在外国直接投资定义方面的重要差别。在中国,只有外国资产股份达到或超过 25％的外国证券资本流入才能称为外国直接投资。20 世纪 90 年代,中国开始向外国投资开放 B 股市场,而 B 股市场的所有外国投资都不能算作外国直接投资,因为其股份并未超过发行企业的 10％。1993 年,福特公司购买了 B 股市场江铃汽车 20％的股份(Ma,1995)。根据美国定义,该项交易可算作外国直接投资,而中国则不然。

中国对外国直接投资和企业控制设定了更为严格的门槛。针对外国直接投资存在不同的统计门槛,这样在比较中国同其他国家的外国直接投资数量时就会出现问题,因为中国的

---

① 有关外国直接投资的标准定义的更为详细的讨论可参见 E. M. 格拉哈姆和 P. R. 克鲁格曼(1994)的论文。

定义排除了那些取得某家中国企业 10％～25％股份的那部分外国投资。因此,中国的分类制度低估了流入中国的外国直接投资。但从概念上来说,中国更高的外国直接投资门槛事实上有助于分析者抓住外国直接投资概念的核心,即外国直接投资是关于对某家国内企业的"外国控制",而不是特定数量的外国资本。正如 Graham 与 Wada(2001)指出的,流入美国的大部分外国直接投资促成了对现有上市企业的收购,而流入中国的大部分外国直接投资则促成了新企业的建立。(英国也是外国直接投资的流入大国,但很有可能几乎所有流入英国的外国直接投资都是到英国证券交易所购买股票。)由于相比西方的上市公司,中国资产的所有权更为集中,外国人必须购买更大比例的股份才能对"该企业的经营管理具有有效发言权。"

另外一个需要澄清的重要问题就是"外国"的定义。中国大量的外国直接投资包括来自华人经济体的资本,如香港地区、台湾地区和澳门地区。2000—2011 年,来自上述 3 大华人经济体的直接投资占中国引入外国直接投资总量的 48.8％[1],而其中,来自香港的直接投资就占中国引入外国直接投资总量的 43.3％。由于这 3 个华人经济体在政治上同中国内地存在关联,尽管程度上有所不同,形式上也较为复杂,但问题在于这种资本应该如何计算。如果来自这 3 个华人经济体的直接投资重新确定为国内资本流动,那么,相对其经济潜力,中国在外国直接投资方面则属落后者而非先进者。Wei(1995)认为,如果只算来自经济合作与发展组织的外国直接投资,中国则属落后者。他排除了来自华人经济体的直接投资,其根据不是因为华人经济体同中国存在政治关联,而是因为来自华人经济体的直接投资并非传统形式的外国直接投资。

将来自华人经济体的直接投资归为外国直接投资是错误的。请注意,国际货币基金组织将外国直接投资定义为两个不同经济体间的投资活动,而非两个不同国家。某种情况下,不同的经济体可能仍然属于同一政治主权实体(国家)。香港地区和澳门地区现在属于中国的主权领土,但无法改变的事实却是,同中国内地的企业相比,香港和澳门地区的企业处于完全不同的经济和管理制度。香港和澳门地区有自己的货币、经济体制和法律体系。此外,它们也是独立的世界贸易组织成员,其政府实行自主的货币、税收和关税政策。上述这些情况在台湾地区更为如此[2]。

然而,华人经济体的存在,尤其是香港地区,确实会造成外国直接投资数据和现象失真,这种失真会促使人们高估中国引进外国直接投资和对外直接投资的真实规模。这是因为存在外国直接投资"往返"的情况,即资本首先作为对外直接投资流出去,然后作为外国直接投资引进中国。因此,"往返"外国直接投资对于中国总体资本流入并无影响,因为这种流入的资本应当同最初流出的资本抵消掉。

几乎所有的往返外国直接投资都以香港地区为交易渠道。有一个间接证据,大量的外国直接投资从香港地区以及英属维尔京群岛等地区流入中国,又有大量的对外直接投资流向这些地区。2005 年至 2011 年,中国来自香港地区和英属维尔京群岛的直接投资比例分别达到 44.6％和 14.7％,而来自日本的比例仅为 5.8％[3]。流出方面,中国 2010 年流向香

---

① 本节中提供的数据是指利用的外国直接投资,数据来自中国国家统计局(2011 年)。

② 中国加入世界贸易组织后,台湾成为独立成员。

③ 从 2000 年到 2011 年,香港、英属维尔京群岛和日本的比例分别为 40.4％、13.0％和 7.0％。

港地区、开曼群岛和英属维尔京群岛的直接投资占中国对外投资总量的 70% 左右。

很难知道往返外国直接投资的准确数量。世界银行估计,1992 年往返外国直接投资占外国直接投资总额的 25% 左右[①]。也有更低水平的估计称,上海 1980 年至 1992 年 15% 的外国投资来自香港的中国分公司(Naughton,1996,第 316 页)。Tseng 与 Zebregs(2002)在报告中估计,1996 年的往返外国直接投资占中国引进外国直接投资的 7% 左右。可以设想,中国的往返外国直接投资促使人们高估了中国引进外国直接投资的真实规模。

下面几段将提供部分分解得更为详细的中国引进外国直接投资的数据。引进外国直接投资对于一个经济体的重要性并非与其国内生产总值规模及其资本投资水平绝对相关而只是相对相关。在对中国引进外国直接投资进行相对测算这个方面,存在部分有趣的趋势。

如图 14-3 所示,1992 年以前,外国直接投资同国内生产总值的比值非常低,低于 1%。但这一比值从 1992 年突然上升,1994 年达到顶峰 6%,是 1991 年的 6 倍。到 2004 年,这一比值又降至 3%。中国在这段时间内最为依赖外国直接投资,但不管是 3% 还是 6%,中国的外国直接投资比值都是世界上最高的。发达国家常见的比值为 3% 左右;在部分发展中国家,这一比值要高一些,在 3%～4% 左右。没有一个大陆经济体能够像中国那样达到 3% 或 6%。2005 年以后,外国直接投资比值下降愈加迅速。到 2011 年,已经降到 1.7%,这样中国对于外国直接投资的依赖程度已经达到正常国家水平。2010 年,世界平均比值为 1.8%,同中国比值差不多。外国直接投资存量同国内生产总值的比值趋势见图 14-4。正如预计的那样,该比值比外国直接投资流量同国内生产总值的比值更晚达到峰值。

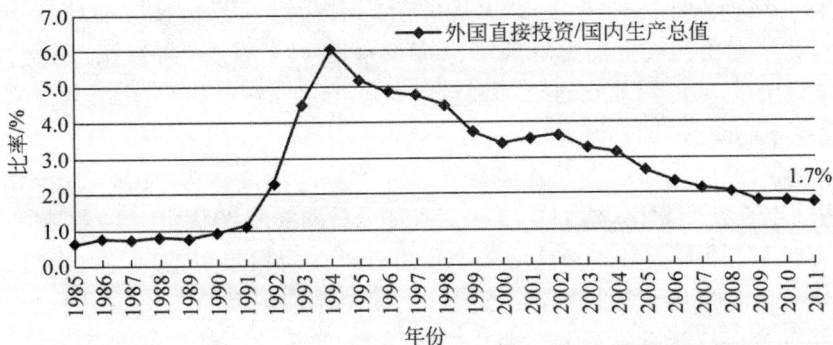

图 14-3　外国直接投资流量与国内生产总值比率(1985—2011)

至于中国引进外国直接投资的产业分布情况,两大流入产业为制造业(47%)和房地产(23%)。有部分证据表明,两大产业的比例日益降低,中国引进外国直接投资的产业分布也随着时间的推移越来越平均。也有部分证据表明中国引进的外国直接投资在地理分布上越来越分散。传统上,外国直接投资集中于几个沿海省份,但近年来这种情况发生了迅速变化,内地的外国直接投资比例日益扩大。转折点似乎发生在 2003 年,在此之前,沿海地区与内地在外国直接投资方面的比例大体上是稳定的。1995—2003 年,沿海地区的比例在 84% 左右窄幅变化,内地则为其余部分。但从 2003 年开始,沿海地区的比例急剧下降,2003 年

[①]　参见世界银行(1996 年)以及曾旺达和哲布克(2002 年)。我在此前的研究中,利用 20 世纪 80 年代到 90 年代中期的数据,将中国的资本流出同外国直接投资流入进行了对比,得出了类似的估计。根据该方法,往返外国直接投资占中国的外国直接投资流入的 23% 左右。参见黄亚生(1998 年),尤其是第 3 章。

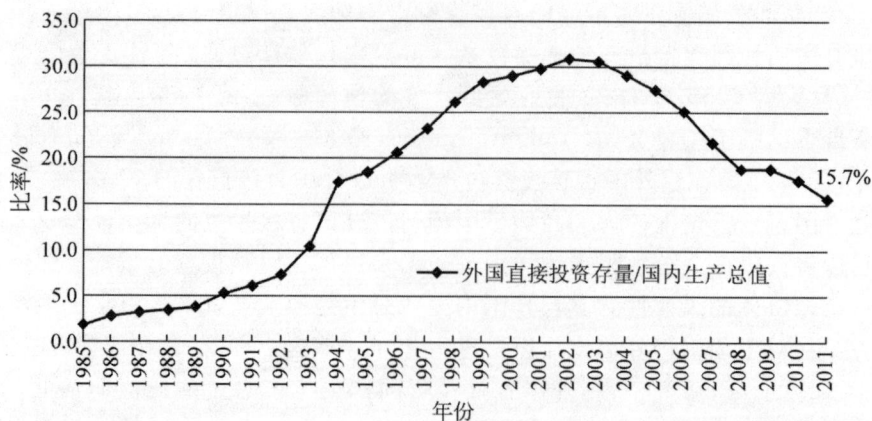

图 14-4　外国直接投资存量与国内生产总值比率（1985—2011）

尚为 84％，到 2010 年仅为 69％。

尚不清楚为什么 2003 年是转折点，这种变化可能同中国房地产自 2003 年开始蓬勃发展有关。房地产繁荣可能会带来大量影响，其一就是推高沿海地区的生产成本，迫使制造业投资转向内地。其二则是北京、上海等一线城市（全为沿海地区）的房地产价格迅速增值，促使第二波房地产投资转向内地，到二线和三线城市，很多都属于内地省份。

可能这种产业构成的变化也可以解释外国直接投资比例在长江三角洲的增加以及珠江三角洲的降低。这种地区性的变化与 2003 年外国直接投资开始转向内地省份同步进行。2003 年以前，珠江三角洲占中国引进外国直接投资的 30％以上，而长江三角洲只有 25％。到 2010 年，两个地区的比例几乎进行了对调。长江三角洲现在占到了 28％左右，而珠江三角洲只有 10％。

为什么中国能够吸引如此多的外国直接投资？经济理论认为，企业之所以愿意到海外投资，是因为同本土企业相比，他们在海外拥有部分针对企业的优势。这就是所谓的外国直接投资的产业组织理论[①]。将该理论用于中国引进外国直接投资的问题则会导致大量的难题。中国引进的大量外国直接投资具有低技术、简单制造以及出口导向等特点。这并不意味着这种类型的外国直接投资流入不会让中国受益，但传统上强调技术重要性的外国直接投资流入的经济学理论在此可能并不是特别适用，可能是因为存在往返外国直接投资。外国直接投资产业组织理论的基础推论认为，外国直接投资成本较高，只有那些具有特殊竞争优势的投资者才能进行对外直接投资，并且克服在不熟悉的外国经济、政治和文化环境下进行运作的内在不利条件。但是，由于往返外国直接投资的投资者不会面临这些内在不利条件，因此即使其运作并非高技术类型，他们也能够在中国取得商业成功。

同样，这一推论也能够解释海外华人在华投资的优势所在。从 20 世纪 90 年代初开始，来自香港地区、台湾地区、澳门地区和东南亚的华人就在中国引进的大量外国直接投资中占据较大比例。1978 年至 1999 年，香港地区、澳门地区和台湾地区占中国引进外国直接投资存量的 59％，2000 年至 2011 年，香港地区、台湾地区和新加坡占中国引进外国直接投资存量的 54.4％。华人的直接投资所占比例非常大。以澳门为例，这是一个小岛经济体，人口

[①]　Hymer(1976)这篇杰作，Caves(1996)进行了重述。

55万,主要以赌博业和洗钱闻名,却在中国内地进行了大量的投资。1994年,从澳门地区引进的直接投资达到5.09亿美元,是韩国投资的70%,德国投资的197%,英国投资的74%,加拿大投资的236%。

2011年,中国引进外国直接投资的9大资金来源经济体包括香港地区、英属维尔京群岛、开曼群岛、日本、德国、美国、新加坡、韩国和台湾地区。英属维尔京群岛和开曼群岛在这份列表中的突出地位尤其让人感兴趣。主要同这些资金的作用有关,包括推动资金外流、逃税以及往返外国直接投资,关于这个主题,我会在讨论中国对外直接投资的时候进行探讨。中国引进外国直接投资的来源地较为分散。除香港地区和英属维尔京群岛外,没有一个资金来源经济体能够在中国引进外国直接投资总量中超过10%。并且,来自华侨的外国直接投资比例也在逐年上升。

中国加入世界贸易组织之后,来自非华侨来源国的外国直接投资比例一开始有所增加,但从2005年开始,其比例开始下降,从2008年开始,其绝对数量也开始下降。如图14-6所示,华侨带来的外国直接投资比例在2005年低于40%,但从那时起,这一比例逐渐上升,到2011年已达到70%。如图14-5所示,2011年,海外华人带来的外国直接投资达到800亿美元,是其他来源外国直接投资水平的两倍。

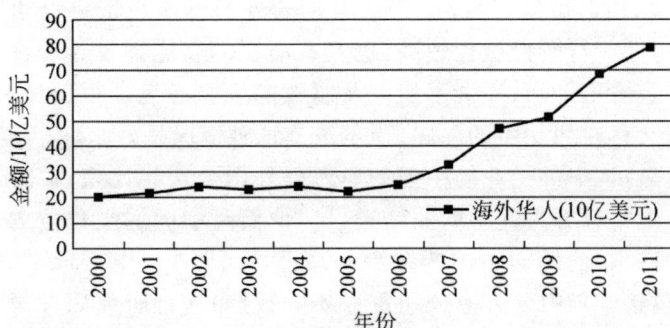

图14-5 不断增加的海外华人外国直接投资

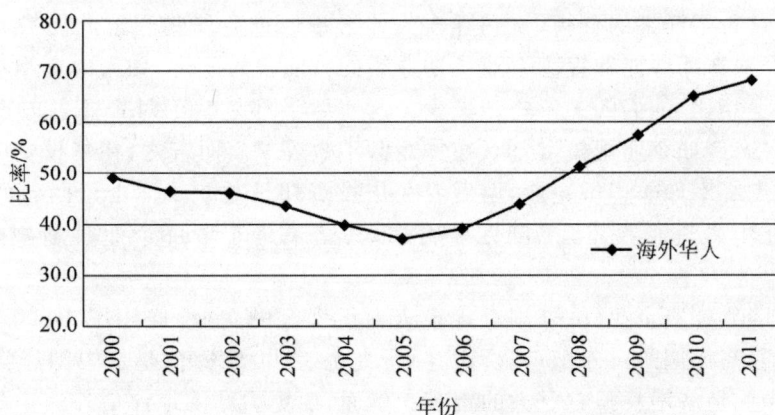

图14-6 不断增长的海外华人外国直接投资份额

外部分析者通常会羡慕中国能够得到海外华侨如此多的资金。例如,印度的很多人就会哀叹这么一个事实,海外印度人在印度的投资就不如华侨在中国的投资那么多。这种看法值得进行更为深入的探讨。首先,重要的是要弄清来自华侨的外国直接投资同来自非华侨的投资之间是互补关系还是替代关系。现有证据表明,两者间逐渐呈相互替代关系。如前所述,2005年起,来自华侨的外国直接投资剧烈增加,而非华侨的投资则相对减少,甚至近几年变成绝对减少。例如,德国企业2006年在华投资了20亿美元,而2011年仅有11亿美元。美国企业2002年投资了54亿美元,2011年仅有24亿美元。来自日本的外国直接投资从2005年的65亿美元降至2011年的53亿美元。难道是华侨的外国直接投资挤走了西方投资?答案似乎如此,至少近期是这样。

重要的是要区分出这种变化趋势的供需双方。有人会提出,正是因为2008年金融危机才导致来自西方发达国家的外国直接投资减少。此次金融危机具有一定影响,但并不是很大。来自美国、日本和韩国的外国直接投资在2008年以前就达到了最高点,华侨的外国直接投资比例上涨在2008年以前就持续了多年。2008年并不是转折点,更有可能是因为中国经济构成的转变,更为依赖房地产,从而导致中国引进外国直接投资的来源地比例发生变化。华侨企业在房地产这个领域地位突出,具有较强的竞争优势。

这种替代效应对于中国经济可能是一个问题。从表面看来,华侨的外国直接投资日益集中于房地产行业。中国在2011年引进的外国直接投资约为1 160亿美元,其中20%左右投向了房地产行业[1],由此可见,房地产行业引进的外国直接投资完全由华侨投资者掌控。众所周知,中国的房地产行业投机性较高,也具有潜在的高度挥发性。此外,中国的房地产行业也是中国宏观经济不平衡、社会不稳以及腐败的主要源泉。中国经济中的一个部门拥有如此巨大的投资又存在如此多的问题,尚不清楚这种情况是好是坏。

宏观数据分析显示,华侨企业同中国的非海外外国公司相比表现一般要差些。许多人认为华侨企业在中国应有更为优秀的业绩记录。他们对中国的文化更为了解,对中国的市场和商业环境更为熟悉,他们同中国的政治联系也更为紧密。Huang、Li和Qian(2013)在对大量企业数据(包括8年内5万家公司每一年的数据)进行研究后发现,这些假定都是错误的。他们发现,根据一套常见的收益率测算方式(例如,资产收益率和权益回报率)来看,中国的华侨企业业绩并未超过非华侨企业,并且其表现情况随着时间的推移越来越差。

然后作者进行了详细的分析,试图弄清为什么华侨企业那些假定的优势并不存在。他们发现,华侨企业在那些能够提高企业长期业绩的方面投入不足,如人力资本和技术。同中国的非华侨企业相比,他们的无形资产更少。这些结果都是基于对企业各方面属性进行详细研究后得出的,例如企业规模、产业、在华运营年数等。简而言之,在华投资的华侨企业在质量上和业绩上都不如非华侨企业,而后者在华投资却日益减少。由于两者间存在替代效应,华侨企业在中国进行投资,比例逐渐增加,其结果是非华侨企业日渐减少,这种情况堪忧。

截至2010年,外资企业(由外国直接投资提供资金的企业)雇用了1 000多万名工人,同时也创造了很高比例的对外出口。有几项研究也表明,外资企业是中国经济中最具生产性的企业,对中国经济增长具有巨大的贡献。然而,要更为精确地评估外资企业的经济贡献不仅需要列出其总体贡献值,还要确定其贡献净值。2007年以前,中国政府向外资企业提供大量的税收减免优惠,向国内企业尤其是国内私营企业征税来弥补税收。

---

① 该数字来自国务院华侨事务办公室2012年8月发布的报告。

中国针对外资企业给予了大范围、大规模的优惠政策（Qian，2003）。近来有几项系统性的研究试图分析出这些政策优惠所带来的影响。Huang 与 Tang（2010）利用增值税数据研究发现，给予外资企业的税收政策优惠不仅存在于税收立法层面，也存在于税收执法层面。Guariglia 和 Poncet（2008）研究发现，对于私营企业的金融歧视以及外资企业在中国经济中进行有效竞争的能力，两者间存在相互影响。Huang、Ma 和 Zhang（2012）对具有技术同质性的某个产业进行了考察估计，认为针对国内私营企业的金融歧视导致了外国投资者和国内企业共同创建在合资企业中 30％左右的股份损失。

鉴于外资企业享受到了大量的政策优惠（明里暗里由私营企业或中国家庭提供资金），在评估外资企业的贡献时有必要设定更高的标准，而不是简单地列出其雇用和出口比例。最为中肯的贡献标准是外资企业对中国经济的生产率溢出，这也是评估外国直接投资贡献程度的标准方法（Haddad 与 Harrison，1993）。有无数的研究考察了中国外资企业的生产率溢出情况，这些研究中最好的定位认为其结果是兼而有之或者是负面的（不具有溢出效应）。Hale 和 Long（2011）进行了最为全面的研究。该研究论文对有关中国的外国直接投资的实证文献进行了评估，并进行了实证分析。研究发现，有关外国直接投资溢出效应的正面结果要么是因为聚合误差，要么是因为没能对外国直接投资的内生性效应进行控制。其文章总结认为，"尝试对 6 000 例案例进行考察，并考虑到了前向和后向联系，我们未能找出中国的外国直接投资存在系统性正面生产率溢出的证据"。

14.2　中国对外直接投资

同引进外国直接投资相比，中国对外直接投资的历史更短，对其进行的学术研究也没有那么多。这一节将相对简短一些。

图 14-7 显示了 1991 年至 2010 年中国的对外投资。其模式相对惊人。2004 年以前，中国企业对外投资较少，年均 10 亿～40 亿美元。从 2004 年开始，中国对外投资陡然增加。2005 年为 120 亿美元，经过短短 5 年时间，到 2010 年，达到了 688 亿美元。中国已成为世界上对外直接投资的重要来源地，2010 年约占世界总额的 4％，在流向发展中国家的对外直接投资中占 18％左右。

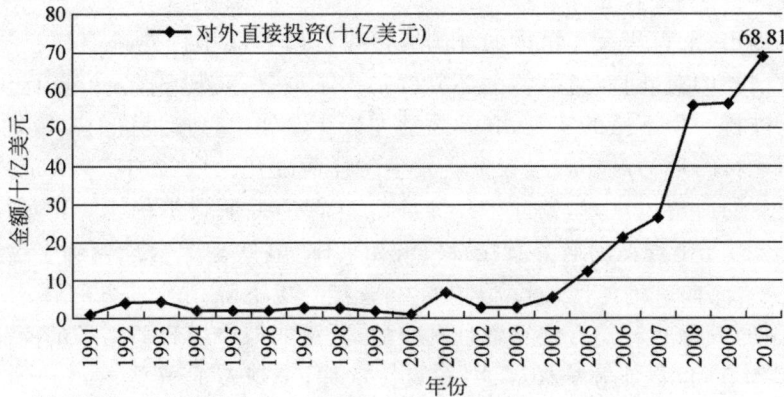

图 14-7　中国的对外直接投资（1991—2010）

资料来源：中国国家统计局。

　　理论上认为一个国家是逐渐地提高企业竞争力。而事实是,中国对外直接投资在 2005 年至 2010 年的短短 5 年内增长了 10 倍,这是中国对外直接投资受政策或政策变化驱动或者至少是吸引的初步证据。政策才是中国对外直接投资更为重要的决定因素,而不是针对企业的特殊因素。这一时期比较重要的政策变化则是人民币的增值。从 2005 年起,人民币增值超过了 20%,因此用人民币计算的对外采购价格也下降了 20%。但是,10 倍的增值远远多于 20% 的货币增值,因此必须有其他方面的变化而不是货币增值来解释中国对外直接投资大量增加的原因。

　　中国的对外投资模式同其他意义上的理论预期并不相符。传统经济学理论认为,一个国家会向那些具有绝对优势的产业进行对外直接投资。因此,日本企业一般会向汽车和电子产业投资;美国企业会向高技术产业投资,而德国则是精密机械。根据这种理论,中国的大量对外投资应当来自中国的制造部门。众所周知,中国在制造方面很有竞争力,被称为"世界工厂"。但数据与预期恰恰相反。截至 2010 年,中国制造产业的对外直接投资存量仅为 178 亿美元,占中国对外直接投资总额的 5.6%,实际上截至 2004 年还占 10%。显然,中国对外直接投资的大规模增长并非是由大家普遍认为的最具竞争力的制造部门所推动的。到目前为止,中国的对外直接投资主要在服务业:租赁、商业服务、金融服务、零售和批发等。例如,总部位于深圳的电信巨头华为技术有限公司就是海外最为活跃的投资者之一。华为最初是在设备制造方面独占鳌头,但现在已扩大到向客户提供重要服务,且服务业的比例一直稳中有升。2004 年,服务业的对外直接投资占对外直接投资存量总额的 74.8%,2010 年为 79.4%。其中一个原因可能是中国企业利用对外直接投资来获得知识技术和销售渠道。我们认为,中国企业在制造方面具有传统优势,但他们缺乏同客户、品牌以及销售渠道进行直接交流的机会。服务业对外直接投资有利于中国企业前向整合,获取知识技术以及必要的资产。这只是貌似可信的猜想,由于数据太少,难以直接测试。

　　服务业对外直接投资占主体的另一个解释就是中国房地产的蓬勃发展。中国大部分的服务业对外直接投资都流向了可称为"特殊用途目的地"的那些地区,如香港地区、开曼群岛和英属维尔京群岛。特殊用途目的地的功能就是有利于逃税、资金外流以及往返外国直接投资等。这些对外直接投资被归为服务业对外直接投资,即香港的服务活动、开曼群岛和英属维尔京群岛的金融服务活动。特殊用途目的地的主要作用就是存在如此大规模的服务业对外直接投资的原因之一。

　　该分析还提出,来自华人经济体的外国直接投资增长同中国对外直接投资的剧增有关联。中国日益增长的对外直接投资,一部分就是为了向往返外国直接投资提供资金。针对这种猜想可以进行一个不错的实验,看看鼓励进行往返外国直接投资的政策发生变化后,中国流向特殊用途目的地的对外直接投资会发生怎样的变化。2007 年,中国统一了针对外资企业和国内企业的所得税税率,消除了外资企业享有的一项政策优惠。正如图 14-8 所示,2006 年,中国流向开曼群岛的对外直接投资开始下降,显然是因为预判到了这项政策,而该项政策实施之后,流向香港地区的投资也在 2008 年开始下降。

　　当然,中国的大部分对外直接投资是真实的,这可能与中国日益增长的商品和能源需求有关。BP(2012)在《世界能源统计评论》发表文章称,全球石油贸易在 2011 年增长了 2%,而中国就贡献了大约 2/3 的增长,其每天净进口 600 万桶石油,年度增长 13%。同时,美国净进口石油占 29%,低于 2005 年的峰值水平。从广义能源消费来看,中国就占据了 2011 年全

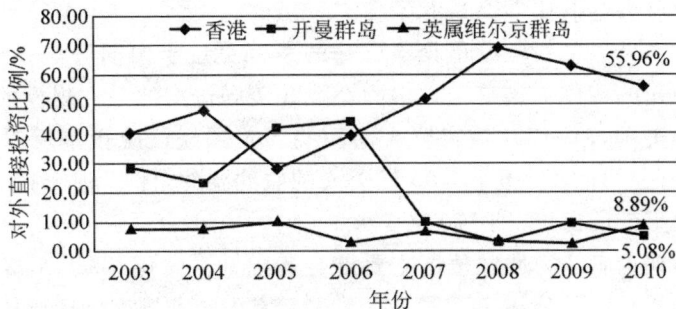

图 14-8　对三个特殊目的地直接投资份额

球能源消费增长的 71％。

中国对外直接投资的不断增长与其能源消费的增长几乎同步进行。根据中国国家统计局的数据,2003 年至 2006 年,中国从净能源出口国变为净能源进口国。如前所述,这一时期也正是中国对外直接投资开始增长的时期。令人惊讶的是,中国对外直接投资存量中采矿业的比例并未得到明显提升。2004 年,其比例为 13.4％,而 2010 年仅为 14.1％。

其中一个可能性就是,中国的能源勘探只有部分采用产权交易的形式,而中国的贷款项目和政策拨款可能远比对外直接投资更为重要。例如,中国开发银行提供大规模的贷款项目,资助拉美和非洲的能源勘探活动。根据布鲁金斯学会发表的一份报告,中国开发银行 2009 年和 2010 年提高了拉美和中亚的能源企业和政府实体的授信额度,总额达到 650 亿美元[①]。这一项就几乎等于中国 2010 年的全部对外直接投资(680 亿美元)。中国另一家政策银行——中国进出口银行,2001 年至 2010 年向非洲项目提供了 672 亿美元贷款,超过世界银行同期提供的 547 亿美元贷款[②]。

中国对外直接投资的地区分布也并不能反映出能源在中国对外直接投资中的重要作用。到目前为止,亚洲为中国对外直接投资最大的目的地,从流动数量上看,占 65.3％,从存量上看,占 63％。拉美的比例较为稳定,2004 年为 13.9％,2010 年为 13.8％;非洲所占比例几乎变为原来的 3 倍,2004 年为 1.5％,2010 年为 4.1％;澳大利亚所占比例翻番,2004 年为 1.2％,2010 年为 2.5％。

尽管与能源相关的对外直接投资比例较小,但由于能源是政治敏感性很强的领域,所以其受到的审查也比制造业投资严格得多。这可能是中国的对外直接投资引起如此多的关注的原因之一。虽然非洲所占比例相对较小,2010 年只占中国对外直接投资的 3.1％,但由于非洲大陆存在政治管理低下、贫穷以及人权侵犯等情况,在中国介入后仍然争议不断。也有批评称中国向非洲投资纯粹是为了榨取资源而不是带来大量的就业机会。

能源与政治之间具有双重联系。一方面,能源勘探在很多国家被视为与外交政策和安全问题息息相关。另一方面,政府在能源勘探领域发挥着更为重要的作用。对这两方面的顾虑都关系到中国向美国的对外直接投资。从 2000 年到 2012 年第 2 季度,中国对美国的对外直接投资存量达到 209 亿美元。其中,化石燃料和化学品的比例约为 39.7％(83 亿美

---

① 见 http://www.brookings.edu/research/papers/2011/03/21-china-energy-downs。

② 见 http://www.theafricareport.com/north-africa/chinas-exim-bank-africas-largest-financier-looks-for-an-even-bigger-role.html。

元），有估计认为政府参与的比例高达 69％①。

中国对美国的对外直接投资中最具争议性的案例莫过于中国海洋石油总公司 2005 年收购优尼科石油公司的事件。这是当时中国企业在美国进行的最大规模的收购尝试。中国的出价遭遇了来自美国媒体和政治家巨大的阻挠。美国众议院投票反对了该项协议。最终，中国海洋石油总公司撤回了价值 185 亿美元的收购要约，优尼科石油公司转而接受了雪佛龙股份有限公司更低的出价，即 170 亿美元。

尽管众多中国评论者认为此次争议主要源自美国针对中国的"遏制战略"，但更为简单的解释则是中国海洋石油总公司为一家国有公司。有人担心国有的中国海洋石油总公司可能会充当中国政府的代理人，从而危害美国能源资产的安全。应注意 2004 年联想公司对国际商用机器公司(IBM)制造部门进行并购一事，由于人们普遍认为联想公司不算国有，因此那次收购并未出现争议。在特定产业进行收购并非只有中国才会面临争议。日本 20 世纪80 年代的收购活动就普遍遭遇了美国政府的反对，原因是出于国家安全考虑。20 世纪 80年代，日本收购失败的最著名案例就是富士通公司在 1986 年企图收购快捷半导体公司，而富士通公司最后也同样撤回了出价。

结　　语

有关中国引进外国直接投资和对外直接投资，有几个方面需要特别注意。像中国这样一个政府在经济管理和资产所有权方面有着举足轻重的作用的国家，其对引进外国直接投资的开放程度可能是不同寻常的。事实上，中国在 2007 年之前针对外资企业的税收就要比国内私营企业更为优惠。中国在出口生产和投资方面的外国直接投资比例非常大，部分是因为中国经济的政策和制度特点，即中国引进外国直接投资的模式同人们根据经济学理论可能做出的预期有着很大的不同，例如在产业分布方面。

中国对外直接投资最为重要的问题在于国家参与的程度。中国对外直接投资大部分来自国有部门。2010 年，国有企业在对外直接投资中的比例占 66.6％，而由中央政府直接管理的国有企业提供了 70％的中国对外直接投资。这种在外国直接投资活动中的国有程度是史无前例的。香港地区、台湾地区、日本、韩国和印度进行对外直接投资的企业都属于私营企业，而中国大规模的对外直接投资意味着目前以私营企业为主要投资来源的国际制度在接受中国加入时会存在困难。要么是国际制度，要么是中国，必有其一做出调整，否则未来将会出现更多的政治问题。

参 考 文 献

Caves R E. 跨国企业与经济分析. 剑桥：剑桥大学出版社,1996.
Graham E M,Krugman P R. 对美国的外国直接投资. 华盛顿特区：国际经济研究所,1994.
Graham E M,Wada E. 对中国的外国直接投资：对经济增长和经济表现的影响. 堪培拉：澳大利亚国立大学,2001,9.

① 数据来源：中国投资监控. http://rhgroup.net/interactive/china-investment-monitor.

Guariglia A,Poncet S. 金融扭曲是不是根本不会阻碍经济增长？来自中国的证据研究比较经济学杂志，2008,36(4)：633-657.

Haddad M,Harrison A. 外国直接投资是否存在正面溢出？来自摩洛哥面板数据的证据研究. 发展经济学杂志,1993,42(1)：51-74.

Hale G,Long C. 对中国的外国直接投资是否存在正面溢出？太平洋经济评论,2011,16(2)：135-153.

黄亚生. 对中国的外国直接投资：亚洲视角. 新加坡：东南亚研究所,1998.

黄亚生. 出售中国：改革时代的外国直接投资. 纽约：剑桥大学出版社,2003.

黄亚生,Heiwai Tang. 中国的所有制偏见：增值税率的企业级分析（油印版）. 麻省理工学院斯隆管理学院,2010.

黄亚生,Jin Li. 种族划分值得吗？来自华侨在中国的外国直接投资的证据研究.（即将在《经济学与统计学评论》出版）

黄亚生,Yue Ma,Zhi Yang,Yifan Zhang. 没有发生火灾的火灾甩卖：解释中国的劳动密集型外国直接投资. 麻省理工学院斯隆管理学院第4713-08号研究论文,2008.

Hymer S H. 国际企业的国际运作. 剑桥：麻省理工学院出版社,1976.

国家统计局. 中国统计年鉴. 北京：中国统计出版社.

Tseng,W,Harm Zebregs. 对中国的外国直接投资：其他国家可吸取的教训. 国际货币基金组织政策讨论文件,2002,2.

Wei S. 吸引外国直接投资：中国是否已发挥潜能?,中国经济评论,1995,6(2)：187-199.

世界银行. 东亚的管理资本流动. 华盛顿特区,1996.

第15章

银行和金融机构

作者：易纲　郭凯

这一章对中国庞大而不断发展壮大的金融业作一个综述,主要论述自 1978 年以来金融业转化的改革过程。15.1 节作为历史背景对改革前的金融业作一个简单的概述。紧接着介绍自 1978 年以来银行、证券公司、保险公司和非银行金融机构的重大改革,最后通过介绍 2011 年中国金融业的概况来说明金融业发生的巨大变化。金融业的改革和发展与政策框架的改革和发展是相辅相成的,15.2 节主要介绍包括利率市场化、汇率形成机制改革、货币政策和银行监管的重要金融政策改革。15.3 节介绍了这些改革背后的逻辑,对我们所经历的复杂改革做一个鸟瞰。接着对整个金融业和金融机构做一个总结陈述,来说明这些年我们所达到的成就,更重要的是指出还需要做哪些努力。本章包括"十二五规划"中所提出的金融改革议程。

中国的金融业和中国的经济一样,在过去的 30 年中发生了巨大变化,从 1978 年市场化改革前的一些少数具有有限功能的金融机构到如今的一些世界最大银行、证券公司和保险公司的入驻。在撰写本文的今天,金融业仍然持续发展着,一些是规划的成就,更多的是由市场力量所驱动。要理解中国的金融业,首先必须对中国的整体经济改革做一个全面的认识,中国的整体经济改革使中国从一个封闭的、停滞不前的、中央计划的农业经济大国转变成了一个开放的、持续发展的、以市场为导向的工业经济大国。改革前,除了中央计划机制下的出纳和会计之外,中国的金融业没有发挥多大的作用,在很大程度上被边缘化甚至被淘汰,改革后,金融业逐渐开始发挥作用,越来越多的资源由市场所配置。我们必须清楚的一点是中国今天的金融业是改革和历史遗留部分的综合物,改革带来了巨大变化而历史遗留部分仍需解决。本章对中国的金融业做了一个概述,把形成中国当前金融行业的重大改革和发展作为重点来介绍。因为在一个章节中不能涵盖所有重要的改革和中国金融行业的方方面面,所以我们选择重点关注近年来银行业的一些改革,因为银行业在金融业中继续占据主导地位。

15.1　自 1978 年以来中国银行和金融机构的改革与发展

15.1.1　改革前的中国金融业

改革前中国经济属于中央计划经济,资源分配在很大程度上由政府决定(参见 Dwight Perkins 所写章节)。为了支持某些重点行业的发展,财政资源必须直接分配到行业中,一些如工资、利率和汇率的主要价格指标被严重约束和扭曲,这在市场经济中是不会发生的(Lin

等,2003)。

在这样一个中央计划经济的环境下,既没有条件也没有必要存在和发展一个真正基于市场供求关系确定价格和分配资源的金融业。改革前,中国人民银行(PBOC)即现如今的中央银行实际上是中国唯一的银行。除了担任政府的出纳和会计大任之外,中国人民银行的主要职能是吸收公众存款,为许多行业提供不属于财政拨款的短期贷款和营运资金(大部分是国有企业)。长期投资和中央计划营运资金属于财政预算。1978 年,只有 23.4% 的资金属于银行信贷,而其他的都是财政拨款。

当时的银行规模并不大也在情理之中。1978 年底,存款总额和贷款总额分别是 1 140 亿元人民币和 1 850 亿元人民币,相当于当时 GDP 的 31% 和 51%(Shang,2000)。改革前,其他的金融产品和服务基本上不存在。1978 年之前唯一的一家保险公司一直暂停其国内业务。在那种情况下,没有证券发行、交易和其他金融产品的市场。

15.1.2 银行业改革

1. 主要国有商业银行

1978 年标志着中国市场化改革的开始,总体来说,中国银行体系的改革和金融业的发展是主要部分。

中国农业银行(ABC)、中国建设银行(CCB)和中国银行(BOC)于 1979 年成立,分别作为农业贷款、基础设施和建设贷款、外汇业务的专业银行。1984 年,中国工商银行(ICBC)从中国人民银行分离出来成为商业贷款的专业银行,而中国人民银行成为中国的中央银行。专业银行的恢复和产生是建立商业银行体系的第一步。

与此同时,1979 年银行对企业的贷款作为一种资金分配的方式替代财政拨款开始试点。新的计划下,企业必须以还本付息的方式从银行融资,而不是没有任何代价地从财政拨款中获得资金。到 1984 年,银行贷款完全取代了对企业的财政拨款。这种实践通过有代价的金融业分配让资源充分流动起来,在当时看似是一小步,而在今天看来也没有什么特别之处。但这次改革建立了一个适合金融业发展的环境,价格也会随着时间的变化而变化。同样也创造了一个缓解和解决国有企业中普遍存在的"软预算约束"问题的前置条件(Kornai,1980)。

尽管做出了这些努力,但是为了一些诸如就业、社会稳定、转移支付和补贴的政策目标,在 20 世纪 80 年代和 90 年代早期,大量的银行贷款依旧是提供给国有企业的,而且很多国有企业在当时是亏损的(Lin 等,1999)。我们将给公司和银行都带来"软预算约束"问题的贷款归为政策贷款,因为即使公司不符合经济要求,依然可以从银行中继续获得银行融资,而银行对其业绩不佳和不良贷款率并不负责任。虽然政策性贷款在过渡阶段确保了社会和经济的稳定发展,但是它阻碍着银行的真正商业化。为了解决这个问题,1994 年成立了国家开发银行、中国进出口银行、中国农业发展银行这三大政策性银行,它们将承担政策性贷款的大任。另一方面,商业银行只负责提供商业贷款。虽然这次改革朝着正确的方向迈进,但是在国有企业主导的经济体中,政策性贷款和商业贷款的界限是非常模糊的。因此,在 90 年代末,银行继续扩展业务和展期,使其注定产生大量不良资产的贷款。

1997 年亚洲金融危机促使了主要国有商业银行改革的紧迫性。一方面,这场危机说明了金融危机是多么具有毁灭性,也揭示了有问题的资产负债表是银行的一个致命弱点。另一方面,当时四大主要国有商业银行的官方不良贷款率已经为 24.75%(Dai,2010)[1],而且随着危机之后经济增长的缓慢和企业利润的下降,不良贷款率甚至更高。

1998 年,财政部发行 2 700 亿元人民币的特种国债来对中国农业银行、中国建设银行、中国银行、中国工商银行四大国有商业银行(以下简称四大)进行资本结构调整。即使在资本重组之后,评估结果仍显示四大具有负资本,换句话说,在严格的审核标准下,它们属于所谓的"技术破产"(Tang,2005)。1999 年,在"好的银行和坏账银行"的银行决议出台之后,四大资产管理公司(AMCs)成立,从四大和国家开发银行中承担和处理了 14 000 亿元人民币的不良贷款。这些举措主要集中于处理银行的资产负债表,虽然意义重大,但是没有解决如法人治理、产权和市场约束这些更加根本的问题。

2003 年,中国加入 WTO,承诺在下一个五年过渡阶段对外资银行全面开放,在这种背景下,第二轮主要国有商业银行改革开始了。当时的担忧是中国银行在全面对外资银行开放的激烈竞争环境下无法生存下去。这一次,中央银行资产负债表的进一步调整涉及了四大。更具体地说,2003 年底,中央汇金公司作为一个政府投资公司以 450 亿美元的外汇储备作为注册资本成立。2003 年,中央汇金公司分别对中国建设银行和中国银行注入 225 亿美元资金,2008 年,中央汇金公司对中国工商银行注入 150 亿美元资金,对中国农业银行注入相当于 1 300 亿元人民币资金[2]。与此同时,中国建设银行、中国银行、中国工商银行和中国交通银行以市场价格向四大资产管理公司拍卖了大约 1 万亿元人民币的不良贷款[3]。经过这轮资产负债表的清理,主要商业银行比以前具有了更加坚实的金融基础。

更重要的是不同于第一轮改革,在这一轮改革中对于强化法人治理、明晰产权和引入市场约束方面做出了巨大努力,所以四大从根本上发生了改变。主要采取的措施包括引入战略投资者[4]、改进法人治理框架、强化内部控制、采用谨慎的会计标准和增加透明度。

最终,四大都成功地在上海交易所和香港交易所上市。四大的上市可以帮助它们筹集资金,但是更重要的是,它们的上市巩固了商业化方向,加强了严格的市场约束、监管和信息披露要求。截至 2011 年,四大的所有标准都高于监管要求,不良贷款率在 1%左右,而且非常盈利。虽然由于暴露于房地产行业和地方融资平台而令人们对于银行的资产负债表的状况有些许担忧,但是压力测试显示,主要国有商业银行强大的缓冲资本足以经受得起重大冲击(IMF,2011)。

2. 农村信用合作社

农村信用合作社(RCCs)相对于四大来说规模非常小,其改革公开度不是很高,但其改革的重要性一点也不比主要银行小。

农村信用合作社作为集体化运动的一部分来为农村地区提供金融服务,诞生于 50 年代早期(Shang,2000)。对农村信用合作社的重要性的认识必须要在理解农业和农村地区对

---

[1]　如果不良贷款分类更加合理的话实际的不良贷款率可能会比 24.75%更高。

[2]　中国交通银行同样也受到了中央汇金公司的注资。

[3]　2008 年从中国农业银行资产负债表中移除不良贷款 8 157 亿元人民币,这其中 1 506 亿元人民币转换为中央银行的免息贷款,665.1 万亿元人民币被放到了中国农业银行和财政部的共有账户下。如想了解详细情况请参阅中国农业银行 2009 年年度报告。

[4]　例如,中国银行的战略投资者苏格兰皇家银行、淡马锡控股公司、瑞银和亚洲开发银行,中国建设银行的战略投资者美国银行和富勒顿金融控股公司,中国工商银行的战略投资者高盛、安联和美国运通公司。

中国经济和社会的重要性的基础上。尽管在过去的 30 年中城市化进程非常迅速,但是中国大约一半的人口依旧生活在农村。农业依然承担着食品安全和提供就业的大任,所以总体来说农业对于经济和社会的稳定至关重要。农村信用合作社过去是,现在依旧是农村地区正规金融业的主要形式,而且在乡镇和偏远地区有着非常广泛的分支机构网点。农村信用合作社网点的职能对农村人口提供金融服务和确保农村整体经济的健康至关重要(Yi,2009)。

虽然从理论上来讲,过去的农村信用合作社是独立的会计单位,但实际上在 1996 年以前它是中国农业银行的基层单位。1996 年,农村信用合作社从中国农业银行独立出来,直接接受中国人民银行的监管。直到 2003 年,农村信用合作社的处境甚至比主要商业银行更糟。2001 年,农村信用合作社 44% 的贷款是不良贷款,46% 的农村信用合作社是亏损的,58% 的农村信用合作社具有负资本(Zhang 与 Gao,2006)。农村信用合作社的问题在某些方面跟主要银行的问题非常相似,比如较差的资产负债表和法人治理、产权和内部控制问题,但是在其他方面的问题更加严重和复杂,因为农村信用合作社非常之多(2003 年有超过30 000 家独立的农村信用合作社)、一般规模都比较小及多样化,而且都运营于没有其他金融机构竞争的偏远区域。

2003 年,资产负债表资产交换计划和注资计划发布,通过发行央行票据来利用中国人民银行的资产负债表清理农村信用合作社的资产负债表、注资、明晰产权和改善法人治理、改善内部控制和管理[①]。发行央行票据是为了交换农村信用合作社的不良资产然后填补资金短缺。但是,在对央行票据进行承诺、发行、兑现前必须做一些铺垫。这些铺垫就如同国际货币基金组织的贷款项目中的结构基准和性能指标,包括诸如资本充足率的数字指标和一些诸如明确股权结构、改善法人治理、加强内部控制和管理的关键改革。这次方案的设计遵循"刺激相容"的原则,利用中央银行的资源给农村信用合作社提供非常明确的刺激,让他们通过自己进行艰难的改革(Zhou 2004,Yi 2009)。

到 2010 年,超过 1 710 亿元人民币的资金通过央行票据计划注入农村信用合作社中。因此,农村信用合作社的资产负债表和资本状况都有了非常显著的改善。更重要的是,农村信用合作社向具有明确股权结构、良好的法人治理和严格的内部控制的农村盈利金融机构的转变取得了相当大的进展。之后,一些农村信用合作社变成了农村商业银行和农村合作银行。

3. 其他商业银行

主要国有商业银行和农村信用合作社的改革同样伴随着包括股份制和城市商业银行的其他商业银行的改革和发展。交通银行作为第一个股份制银行成立于 1987 年,在随后的十年中,有十几家国家和地区的股份制银行成立。建立股份制银行有两个作用:在主要由国有商业银行主导的银行业中引入更多的竞争,从中国的银行商业化方向的改善中获得经验。在 80 年代和 90 年代早期,城市信用合作社的迅速扩张暴露了其与生俱来的弱点,比如非常弱的内部控制和问题百出的公司结构,这就促使政府在 90 年代中期将城市信用合作社整合成了城市商业银行。第一个城市商业银行即深圳市商业银行成立于 1995 年,截至 2011 年,全国已经有 140 多家城市商业银行。与主要国有商业银行和农村信用合作社的改革相似,

---

① 同时也有一个相关的中央银行贷款计划,如果农村信用合作社满足每个偿款条件的话可以分几部分向中央银行支付贷款,但是只有极少数的农村信用合作社选择这个贷款计划。

很多股份制银行和城市商业银行在过去的十年中同样经历了一系列的改革措施：清理资产负债表、加强内部控制和风险管理、引入战略投资者和最终成功上市。

4. 证券、保险和其他非银行金融机构

中国的第一个证券公司于 1985 年在深圳成立。1990 年，上海股票交易所和深圳股票交易所启动，中国证券监督委员会作为证券业的监督和管理部门成立于 1992 年。在 90 年代，相关规章制度的建立在确保已经暴露了非常多的违规、投机和风险的新兴市场的正常运行方面做出了非常重大的努力。

在 21 世纪初，证券业的改革主要集中于两个重要领域。第一个是明晰产权。这不仅包括规定证券公司明确所有权结构，而且还包括上市公司中的股权结构和相关的法人治理。这次改革也就是所谓的"股权分置"改革。改革之前，大量的上市公司股票是非流通的，而且最后都归政府所有。中国股票市场这种独一无二的特征阻碍了股票市场的正常运行，同样也阻碍了上市公司的治理和管理。这事实上是由于并非所有股票是均等的（这样会导致股票价格被扭曲）和政府的主导地位成为主要的利益相关者。股权分置改革根据各个公司的情况将非流通股和流通股合并，有助于缓解这些问题，同时在改革过程中也降低了国有持股。第二个办法是加强风险控制。中国证券市场发展过程中的支付系统和证券公司的管理与实践都有着重大漏洞。一个显然的例子就是证券公司同时作为他们自己客户的资金托管方，这样就会导致证券公司非法使用客户资金。改革措施是消除这些漏洞并使风险最小化。第三方托管的引入和严格执行，非常有效地消除了这种漏洞。除了以上两种主要改革，还对一些资产负债表严重受损的证券公司进行了救助和重组。并在提高股票市场的透明度和建立零售投资者基础方面同样做出了巨大的努力。

1979 年恢复了中国的保险业务之后，在接下来的几年中，大量的保险公司成立。1995 年通过了人寿保险和财产保险分离的保险法，1998 年成立了中国保险监督委员会。2000 年之后，许多主要的保险公司在国内和国际市场上市。相应地，保险行业的管理、治理和服务已明显好转。包括信托、租赁、融资公司、典当行、小额贷款公司、消费金融公司等其他非银行金融机构也在过去的 30 年经历了巨大的发展，尤其自 2000 年以来，虽然越来越多的人担忧这些所谓的"影子银行"机构的风险，但是作为银行业的补充功能特别是针对中小企业的融资，这些非银行金融机构做出了非常大的贡献。

15.1.3　开放和国际合作

中国金融业的开放是金融改革的重要组成部分，最初遵循的是循序渐进和谨慎的方法，而加入 WTO 之后开放有所加快。1980 年日本进出口银行代表处的建立标志着外资银行在华业务的开始（PBOC，2012）。在接下来的 20 年中，中国和外国银行彼此合作，但合作进程偶尔会被如亚洲金融危机这样的事件所中断。到 2002 年末，已有 160 家包括子公司、合资公司和分支机构的外资银行实体在中国运营，总资产达到了 2 881 亿元人民币，相当于银行业总资产的 1.3%。2001 年加入 WTO 后，中国承诺在下一个五年过渡期向外资银行全面开放人民币业务，而如今已经完成了这项壮举。截至 2011 年末，中国已有 318 家外资银行实体，总资产达到了 2.15 万亿元人民币，相当于银行业总资产的 1.9%，与 2007 年相比下降了 2.4%，因为全球金融危机之后外资银行减缓了其在中国的扩张速度。

中国加入 WTO 之后，对于证券和保险行业的开放也在加速进行，而且加入 WTO 的相关承诺已经全部兑现。但是,对于外国证券机构仍然有一些限制,比如外资参股证券公司的上限为49%。因此,中国仍然是对外国证券公司实施重大限制的为数不多的新兴经济体,而对于证券行业的整体开放依然有限。另一方面,中国加入WTO之后对于外国保险公司的限制几乎全部消除,除了人寿保险公司的外资持股不超过50%和外国财产保险公司不能提供人身伤害和财产损失责任险以及汽车保险之外。

加入国际货币基金组织和世界银行集团等国际金融组织并且与之紧密合作,有助于促进中国的改革开放尤其是金融业的改革。中国于1980年恢复了国际货币基金组织和世界银行集团的成员身份。多年以来,国际货币基金组织和世界银行集团以及其他国际金融组织对中国的改革进程做出了巨大贡献,为中国的改革提供财政支持、政策建议、技术援助、培训和知识转移。2011年,国际货币基金组织和世界银行集团在中国联合进行了一次金融行业评估项目,对中国整体金融行业和相关的政策框架作了一个全面的评估,对中国的金融改革进行了评估,对未来的政策措施和金融改革议程提供了政策建议。

15.1.4　2011年中国金融业

经过了30多年的改革开放(表15-1为重大金融改革的总结),拥有了一个非常庞大而且相当复杂的金融业(如表15-2所示)的中国已经成为了世界第二大经济体。2011年,以总资产来衡量的中国金融业的总规模为124万亿元人民币(相当于19万亿美元),相当于当年中国GDP的2.6倍,是世界最大的金融业之一。虽然其他金融机构正在快速成长,但银行业在金融业中依然扮演着主要角色,银行业资产规模接近整个金融业的90%。债券和股票市场也相对比较小,尽管它们的增长非常显著(如表15-3所示)。伴随着这些发展,虽然多年以来其他类型的融资方式变得越来越重要,但是包括人民币贷款和外汇贷款的银行贷款仍然是主要的融资方式(如表15-4所示)。在银行业中,主要商业银行扮演着重要的角色,但其重要程度正在逐渐削弱,2003年主要商业银行资产占银行业总资产的60%,而2011年下降到了约50%(见图15-1)。

表 15-1　主要金融改革(1978—2012)

年　份	事　件
1978	中国经济改革开放元年
1979	中国农业银行、中国建设银行、中国银行成立
1980	恢复国际货币基金组织和世界银行集团会员身份
1984	中国工商银行从中国人民银行中分离出来,中国人民银行成为中央银行
1990	上海交易所和深圳交易所启动
1992	中国证券监督管理委员会成立
1994	三大政策性银行成立,浮动汇率制度建立
1998	中国保险监督委员会成立,贷款利率市场化开启,2 700亿元人民币注入主要银行
1999	建立四大资产管理公司来处置主要商业银行的不良贷款
2001	加入WTO
2003	中央汇金公司向中国银行和中国建设银行注入资金,中国银行业监督委员会成立
2004	存款利率上限和贷款利率下限出台,巴塞尔协议Ⅰ发布
2005	中央汇金公司向中国工商银行注入资金,中国建设银行发行IPO,汇率改革开启

续表

年　份	事　件
2006	中国银行、中国工商银行发行 IPO，人民币业务对外资银行全面开放
2008	中央汇金向中国农业银行注入资金
2010	中国农业银行发行 IPO
2012	巴塞尔协议 Ⅲ 发布

数据来源：Shang(2000)，中国人民银行(2012)、国际货币基金组织(2011)和 Yi(2009)。

表 15-2　中国金融行业的规模和结构 *

	2010		2011	
	资产(人民币 10 亿元)	份额(%)	资产(人民币 10 亿元)	份额(%)
银行机构	**93 215**	**88.2**	**110 683**	**89.2**
政策性银行	7 652	7.2	9 313	7.5
主要商业银行	46 894	44.4	53 634	43.3
股份制银行	14 904	14.1	18 379	14.8
城市商业银行	7 853	7.4	9 985	8.1
农村商业银行	2 767	2.6	4 253	3.4
农村合作银行	1 500	1.4	1 403	1.1
城市信用合作社	2	0.0	3	0.0
农村信用合作社	6 391	6.0	7 205	5.8
外资银行	1 742	1.6	2 154	1.7
新型农村金融机构和邮政储蓄银行	3 510	3.3	4 354	3.5
非银行金融机构	**12 485**	**11.8**	**13 250**	**10.8**
保险公司	5 048	4.8	6 014	4.9
证券公司	1 969	1.9	1 572	1.3
基金管理公司	2 521	2.4	2 188	1.8
国家社会保险基金	857	0.8	869	0.7
其他非银行金融机构	2 090	2.0	2 607	2.1
总计	**105 700**	**100.0**	**123 933**	**100.0**

数据来源：中国经济数据库，中国证券监督委员会，中国金融业银行统计年鉴(2011 和 2012)，作者计算。

* 金融机构的范围和分类请参阅中国金融和银行统计年鉴。

表 15-3　中国的债券和股票市场概况(2011)

债 券 市 场		股 票 市 场	
市场资本化价值	21 357.6	市场资本化价值	21 475.8
政府债券	7 383.9	上海股票交易所	14 837.6
金融债券	7 456.3	深圳股票交易所	6 638.2
中央银行票据	2 129	主板	3 151.9
公司债券	1 679.9	中小企业板	2 742.9
中期票据	1 974.3	创业板	743.4
其他	734.2		

数据来源：中国债券，上海证券交易所和深圳证券交易所。

表 15-4　社会融资结构 %

年份	银行贷款	委托贷款和信托贷款	银行承兑汇票	企业债券	股权	其他
2006	77.2	8.2	3.5	5.4	3.6	2.0
2007	67.4	8.5	11.2	3.8	7.3	1.8
2008	73.0	10.6	1.5	7.9	4.8	2.1
2009	75.6	8.0	3.3	8.9	2.4	1.7
2010	60.1	9.0	16.7	7.9	4.1	2.2
2011	62.7	11.7	8.0	10.6	3.4	3.6

数据来源：中国人民银行和作者计算。

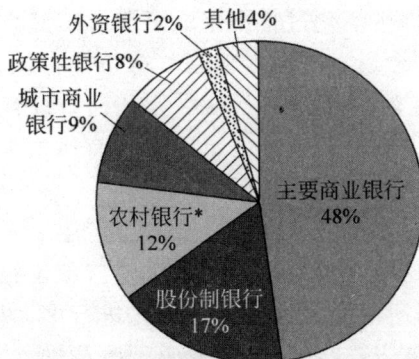

图 15-1　中国银行业的资产分布（2011）*

数据来源：中国金融和银行年鉴（2012）和作者计算。

* 农村银行包括农村信用合作社，农村商业银行和农村合作银行。

随着金融业的发展，金融市场同样在发展。中国已经建立了全方位的金融市场，包括货币市场、债券市场、股票市场、外汇市场、黄金市场、期货市场和金融衍生品市场；广泛的金融产品如货币互换、股指期货和利率互换已经产生，新的金融产品正在不断地被引入。

15.2　金融业政策的改革与发展

中国银行和金融机构的改革与发展不是在真空中进行的。中国金融业在改革与发展的同时，国家宏观政策框架也经历着深刻的变化。事实上，渐进式的改革意味着金融机构改革和国家宏观政策框架的改革是相辅相成的过程。没有国家宏观政策框架的变化就没有金融业的改革和发展。换句话说，没有金融业改革的微观基础，是不可能推动诸如利率市场化和汇率制度改革这些政策改革的。

15.2.1　利率市场化

尽管早在 1993 年，利率市场化就被认为是以市场为导向改革的未来目标，但是直到2003 年，利率市场化（意味着利率由市场所决定，而中央银行通过以市场为基础的方式进行间接调整）才被正式提出成为一个长远目标。

中国的利率市场化采用双轨制，一个是逐步放开管制利率尤其是存贷款利率，另一个是建立一个以市场为基础的利率体系，比如有代表的上海银行间同业拆放利率和政府债券利率(Yi,2009)。

中国放开管制利率是在央行基准利率的基础上,首先逐步允许放开贷款利率然后是存款利率。早在 1983 年,中国人民银行允许设定贷款利率于基准利率的±20%。但是在90 年代早期,随着融资成本的增加和来自企业的压力,利率市场化回归到基准利率的±10%,而且仅适用于营运资金贷款。亚洲金融危机之后,由于银行没有任何动力按照基准利率给中小企业放款,所以管制利率和中小企业融资困难之间的关系变得更加严峻。经过了 7 年的时间,中国人民银行逐步放开贷款利率上限,而继续保持贷款利率下限。到2004 年10 月,除了农村信用合作社和城市信用合作社贷款利率上限没有放开之外,其他贷款利率上限全部放开,但是其利率上限不能超过基准利率的 230%。

中国人民银行在存款利率市场化过程中采取了非常谨慎的方式,其担忧是具有"软预算约束"问题的银行彼此之间将会通过提高存款利率来争夺存款,这将会引发金融稳定问题。1999 年,中国人民银行允许保险公司与银行就大型长期协议存款进行讨价还价,随后逐步扩大协议存款机构。虽然在设定存款利率的灵活性上有所增加,但是对金融稳定的担忧促使中国人民银行继续设置小额存款利率上限。

虽然保持小额存款利率上限和贷款利率上限将会产生一定的扭曲,但是在中国的特定环境下这并不一定是坏事。这些规定所产生的利息差避免了银行之间的过度竞争,现在的银行并非是完全利润最大化,所以商业银行改革仍在进行中。从适当的利息差中获得收益也可以帮助银行重建资产负债表,这曾经是商业银行改革进程中的主要障碍。利率的利润管理同样为银行扩大放款提供了激励,银行可以借此清理它们的资产负债表以便加强资本基础,从而避免了欧债危机中的去杠杆化问题,这对中国的经济增长至关重要(Zhou,2012b)。对利差管理将会使银行获得更多的利润还有许多担忧。这种担忧虽然合理,但没有考虑到银行利润的周期性。如果将过去的和将来的损失适当考虑进去,近年来银行的利润毕竟没有太多①。事实上,2001—2012 年,四大的所有税前利润以 2011 年的基价加起来总共四万亿元人民币(使用一年期存款利率作为折现系数),然而自 1997 年以来四大所有的注入资本和不良资产处理的最终成本是 3.8 万亿~4.2 万亿元人民币,这取决于不良贷款的回收比率。如果将四大的重组成本考虑进去的话,它们在过去的 10 年中是属于破产的。

在第二个利率市场化的途径中,中国人民银行努力地引入市场化利率而不是存贷利率,如银行同业拆借利率、债券利率和上海间银行同业拆借(shibor)利率。与存款和贷款利率的管制不同的是,这种改革途径在利润上允许更加有效的资源分配,从而导致帕累托改进。此外,由于大批的资金市场不能够直接影响企业的融资成本,企业的借贷成本与基准利率息息相关,这种轨制的改革遇到了一点小阻力。1996 年,银行间拆借利率完全市场化,接着在1997 年,银行间市场回购和直接购买债券利率也完全市场化。1999 年,中国政府债券收益率第一次由拍卖决定。2007 年,短期基准利率成为上海银行间同业拆放利率的启动目标。从此以后,上海银行间同业拆放利率在向这一目标前进的过程中做出了巨大努力。如今,很大一部分企业债券、融资券和金融衍生品的定价是基于上海银行间同业拆借利率的。上海银行间同业拆借利率在银行间被广泛作为了内部转让价格(Yi,2009)。随着人民币国际化的增长,上海银行间同业拆借利率开始逐渐成为离岸人民币市场的基准利率(Li,2012)。拥有

---

① 参见周小川、胡晓炼、刘士余和易纲在 2012 年全国人民代表大会中举行的记者发布会。

一个可靠的基准利率是完成利率市场化的关键步骤,而上海银行间同业拆借利率有潜力成为这一可靠的基准利率。当有一个可以被中央银行承认和影响的基准利率时,中央银行只能放弃对利率的直接管制。一个如上海银行间同业拆借利率的市场化的基准利率也会有助于提高银行间的竞争力,平衡各方利益,这样的基准利率将会使银行对风险定价更具有竞争力,对利率的设置更加合理和趋于市场化(Yi,2008)。

沿着小步继续迈进,中国的利率市场化已经有了突飞猛进的发展。在写这篇文章时,中国大部分利率已经实现了市场化,中国人民银行仅仅掌控着存款利率上限和贷款利率下限,存款利率可以高出基准利率10%,而贷款利率可以低于基准利率的30%,而一些短期外币存款利率目前还没有放开。但是,必须强调的是过度的竞争和道德风险将会危害到利率市场化的进程,如果金融机构中没有明晰的产权、自由竞争和可靠的退出机制,这种危害是无法被消除的。所以,在利率完全市场化下,将不会存在国有控股银行、隐性存款、危机期间的金融救市计划。为此,明确的产权、多种所有制、有序的退出机制和硬预算将成为利率完全市场化的必要条件。

15.2.2 汇率制度改革

与利率一样,汇率是另外一个具有关键的宏观重要性和全球影响力的价格指标。在1994年以前,中国保持着多重的汇率制度,包括官方汇率、官方内部结算汇率(1984年之后不复存在)、市场汇率。多重汇率制度产生的原因有一部分要归结于持续高估的官方汇率,但是它同样反映了中国进行汇率改革时采用的双轨制,即有计划的、严重管制的官方汇率和日趋重要的市场汇率并存。1994年,中国政府决定将官方汇率(5.7元人民币/美元)和市场汇率(9元人民币/美元)进行并轨从而形成一种单一的官方汇率制度,当时单一的汇率是8.7元人民币/美元。这次改革标志着中国统一汇率制度的建立。虽然官方汇率的名义贬值看起来非常大(大约33%),但实际的贬值却非常小(接近于4%),改革时,大约有80%的外汇交易是在比较弱的市场汇率下进行的(Yi,2009)。1994—1996年,人民币相对于美元升值约5%,这在很大程度上反映了市场供求状况。在亚洲金融危机期间,中国顶住了人民币贬值的压力继续保持稳定的兑美元汇率。1997—2005年,人民币兑美元汇率保持在8.28元人民币/美元,这是人民币有效汇率紧密跟踪美元的结果。这样的汇率制度在当时是一个非常负责任的做法,避免了在亚洲金融危机期间的竞争性贬值,对恢复地区的金融稳定做出了贡献。在2001年加入WTO后,中国经历了经济和出口的快速增长,这在很大程度上反映了中国潜在生产力的提高。中国的经常账户盈余激增和外汇储备积累加快,这两者通常都与人民币的升值有关。但是,人民币名义汇率和实际有效汇率在2002年后随着美元的逐渐贬值而贬值(图15-2所示)。这些发展呼吁一个更加灵活的汇率制度。在2005年7月21日,中国人民银行宣布人民币将走向有管理的浮动汇率制度,根据市场供求参考"一篮子"货币。这次宣布伴随着人民币由8.27元人民币/美元升值到8.11元人民币/美元,接着便向着渐进和加速的升值迈进。在改革进程中,中国还努力进一步发展外汇市场和产品,将中心汇率的日浮动区域从±0.3%提高到±0.5%,改善了外汇管理。自2005年7月至2008年8月,人民币相对于美元已经升值16%,名义汇率升值9%,实际有效汇率升值14%(因为中国的消费价格通货膨胀率高于其贸易伙伴国家)。然而,汇率改革在2008年全球金融危机爆发时和之后的金融动荡中暂时搁浅。在2010年人民币汇率改革开始前人民币兑美元的汇率持续两年稳定于 6.83。在写这篇文章的时候,人民币名义有效汇率达到了自 1994 年以来的最高点,比 1994 年的汇率水平高了 45.4%,比 2005 年的汇率水平高了 21.4%(图 15-2 所示)。基于消费者价格水平的人民币实际有效汇率和人民币名义汇率基本保持一致,如果将资产价格通货膨胀和工资的快速增长考虑进去的话,近年来人民币实际升值可能会更加明显。总之,人民币汇率已经变得非常的灵活,每天浮动范围为 ±1%,更加受市场力量所驱动,正如外汇储备积累速度减慢所反映的一样,更加接近于真正的双向波动水平而不是单向升值的压力。

图 15-2　人民币有效汇率的变化 *

数据来源:国际结算银行

* 人民币名义有效汇率等于其货币与"一篮子"贸易伙伴国货币双边名义汇率的几何加权平均数。人民币实际有效汇率是通过相关消费者价格指数调整的与"一篮子"贸易伙伴国货币双边名义汇率的几何加权平均数。加权模式是时变的而且大多数最近的权重都是基于 2008 年 10 月的贸易。

一个相关但不同的改革是人民币的可兑换性。中国在 1996 年接受了国际货币基金组织的第八条款,换句话说,人民币在经常账户中是可兑换的。但是,中国对资本账户的可兑换性采取了非常谨慎的方式。虽然,多年来中国采取了重要的措施来消除不必要的资本管制,引入了如合格境外机构投资者、合格境内机构投资者和人民币合格境外机构投资者(QFII,QDII 和 RQFII)的方案允许有限的境内和境外有价证券投资,但是依然存在着非常大的资本管制,特别是在股票、债券和银行的流动资本中。

15.2.3　货币政策

中国的货币政策框架同样在改革进程中经历了实质性的变化。在中央计划经济下,货币政策框架很大程度上是一个指挥和控制系统,改革初期,货币政策是通过贷款配额分配和现金管理计划进行的。从 1994 年开始,贷款配额计划逐渐消失,最终在 1998 年销声匿迹,1996 年货币供应量正式扮演中介角色。更多包括存款准备金率、中央银行贷款、贴现窗口、公开市场操作、外汇业务和利率等以市场为基础的间接货币政策工具被越来越多地使用。为了控制金融风险,中国人民银行同样也是宏观谨慎政策工具的早期倡导者,出台了一些包括房地产行业的贷款与价值比率和最近使用比较多的动态差别存款准备金[①]。中国当前的

① 与信用扩张相关的具有资本要求动态分化存款准备金是为了宏观审慎的目的,考虑到了系统性的重要性和单个金融机构的稳健性以及经济周期(Zhou,2012a)。

货币政策框架同样也有着截然不同的特性,这种特性反映出中国仍然处在一个经济转型阶段,市场的成熟度还有待完善,货币政策的传导机制依然受到金融业、利率市场化和汇率制度改革的约束。对于这些特征,中央银行不能仅仅只关注通货膨胀,中国的货币政策应该有四个目标:通货膨胀、经济增长、充分就业和国际收支平衡,而通货膨胀作为最高目标。定量工具继续被广泛用于控制货币状况,此外,中央银行的资产负债表和货币政策偶尔被用于维持金融稳定和如同文章前面所讨论的主要国有商业银行和农村信用合作社的金融改革。

15.2.4　银行监管

中国在 2004 年开始采用巴塞尔协议 I 的资本要求,要求所有银行在 2007 年前达到最低资本充足率。中国对于银行监管的两个改革可谓是里程碑式的发展。第一,中国银行终于接受比之前的审慎标准更加透明和严格的国际监管标准。这一举措也表示了改革之后银行业的健康状况会变得更加合意。第二,巴塞尔协议 I 资本要求同样改变了银行的运营状况和风险管理,因为它为银行管理它们的资产负债表和拓展更多业务提供了一个良好的基础和硬性约束。最初,巴塞尔协议 II 资本要求计划在 2011—2013 年执行,对其中的六家银行实行强制性的要求,而对其他银行实行自愿性要求。随着巴塞尔协议 III 框架的出现,中国银行监督委员会根据巴塞尔协议 III 发布了新的资本要求,将从 2013 年开始执行,这在其他许多发达经济体中是处于领先地位的。其他如流动比率和逆周期资本缓冲等巴塞尔协议 III 的要求,同样也正在被中国人民银行积极研究和设计,有望在未来适当的时候开始执行。

15.3　金融改革和评估的逻辑

15.3.1　金融改革的逻辑

中国金融机构的改革和发展非常复杂而且依然在进行中。但是,在过去 30 多年循序渐进的改革背后有着非常清晰的逻辑基础,而这也将继续指导未来的改革发展。

1. 明确和强化产权

产权是市场交易的基础。只有在产权明确定义的情况下才会产生有意义的市场交换与价格,才能适当地分配责任和相关结果。明确和强化产权一直是整个金融改革进程中的一致目标。例如,商业银行与中央银行的分离、政策性银行的创建、商业银行发行 IPO 都是为了更好地定义金融机构的产权和责任这一共同目标。

2. 放开市场和减少政府干预

中国经济改革的特点是引入更多的市场因素和减少政府干预,这同样也适用于金融业改革。诸如利率和汇率等主要价格指标正在更多市场力量的驱动下变得更加市场化。在进行宏观调控的过程中运用更多的基于市场的间接工具替代直接干预。在提高金融机构的商业化定位过程中付出了非常大的努力,所有包括逐步淘汰政策性贷款、实施严格的市场约束、加强内部管理和风险控制、建立合理的法人治理结构的举措皆在让金融机构变得更加以市场为导向。

3. 更好的激励和监管

市场经济优于中央计划经济的一个重要原因是市场经济开创了正确的奖励和按劳分配

的激励机制。因此,中国金融业改革的设计和目标都是在创造正确的激励。前文中所描述的农村信用合作社的改革是精心设计的确保激励与目标兼容的改革进程。利率市场化、汇率制度改革、使用更多的市场为导向的货币政策工具都在创造一种价格由市场所决定的环境,提供正确的信号和激励。在微观层面,严格的监管、会计准则和信息披露要求、改善法人治理结构、加强内部控制和风险管理、薪酬方案都是给金融机构提供正确激励的重要因素。

4. 渐进式的改革

中国的金融业改革采取了渐进式的方式而且有时不需要那么多直接的方法。首先,这是由渐进式的经济改革本身所决定的。在具有价格高度管制和广泛的政府干预的中央计划经济下是不可能建立一个现代的以市场为导向的金融体系。所以,金融业改革受到了其他方面改革的制约。更重要的是,一个渐进式的改革是中央计划经济向市场经济平稳过渡的需要。经济转型并非是没有代价的,而政府的资源是有限的。因此,这种改革过程中的代价由金融业承担的表现就是金融改革的姗姗来迟,而不良贷款和利息差管理有时被一些学者认为是金融抑制,例如(Lardy,2012)。比如,改革前主要商业银行针对国有企业的不良贷款的处理,是让国有企业自行进行改革和维持社会稳定。如果银行的改革先于国有企业,就会避免这些不良贷款,但如果这样的话,很多国有企业又会因资金的缺乏而破产,这将会在很大程度上破坏中国的整体经济。之后,利息差管理提高了银行业的财务状况并且最终促进了银行的改革。如果仅从狭窄的角度看中国的金融业,利息差管理好似金融抑制,而中国的银行改革也好似非常缓慢,但是从在中国经济转型的整体约束下的角度看,这是第二个最好的选择。

5. 借鉴国际先进实践经验

中国金融体系的改革过程同样也是一个学习的过程,尤其在技术水平上。随着中国金融机构的发展与壮大,很多金融机构能够利用如 IT 系统等最先进的技术。在银行改革中引入战略投资的一大目标是允许战略投资者引进国际先进实践经验来改变银行,这些先进经验包括法人治理结构、内部控制和风险管理,如果没有这些国际先进实践经验,中国的银行改革将会持续更长的时间。国际货币基金组织和世界银行集团同样也带来了先进的技术援助让中国的政策制定更加现代化。学习外国先进实践经验让中国很快消除了金融业在管理、技术、产品创新和政策制定方面与国际间的差距。最终,这些先进的实践经验催化和加速了中国的金融改革。

15.3.2 中国金融机构的评估

经过了 30 年的金融改革,中国的金融机构无疑做出了巨大的变化和进步。事实上,在2011 年,中国有 4/10 的以市值计算的世界上最大的银行,甚至在 10 年前,所有这四个银行被认为是属于"技术破产",这看起来几乎是不可能的事情[①]。但是还有一点我们必须记住,中国的金融机构只有相对较短的历史,存在着很多遗留问题,在市场纪律和原则正在建设的经济转型中运作。尽管创造了伟大的历程,但是中国金融机构仍然有很多问题需要在未来

---

① 银行排名是基于英国《金融时报》全球 500 强;2011 年中国工商银行、中国建设银行、中国银行和中国农业银行分别排名 1、2、6、7。

去解决。

1. 产权明确

尽管中国金融机构的改革在明确产权方面取得了巨大的进步,很多中国金融机构的产权明确写在了纸上,但现实中并没有付诸实践。一个最大的问题是政府通常是金融机构的最大股东而且非常有效地控制着它们。在这种情况下代理问题很难被克服,因为政府不是以最主要的自然人来运行金融机构。此外,如果政府在金融机构中扮演主角的话,则少数股股东的利益不能被保证。而且,除了简单的股权关系之外,政府依然直接或者间接地影响金融机构,因为政府干预尚未完全市场化。隐性的政府作为金融机构的担保,当金融机构处于危机时政府就会进行救助,这就进一步将政府和金融机构的关系复杂化。所以,在金融机构明确产权的关键改革应该是降低政府在金融机构所扮演的角色,比如成为少数持股者或者被动的金融投资者。明确产权同样取决于更加市场化的政府政策和方案,比如显性的存款保险制度。

2. 国际标准

中国的金融业非常的开放、竞争激烈、庞大和多样化。一些大银行,特别是那些在国际市场和国内市场中上市的大银行,都经历了本质的改革,受到了官方和市场的监督。根据金融部门评估规划(FSAP)评估来看,在一定程度上,中国的监管、法律和会计准则能和内部标准相媲美(IMF2011),中国的这些银行在技术上应该能够满足监管、会计准则和法律规定的国际标准(虽然这并不一定意味着这些银行是具有国际竞争力的,要想具有国际竞争力需要的不仅仅是达到国际标准)。但是,有很多像城市商业银行和农村信用合作社的这些银行机构仍然需要进一步改善才能达到国际标准。中国的证券公司依然处于一个受保护的环境中,虽然中国已经对外国证券公司开放,但竞争只是局部的。中国的监管框架与FSAP评估所提出的标准相比依然存在一些差距。虽然保险业更加开放,但是整个行业还未成熟,监管框架仍然需要进一步改善。可以理解的是证券和保险业一般很难达到国际标准。

3. 全球竞争力

在2000年改革后,中国的金融机构尤其是银行的成长非常迅速,而且非常盈利、资本充足、充裕的流动性和良好的盈利能力等数字指标显示非常良好。事实上,在金融危机之后,中国的主要银行比世界上许多著名银行的财务状况要好。这也是改革后银行效率提高的一种表现(比如Berger等,2009)。但是在我们看来,中国的银行已经具有了国际竞争力的结论还为时过早。首先,在很大程度上中国的银行不能直接与全球银行所竞争。外资银行在中国的市场依然非常小,部分是由于利率管制和资本控制,使得外资银行处于没有优势的地位,因为它们的金融创新空间非常有限,资产负债表也受到了国内存款基础的限制。尽管中国的银行最近扩张迅速,但在国际市场中的竞争力依然非常有限。第一,全球金融危机之后中国的银行财务状况很好,但不是因为在风险管理和竞争力上下了大功夫,而是由中国相对封闭的资本账户和稳健的经济基础决定的。第二,中国的银行金融创新非常有限,继续依赖存款和贷款并且把它们作为收入的主要来源。一个非常有力的证据是利息收入占银行业总收入的80%,而很多全球银行的利息收入只占总收入的50%甚至更低。第三,银行良好的财务状况部分是金融监管的结果。贷款和存款利率依然被管制,这让银行在不需要承担风险的情况下能够获得可观的利息差。其他的融资和投资渠道特别是债券市场不发达而且资本账户被管制。所以,储蓄自然流向银行,不是因为很好的回报率或者好的服务,而是缺乏其他的投资方式。综上所述,中国的银行的明显优势并非是具有全球竞争力的结果,没有任何显著证据表明中国的银行已经具有了全球竞争力。

对于中国金融机构评估总结如下:产权需要进一步明确,全球竞争力还有待提高,很多金融机构仍然没有达到国际标准。

15.3.3 对中国金融业的评估

虽然,个体金融机构是构建整个金融业的基础,但金融业的运行依然取决于行业结构、政策扩展、法制环境和其他一些因素。个体水平的有效率不能自动转化为行业水平的有效率。为了评估整个金融业,必须考虑的一点是,整个金融行业是否具有了它应有的功能,比如资源分配、价格发现和金融服务。

1. 资源有效配置

有充分的证据表明中国的资源分配远非有效率水平。宏观上,中国具有异常高的投资率(接近于 GDP 的 50%)和非常低的私人消费(低于 GDP 的 40%)。接近于 GDP 的 50% 的投资率引发了一个问题,那就是在如此大规模的投资下其投资的效率和质量如何呢。与其他人均收入相似的国家相比,中国的服务业似乎不发达(Guo 与 N'Diaye,2009),反映出了资源分配主要偏向于投资和出口而不是消费。在这种情况下,出现了一些如钢铁、水泥、造船等工业行业产能过剩和一些如教育、医疗等行业发展瓶颈共存的情况。获取信贷的能力参差不齐,很多大型国有企业非常容易获得正式的融资渠道,而许多私人中小企业却面临着严重的信贷约束,有时只能寻求一些非正式的融资渠道(Song 等,2011)。这意味着资源并不总是流入最具生产力的公司。就如同(Hsieh 与 Klenow,2009)所说的那样,如果中国企业间的资源分配和美国一样有效,那么中国的全要素生产率(TFP)要比现在高出 30%～50%。当然,中国资源配置的低效率是很多结构性问题的症状,其中许多在金融行业不存在。当然,这可以说是中国市场化改革不彻底的一种表现。但是,一个更加有效率的金融业,更具市场基础的利率、汇率和其他要素价格,更好的金融中介,更加有用的以市场为基础的政策工具,都无疑是提高资源有效配置的解决办法。

2. 价格发现

如前所述,中国在利率市场化和汇率制度改革中取得了显著的进步。然而,这些改革的不彻底性必然会导致市场价格的不足。虽然只有存款利率上限和贷款利率下限没有放开,其他利率都已市场化;然而不论在理论上还是实际上,市场化的利率依然深受管制利率的影响(He 与 Wang,2011)(Porter 与 Xu,2009)。考虑到非常高的资本边际回报率和经济的快速增长,结构上来说管制利率可能太低(Bai 等,2006)(Lardy,2012;He 与 Wang,2011)。如果债券和股票市场欠发达,再加上利率的管制,同样会让风险定价变得低效率。2002—2011 年,巨额的经常账户盈余、强大的资本流入、人民币有增无减的预期升值、国内资产和商品通货膨胀的压力都迫切需要一个更加强大、更加灵活、更加重要的人民币。尽管汇率制度改革取得了重大进展,仍有余地让人民币汇率更加灵活。

3. 好的金融服务

近年来金融业的发展、金融市场的完善和金融机构之间的竞争显著地提高了对家庭和企业的金融服务质量和规模。以银行卡为例,发行量由 2000 年的 2.774 亿张增长到 2011 年的 29.5 亿张,同一时期银行卡交易金额由 4.529 9 万亿元人民币增长到 323.8 万亿元人民币。但是,从根本上说银行所提供的金融服务依然不足。从金融资源的需求来看,2011 年大约 1/3 的固定资产投资是所谓的自筹资本融资,很大一部分是公司自己的现金。从金融资源的需求方面来看,2010 年,家庭以现金和存款的方式持有他们 71% 的金融资产,而以债权形式持有的金融资产不到 1%。用自有资金来满足融资需求和家庭资产负债表中现金和存款的主导地位反映出中国金融服务能力的根本性不足,不能充分满足供需双方的金融资源需求和提供有效的金融中介服务。

4. 垄断和寡头垄断

按照垄断和寡头垄断很难描述中国的金融业尤其银行业。中国的银行非常之多,有四家大型国有商业银行、12 家股份制银行、140 多家城市商业银行和成千上万个农村信用合作社。四大国有商业银行资产总计不到整个银行业总资产的 50%,如果以新贷款计算就更少。但是,应该承认,中国的银行业高度集中,但高度集中的原因并不在于大银行对规模经济的钟爱。事实上,人们普遍认为大银行与股份制银行相比显得更加的低效(例如 Zhang 与 Wang,2009)。高度集中部分是由于历史遗留原因,因为主要商业银行在过去的 10 年或者 20 年中更加占有主导地位,但也在一定程度上是由于政策的扭曲,比如利率管制和隐性存款保险对大银行的存在和发展帮助很多。

5. 过度增长

不管是跟国际的同行相比还是与中国本身的经济增长相比,按照资产负债表来说的话,中国的金融业增长速度非常快。利用广义货币来近似地描述中国金融业(银行依然是中国金融业的主角)的规模,M2 大约增长了 7 倍,由 2000 年末的 13.84 万亿元人民币增长到 2012 年 11 月的 94.48 万亿元人民币,或者说从 2000 年占 GDP 的 140% 增长到 2012 年约占 GDP 的 180%。然而过去快速增长的 M2 是货币化进程和深化改革的主要结果(Yi,1994 和 2003),最近 M2 的快速增长是国内和国际因素共同决定的。在国内,快速的经济增长和强劲投资动力再加上全球金融危机之后宽松的货币政策导致快速的信贷膨胀。在国际上,主要中央银行采取的量化宽松的货币政策创造了充裕的全球流动性,这其中就有一部分热钱流入中国。持久的国际收支顺差和庞大的外汇储备积累,国内和全球的失衡,同样都导致了中央银行进行比较有效的货币扩张。快速增长的 M2 越来越多地与日益增长的影响力、资产价格通胀和一些制造业的产能过剩相关,这些都表明了金融行业的潜在风险。在开展未来金融改革时必须考虑这些潜在的风险,否则,改革的速度和顺序的不当将会损害中国的金融稳定。例如,在金融机构的商业化定位未完全建立之前进行快速的利率市场化,可能会快速缩小利息差,这将给最近资产负债表扩张的银行承担潜在不良贷款损失带来巨大压力。

总之,尽管规模快速增长,但中国金融业依然被金融业的历史遗留问题和整个经济的结构问题所阻碍。在很大程度上,这是由中央计划经济向市场经济的渐进性改革所产生的自然结果。持久、坚定和协调的改革需要一个更加有效的、运转良好的和以市场为导向的金融业。此外,改革必须以谨慎的速度和顺序进行,来解决近年来与中国金融业资产负债表快速扩张相关的潜在风险。

结　　语

回顾中国银行和金融机构的发展,自中国经济改革问世以来实现了很多目标。但是,就跟整体的经济改革本身一样,金融业的改革还需要做更多的工作。"十二五规划"(FYP)中阐述了中国金融改革的蓝图。"十二五规划"中的主要目标包括进一步推进银行、证券公司和保险公司的改革,发展金融市场和金融产品,谨慎的利率市场化,更加灵活的汇率制度,逐步实现资本账户的可兑换性,建立一个逆周期的谨慎的宏观调控制度,加强金融监管。"十二五规划"可能没有什么革命性的改革,这也正是反映了金融改革的渐进性。但是,以市场为导向的改革规划更加明显。最后,中国正在努力建立一个完全市场化的金融业,一个运用市场化工具的政策框架,一个市场决定的关键价格,能够完全满足市场需求的金融市场和金融产品,随着改革进行得如火如荼,中国金融业也将继续发展。

参 考 文 献

Bai C E,Hsieh C T,Qian Y Y. 中国向资本的回归. 布鲁金斯学会论文经济活动,2006,37(2):61-102.

Berger A N,Hasan I,Zhou M. 中国银行所有权和效率:世界上最大的国家会发生什么?. 银行业和金融业,2009,33:113-130.

Dai X L. 1997 年全国金融工作会议回忆. 中国金融. 2010(Z1):3.

郭凯,N'Diaye P. 中国增长再平衡的就业效应. 国际货币基金组织的工作论文 09/169,2009.

He D,Wang H L. 中国双轨利率和货币政策管理. 香港货币研究所工作报告 21/2011,2011.

Hsieh C T,Klenow P. 中国和印度的分配不当与制造业全要素生产率. 经济学季刊,2009(4):1403-1448.

IMF. 中华人民共和国:金融系统稳定性评估. 国际货币基金组织的报告,11/321,2011.

Kornai J. 经济短缺. 阿姆斯特丹:North-Holland,1980.

Lardy N. 全球金融危机之后维持中国的经济增长. 彼得森国际经济研究所,2012.

Li D R. 2012 年 SHIBOR 工作会议上的发言,2012.
http://www.pbc.gov.cn/publish/hanglingdao/917/2012/20121012150921081738404_.html.

Lin J Y,Tan G F. 政策性负担、责任和预算软约束. 美国经济评论,1999,89(2):426-431.

Lin J Y,Cai F,Li Z. 中国的奇迹:发展战略与经济改革. 香港:中文大学出版社,2003.

中国人民银行. 中国共产党的领导下的金融发展简史. 北京:中国金融出版社,2012.

Porter N,Xu T T. 中国银行间市场的动力是什么?. 国际货币基金组织工作报告 09/189,2009.

Reinhart C,Rogoff K. 汇率管理的现代历史:重新解释. 经济学季刊,2004,119(1):1.

Shang M. 新中国金融 50 年. 北京:中国金融与经济出版社,2000.

Song Z,Storesletten K,Zilibotti F. 像中国一样增长. 美国经济评论,2011,101(1):196-233.

Tang S N. 有关国有银行改革的几个问题在 2005 年中国金融和银行业协会年度会议上的演讲,2005.

Wu X L,Xie P,Shen B X,Hu Z Y,Wang Z X,Wang Z J,Mao H J. 跟踪中国金融改革(第 2 部分). 改革,1997(4):83-98.

易纲. 中国的货币、银行业和金融市场. 博尔德:西方观点出版社,1994.

易纲. 中国的货币化进程. 北京:商务印书馆,2003.

易纲. 在 2008 年 SHIBOR 工作会议上的发言. http://www.pbc.gov.cn/publish/hanglingdao/60/1156/11566/11566_.html.

易纲. 关于中国金融改革. 北京:商务印书馆,2009.

Zhang J,Gao X H. 资本注入与农村信用社体制改革的博弈. 金融研究杂志,2006(3)：48-56.

Zhang J H,Wang P. 中国银行业的前沿效率及其决定因素. 金融研究杂志,2009(12)：1-18.

Zhou X C. 农村金融改革的几点思路. 经济观点,2004(8)：10-15.

Zhou X C. 自 2000 年以来中国的货币政策. Per Jacobsson 讲座,2010a.

Zhou X C. 全球金融危机：观察、分析和对策. 北京：中国金融出版社,2012b.

第16章

中国的法律与经济

作者：雅克·迪莱尔（Jacques deLisle）

　　分析改革时期中国的经济发展，通常都把重点放在那些使中国经济比起毛泽东和他的接班人时期更为市场化和国际化的政策上面。而这样的评估很少会描述法律在其中起到了怎样的作用。（Lin、Cai 与 Li，2003；Naughton，1996；Huang，2008；Chow，2007：366-384）但是，从国家最高领导人邓小平时期开始，则在官方意识形态、政策表述甚至是宪法修改中突出了法制建设、依法治国，建立社会主义法治等。在许多方面，中国的法律和法制足以与中国经济的上升趋势相媲美。在法律数量、律师、法院人员和诉讼、法律意识普及和其他此类指标方面，中国的法律秩序有着非常显著的进步。

　　虽然这些特色和趋势是显而易见的，但人们对于中国法律发展的评估却显著不同，通常认为是中等水平。有关法律的质量和效用的结论（或许除了那些认为其十分薄弱的结论外）没有引起有关法律对中国经济和经济发展是否具有重要意义的判断。评估中国改革时期的第一个十年，可以发现中国的发展与法律关系不大，或者说中国在没有太多法律存在的情况下取得了令人瞩目的经济发展，但这不能告诉我们随着中国经济变得更加发达和多元化，以及随着中国的社会和政治的继续变化，这种情况是否还会持续下去。对中国是否已经具有了相对较多或较少的法律或法治或法规的整体评估，都无法回答法律所起的作用是什么，它是如何起作用的，或者在整个经济以及其他背景下，其力量是如何的不同等这样的细节问题。

　　因此，由于一些原因的存在，无法简单明确地回答有关中国经济发展中法律秩序等方方面面的问题。尽管如此，一些主要的特点还是明显的。在改革时期，投入法律尤其是经济法律中的资源大大增加了。正式的法律、法律制度以及对法律的依赖都大幅提高。更广泛地说，对于中国，经济政策和与经济相关的政策很多都制定成了法律形式，达到了前所未有的程度。政治制度议程赋予了法律促进和维持经济发展的任务，这大大地超越了先前的实践。但是，与其他具有健全法制的发达国家市场经济中的作用相比，中国的法律地位仍然很低。中国法律的效力和影响在不同时期、不同地区和不同主题中有很大不同。中国在更强的合法性方面面临着日益增长的压力，虽然这些压力的最终影响还未可知，这一定程度上是因为他们面临着强大的反对力量。

16.1 法律与计划经济

在中华人民共和国成立后的第一个 30 年中,法律或者说发达市场经济体所理解的法律这个术语,在经济中只是扮演着边缘的角色。中国早期创建的照搬苏联模式的经济,不需要太多在市场经济中的法律所履行的那些功能。经济计划(由国家赋予按照国家规定价格获得投入要素的权利以及按照国家规定价格生产物品的义务)取代了市场经济中无数自发的、讨价还价的、横向的经济安排,以及它们对合同法的需要。相对于私有制经济而言,国家所有制的、集体所有制的、社会化的生产手段没有为物权法的存在留下任何空间。一个由政府主管部门直接控制的国有企业和在功能上相当于地方国有企业的集体企业主导的工业和商业经济意味着,对代表着市场经济重要特征的公司法、证券法和其他商业法的结构没有需求。由于根据国家财政计划进行资金分配(部分是通过国有企业和非商业银行分配),银行法和证券市场法也都没有存在的必要。由于中国企业面临着"软预算约束"(Kornai,1992:140-145)(包括没有一致的盈利能力预期,没有向政府提供者偿还资本的要求,以及没有基于经济绩效的倒闭威胁),因此这一系统可以在没有用以保护债权人和约束债务人企业的破产法的情况下继续运转。接近于自给自足的国际经济政策,以及在其所在领域内具有垄断地位的国营贸易企业意味着,有一个最低限度的对外贸易法律就够了。中国的计划经济在很大程度上无须竞争法、侵权法、税法和其他各种与经济相关的法律,而这些法律在市场经济中则是无处不在和至关重要的。

这并不意味着法律在改革前的中国经济中没有发挥任何作用。在某种程度上,法律是计划的工具。中国对于苏联式的计划不完全的采纳和有限的制度能力,都为法律在中国的有限计划的外围发挥作用留下了空间并创造了需要(Naughton,1996:26-55)。合同法对此提供了极为丰富的例子。

事实上,"合同"这个标签有时候就是国家行政命令。有时,在中国多层次的国有和集体经济结构中,"合同"安排在名义上规定了组成单位对上一级所承担的"垂直"义务。更为横向的合同则充满了低劣而成批的计划目标细节。合同将特定的供应商和用户或者买家和卖家匹配起来,并使一般的或者低分化的计划指令与完全不同且经常变化的当地情况相适应。一旦合同签订,它便提供了一种监视缔约双方履行计划职责的手段,但这种计划却是以具有独立法人资格和承担法人权利义务能力的企业间(尽管他们都是归国家或集体所有)合同的形式规定下来的。合同还意味着用作具有动员性和激励性的工具,让草根行动者们名义上参与到创建义务的过程中,明确他们在大型经济建设项目中的作用,或许还能让人感觉到,合同中所规定的义务,至少在小部分意义上说,是一种准自发的选择而不纯粹是政府的命令。合同把一定程度上计划外的个体、实体和经济活动等与计划经济联系了起来。这些联系包括,比如,一个在中华人民共和国成立早期允许存在的私有企业最终还是被社会主义化了,在某种程度上是通过与国有实体签订强加了不平等条件的合同并将私有企业向国有政策目标引导的方式完成的;以及农业生产者向国家购买者出售超额或者没有计划在内的农产品(Lubman,1970;Pfeffer,1963a、1963b、1966)。

合同的存在还意味着合同纠纷和不履行合同的问题。由中国共产党和政府机关以及国有银行进行的监督是提高依从性的主要手段。一方当事人不履行合同一般会通过具体的履行指令、行政法规规定的处罚金额、行政处分或国家对应履行义务进行指导性调整等方式加以处理。争议则常常通过非正式谈判或诉诸包括双方当事人共同的行政主管部门在内的国家机关来进行解决。以判决或仲裁来产生强制合同权利的裁决不会起到什么作用。

在计划经济时代,法律至少有另外一种重要的经济功能:对那些损害经济系统或社会主义经济秩序的行为进行惩罚和威慑。因此,中国法律规定了包括盗窃或破坏国家财产在内的经济犯罪。从技术上说,非犯罪问题的行政处罚和不太正式的制裁针对的是相对轻微的违法,如偷窃粮票。所使用的制裁种类和严重程度取决于当局依自由裁量权所做的决定,以及几个重要性依时间而变化的因素。相关的考虑因素包括违法者行为的经济后果的大小,违法者的犯罪或反社会行为记录,违法者的阶级背景和悔改程度,以及是否正在开展打击经济犯罪或其他相关的行为的活动等(Cohen,1968;Fu,2005)。

16.2　针对改革时期经济体的法律和法律制度[①]

16.2.1　在法律上的投入

自 20 世纪 70 年代以来,发展和依靠法律一直是政权意识形态中一个重要的永恒主题。1978 年,改革时代的创始宪章(十一届三中全会公报)做出了一项指示,必须要有法律,法律必须得到遵守和严格执行,违反法律的行为必须要被纠正。江泽民时代的一条主要的口号(部分反映在了宪法修正案中)号召"依法治国"和"建设社会主义法治国家"。胡锦涛于2002 年上台时则将宪法称为不可侵犯的国家根本大法,强调所有的公有制和私有制企业都要遵守和执行宪法。胡锦涛在 2007 年第十七届中国共产党代表大会的政治报告中提及法律的次数创造了纪录。2011 年,人大常委会委员长吴邦国宣布中国社会主义法制建设基本完成。随着习近平成为中国新一届的最高领导人,他重申了坚持法律的重要性。2012 年,第十八届中国共产党代表大会政治工作报告规定中国共产党要在"宪法和法律的限制范围内"运行并要提高其威信。在宪法颁布(1982 年)30 周年的庆祝大会上,习近平宣布:"我们必须在全社会牢固树立宪法和法律的权威。"2013 年十八届三中全会发布的重要改革文件再次发出"法治政府"的号召并保证建立起一个法治下的商业环境。

2000 年中国加入 WTO 促使很多官方声明强调法律的重要性,尤其是影响经济的各项法律,中国为了确保能够进入全球贸易体系而对这些法律进行了大量的修改,而其他 WTO成员会给中国施加压力来实施这些法律。在整个改革时代,特别是近年来,许多由国务院发布的"白皮书"和其他一些正式文件都承诺和宣传,要朝着更加健全和有效的法律秩序方向发展。

当然,关于法律的修辞说法无法可靠地转化为现实。尽管法律承诺并不像政治民主热情那么空洞,但也比追求经济现代化显得更加单薄。不过,物质与政治资源的投入已经非常多了,建立法律和法律制度的事业已经非常广泛。中国自 1949 年至 1985 年"完整的"法律纲要是一个单一的、几百页的卷册,而这其中大部分内容都是最后几年确定的。20 年后,一

---

①　本节引用了 deLisle,2003 年、2009 年、2011 年的一部分内容。对本节涉及问题以及本章随后的其他几节强调当代中国法律中的政治问题而不是经济问题的讨论,见 deLisle 2014。

年内制定的并不十分全面的立法和重大法规集册都要比 1949—1985 年卷大出很多。自改革时代开始以来,全国人民代表大会及其常务委员会已经通过了几百个重大法律和数量众多的次要法律。国务院及其所属机关、地方立法机构和政府已经发布了成千上万的法规和实施细则(Zhu and Han,2013)。许多法律、法规和规章已经修改多次,以适应中国不断变化的环境,适应国际标准或国际法律的需求。以改革前的情况作为基准的话,目前很大一部分的法律都是注重各种经济事务方面的。

自法律院校在"文化大革命"中关闭之后,中国目前出现了 600 多家法律学院,而这些法律学院培养了很多律师(现在的数量接近于 200 000)、法官(数量与律师一样多,组成了 10 000 家法院)以及一大群在政府和私营部门进行法律培训的法律学位持有人。与经济领域相关的法律是特别受欢迎的分支学科,包括商法和国际经济法。

人民代表大会和国家行政机关通过增加法律工作人员以及聘用法律学者做顾问来加强他们的立法和释法能力。全国人大的法制工作委员会和国务院的法制办公室中,都包含有专业机构处理法律和法律事务,大规模、长期的公共教育工作促进了法律和法定权利知识的普及。

企业和公民为了法律服务经常求助于律师事务所(数量大致为 17 000 所)、法律援助办公室(服务于贫困者)和律师个人。近年来,中国法院每年处理 1 000 万宗当事人要求赔偿问题的诉讼,而这些诉讼从商业交易到财产与知识产权、意外和故意伤害、劳资纠纷、诽谤、离婚等应有尽有。在过去的几年中,法院每年接受和裁决 300 多万起合同案件,大约 150 万起财产、侵权和其他民事法律案件以及 3 万~5 万起知识产权案件。法院每年执行 200 万项的民事判决。法院每年处理 10 多万起国家层面的诉讼,绝大多数诉讼集中在影响经济利益的国家行为,比如财产权、政府福利、工商法规的应用和知识产权等。每年有破坏社会主义市场经济罪和金融犯罪超过 60 000 起(2013 年最高人民法院;2009—2011 中国法律年鉴)。

16.2.2　以市场为导向的、国际一体化的经济法律

法律在中国改革时代的一个主要作用就是通过制定规则来为经济发展提供支持,特别是从计划转向市场、从封闭转向国际一体化的经济发展过程中。促进和反映中国经济这种重新定向的各项经济政策已经被写入法律,并需要依靠法律手段来加以实施。

1981 年颁布的《经济合同法》,1993 年的修订版,1999 年统一的《合同法》以及相关的法律法规,为经济行为者定义了一个框架,使其能够与更广泛的合作伙伴进行更加自由选择的、结构多样化的市场化交易。这些法律赋予了经济行为主体更多的自由,来决定是否制定合同、选择什么样的供应商和客户、谈判条件以及在没有国家计划的强制约束下如何经营等。最近,劳动合同法已经承诺给就业员工更多的就业权益保护。

合同法和有关法律为合同各方提供了更多的自由裁量权来选择解决纠纷的程序,以及在一些国际合同中,选择由哪个国家的法律来管辖他们的合同。补救措施已经从特殊履行偏好(这让人想起计划经济时期政府下达的任务,这些任务在改革年代早期都有较强的经济上的理由,但在市场中却很难找到违约方不履行合同的替代办法)转移到了金钱赔偿(市场经济中不牺牲经济效率来保全受害者的主要法律补救措施,)甚至违约金(反映当事人自治原则的提高,允许当事人事先通过协议来设定违约赔偿问题)。

由法律治理的商业企业经历了快速的发展和转型。对于依然被国家机关拥有和控制的

企业,法律改革迫使企业与政府最高统治者采用管理决策进行的干预相隔离,并使企业在招聘和解雇员工、收购和出售资产、制定许多普通和战略性的商业决策等方面拥有了更大的自主权。更重要的是,很多法律都肯定了新商业组织的合法性,定义了其结构和权利,而这些商业组织在成立之初就拥有市场化的环境和相对较少的国家控制和补贴。这些企业现在数量剧增,占到了工业和服务业经济的大多数,其中包括某些类型的乡镇企业(从地方国有企业到变相的民营企业不等)、新型集体企业、各种形式的私营和外商投资企业(包括独资、合伙企业,合资和控股公司等)(Simon,1996;Clarke,1991,2005;McDonnell,2004)。

从与市场经济国家的类似法律进行接轨来说,20世纪90年代的《公司法》和《证券法》及其在21世纪初期的修订版,以及相关的法律法规都已成为重新定义所有权和管理权(以及其他利益相关者)的法律权利和角色的重大举措中的一部分。这些法律同样也是一种结构中的重要元素,该结构越来越多地授权并鼓励以更加多元和复杂的所有权形式和模式进行企业所有权转移。它们为发行股票的公司创建了法律模板,包括那些在90年代创建的中国第一个股票交易所中进行交易的股票。这些改革(通过在法人治理规则方面直接创建法律权利与义务,以及通过间接鼓励产品、要素和资本市场提供压力)为促使所有者和管理者行使权力来提升公司的经济利益提供了保证(Dickinson,2007;Wei,2005;Schipani与Liu,2002;Zhang,1999;Art与Gu,1995)。

支配着企业与政府间财政关系的法律越来越顺应市场并公平公正了。对于政府拥有和控制的企业,所得税和其他以规则为基础的税收取代了企业向国家进行的完全任意的或临时协商的支付方式。对于私有的、私有化的和部分私有化的经济实体,财政法的使用更加直截了当,将由规则支配的税收变成国家合法获取收入的主要形式。(Ho,2001;Shirk,1993:245-279)尽管由于中国的投资通常依赖净利润,因而这些改革非常重要,但其他法律则解决了其他重要的资金来源问题,包括证券和期货市场、担保物权和抵押品以及商业银行等。这些法律为资金配置制定了更加市场化的(更少政治或政策的)标准,对更加众多的、多样化的和以市场为导向的资金和信贷提供者(与之前的由国家分配以及少数大型国有银行的“政策性贷款”相比)进行了授权。(Lardy,1998;Wu,2009)破产法是这一趋势的另一个组成部分。1987年有关国有企业破产的基本法律生效之前,中国的法律中见不到企业及其管理者和员工需要为企业无法盈利和无力偿还信贷等问题承担重大后果的理念。(Rapisardi and Zhao,2010;Peng,1987)2007年颁布的《破产法》与它的前身相比,为债权人提供了更多的权力,而为破产监管者提供的自由裁量权较少,对员工的“铁饭碗”(一旦员工就职于国有企业,他们将享受永久的就业和福利)的保护更少。(Rapisardi与Zhao,2010;Peng,1987)

这些法律改革中有很多都是与另一个重要的市场化法律元素——财产权交织在一起的。在早些时候修改的1982年宪法的基础上,2004年修正案提出私有财产与国家和集体财产近乎形式上的平等,并承诺获取私有财产需要一个公共目的并进行补偿。经过了长时间的拖延和指责物权会破坏社会主义之后,《物权法》在2007年通过,为财产(特别是土地)的权利赋予了清晰的内容和更高的地位。(Zhang,2008;Rehm and Julius,2009)这样的改革对于土地显然一直是有限的,即使法律条文如此。城市不动产仍然属于国家所有,而农村土地则属于集体所有。但是,法律改革提供了广泛的“用益权”,包括使用土地和从土地获益的权利,以及在一定范围内转让和抵押土地的权利。一个有点儿类似于小所有权的法律制度已经应用到了比重正在缩水的国有企业资本资产上,那就是国有资产正式地转让或者委托给企业。由于中国加入 WTO 的条款以及反映出来的促进更为知识密集型企业的政策的影响,中国曾多次修订和扩展改革时代初期所制定的知识产权法,以便使目前的法律条文能够符合国际的、很大程度上以条约为基础的各种标准,包括版权、专利、商标和商业机密等。(Zhang,2003)

法律还在确定导致更广泛的社会和公共伤害的经济行为中发挥了新的作用。比如,经过了长达十年的起草过程,中国于 2008 年颁布了《反垄断法》,以打击企业对于市场竞争(竞争对手和消费者)所构成的威胁,这些企业都是获得了或者通过有计划的并购而获得市场的支配地位,并使用共谋手段或强加破坏竞争的歧视性或不平等条款。《侵权法》从改革前几乎为零的状况发展而来。在这个重要经济领域的发展包括了加大不良产品生产者和销售者的责任,这是从《民法通则》(1987)到《产品质量法》(1993,2000)和《消费者权益保护法》(1993),再到丑闻不断的《食品安全法》(2009)和全面成熟的《侵权责任法》(2010)中仅有的一些规定演变而来的。与《民法通则》中的侵权规定一样,《侵权责任法》与更加专业的法律相互协调运用,以处理重大经济伤害问题,包括假冒伪劣产品、医疗事故、环境污染、豆腐渣工程、侵犯知识产权、交通事故和诽谤等。(deLisle,2012;Zhang,2011)

中国第一部成熟的《刑法》于 1979 年采用,此后进行的几轮修改都增加了各种针对错误经济行为的规定,因为这些经济行为如果非常普遍的话,就可能会破坏中国以市场为导向的经济发展战略。这些行为包括挪用公款、洗钱、逃税、证券和其他金融犯罪、绑架勒索、损害环境和侵犯知识产权,以及更为传统的犯罪如偷盗和破坏等。在这些违法犯罪中有一些是根源于计划经济时代,但在新的市场经济时代依然有可以定罪的理由,那就是破坏国家财产和以暴力扰乱公共秩序造成重大经济损失。显而易见的是,对于紧急权力法律和国家权力其他异常使用的官方理由经常性地指向了经济原因,而不仅仅是社会秩序或者政治控制原因。(deLisle,2010a;Dobinson,2002)

针对国际经济一体化的中国法律已经与国内经济法律改革的这些趋势相呼应并为其提供了支持。中国已经越来越多地或通过制定国家标准而显著地采用了自由贸易和投资法律。新法律取消了企业外贸权的限制,降低了进出口门槛,在中国寻求加入 WTO 以及加入 WTO 之后,努力满足 WTO 的要求。自 1979 年"对外开放"以来,有关中外股权式合资经营企业、契约式合资企业、外商独资企业、外资持有中国企业的股份、外资全面收购中国公司、外国机构投资者和外汇管制的法律和法律修订案都变得更加灵活和友好。法律改革为外商投资指定了更多的条件优惠的对外开放区域,从最初的东南部四个经济特区到许多沿海城市及邻近地区,再到经济欠发达的边境地区和艰苦的西部内陆地区等。法律的变化使更多的经济领域对外国投资开放,从仅仅强调创汇和技术转让项目转变为一个具有以下功能的系统:鼓励外商在许多领域进行投资,允许其进入其他行业,或者禁止其进入某几个领域(主要是新兴的、薄弱的和衰退中的或者涉及国家安全的行业等)。(Wang,2006;Huang,2009;Lardy,2002;Potter,1995)

在所有这些领域中,法律在促进以市场化发展方面的影响是有限的,对于这些法律影响的评估既复杂又充满争议。各种法律不断正式地要求合同要与国家计划以及定义模糊的公众利益相符合。一些合同和项目,包括很多大规模项目,还需要由中国那些庞大的、支离破碎的和经常不负责任的官僚机构的合法审批。同时,经济法律向着更加市场化和更加对外开放的方向转化,其与一定程度上反映了法律期望的实践中的转化是相互一致的。一些研究发现,尤其在中国最发达的地区,企业更多地从事与陌生人的交易,而较少依赖人际关系和腐败,这在某种程度上是因为市场竞争和法律的压力。然而,其他评估发现,经济改革允许或者鼓励"关系"在经济交易中存在下去,而法律在创造允许各方仅仅基于经济的考虑而进行商业决策的确实可执行的、中立的规则中仅仅取得了些许的进步(Cheng 与 Rosett, 1991;Guthrie,1999;Gold,Guthrie 与 Wank,2002)。虽然《劳动合同法》扩大了工人的就业保护范围,但却招致了不仅仅来自于雇主的许多批判,认为因此而难以解雇员工,尽管它给很多中国的劳动者创造了些许就业保障。更主要的是,《劳动法》和工作场所法规没有缓解拒付工资和工作条件危险(正像大规模的工业和矿山事故所反映的那样)等问题(Gallagher,2005)。

很多大型企业依然是完全国有或者由国家有效地控制着,这通常是通过复杂的公司结构实现的。在胡锦涛时代后期,分析人士指出了"国进民退"的现象,就是大型国有企业的复兴是以牺牲私有制的较小企业为代价的。尽管法人治理法律改革,但作为所有者的国家和国家选择的管理者面临着将公司引向消亡(常常是政治意义上的消亡)的机会和压力,而不是使利润或者股东价值最大化。(Clarke,2010)对于比较小的与国家无关的企业,从银行、股票市场或任何合法授权的渠道而非通过留存收益来获取资金,依然是受到限制的,这就把他们放逐到了改革后的法律所能覆盖的范围之外(Yu and Hao,2008)。尽管法律规章有所发展,但股票市场仍存在缺陷(经受着股价蒸发和上市公司登记中存在大量欺诈的苦恼),仅限于作为资本升值以及规范上市公司的手段。虽然破产案例大幅上升,但法律依然没有使许多与国家有关的企业受到硬预算的约束。

在改革时代,基于合同的财产权在从农业集体化回归到家庭农业而带来的生产力提高方面,以及在促进城市住宅与商业的发展方面都是有帮助的。不过,土地的正式合法使用权(但不是完整的所有权)无法抵御当局与开发商的合作,他们将土地占用和转让进行城市再开发或者将农村土地转为城市土地使用。对于国家拿走土地所有权来说,法律的"公共利益"要求是含糊不清的,而且没有构成有效的约束。法律的"补偿"要求没有正式要求全部按照市场价格进行补偿,也没能避免没有达到国家最低标准的微薄支付。最近很多的住房建设是依靠那些不受法律约束的机制(如一直采用的"小产权"方式)对法律上仍旧限于农业和农村用地进行开发(Zhang,2008;Pils,2005;Pils,2010a)。保护知识产权方面的法律承诺与实践之间的差距一直是引起很多国外知识产权持有者不断进行尖锐批评的主题,也是国内权利持有者越来越关心的问题(Yu,2005;USTR,2012:96-107)。

《反垄断法》处于起步阶段,但是在它早期的一些最特别应用中由于严重妨碍外国收购者进行投标以保护中国的目标公司,或对竞争对手即中国竞标者进行帮助而招致了批评。(Zhang,2009;USTR,2012:70-71)阻碍侵权法发展的因素包括它的新奇性和不完全性,作为其他法律体系中侵权法的主要驱动力的集体诉讼正在受到的各种限制,将大量处理社会有害活动(特别是在那些涉及重大社会危害的案件中,比如由大众消费产品或环境污染所造成的危害)的任务交给行政监管、政府处罚和政府从中牵线的各种补偿计划的更大的法律和制度结构去完成(deLisle,2012)。

对经济犯罪的起诉和惩罚产生了复杂的反应和看法。官方媒体吹捧的判案往往是知名的富有商人和更多普通被告被卷入声名狼藉的案件中或在针对特定类型经济犯罪的行动中被扫除。很多案件在价值上或在公众看来都相对来说是没有争议的。尽管如此,这样的法律仍不能被视为是有效的,例如,正像民意调查所反映的,找出商业腐败作为公众最关心的问题,或者在公众来看,面临被起诉的企业界大亨们部分是出于政治原因被选择出来的,虽然一些他们的同行因为政治关系逃脱了类似的命运。指控经济犯罪(以及较小的,行政上可处罚的行为)的国内外拥护者的合法性受到了法律的政治或政治化的利用:压制社会不安定因素(主要以破坏财产或者针对藏族和维吾尔族扰乱经济秩序指控的形式),或不断打击持不同政见者(例如,以逃税指控或从事各种业务活动没有获得合法授权指控的形式)(Pew,2012;deLisle,2010b;Wong,2011)。

中国的贸易和投资法足以满足中国的外国入境投资、出口和整体贸易走向世界前列。不过,中国的法律、政策和实践受到了越来越多的尖锐批评(以及 WTO 争端解决机制中越来越多的正式的准司法程序),主要针对美国和其他国家所主张的违背 WTO 在市场准入、知识产权、不公平的出口支持以及其他方面义务的法律、政策和实践。外国投资者们抱怨那些法律法规起作用的领域都向着不利于他们而有利于中国竞争者的方向倾斜,在许多方面越来越是这样了(美国商会,2012)。

对于经济纠纷解决的评估是形形色色的。裁决引来了最多的关注。一些研究发现,在普通的商业纠纷中当事人都相信他们的案件的结果是符合法律规定的。一项研究发现,普通市民如果知道有人已经尝试过且结果告诉人们法律体系给诉讼者提供了相对积极的体验,则他们就更有可能选择诉讼。另一方面,一些评估总结说,很多中国人特别是比较贫困和文化程度较低的中国人,走向法庭不是因为他们期望得到一个公正满意的结果,而是因为诉讼可以带来道德胜利的希望和一种有限的授权感。一些研究发现了人们对法律体系有了深层次的、日益增长的、普遍的觉醒。这似乎在一定程度上是由于对法律程序高度乐观的事前看法,和对程序上正确但是实质上不公的结果不够尊重。(Landry,2008;Pei et al,2010;O'Brien and Li,2005;Michelson 与 Read,2011;Gallagher 与 Wang,2011)。

在建立一个更加有经验的、专业的和具有司法能力的以及越来越多的司法自治方面,中国已经取得了进展,特别是在相对普通的经济案件中。但是,法院的评估指出了持续存在的一些重大缺点。一个问题是资源的匮乏,在某些领域分配给法院的人力和物资都十分匮乏。另一个问题是司法腐败,不管是以贿赂的形式还是通过关系进行交易的形式。或许最重要的问题是"地方保护主义":法院偏向于当地的当事人,尤其是大企业的或者与政府有关的企业,因为法院的预算取决于当地政府(法官的提升取决于当地的党组织),当地的党组织把当地的公司作为税收、利润(当地政府所拥有)、经济增长和就业(评价干部的主要因素),或者政治支持(如果当地的商业精英和政府官员们相互牵连以及就业和经济增长对于当地社会稳定的重要性)的来源进行保护(Peerenboom,2000:280-342;Lubman,1999:250-297;Li,2010)。

16.2.3　针对削弱市场经济的党政行为的法律

法律的另外一个主要功能是用来检验功能失调的政府行为,这种行为会破坏中国的经济法律所致力促进的发展战略。法律提供了一种可能的方法,来解决腐败、关系、狭隘主义(包括地方保护主义)、滥用权力或者行使权力时推卸责任等问题,以及解决那些未能避免或纠正设计不良的或执行不力的经济政策等问题。政府对这方面的担忧已经变得十分严重。民意调查和最高领导人都认为中国所面临的最严峻挑战包括了政府官员的腐败以及对污染、食品和其他产品的监管松懈所导致的公众健康和安全受到威胁。(Pew，2012；Xinhua，2013)每年都有超过 100 000 起社会不安定的"群体性事件"发生，其中许多都是与官员伤害或不能保护公民的经济权益相关的问题。

法律在实现这些公共治理目标中的角色包括了很多形式上属于针对经济活动的私法的部分。从 20 世纪 80 年代开始，合同案件涉及了经营者从集体或者国家所有者手中租用的资产的农民和企业家们，他们通过管理这些资产获益，但却面临着出租人榨取更大利益或撕毁协议的做法，这些做法的动机从怀疑签订合同时的内幕交易，到认为合同对公共资产的收益分配不公，再到简单的寻租应有尽有。(Zweig 等，1987)工商企业的商业诉讼同样针对的是官员漠视法律所产生的问题。例如，国家所有者或者监督者挪用企业收入或者发布命令阻止企业履行义务等。企业从事投机取巧的非法行为是因为他们希望其政府老板使他们免于承担法律责任。在处理这些类型的案件中，法院不仅扮演着维护当事人合法权利的传统的市场支持者的角色，而且还通过批评和处理政府违反法律所体现的政策等相关行为，扮演着执行政策和制止官员滥用权力的角色。

从改革时代初期开始，与地方政府和国家相联系的母公司有时候对于他们自己创建虚假企业行为是要负责的。更晚些时候，出售股份的企业比前国有企业越来越成了公司法和诉讼的焦点。例如，政府一方占大多数的股东通过损害占少数的私人股东的权利，尤其是在 21 世纪初期，推动了《公司法》和《证券法》的改革，这些法律认可了新的一套股东类型，把控股股东的信托义务与经营者联系起来，并认可了"公司法人人格否认制度"以及其他手段来使企业所有者或控股者对非法行为负责。(Howson，2010；Huang，2012)

中国新的物权法制度在很大程度上把重点放在了抑制政府的问题行为上。宪法修正案解决了国家、集体和私人财产的相对地位，要求在取得私人财产时要考虑公众利益和补偿要求，对从农村到城市的土地登记、使用期限、征用和重新分类进行了规定，对法院在土地争议、诉讼(有时是以行政诉讼来对抗政府的搬迁命令)和被驱赶出家园的公民的抗议的司法权确定了规则，所有这些都针对的是政府部门的行为。通常的形式是地方政府与开发商相互勾结获取土地却没有足够的补偿，并超越了法律和政策授权。针对政府或者政府相关的行动的法律求助对抗已经得到了政府和公众的高度关注。一个著名的成功案例就是重庆的"钉子户"，两个居民坚守他们的房子和买卖不愿搬迁，在巨大的建筑工地中央形成一个高高的孤岛，对当地政府的拆迁命令实施法律对抗，借助于还未成熟的物权法原则发起了一场媒体高度关注的运动，并且最终获得了更多的补偿。另外一个案例是著名法律学者们针对国务院关于房屋拆迁安置规定的对抗。他们认为许可自行处理的规定非常模糊而且与更高的法律不相一致(争论带来了一些影响，规定得到了改变并很快开始实行)(Hess，2010；Zhang，2008；Wang，2009)。

在中国新出现的侵权法中，许多规定针对的是监管机构的角色和职责。与具体侵权行为有关的其他条款，读起来就像人们意识到的政府监管失败所导致社会危害和经济损失的清单，其中包括产品责任、污染、医疗事故和基于互联网的伤害。特别是大规模的侵权行为的情况，比如被三聚氰胺污染的奶制品、海上石油泄漏，或者地震地区因劣质建筑和不当验收所造成的死亡，中国政府已经用国家管理的补偿基金和对有责任的私人行为者和不负责任的官员进行刑事和行政处罚取代了似乎应当由侵权法提供的私人民事补救措施。这种现象可能反映了制度的理解，即如果把此类事件留待民事诉讼或者干脆不予纠正和补偿，将会招致不必要的权利自信、政治激进主义或者对政府的愤怒,因为通过政府的无所不在已经对公众创造了一种预期,那就是政府应该对任何公共安全疏忽负责。无论什么原因,他们对于国家作为或者不作为表现出关注,是中国侵权法及相关实践的主要特征(deLisle,2012)。

私法在保护公民和企业的经济法律权利方面的局限性,同样也破坏了它检验国家权力滥用和不足方面的能力。诉讼提供了一些讨论最多的例证。对法院处理经济案件的批评显然是"国家主义者",集中在结构上偏向于国家有关的或者政党有关的当事人,受政党或者国家参与者的影响,或其他地方保护主义问题,或法院在中国党政等级中相对较低的地位等。对集体诉讼持续不断的阻碍限制了民事诉讼在解决系统性问题(包括最终源于政府作为和不作为而造成经济伤害的行为模式)方面的潜力。

公法一直是针对那些对市场化的经济政策和法律构成威胁的官方行为的一种主要法律手段。行政法是公法中最重要的组成部分。依据《行政诉讼法》,公民可以在法庭上与那些影响经济利益的政府决策进行对抗,从土地权利到政府利益,再从罚款到商业法规的执行等。《行政复议法》提供了一种机制,可以要求政府机关或其上级来改变具体决定(包括那些可能会在行政诉讼法中解决的决定),或者改变根本规则(这在行政诉讼法中是不能进行对抗的)。《国家赔偿法》为那些因政府的非法行为而受到伤害的受害者提供了一个寻求赔偿的法律权利。(Potter,1994;Ohnesorge,2006;Wang,2003)《行政许可法》《行政强制法》和一些与长期未决的《行政程序法》平行的下级规则,针对的是由国家分配的包括那些影响经济利益的利益和负担的流程问题。各种具体的经济规章法律也用于解决官方过度干预和逃避责任等问题。这方面的例子包括《反垄断法》禁止使用不当的政府权力来限制竞争,产品安全法和银行法对于官方未能履行监督职责的处罚等。

公法其他方面的发展为立法注入了一些大众的因素,因此公民可以寻求保护自己的经济利益,对抗他们认为不明智的国家法律、政策和行为,为立法者和政策制定者提供"源自群众的"智慧。村级水平和最低一级的人民代表大会的直接选举法正式承诺了民主投入和问责。有关立法和行政程序条例方面的法律为建议的法律法规提供了听证、评论和其他的公众投入,由于政府信息公开和电子政务改革的原因,这方面可获得的内容越来越多。地方政府一级协商民主的实验,尤其在预算和财政问题上,是另一种刚刚出现的公共投入。(Wang,1998;Wang,2000;Paler,2005;Horsley,2007)

对违反法律的官员的刑事和行政处罚可以一直到死刑。这些处罚一直被以最积极的方式用于不断促进反对官员腐败的斗争,从邓小平时代开始起步,在江泽民时代得以加速,在胡锦涛时代持续进行,在习近平时代则给予了新的重视。那些因贪污被起诉的官员涉及了一些高级官员和资深官员,包括 20 世纪 90 年代的前北京市市长陈希同,2008 年的前上海市市委书记陈良宇,2013 年的铁道部部长刘志军,以及 2013 年的前重庆市市委书记、前商务部部长薄熙来。

尽管有这些多样化的发展,但中国的公法依然没有解决党政官员的违法行为和可能对经济发展造成损害的行为等方面的问题。实践与承诺的距离有多远是一个有待确定且存在争议的问题。行政诉讼案例暴露出了更广泛问题的存在。在行政诉讼中,如今原告获胜的概率是 20%~40%,对于公民起诉政府案件,按照国际标准来看,这是一个非常高的成功率。但行政法案件数量之少(相比每年数百万的民事案件,大概只有 100 000 起)招致了人们对法律真实效用或感知效用的怀疑。它也认同了先前对提出索赔申请成功比例(以及与其他司法权相比这个比例如何)的困难的评估任务。

一些研究,尤其是那些关注发达地区的研究发现了行政诉讼具有相对较高的能力和公正感知(Pei,1997;Hung,2005)。一些报告表明,以起诉威胁官员,可以驱使他们纠正违法行为,因为他们害怕败诉或担心被起诉不利于他们的业绩评估。但是这同样也会导致在法治方面出现反常的结果:近几年中,出现了越来越多的在美国称之为"罢工诉讼"申诉——无是非诉讼(或更宽泛地说,非法行为的伪主张)对当局施加压力来对原告进行赔偿。其他一些分析,尤其那些关注穷人,通常是农村地区的穷人的分析,发现了行政诉讼中的徒劳感和挫败感,当地政府对无能和软弱的法院施加影响,使用胁迫手段阻止潜在的诉讼当事人,甚至报复获胜的一方。起诉政府通常是对生活无望的人们的一种绝望行为(O'Brien 与 Li,2005;He,2011)。即使在原则上,政权代表人很多损害经济的行为都超出了法律所及的范围。行政诉讼只能检查特定的政府法令和决策,而非基础性的法律、法规和条例,或者虽不是法律的但事实上具有法律效力的规范性文件。行政法律不能提供一种对抗政党行为和政策的手段。

法律对准民主投入所承诺的手段在实践中一直是软弱的(deLisle,2008)。立法案听证会和为拟议法规建言的机会为政府之外的参与者(尤其是商业和工业集团)(Kennedy,2005;Pearson,1994)提供了参与进来的机会,但公众投入机制远远达不到法律所赋予的被听到或被回答的权利,更不用说去影响结果了。越来越多的是,立法者和监管者被那些他们不会加以考虑以及有时作为一个实际问题而不能加以考虑的公共评论所压倒。尽管乡村选举法提供了将一些不合格官员赶下台的手段,放射出了更强烈的民主希望,但其一直被不公平地履行着,容易受到当局的操控,往往不能担当公开竞选的大任,因而只能达到很低的标准。(O'Brien and Li,2000;Fewsmith,2012)地方各级人民代表大会选举法导致了只产生了几个持不同政见的候选人,他们没有几个能够赢得竞选,更少有能够在当局推翻他们或者阻止他们东山再起的努力中生存下来的(Nathan,1985;deLisle,2010c)。

针对官员腐败的法律措施的影响很有限,而且经常招致怀疑性的或愤世嫉俗的看法。尽管腐败难以衡量,但普遍的观点认为腐败无处不在,而且造成的损失惨重,甚至已经变得更有组织和更大规模,既然中国已经超越了政府参与者违反法律规定以便克服计划经济过渡阶段中的低效率的早期改革阶段,因而腐败更加有害。刑事处罚只涉及了一小部分被告发的情况,以及更小一部分的腐败行为。解决官员腐败问题的主要机构是中国共产党中央纪律检查委员会而不是国家公诉人,这些官员基本上都是党员,因此受到了党纪的约束。该委员会作为一小部分刑事起诉案件的看门人。与起诉相比更常见的是超出法律范围的(在中国法律学者看来通常是非法的)党纪,包括"双规"形式的拘留和调查(Manion,2004;Fu,2013)。最近的改革的议程号召(尽管效果有限)要更多地通过刑法来解决腐败问题,通过要求官员主动披露资产来推动对腐败的监督。

在某种程度上,对中国经济有害的政府行为包括,官员在遵守重要法律和政令方面采取逃避而不是超越和滥用,因而法律通常是一种相对软弱的机制。官僚政治的纪律和意识形态动机是解决这类问题更常见也或许更有力的工具,而中国共产党的传统历来如此。

16.3　中国法治和经济发展的评估

16.3.1　法治"水平"

由于定义、测量、权重和法律的不同组成部分的集成、法律和实践中的动态变化以及完全不同的系统之间的比较等方面的问题,对中国或者任何其他国家的法治"水平"进行评估都是存在问题和争议的。尽管如此,宽泛的评估还是有益的,尤其是对一个有争议的案件进行较少争议案件排位时,比如中国在一个可追踪广泛持有的观点的跨国家系列排位的情况。在一个最突出的指标上,中国在世界银行"法治"指数中获得了相对较高的分数。中国的得分在全球第 40 个百分位左右,接近于"较高中等收入"国家的中值。鉴于中国的人均收入位于广泛的收入类别范围的底部,而法治的排名与财富密切相关,且中国在经历了"文化大革命"的破坏之后不得不重新建立法律体系,因而中国的地位比这个排位所暗示的更强。这种全球排名将中国放在了与许多拉丁美洲和苏联等地区同等或更加靠前的位置,在东盟十国的中位数之上,是金砖四国中的第三,但远远落后于与中国相邻的东亚富有国家。(世界银行,2012)更多对于中国"法治"水平的学术定性评估差别很大,有些相对积极,认为中国正在追随当今经济更为发达的法治国家的脚步,也有一些则认为中国的法治程度非常之低,或处于法律受侵蚀的水平。(Peerenboom 2000:450-557,2007;Pei 2006;Minzner 2011)

进行更关键评估的一个主要依据是执行问题,也就是法律在实践中所传达的与条文所承诺的内容之间的区别。如前面部分所讨论的那样,几乎所有中国法律的报告都表明,这是一个大问题。但仅仅强调执行的差距未免过于简单,且对中国的法律及其作用,也包括在经济发展中的作用未免采取了一种不适合的狭隘观点。"执行差距"可以说不仅反映出了意愿、资格或者能力的不足。它可能还反映出了中国法律体系的其他突出特征,虽然不是中国特有的,但其与低下的法治水平是不一致的。(deLisle,2007)

第一,差距在一定程度上来自于法律被建立在了热望的基础上,或者是对国外模式的文字照搬,这是 19 世纪后期中国寻求进口法律结构的重现,这些国外的法律结构似乎印证了西方国家的成功,照搬外国法律或许反映了当今外国投资、WTO 及其他组织对中国的压力,要求中国采用符合国际标准的法律。经济相关法律就是其中最重要的实例,中国的经济相关法律已经变得与那些发达资本主义及英美模式的法律相似。这种"法律移植"的做法面临着令人生畏的挑战,不仅是因为中国还没有互补的法律和经济制度,比如众多具有司法建议的、自治的、有经验的法院,专业和职业的执行机构,健全和专业的律师队伍,机构投资者,与国家无关的控股股东,一个强大的金融和商业媒体,一个可以充当独立董事的富于经验的经理人储备等,来给法律带来功效并影响到其法律体系从一开始就已经具有的功效。(deLisle,1999;Potter,2003;Pistor,Berkowitz 与 Richard,2003;Clarke,2010)

第二,在中国,法律的影响,甚至是目标,更多的是存在于标志性政策中①。法律的影响通常来自于法律范围之外或者非正式背景下法律规范的行使。因经济发展而促进的法律都在传达政治承诺以及促使权力持有者去寻求通过非正式的、通常是政治手段来加以执行。

---

① 本小节剩余部分引用了 deLisle,2011:153-155。

迫切的法律权利常常是通过向官方请愿(数量超过了民事案件)的"信访"系统或者大规模的抗议(几乎与行政诉讼一样多)来实现的。那些面临违法的官员恳求上级确保法律中所体现的政治承诺,这就造成了官僚政治或者党纪对低水平官员的容忍。或者他们转向记者、社交媒体或法律以及其他支持改革的知识分子来将他们的情况对外公开。(Hand,2006;Minzner,2006;Pils,2005;van Rooij,2012)得不到信任的中国法院,对于司法和仲裁结果的执行非常失望,或者相信他们能够通过政治途径来解决问题,外国投资者有时也会寻求非正式手段解决经营管理中的冲突。

有时,中国法律留给非正式执行的选择余地很小。它们规定了权利但没有明确的补救措施。法律授权国有企业管理者拒绝不恰当的苛捐杂税以及政府部门负责的资金的重新定向,或者要求政府工作人员不要参与损害经济的行为是在行政法提供了挑战政府行为的任何司法方法之前很久。法律禁止董事及高管的机会主义行为意味着股东可以执行这些职责,是在关键民法出台之前很久。而最高人民法院暂时禁止了大多数"集体性的"证券诉讼,明确了股东派生行为的立法支持则是在独立的公司法和证券法实施的十多年之后。

第三,相反地,正式的法律往往滞后于实践,批准或编撰行为缺乏法律基础且通常似乎成了缺乏法治的证据。在与经济相关的领域中,针对产权和所有权的法律提供了特别明显的例子。在改革初期,取消集体化回归包产到户领先于法律对契约框架的授权。几年后,在已承包的农村土地使用权方面如雨后春笋般兴起的二级市场被追溯为合法的。出售公司的控股权是在改革创造了清晰的法律许可之前很早通过股份价值在不同类型的所有者之间的转让而开始的。土地使用权持有人(包括著名的重庆"钉子户"业主)诉诸技术上尚不适用的法律规范来抵制土地征用,例如2004年宪法修正案(总的来说像宪法一样,因没有进行与执行有关的立法而效果有限)和《物权法》(被拆迁户在法律生效前援引的法律)。成为在未重新分类的农村土地上进行郊区住宅建设基础的"小产权",缺乏法律依据。明显的预期是当局将要容忍这样的行为,并再次让法律来迎合已经富有成效的经济实践,而不是通过强制执行现有的法律来造成经济损失和引起公众愤怒。几年前,曾希望采用同样的方法来动员外国投资者尽力绕开电信公司需国内占有大部分所有权的规则要求,由一家外商占大部分所有权的公司作为中方法人来成立一个"国内"占大多数所有权的中外合资企业,但最终没有实现。近几年,投资者使用了一种不同的、其法律基础尚存问题的合同方法——"可变利益实体",让外方在没有正式所有权的情况下建立起在受限制领域内运行的中国公司。

16.3.2 不均衡的法治[①]

但是,对于中国整体法治进行评估的话,其最令人吃惊的特点之一就是它的不均衡。第一,中国的法治在全国一直是不均衡的。在较为发达和国际化的地区,法律和法律制度通常被认为是更为强大有效的,尤其是城市化的沿海地区。这种说法几乎是中国以及国外的研究者所公认的。来自民事和行政诉讼方面的研究也有力地支持了这个观点,当这些研究的重点放在上海、北京及广东的城市时,人们通常发现那里有着相当高水平的满意度和公平意识且相对更多地依赖于法律,而当关注大部分位于农村和内陆的较为贫困地区时,水平就很低了。(Guthrie,1999;Pei et al.,2010;Hung,2005;Michelson 与 Read,2011;Woo 与

---

① 本小节引用了 deLisle,2007。

Wang,2005；He,2012；O'Brien 与 Li,2005；Zhu,2007)

几个因素或许能够对这种情况做出解释。主要沿海城市大规模多样化的经济减少了当地官员和占支配地位的地方企业(或它们组成的小型集团)之间的牵连,这些企业支撑着地方保护主义。在发达地区更完全市场化的经济中,企业面临价格和质量竞争上的压力,这样也会减少漠视法律行为的机会,包括当地官员的掠夺行为或寻租行为。在较为开放和繁荣地区,那些不听话的官员和企业管理者可能面临着来自反腐败监察机构的频繁审查和提出的合法行为要求,面临着资深企业、新老媒体、坚持其祖国的法律观念的外国投资者以及越来越多的可以撤资或向更高层官员告发的中国投资者的诉讼。法律和司法人才以及相应的法律文化在经济最发达地区积淀深厚。比如,律师密度最高的5个省级地区(北京、上海、天津、广东和重庆)的人均律师数量是密度最低的5个省级地区(西藏、贵州、江西、甘肃和青海)的近7倍。律师的平均收入也遵循着类似的规律,收入最高的5个省级地区(北京、上海、浙江、广东和江苏)其平均收入是最低的5个省级地区(河南、黑龙江、西藏、甘肃以及内蒙古)的近20倍。(Zhu,2013)正如收入数据所显示的,定量差距与定性差距兼具。比如,上海几乎所有的律师都拥有大学学位,许多高、中级法院水平的律师均毕业于法律专业。而欠发达地区的同行们在文凭上则远远落后于他们。律师和律师事务所的分布也同样不均匀,尤其是那些主力和国际化的律师事务所的分布。党政机构中从事法律工作的官员其教育水平和专业水平上也存在类似的地区差异。

第二,中国的法律发展在目标方面也是不均衡的。定性研究普遍认为,中国在经济和经济管理问题上的法治或者法律的作用要显著优于在政治或者与法治政府相关的问题上的作用。新加坡和中国香港通常被认为是市场经济,且在与相对不民主的政治相并列的经济事务中的法治非常强大,而在政治事务中则法治有些(中国香港)或者显著(新加坡)薄弱,因此中国香港和新加坡显然对中国改革时期的领导阶层具有很大的吸引力。(deLisle,2009；Peerenboom,2007)国家间的定量比较指向了相似的结论。在世界银行综合"法治"分数的构成中,中国在与经济和商业法律方面的努力明显要高于处理政治权利和公民自由方面的法律。中国在"法治"上的总分位于中等(第38.9百分位),其较高排名在于与经济法律相对密切相关的治理指标(第43.5百分位的"监管质量"和第56百分位的"政府效力"),其非常低的排名在于大部分与"政治"法律相关的治理指标(第4.7百分位的"话语权和问责")。(世界银行,2012)对中国的人权问题相关法律记录的评估有着类似的模式特征:中国在经济和社会权利方面的努力相对较好,而在公民和政治权利方面的努力则很差(Peerenboom,2005；美国国务院,2013；deLisle,2013)。

16.3.3　从比较的观点看中国的法律和发展

法律或者法治对于中国经济发展是否重要或者必要,是一个通过跨国比较调查可以帮助回答的问题。然而,全球和地区的经济发展与法律之间的关系,以及中国案例与普遍模式之间的关系,都存在激烈的争论。

认为发展取决于一定程度的合法性(越高水平发展就越是如此)的观点是长期存在和反复出现的。这个观点是"法律与发展"学说的一个核心原则,在20世纪60年代和70年代非常流行。(Trubek,1972；Galanter,1966)这是一个有关法律援助与发展计划的积极想法,这种想法在"冷战"期间受到了美国及其他西方国家以及非政府组织的支持,并在最终苏联解体时再次受到支持,这种想法通常认为市场、民主和法治是携手前进的。(deLisle,1999,2009)它也是"华盛顿共识"的一个关键点,虽然它注重的是经济政策,它包括了法律元素(如强有力的产权保护)并看起来是假设依赖于法律及一个有能力的法律制度的(在强调税收改革、外商投资以及所有权的私有化等方面)。(Williamson,1990)各种比较性的法治排名在极端情况下都显示了很强的相关性,最富有的国家具有最高水平的法治,而最穷的国家则具有最低水平的法治。大量的研究不断地为这种观点提供支持,即一定水平的合法性基础对于经济发展是必要的,至少对于经济体而言是这样的。(Dam,2007;North,1990;Posner,1998;世界银行,2013)

另一方面,法律和发展学说及政府的、基金会的法治促进计划均遭到了批评,认为是被误导的或是无效的。(Trubek 与 Galanter,1974;Tamanaha,2011;Carrothers,2003;Haggard,MacIntyre 与 Tiede,2008)即使是非常薄弱且从经验上看是值得怀疑的,但"北京共识"除了作为一个更实质性的但尚属早期且容易引发分歧的"中国发展模式",还作为一个自发的范例挑战了广受批评的"华盛顿共识"。(Ramo,2004;Hsu,Wu 与 Zhao,2011;Rodrik,2006)在比较性法治排名两极中间的许多国家,其法治水平与财富水平之间的相关关系是相对较弱的。(世界银行,2012)当然,即使是很强的相关性,也无法使因果关系的存在或方向成立。

对于"北京共识"和"中国模式"的争论重复了对"东亚模式"的持久讨论①。那种在大多数评估和许多方面中国一直遵循的模式,通常给予法律很小的角色。(Vogel,1991;Johnson,1982;Berger 与 Hsiao,1988)。在"东亚模式"中,通过政府和产业之间的谈判而进行的经济管制,或者对官僚企业家或政府任命的经理人或与政府合作的寡头垄断大企业所进行的非正式行政指导,边缘化了法律条例,并常常给政府行动(依照广泛的赋予自由裁量权的法律所采取的行动)留下一些进行行政法挑战的余地。这些特征与普适中立规则的法治理想相互间的关系十分紧张,这种规则将统治者和被统治者结合起来并以某些独立的司法制度进行评判的形式得以有效地、可预知地和相对统一地应用到了整体上。该模式传说的文化规范拒绝强调合法权利和好诉讼行为。在"东亚模式"的高增长阶段(有些情况下是这个阶段之后),不民主或者一党专制的政治,行政人员主导的专家政治政府和其他的政治与结构特点,不同于竞争激烈的民主政治以及在相对平等的分支之间的强大的权力分立,这种分立通常都是与稳健的法治相联系的。

但是"东亚模式"中法律的相对缺乏不是很明显。法律至少有很多内部差异。该模式五个经典范例中的两个就是中国香港和新加坡,它们有着强大的法治制度,尤其在经济事务方面。尽管该模式华丽的辞藻通常省略了要点,两个城邦吸引外国投资的能力以及走向高附加值产业的能力在很多方面都取决于法律和法律机构,这些机构在可预言性、中立性和有效性方面都是符合国际标准的。不论把它看作一个慈善的英国殖民遗产,还是看作对中国香港和新加坡的国际经济形势和发展战略的一个明智的或者必要的回应,法治在"东亚模式"的两个最小经济成功范例的分析中都具有显著的地位。正如对"东亚模式"其他国家的法律发展研究所发现的,法律在日本(及该地区其他国家)经济成功中起到的作用似乎比"东亚模式"中允许的那些"反法律"描述要大得多(有时又与众不同)。(Haley,2002;Milhaupt,

---

① 本小节剩余部分引用了 deLisle,2009,2011。

1996；Young，1984）一些把东亚经济发展作为整体的研究发现，法律（或至少经济法律）在该区域所取得的非凡成就中起到了极其显著的作用。（亚洲开发银行，1998）

承认守法或法治达到相当的程度对于经济发展是很重要或必要的这种观点不能完全解决中国的问题。对一些研究者来说，中国似乎是一个十足的例外，虽然对财产、合同、金融市场等的合法权益保护不到位，但其取得了令人瞩目的发展，因而成为了一个反例。从这一观点来看，中国或许正是因为法律有软弱才取得的成功。软弱的法律权利可能推动了发展，比如，易于屈从的财产权利在将土地转移到更有效用途的过程中帮助扫清障碍。（Allen，Qian与Qian，2005；Clarke，2003；Upham，2009；Wang，Xu与Zhu，2011）

即使中国在自改革时代开始以来的30年中其经济发展并不取决于法律，但中国要想继续成功仍可能意味着需要更强大的守法性和法律制度。例如，强调对财产权的法律保护太弱的分析指出，进行法律改革来对这些利益提供更强大的保障的可能就变得非常必要了。（Upham，2009；Pils，2010b）另外，与对中国可能的未来的看法相冲突有时会就未来的法律需求形成一个共同的观点，以悲观主义顾虑将预期的经济（和政治）问题与缺乏法律制度和对法律的尊重相联系，而较为乐观的看法预测未来的中国将更像今天的中国，一个经济上和法律都很发达的法治国家。（Peerenboom，2007；Pei，2006；deLisle，2009；Nocera，2013）对于中国可以在守法水平相对较低的情况下实现高水平发展的预期，需要断言，就那些在法治上得分较高且人均收入较高的国家间的相互关系模式来说，中国是一个罕见的或许是独一无二的例外。

随着中国实现了更大的发展，对于为什么可能需要更多的法律这一点有着各种似是而非的功能主义解释。保持经济增长可能更需要法律，因为：中国的市场经济越来越成熟而复杂；与国际经济体及其法律规范经济一体化也在加深；中国的国际成本优势正在消散并在消蚀着中国为忽视守法所带来的成本进行风险溢价支付的能力；经济增长更加依赖于国内需求，因而更加依赖于内部法律秩序能力来完成合同执行、保护财产、保护消费者等的常规任务；经济向着可能更依赖于法律知识产权密集型活动（从技术到值钱的品牌）倾斜；官员与经济主体对法律义务不尊重的成本达到临界水平，可能引起严重的社会动荡，或者国内外对于中国产品需求的崩溃。另一方面，经济发展的继续成功意味着更多的财富，这就提供了更多的资源投入用于加强法律和法律制度，这是可能挑战发展对法律依赖的简单命题的良性循环其第一个回合，但无论如何预示着如果中国的经济继续前进会需要更进一步的守法和进一步的发展。

16.3.4　当代中国法律的前景和政治[①]

中国是否能维持和确立某种程度的法律发展，可能是维持经济发展的必要条件，同时比较有意思的是，中国将会沿着不同法律发展水平和类型中的那条路径前进才能避免经济失败，将一定程度上取决于中国广义上的法律政治。

几个因素表明了走向更高水平的守法或法治所具有压力。中国现在拥有一小群正在扩张且越来越有影响力的法官、律师以及其他受过法律教育的人，这些人拥有能够支持更强大更自治的法律和法律制度的职业兴趣、思维习惯和规范偏好。（Michelson与Liu，2007；

---

① 这一节引用和更新了deLisle，2008。

He,2010；Liebman,2007)他们将更进一步的司法独立和司法专业化、减轻对律师事务所繁重的管制和干预性的监督,以及对"接近正义"活动的扩展都列入了拟议的工作日程。他们还成为唤醒公众对官员腐败、权力滥用、漠视法律、不执行与公众健康和安全以及普通公民权利有关的法律法规的行为进行批评的意见领袖和主要支持者。在中国不断成长的律师队伍中,有些则属于"权利保护"律师,他们扩大了法律在独立个案、影响司法的努力以及政治活动中能够有所作为的边界。他们的客户和诉讼通常都是属于政治性的,但是他们的工作强调的是法律权利,包括面临被没收财产的公民的财产权利。(Fu与Cullen,2008；Hand,2006；Pils,2005)

只要在有限的方式和有条件的情况下,中国领导层至少会有一些成员会支持向法律进行重大回归。有改革意识的法律知识分子越来越多地得到了高层领导人的注意(如果并非必要的政策承诺)。这些思想家是主要官员的顾问,参与向领导人的情况介绍,是新兴的公众知识分子群体的成员,其言论会被中国统治者所了解。参加过法律培训的人已经占据了党政工作中的关键位置。自党的十八大之后,中国有了第一位受过法律教育的总理李克强,以及两个主要法律机构中拥有强大法律背景的领导人(最高人民检察院检察长曹建明,最高人民法院院长周强)。在相当大的程度上,中国统治者把法律和法律制度看作是服务于促进经济发展(以及有效治理和社会稳定)基本目标的,他们很可能会继续支持法律或至少偶尔支持法律。守法的倒退可能会受到政治制度本身发展的约束。经过数十年官方对于法律的认可,如果与法律的发展或对法律的承诺背道而驰,可能就会给政权公信力带来极大的风险。在中国软化了的独裁主义制度下,社会精英必须或者在一定程度上要对法律的社会需求做出回应。

在官方正式的亲法律政策所创造的政治空间内,有迹象显示社会对法律的需求是上升的。虽然这种趋势很难衡量,但"权利意识"(法律权利意识,且相信其应该受到保护)或者至少"规则意识"(有关政府颁布的法律规则方面的知识,且相信政府应该加以遵守和执行)似乎在中国公众中都有明显上升。(Perry,2009；Li,2010)法律的社会期望似乎增加了,正如每年数百万的原告进行诉讼、仲裁、调解;更有数百万的原告引用法律规范来向党政机关上访和非正式上诉;以及由于官员明显的无法无天的事情或政府未能执行法律来保护公民的健康、安全和生活等所引发的社会愤怒事件所表明的那样。如果跨国比较模式、长期存在的社会科学理论、当代中国的初步证据等都适用的话,那么中国日益增长的中产阶级的社会经济地位的上升就意味着对法律以及对利益的法律保护都有着更高需求。日益增长的法律需求还来自于社会的底层,当一些诸如征地、环境污染、危险物品、拒付工资、或拘留(从正式监狱到为了镇压上访者所创建的非法"黑监狱")等非法行为对他们无法确定的幸福造成威胁时,社会下游的人就会诉诸法律制度或援引法律规范来解决。

但是,支持更强大的法律和让法律发挥更大作用的力量面临着可怕的反作用力。在之前以及胡锦涛时代的大部分时期,有关适度而渐进的法律改革的政策建议未能取得进展。

支持法律改革的知识分子们进入中国领导层并没有给法律带来转变,以反映他们的信念和倾向。顶级精英包括那些对法律特别负责的精英们,并没有持续有效地推动法律改革和发展的进程。从2002年到2008年,最高人民法院由拥有法律学位的前司法部部长肖扬领导,他推动了司法自治和专业化以及让正式的法律制度发挥更大的作用。但是他的接班人王胜俊,没有受过正式的法律教育,之前主要在党政机关和公安系统工作,推行胡锦涛最初提出的"三个最",号召法院按照政策和公众舆论以及法律来审判案件。在胡锦涛时代,法律方面的政策包括重新强调调节和协调甚于强调诉讼和法律权利执行,并指派了政治局常委委员负责政法事务工作(罗干和他的接班人周永康),对法治议程持有怀疑态度。薄熙来于2012年倒台,这之前,他的"重庆模式"成了法律知识分子(以及很多其他人)的厄运,包括对律师李庄的迫害,该律师曾经为薄熙来重庆打黑的一个打击对象进行辩护。(He,2011;Liu,2011)

结　　语

从更广泛和更长远的观点来看,虽然缓慢且不均衡,但向西方、国际上或发达国家的法律模式看齐的长期趋势将会在中国持续下去。社会精英的选择、功能要求、选民需求、公众压力、国外影响和一些其他因素可能都对走向更健全的法律制度施加了有效的压力,尤其在经济方面。但同样仍然有可能的是,由于"西方的"或者"资本主义的"法律形式对政权制度维护自己权力的能力,以及反过来对政令,对经济发展构成了无法容忍的威胁,因此中国将会拒绝这样的法律形式。中国将遵循怎样的方式尚未可知,就如同无论中国未来选择怎样的法律路径来寻求经济发展的继续成功(这是自改革时代开始以来这个政权最重要的事情,也是自中国遭遇了更发达世界中那些富有的、强大的和法制的国家开始以来,近两个世纪的大部分时间里的最重要的事情)其影响也尚未可知一样。

第17章

中国的能源和环境问题及政策

作者：张中祥

中国严重的环境污染问题和不断上升的温室气体排放，以及由此导致的气候变化，正在破坏着中国的长期经济发展。从中国的角度看，其自身无法承受；从国际的角度看，中国也并不打算继续走以牺牲环境为代价来鼓励经济增长的老路。相反，对于燃烧化石燃料所产生的环境压力、能源安全导致的石油进口大幅上涨，以及国际社会对中国展示出对抗全球气候变化的更大雄心所给予的期望，这一系列的担忧激发了中国提高能源效率、减少污染物排放，以及增加使用清洁能源向低碳经济转型的决心。本章主要论述中国在节约能源、核能发电和可再生能源使用方面所作出的努力。文章对大量的市场手段、经济与产业政策，以及针对节能减排和绿色能源方面的措施进行了考察。然而，要想真正达到预期结果，还需要严格执行和协调这些政策和措施。文章对各种有关实施/合规/可靠性等方面的问题进行了讨论，最后给出了一些结论和建议。

中国自 1978 年底启动改革开放政策以来，经历了引人注目的经济增长，数亿中国人由此摆脱了贫困。在这个过程中，中国一直严重地依赖非清洁的煤炭燃料推动其经济快速增长。到目前为止，中国对经济增长的重视依然远胜于保护环境。由此造成了前所未有的全国性环境污染和健康风险（世界银行，2007；航空环境保护委员会，2013）。

其结果是到 2009 年，全国的城市空气质量一年中有 1/3 以上的时间不达标（环境保护部，2010a，2010b），有 1/3 的土地受到了酸雨的影响。环境的恶化导致了全国污染纠纷频发。2009 年，每隔一天就会发生一起由突发的环境事件导致的环境风险（环境保护部，2010c）。与腐败、收入不平等和房价飞涨这些问题一样，环境问题也被认为是中国社会动荡的主要原因之一。

随着中国经济的快速增长，日益严重恶化的环境导致了巨大的经济成本。目前对这个成本的估计取决于评估的全面性。2004 年，中国官方首次估计的环境污染经济成本是 640 亿美元，占国内生产总值（GDP）的 3.05%（国家环保总局和国家统计局，2006）；2010 年已上升到约为 2 500 亿美元，占国内生产总值的 3.5%（航空环境保护委员会，2013），这只是非常保守的估计，其他的估计数字更高。例如，世界银行（2007）估计，中国空气和水的污染总成本约为国内生产总值的 5.8%。

2007 年中国已成为世界最大的碳排放国，它正面临着严重的常规环境污染问题（国际能源机构，2007）。当世界共同体根据"巴黎发展蓝图"开始磋商后京都气候制度时，中国被放到了最主要的焦点位置上。中国在应对全球气候变化中所扮演的角色再次成为关注和讨论的重点。一方面,鉴于中国的排放量随着其工业化和城市化的进程而突然间迅速上升的事实;另一方面,中国超越日本成为世界第二大经济体的事实,都证明了中国有更大的潜力、能力和责任承担气候承诺。显然,中国严重的环境污染问题、温室气体排放增加问题,以及导致的气候变化问题,正在逐渐损害中国的长期经济增长。从中国的角度看,其自身无法承受;从国际的角度看,中国也并不打算继续走以牺牲环境为代价来鼓励经济增长的老路。相反,由于石油进口大幅上升导致的一系列对环境压力和能源安全的担忧,也激发起了中国发展绿色经济的决心。

为此,中国首次在其五年经济计划中提出了投入指标进行约束——要求在 2006—2010 年的"十一五"期间,单位 GDP 能耗降低 20%。"十一五"规划中还包括了到 2010 年二氧化硫及化学需氧量(COD)排放比 2005 年削减 10% 的目标。在哥本哈根全球气候变化峰会前,中国进一步承诺到 2020 年碳强度相对于 2005 年削减 40%~45%,并重申了到 2020 年要用替代能源满足全国 15% 能源需求的规划。

本章主要论述中国在节约能源、核能发电和可再生能源使用方面所做出的努力。文章对大量的市场手段、经济与产业政策,以及针对节能减排和绿色能源方面的措施进行了考察。然而,要想真正达到预期结果,还需要严格执行和协调这些政策和措施。文章对各种有关实施/合规/可靠性等方面的问题进行了讨论,最后给出了一些结论和建议。

17.1　中国在节能方面的努力

考虑到中国在未来 20 年及以后能源需求持续上升的必然发展趋势,关键的问题是中国如何推动未来能源的使用和碳排放尽可能低于预期目标。在这方面,提高能源效率被认为是保持能源增长可控以及解决环境问题的最经济、最迅速、最有效的方法。事实上,中国在控制其能源需求的增长上已经尽了相当大的努力。

鉴于工业约占中国总能耗的 70%(Zhang,2003),这一领域对于中国实现既定目标来说关系重大。因此中国政府已加大力度转变目前的能源利用率低和损害生态环境的工业增长模式。为此,中国正在探索鼓励技术进步、加大污染治理、促进产业升级和节约能源的产业政策。在具体的节能方面,中国于 2006 年 4 月制订了"1 000 家大企业节能行动计划"。该计划覆盖了 9 个主要能源供应和消费细分领域的 1 008 家工业企业。这些企业 2004 年每家至少要消耗 18 万吨标准煤,总共要使用工业能源消耗的 47%。该计划的目标是在 2006—2010 年期间累计节约 1 亿吨标准煤(国家发改委,2006)。

尽管有些地方仍需进一步完善,但该计划在节能目标方面却获得了很大的成功。2011 年 9 月,国家发改委报告说,1 000 家大企业计划估计在第 11 个五年计划期间总共节能达到 1.5 亿吨标准煤(国家发改委,2011c)。

为有助于在"十二五"规划期间实现节能和降低碳排放强度的目标,2011 年 12 月,国家发改委和其他 11 个中央政府机构(2011)宣布将 1 000 家大企业计划放大到 10 000 家。放大后的计划覆盖了约 17 000 家企业,这些企业包括了那些在 2010 年能耗为 10 万吨标准煤及以上的工业和运输企业以及能耗在 5 万吨标准煤的其他实体。这些企业在 2010 年的总能耗至少占全国的 60%。该计划的目标是在 2011—2015 年期间累计节约 2.5 亿吨标准煤(国家发改委,2012)。

从发电来看,中国主要依赖燃煤发电,约占总容量的 75%,占总发电量的 80% 以上。中国燃煤电厂的总装机容量超过美国、英国和印度目前的总和。作为最大的煤炭消费国,发电和供热消耗了煤炭总用量的一半以上。预计到 2020 年这一比例会随着燃煤发电的快速发展超过 60%。因此,高效燃煤和发电对中国的节能减排至关重要。为此,中国采取了加速关闭成千上万个小型低效燃煤和燃油电厂的政策。2006—2010 年期间需要关闭的电厂总容量确定为 50GW。

除了强制关闭众多小电厂,国家发改委还制定了一系列的刺激小型低效电厂关闭的措施。降低了小型电厂的上网电价,电力企业可以选择建设新容量取代老容量,被指定关闭的工厂可以获得在限定时间内或将自己出售给更大电厂的发电配额(Williams 和 Kahrl,2008;Schreifels 等,2012)。这些激励政策帮助政府超额完成了关闭 50GW 小型火力发电厂的目标。到 2009 年上半年结束时,关闭的小型老旧机组总容量为 54GW,提前一年半完成了 2010 年的目标(Wang 和 Ye,2009)。到 2010 年底,关闭的小型老旧机组总容量增加到了 76.8GW(中国新闻网,2011),几乎是 2001—2005 年期间被关闭总容量的 10 倍。

中国政府的政策同时注重鼓励建设更大、更高效和更清洁的机组。到 2010 年底,72.7% 的化石燃料火电机组都是由容量为 300MW 及以上的机组构成,而 2000 年仅为 42.7%(Zhu,2010;加州能源委员会,2010)。关闭小型低效发电厂和建造大型高效发电厂的共同作用,使得 2012 年单位发电量的平均煤耗相比于 2005 年的水平下降了 12.8 %(加州能源委员会,2011;加州能源委员会和法国电力公司,2012)。

由于更高的热效率和相对较低的单位投资成本,中国的电力行业把超临界(SC)发电技术列为了发展的重点。这种发电技术是迄今为止世界上唯一先进的颇具规模和商业化的清洁发电技术。因此越来越多的新建电厂都是更高效的超临界或超超临界(USC)电厂。凭借超过其他清洁煤炭技术如整体煤气化联合循环和多联供发电技术等的成本比较优势,超临界和超超临界技术将会在中国得到发展和应用。

未来几十年中国仍需要依靠煤炭来满足其大量的能源需要,为在满足国家的能源需求的同时减少中国和全球的二氧化碳排放,碳捕获和存储(CCS)技术的商业化和广泛应用至关重要。作为关键性的第一步,国际能源机构(2009 b)在 2020 年之前推荐了 20 个大型 CCS 示范项目。这对于将 CCS 确立为可行的主要缓解方案具有战略意义。为此,国家间的合作将有助于降低 CCS 研究和示范项目的成本和风险。为利用中国高水平和低成本的制造、劳动力和其他因素,美国、欧盟、日本和其他重要参与者应根据他们目前行之有效的技术与中国共同建立更多的 CCS 联合示范项目,以达到足以降低成本的规模经济。与此同时,这些国家应推出一项重大新举措以共同开发共享知识产权的更先进和更有创新性的 CCS 技术。直到 CCS 项目成熟到能实现规模经济并达到了成本的降低,中国才会对承诺的绝对温室气体排放上限目标感到有信心。目前趋势下,在 2030 年之前这种技术不太可能在中国或其他地方获得大规模应用。这就是为什么期待中国在 2030 年之前限制其温室气体排放不太可能的六点原因之一(Zhang,2011 b,c)。

对于住宅建筑,一段时间以来,中国加强了建筑能效标准。中国政府于 1986 年颁布了新建住宅建筑的供暖节能设计标准,要求比 1980—1981 年典型的中国住宅建筑设计减少能耗 30%。该标准于 1995 年 12 月修订,要求到 2010 年新建筑要节能 50%,到 2020 年节能 65 %(Zhang,2008)。近年来,中国更加严格地执行节能设计标准,要求非常寒冷地区的大中城市在 2001 年之前,小城市在 2003 年之前,2006 年开始全国范围内的所有建筑进行更新,以满足 50% 的能效标准要求(住房与城乡建设部,2002,2005)。在北部和沿海发达地区以及大城市,所有新建建筑都应符合 65％的当地建筑能效标准(住房与城乡建设部,2005)。

在运输行业,一段时间以来国家为鼓励购买节能汽车而调整了汽车消费税。购买时征收消费税是在 1994 年中国改革税收体系时首次推出的,税率按发动机容量大小而不同,容量等于或小于 1.0L 的轿车税率为 3％、发动机容量大于 4L 的轿车为 8％,发动机容量在两者之间的轿车为 5％。为进一步控制大油耗汽车的生产和使用,促进小型节能汽车的生产和使用,从 2008 年 9 月 1 日起,发动机容量等于或小于 1.0L 的微型轿车其消费税率下降到 1％,而发动机容量在 3～4L 之间的汽车税率为 25％。发动机容量大于 4L 的汽车则要征收40％的最高税率(Zhang,2010a)。为应对日益增长的客运车辆,中国设立了比澳大利亚、加拿大、加州和美国更加严格的燃料经济标准,虽然尚不及日本和欧盟。与此同时,不断扩展的中国城市也在开展公交优先并不断提升公共交通系统的效率(Zhang,2010a)。

17.2　核　　电

中国为应对严峻的能源安全与环境挑战必然要发展核电。为此,中国制订了雄心勃勃的核电发展计划并在核电站的建设上处于世界领先地位(加州能源委员会,2011;Li,2011;世界核协会,2011)。福岛核事故虽然不会影响中国对核电的立场,但多少会影响其发展的步伐。到 2020 年的目标可能是 60～70GW,而不是福岛第一核电站事故之前所计划的更为更雄心勃勃的 86GW,但这个速度在其他地方还是前所未有的。这一点再加上对标准化设计、操作安全、方便维护等方面的巨大需求,提示中国应仔细考虑国外核电技术在国内使用的适用性,避免现如今中国所做的那样引进多个类似的外国核技术样本。这将会提高中国吸收各种独特的核技术、降低高昂的成本以及在充分认识的基础上加以广泛应用的能力。中国应吸取从国外引进煤炭气化技术的经验教训。中国企业已引进了二十多种不同的技术。这损害了中国吸收任何独特技术的能力(国际能源署,2009)。

此外,鉴于核电容量将显著增加,确保铀资源供应是实现其向上修订核目标的关键。中国需要加强与铀矿国家的合作,建立对铀资源的战略储备。核废物的处理和存储也会成为一个问题。因此,中国在大力发展核能的同时,还需要在核废物的处理和存储领域取得相应的进展。

另外,福岛核事故将安全问题提升到了一个前所未有的水平。毫无疑问,更先进的反应堆设计以及更完善的操作标准有助于降低严重事故的可能风险。然而,随着核电建设规模的扩大,出错的概率也会增加。正如 2010 年 5 月 23 日发生在大亚湾核电站的放射性物质泄漏所表明的,提升核安全透明度和更好地与公众沟通对于确保中国核电的安全发展显得尤为重要。在一个不太重视质量和安全的商业文化流行的国家,中国特别需要注意核安全,以确保核电站的施工质量和运行安全。这将关系到公众的接受度。甚至在福岛核事故前,美国、日本和欧盟的公众接受度就加剧了对反应堆安全、放射性废物的管理和处置,潜在的核武器扩散,以及燃料循环设施所处地理位置等问题的深切担忧。虽然这样的担忧和反对在中国无法公开表达,但未来随着核能的发展加速到了一定程度,这种情况就可能发生变化。

17.3　可再生能源的使用

中国已经确定了到 2020 年以替代能源满足 15％能源需求的目标。中国政府还将可再生能源产业的发展确定为七个战略性新兴产业之一。

　　具体来讲,中国启动了所谓的"金太阳"计划来推动太阳能产业。通过这一计划,中国政府将在 2011 年以前对 500MW 的太阳能电力容量给予 50％ 的投资补贴,其中高达 70％ 的补贴率用于偏远地区的独立太阳能发电项目。在多年来完全依靠海外订单来降低太阳能电池板的生产成本以后,2011 年 7 月国家发改委(2011a)公布了太阳能发电的上网电价,以形成自己的太阳能电力市场。因此,从 2011 年 8 月 1 日起,项目开发商可按每千瓦时 1 元的价格向公用事业单位出售太阳能电力。出台第一个全国太阳能上网电价方案的同时,政府计划到 2020 年将太阳能电力从 2011 年的 3GW 提高到 50GW(Guo,2012;国务院,2012)。为有效挖掘潜力,上网电价应根据太阳能资源的质量和工程建设条件因地而异。由于预计经济上可利用的水电潜力为 400GW,为世界之最,中国近年来也加快了水电的发展,计划到 2020 年装机总容量达 300GW(包括 75GW 的小水电)(国家发改委,2007)。这一目标是其经济上可开发潜力的 3/4。如果这个目标实现,到 2020 年中国在经济上具有可开发潜力、开发条件良好的水电将得到充分发展。即便如此,中国距离其承诺的到 2020 年以替代能源满足其 15％ 能源需求的目标依然存在着几个百分点的差距。

　　为填补这个空白,中国计划到 2020 年将风电的总装机容量增加到 200GW(国务院 2012),这几乎是 2007 年 9 月下旬所设置的 30GW 目标的 7 倍。不仅如此,国家发改委还公布了风电上网电价并于 2009 年 8 月 1 日起生效。根据风能资源的质量和工程建设的条件,中国的风能地区被分为四类,并分别设置了相应的上网电价作为全国风力发电项目的基准(国家发改委,2009a)。中国政府通过事先公布上网电价,让投资者知道项目的预期回报率,以此鼓励高质量风能资源的开发,支持风力发电的有序发展,从而进一步促进整个风能产业在中国的健康发展,见图 17-1。此外,鉴于 2020 年计划的风力发电容量显著增大,中国目前应更加强调企业确保让电力实际流向电网,而不仅仅是满足容量的要求。由此,改善那些越来越多使用的国产发电机的质量是实现这一目标的关键(Zhang,2010 a 和 2011 b)。由于成本较低,中国国产的风力发电机故障频出,甚至有时会出现瘫痪(中国环境新闻,2010),整

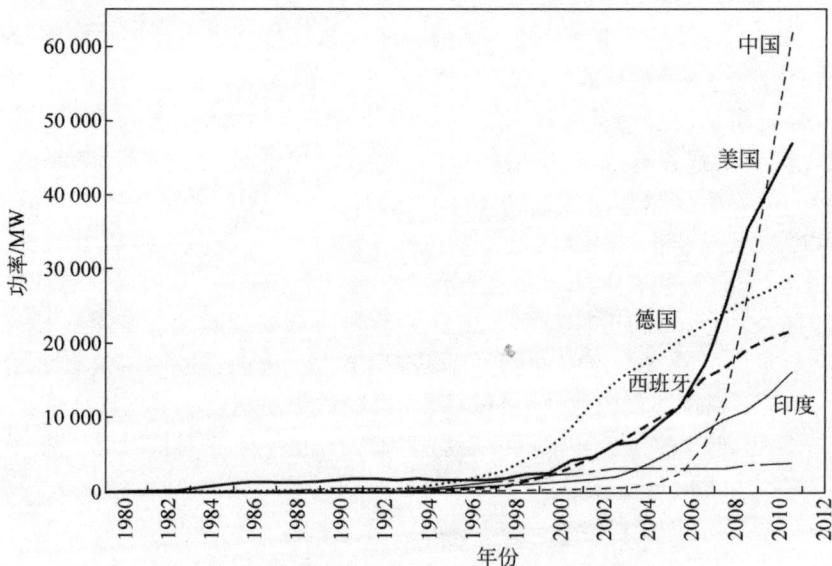

图 17-1　各国累计风电装机容量(1980—2012)

资料来源:数据来自全球风能理事会(2010 和 2012)以及地球政策研究所(2008)。

体性能低于外国机型几个百分点。也许这几个百分点的区别看起来并不严重,但可能就会产生一个风电场是否经济可行的差异。

17.4 经济政策和私营企业的参与

拥有正确的经济政策至关重要,因为它能给能源消费者带来明确信号,帮助污染企业为他们的环境行为以及他们的利润和成本负责。鉴于化石燃料补贴在发展中的亚洲地区得到了广泛的使用,取消补贴对于鼓励使用高效燃料和采用能够从源头降低排放的清洁技术来说是非常关键的。按照定义,补贴会降低生产成本,提高了生产商所获得的价格,或降低了消费者所支付的价格。通过降低化石燃料的价格,这种化石燃料补贴不仅被广泛地认为扭曲了国际贸易,而且也增加了燃料消耗量和有害气体的排放量(Zhang 和 Assunção,2004)。中国、印度尼西亚和马来西亚等都是自 2005 年以来提高了国内能源价格来向国际价格看齐的亚洲发展中国家。尽管国际价格上涨,这些国家的整体能源补贴还是出现了大幅下降。例如,2006 年中国将能源补贴削减到了约 110 亿美元。相比 2005 年约 260 亿美元的水平下降了 58%(国际能源署,2006 和 2007)。此后中国几次提高了生产商的汽油和柴油价格。2010 年 6 月 1 日,中国天然气的国内生产者价格增加了 25%(Wan,2010)。自 2012 年 7 月 1 日以来,中国实施了阶梯式家庭电费。这种阶梯式电价各省有所不同,并对非基本用电设置了较高的价格。尽管有这些期待已久的行动,消除此类补贴也只是使能源价格走上正轨的第一步。即将采取的进一步措施包括结合资源本身的成本来反映其稀缺性并内化外在性的成本。

17.4.1 市场手段

市场手段如排污费、环境税、可交易许可证,以及对环境违法行为的处罚规定等,是常见的将外在性成本内化到市场价格中的方法。随着有普遍报道称中国已有 1/3 的土地受到了酸雨的影响,1996 年中国开始在所谓的“两个控制区”内按照排放总量征收二氧化硫排放费,标准为每千克污染当量 0.2 元人民币(Yu,2006)。自 2003 年 7 月 1 日开始,这项费用在全国范围内征收,并逐步提高征收标准。从 2005 年 7 月 1 日起征收标准调整为每千克污染当量 0.60 元人民币的水平。自 2004 年 7 月 1 日起,需收取污染物排放费的污染物也扩大到了包括氮氧化物,收费标准为每公斤污染当量 0.60 元人民币(国家发展计划委员会等,2003)。为帮助实现“十一五”经济规划中有关节能和环境控制的目标,中国政府计划在未来三年内分三步实现现有征收标准的两倍,即每千克污染当量 1.2 元人民币(国务院,2007)。地方政府收取的排污费可以高于国家标准。从 2007 年 7 月 1 日起,江苏省的二氧化硫排放费提前国家计划 3 年,从目前的每千克污染当量 0.6 元人民币提高到每千克污染当量 1.2 元人民币(新浪网,2007)。中国财政部、国家税务总局和环境保护部提出用环境税来取代当前的二氧化硫排放和化学需氧量的收费。这个建议得到了国务院的批准。但具体实施日期尚未确定,普遍认为将在“十二五”规划期间推出。根据其他国家环境税的经验(Zhang 和 Baranzini,2004),这种税收将最先在有限范围内以较低的税率征收,但随着时间的推移税率水平会逐步上调。而期待已久的环境税一旦实施,将对中国的技术升级、产业重组以及可持续发展产生深远的影响。

为关闭低效高污染的工厂,从 2006 年 10 月 1 日起国家发改委要求省级政府对企业实行差异化的收费,对八个高能耗行业中被归类为"取消型"或"限制型"的企业提高收费。虽然山西等省的差异化收费都高于中央政府所要求的水平(Zhang 等,2011),但有些省份和地区还在向当地的困难企业和能源密集型行业提供优惠电价。地方政府反复违反这一政策的根本原因是缺乏对他们的激励措施,因为所有这些额外收费都要上缴中央政府。要为地方政府提供激励,首先要将这种收入分配给地方政府,但中央要求地方政府只能将收入专项用于产业升级、节能和减排(Zhang,2007 b,2010)。认识到了这一缺陷后,2007 年进行了政策调整,允许当地省级机关保留通过差异化而收取的部分费用(Zhou 等,2010)。

为避免资源开采和使用的浪费,减轻地方政府的财政负担,中国需要改革目前资源税的覆盖范围并大幅调高征收标准。

中国于 1984 年开始对煤炭和石油征收资源税。虽然此后煤炭和石油的价格明显上升,而资源税却在过去的 25 年中一直未变(Zhang,2011 b)。其结果是资源税仅增加了 338 亿元人民币,占中国税收总收入的 0.57% 左右,大约相当于 2009 年国家环境保护支出的 17.5%(国家统计局,2010)。因此,为避免资源在开采和使用方面的浪费并减轻地方政府的财政负担,中国应改变资源税征收的方式,按收入征收。此外,现行的资源税仅对包括煤炭、石油和天然气等在内的 7 个类型的资源征收。征收范围过窄,远远达不到保护资源和环境的目的。因此,改革资源税还包括扩大覆盖范围,把更多的资源纳入征收范围内。

中国政府自 2010 年 6 月 1 日开始在新疆试点资源税改革。据估计,按 5% 的比率征收的新资源税将会为新疆带来每年 40 亿~50 亿元人民币的额外收入(Dai,2010)。与 2009 年 12.3 亿元人民币的资源税总收入相比,增长显著,其中包括除原油和天然气以外的其他资源(国家统计局,2010)。与 2009 年 4.1% 左右的贡献水平相比,其将占到新疆总税收的 17%~21%。

中国已经开始尝试在湖北、湖南、江苏、浙江各省和天津市进行二氧化硫排放贸易。自 2009 年以来,浙江省进行了二氧化硫排放配额购买和交易的省内试点。它与江苏省在太湖流域实行的化学需氧量许可证交易试验一样。到 2009 年 11 月中旬,据报道称在 Jinxing 市有 890 家企业参与到了污染配额的有偿使用和交易中,配额交易的数量和价格都呈现出了上升趋势(航空环境保护委员会,2009)。甚至中国的煤炭与电力基地山西省的发电厂也将二氧化硫排放配额卖给了国家电网。该省经过多年的筹备,可交易许可证方案因此进入了实质性的操作阶段。中国目前正在五省八市尝试低碳省份和低碳城市。与这个实验配套的碳交易试点方案有望在 2013 年确定。基于这些试点方案,中国的目标是到 2016 年确立一个全国碳交易计划。

然而由于收费和罚款过低,这些经济手段并没有真正发挥作用。据报道,到 2008 年底,中国 36 个大中城市的平均城市污水处理费为每吨 0.7 元人民币,而相应的处理成本为每吨 1.1 元人民币(国家发改委,2009 b;航空环境保护委员会,2009)。甚至在上面提到的江苏省的案例中,其从 2007 年 7 月 1 日起比国家计划提前三年实行了每千克污染当量 1.2 元人民币的征收标准,但这一收费仍然达不到实际控制成本的一半,因为据报道消除燃煤电厂二氧化硫排放的控制成本是每千克污染当量 3 元人民币(新浪网,2007)。因此,许多污染企业都认为他们的合规成本高于罚款,于是就会选择支付罚款而不是减少污染。为改变这种情况,应提高污染收费以反映污染控制成本,而对违规者的罚款应高于控制成本。

17.4.2　支持性经济政策

中央政府还在提供支持性的经济政策以鼓励技术进步和加强污染控制,从而满足节能和环境控制目标。为支持"十项节能项目",从 2007 年 8 月起,中国财政部和国家发改委(2007)对于企业每节约一吨标煤,东部企业奖励 200 元人民币、中部和西部企业奖励 250 元人民币。这种奖励只针对备有能源计量和测量系统并能以文件证明来自技术改造项目的节能达到至少 1 万吨标煤的企业。中国还引导了能源管理公司(EMC)来促进节能。1998 年中国仅有三个能源管理公司(中国新闻网,2008)。到 2005 年这个数字增加到了超过 80 个,2010 年进一步增加到了超过 800 个(国家发改委,2011 b)。国家发改委和财政部对能源管理公司节能每吨标煤奖励 240 元人民币,地方政府同时提供不少于 60 元人民币的额外补偿(国务院,2010 年)。能源管理公司数量的不断增加与奖励政策所造成的结果是,能源管理公司年度总节能从 2005 年的 60 万吨标煤增加到了 2010 年的 1 300 万吨标煤(国家发改委,2011 b)。

考虑到燃煤在全国二氧化硫排放总量中占到了 90%,燃煤发电占到了全国总量的 50%,中国政府强制新的燃煤机组必须同步配备烟气脱硫(FGD)设施,对于 1997 年之后建成的工厂必须在 2010 年之前开始加装烟气脱硫装置。此外,实施了有利于具备脱硫装置发电厂的政策,例如脱硫成本纳入上网电价、优先进网,以及允许比未安装脱硫设施的工厂更长的运行时间。由于一些省级政府提供了更优惠的政策,使得山东和山西两省具有烟气脱硫装置的电力优先得到调度。此外,烟气脱硫装置的投资成本已从 20 世纪 90 年代的每千瓦 800 元人民币下降到了 200 元人民币(Yu,2006),因此安装烟气脱硫装置的成本大为降低。其结果,2006 年新安装的烟气脱硫装置超过了过去 10 年的总和,占总装机火电(主要是燃煤)容量的 30%。到 2011 年,安装烟气脱硫装置的燃煤发电机组从 2005 年的 53GW增加到了 630GW。相应地,带有烟气脱硫的燃煤发电机组的总装机火电容量比例也从 2005 年的 13.5% 上升到了 2011 年的 90%(新浪网,2009;加州能源委员会和法国电力公司,2012)。因此到 2009 年底,中国的二氧化硫排放量比 2005 年下降了 13.14%(新华网,2010),比计划提前一年完成了 2010 年下降 10% 的目标。

17.4.3　产业政策

除了支持性经济政策和市场化环境手段以外,政府正在探索能促进产业升级和节约能源的产业政策。由于重工业的能源使用量激增,中国财政部和国家税务总局从 2006 年11 月开始对各种能源和资源密集型产品征收出口税,以抑制那些严重依赖能源和资源的产品出口。从 2007 年 7 月 1 日起,中国财政部和国家税务总局(2007)取消或削减了 2831 种出口项目的出口退税。这被认为是中国自加入世界贸易组织以来抑制出口的最大胆举措。受影响的项目占到了所有贸易产品的 37%,为 553 种"高能耗、高污染和资源密集型产品",如水泥、化肥和有色金属,其出口退税均被完全取消。从平衡碳成本操作领域的角度看,此类出口税使得在世界市场上交易的中国制造的能源密集型产品(如钢铁和铝等)的价格增加。对于欧盟和美国生产商,由他们主要的贸易伙伴在这些产品上所加收的出口税,即便不是全部也至少是部分地消除了处于碳泄漏争论核心的竞争压力。由于被转化成为了隐性的碳成本,预计已植入到中国钢铁和铝的出口税中的二氧化碳价格水平与同期欧盟限额的平均价格处于同样的范围内。Zhang(2009 和 2010b)认为,非常需要在一个气候制度里对有关气候缓解和适应的各种相似的努力加以定义,以对在国际层面上使用单边贸易措施加以规定。正如中国在 2006—2008 年期间应用于自身的出口关税,对气候努力的相似性进行定义可以针对中国的利益(张,2010 b)。

2007 年 10 月中国商务部和国家环保总局(2007)开展了一项与众不同的协作,联合发布了防止环境污染的通知。针对蓬勃发展的出口行业,这一新的规定对不履行环境义务的企业将暂停其从事外贸活动一至三年。中国空气污染中相当大的一部分可直接追溯到出口产品的生产。对于已成为珠江三角洲以及其他地区工业发展和贸易领导者的深圳来说,仅此一个地方,Streets 等(2006)就发现,来自工业部门的 75% 的有机废气、71% 的颗粒物、91% 的氮氧化物和 89% 二氧化硫排放都是由出口产品制造所带来的。

17.4.4 环境绩效评级和信息披露

中央政府也在寻求加强环境监测和条例执行的有效方法。点名批评污染者是一种方法。2010 年 4 月,中国环境保护部首次公布了污染者和列入黑名单的国有企业。2009 年在全国环境监测系统下的 7043 家主要污染企业中,约有 40% 被监测出排放了不达标的废水和废气。污染企业包括中国电力投资集团公司(国有)、中国华能集团和中国国电集团公司这三个全国主要的发电集团。这一事实将有助于改变公众认为小型企业和民营企业才是国内主要污染源这一看法。报告中一些污水处理厂所列出的清单又给出了一个值得注意的迹象,1587 个废水监测设施中有 47% 被发现存在不达标排放(Deng,2010)。

除了对污染者简单的点名批评以外,政府可以通过实施环境绩效评级和信息披露(PRD)来做更多的事情。PRD 依靠非监管力量为(主要是工业)企业建立激励机制来改善其环境绩效。这项计划将能促使污染者减少排放,即使在监管设施不够发达、面临腐败或甚至监管设施完全没有的发展中国家,只要能够获得充足可靠的信息来提供可信的绩效评级就可以了(Dasgupta 等,2006;世界银行,2000)。仿照印度尼西亚对污染控制、评估和评级(PROPER)的成功模式,1999 年 6 月中国在江苏省相对富裕的镇江和内蒙古呼和浩特市引入了"绿色监测"项目。这个项目为企业环境绩效评级开发了彩色编码系统。1999 年通过媒体公布了第一次"绿色监测"评级。2001 年这个项目从镇江扩展到江苏省的所有城市,2003—2005 年扩展到了中国其他 8 个省份。全国范围内的实施则是从 2005 年开始的。在"绿色监测"项目下的企业极大地改变了他们的企业环境行为。江苏省的"绿色检测"项目表明了企业参与这个项目和评级得到改善的越来越多,接受评级的企业增加了 10 倍以上,从 2001 年的 1 059 家增加到 2006 年的 11 215 家;企业正评级的百分比(绿、蓝、黄)从 2001 年的 83% 增加到 2006 年的 90%。此外,江苏案例还告诉我们,"绿色监测"评级对红色评级(中等不达标)的企业比黑色评级(极端不达标)的企业影响更大(国务院法制办公室,2007;Jin 等,2010)。

17.4.5 与金融机构合作

金融机构的支持是促进企业改善环境业绩的另一有效途径。从 2007 年 4 月 1 日起,企业的环保达标记录要纳入中国国家环保总局与中国人民银行共同开发的新的信用评价体系中。这一信息将作为商业银行是否向企业提供贷款的参考。银行可以拒绝环境记录较差企业的贷款申请(Zhang,2007a)。2007 年 7 月中旬,国家环保总局会同中国人民银行和中国银行业监督管理委员会共同出台了一项"绿色信贷"政策。他们将一起努力推行这一政策,金融机构拒绝向被国家环保总局确定为未满足环境标准的企业贷款。国家环保总局随后会在其网站上公布,并将禁止给予银行贷款的前 30 家企业的名单告之央行和银行监督管理委员会(新华网,2007)。而一些银行分支机构做得更好。中国人民银行江苏省江阴分行发布了彩色编码贷款指南,给予环境评级为优的企业优惠。银行会优先考虑绿色评价企业的金融需求并提高他们的贷款规模;相反,对红色评级企业除非是为购买环境改善设备和技术改造的贷款申请,否则贷款规模将维持在目前的水平;而对黑色评级企业的贷款申请会附加非常严格的贷款条件,使他们很难申请新的贷款,如果在规定时间内仍未使环境达标,银行将缩减他们的贷款,甚至要求他们返还所有以前的贷款(国务院法制办公室,2007)。显然,这种由央行和国家环保总局协调一致的行动,不仅会降低商业银行的贷款风险,而且也会鼓励企业更多地考虑他们的经营所带来的环境影响以及进行自律的环境行为。在国际金融公司和世界银行集团金融部门的帮助下,中国正在四川省钢铁行业试行绿色信贷政策(航空环境保护委员会,2009)。2007 年 8 月国家环保总局(2007 b)也明确规定高污染企业一旦打算在中国股票市场上市或获得再融资,就要接受环境记录审计。中国证券监管委员会将根据环境审计综合信息决定是否允许这些企业上市或再融资。此外,资本市场的投资者可以是一个重要的同盟,对与他们所投资的企业有关的环境业绩信息披露做出反应。自 2009 年底以来,上海证券交易所已经按企业信息披露的交易规则开始披露环境信息(Ban,2008)。来自诸如中石油和中石化等企业的报告仍不完善,因为他们只公布了排放数据,而没有提到其违规记录和随后的处罚(Chung,2010)。对在中国内地注册并在香港交易所交易和结算的公司的 H 股,香港交易所可以修改上市规则,要求所有上市公司披露环境信息。

17.4.6　实施/合规/可靠性

1. 实施/合规是关键

然而,要切实达到预期成效,就要有严格的实施和对这些政策措施进行协调。其规定了要由地方政府领导者和国有企业主要负责人对其所在地区的节能减排负责,同时实现提高能效和减少污染的目标已经成了其工作绩效考核的一个重要组成部分。但到目前为止还没有哪位高级官员被报告说承担起了节能减排不达标的责任,更不用说在此基础上要求他们辞职了。

另一个例子是烟气脱硫装置的强制运行,以确保带有烟气脱硫装置的发电机组能够始终使用这一装置。为鼓励在大型燃煤电厂安装和使用烟气脱硫装置,政府规定由安装有烟气脱硫装置的发电厂所发出的电力每千瓦补贴 0.015 元人民币。这一优惠与该项技术的平均预计运行成本相当。然而,这种补贴在提供给装有烟气脱硫装置的电厂时,并不考虑该装置的运行效果。这就刺激了电厂仅仅为获得补贴而安装低成本、低质量的烟气脱硫装置,却不去运行这套装置(Schreifels 等,2012)。2006 年 7 月国家发改委进行实地考察时发现,"安装了烟气脱硫装置的发电机组有多达 40% 没有使用该装置"(Liu,2006)。由于烟气脱硫成本估计为发电成本的 10% 左右,再加上缺乏训练有素的工作人员对所安装的烟气脱硫装置进行操作和维护保养,在缺乏政府强制措施的情况下这也是意料之中的,除非有足够的强制力。即使安装的烟气脱硫装置正在运行,它们也不会持续、可靠地运行下去。环境保护部在 2007 年初的实地考察发现,只有不到 40％已安装烟气脱硫装置在持续而可靠地运行着(Xu 等,2009)。随着带有烟气脱硫装置的燃煤发电能容量的比例不断上升,政府的脱硫政策应从强制安装转向通过在线监测和控制来关注烟气脱硫装置的运行。

显然,实施才是关键。这将是决定中国能否实现使发展行动变清洁这一愿景的决定性因素。令人鼓舞的是中国政府正朝这个方向迈出脚步。例如,鉴于上述给安装了烟气脱硫装置的电厂的价格补贴是以烟气脱硫装置的安装而非运行或性能为基础的,2007 年 5 月国家发改委和环境保护部对电价补贴进行了修改,要求燃煤电厂有连续的排放监测系统(CEMS)对烟气脱硫情况进行处理,从而将电价补贴与烟气脱硫装置的运行和性能挂起钩来。修订后的政策继续为运行了烟气脱硫装置的电厂提供每千瓦时 0.015 元人民币的电价补贴,但对烟气脱硫装置投入运行时间仅占发电时间 80％~90％的,进行每千瓦时 0.015 元人民币的罚款;对烟气脱硫装置投入运行时间不足 80％的,则进行每千瓦时 0.075 元人民币的罚款。不论该装置的运行期间如何,所有电厂都必须按电厂的烟气脱硫装置停止运行的时间比例返还对其脱硫成本进行的补偿(国家发改委和环境保护部,2007;徐,2011)。在 2008 年主要污染物排放总量减少情况的评估中,环保部发现 5 个燃煤电厂的烟气脱硫装置或者运行不当,或者对在线检测和监控数据做假。这些电厂于是被勒令按烟气脱硫装置停止运行的时间比例返还对其脱硫成本进行的补偿,并在规定的时间内进行必要的整改(K.Zhang,2009)。

将政策建立在效果而不是过程上,提示我们二氧化硫数据的准确性才是至关重要的。现在的排放报告要受到中央政府的检验。而在此之前,由于 2007 年 5 月环境保护部和国家发改委强制安装连续排放监测系统并将实时数据传送给地方环保部门,这项工作是由地方环保局负责的。这导致了全国性的排放水平瞒报。在"十一五"规划中,环境保护部和地方环保局从大多数电厂的连续排放监测系统收集二氧化硫数据,对数据质量的担忧限制了数据的使用(Zhang 等,2011 以及 Zhang 和 Schreifels,2011)。为确保排放数据的可靠性,环境保护部为各省、燃料供应商和主要排放单位制订了检查制度。根据环境保护部检查员的分析,环境保护部否定了一些省份所声称的二氧化硫减排中的 30％~50％。这个检查制度强化了企业管理者和运营商的责任,但环境保护部在检查中所投入的人力和财力也是巨大的。地方监督检查中心的工作人员要将多达 60％的时间用于这种检查(Schreifels 等,2012)。

2. 可靠性问题

以中国承诺到 2020 年将碳排放强度相对于 2005 年水平削减 40％~45％为例。中国的统计数据的可靠性尚不可知(如 Rawski,2001)。只要中国的承诺是以碳排放强度的形式做出的,那么排放和 GDP 数据的可靠性就……

假设固定的二氧化碳排放系数将化石燃料的消耗转化为了二氧化碳排放,那么排放数据的可靠性很大程度上就取决于能源消耗数据。与《中国统计年鉴》工业产品表中的能源数据不同,对一次能源生产和消费的统计数据通常在发布后的一年内进行修订。对生产统计数据的调整远小于对消费统计数据的调整,因为收集相对较少数量的能源生产商的信息比收集大量的能源消费者信息更容易一些。图 17-2 和图 17-3 显示了 1990—2008 年中国一次能源消耗和煤炭消耗总量初步值和最终值,以百万吨标准煤(MTCE)计算。直到 1996 年修订后的总能源消耗数据比 20 世纪 90 年代末和 21 世纪 00 年代初的数据小了好几倍。

1999—2001 年的能源消耗总量的初步值被向上修订了 8％～10％（图 17-2 所示右侧的纵轴）。在全部三年中，这些调整受到煤炭消费数据向上 8％～13％修正的驱动（图 17-3 所示右侧的纵轴），以反映主要来自小型、低效和高污染的煤矿企业未上报的煤炭生产数据。这些煤矿在 1998 年开始广泛宣传的全国运动中被责令关闭，尽管在许多情况下，地方政府迫于保护本地就业、税收以及个人的回报，许多又重新开放。近年来能源消费的初步数据是与最终报告的数据接近的。

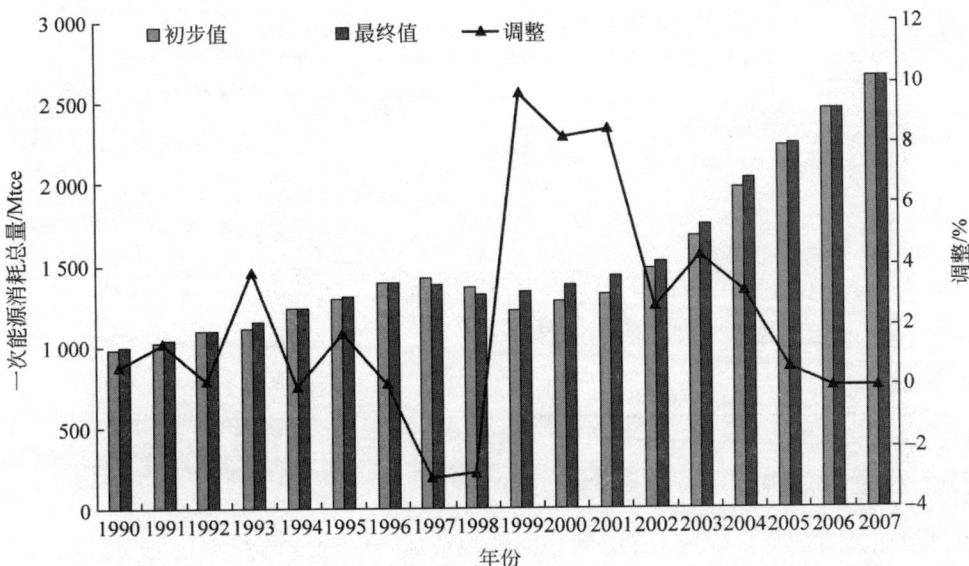

图 17-2　中国一次能源消耗总量初步值和最终值（1990—2008 年）

资料来源：依据不同年份的《中国统计年鉴》的数据绘制。

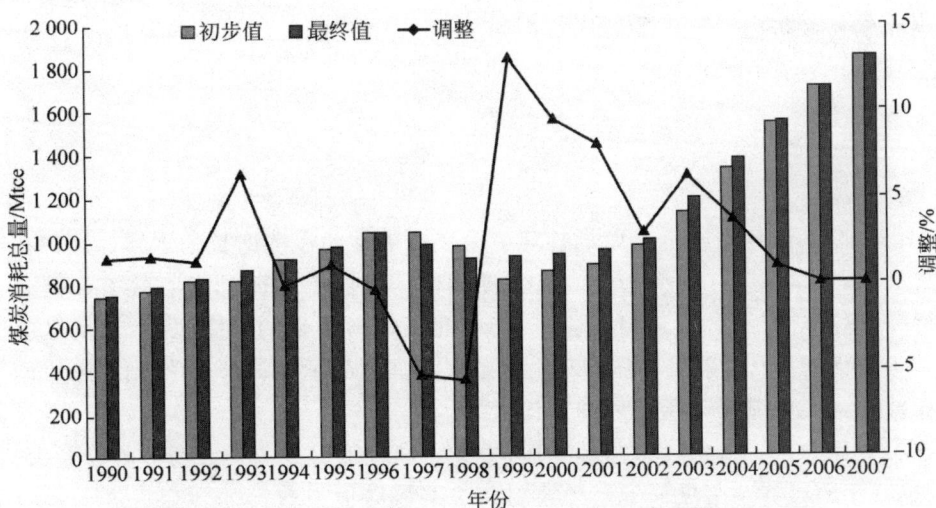

图 17-3　中国煤炭消耗初步值与最终值（1990—2008 年）

资料来源：依据不同年份的《中国统计年鉴》的数据绘制。

同样地,中国先是发布 GDP 初步数字然后再进行修正。修正的 2005—2008 年 GDP 数据根据 2008 年 2 月发布的第二次农业普查和 2009 年 12 月发布的第二次全国经济普查进行了进一步的核实。随着对 GDP 和服务业份额的向上修正,中国能源密度的初步值与最终报告值之间存在很大的差异。如表所示,这些修正导致了 2006 年能源密度的初步值与最终值之间产生了高达 123% 的差异。随着政府不断努力改善中国的统计数据质量,才使得这种修正差异出现了下降的趋势。

表　中国能源密度的下降：初步值和最终值[a]　　　　　　　　　　　　　　%

年份	初步值	修正值	再修正值	最终值	初步值与最终值的差异
2006	1.23 (2007 年 3 月)	1.33 (2007 年 7 月 12 日)	1.79 (2008 年 7 月 14 日)	2.74 (2010 年 7 月 15 日)	**122.8**
2007	3.27 (2008 年 3 月)	3.66 (2008 年 7 月 14 日)	4.04 (2009 年 6 月 30 日)	5.04 (2010 年 7 月 15 日)	**54.1**
2008	4.59 (2009 年 6 月 30 日)	5.20 (2009 年 12 月 25 日)	3.61 2010 年 7 月 15 日)	5.20 (2010 年 7 月 15 日)	**13.3**
2009	3.98 (2010 年 3 月)	3.23 (2010 年 7 月 15 日)			

注:[a] 括号内为相应数据发布时的日期.

资料来源：Zhang(2011a)。

通过前面的讨论可以知道,GDP 数字对能源或碳排放强度的影响比能源消耗和排放数据更为重要。只要中国是以碳排放强度的形式做出的承诺,那么建立一个健康透明的排放与绩效考核框架就是会有帮助的,但还不足以消除国际上对中国承诺的可靠性的担忧。中国政府对 GDP 数字的上述修正,一定程度反映了政府对改善中国的统计数据其准确性和可靠性所做出的持续努力。这样的修正对中国实现 2010 年的节能目标及其提出的 2020 年的碳排放强度目标有着巨大的影响。

结　语

中国已逐渐认识到不能再走以牺牲环境为代价来推动经济增长的老路。这种状况必须要改变。为此,中国加强了有关节能、减污、使用清洁能源等方面的现有政策和措施。其目标是:第一,解决对有关各种环境压力、因燃烧化石燃料带来的健康风险,以及迅速上升的石油进口等方面的担忧;第二,兑现 2020 年碳排放强度的承诺;第三,推动其未来能源的使用和碳排放尽最大可能低于所计划的基线水平。

在这一过程中,国家在确保地方政府与中央指导政策保持一致方面面临着极大的困难,因为过去 30 年的经济改革见证了资源控制和决策权向地方政府的转变。这不仅使得中国未能实现 2010 年的节能目标,而且对实现其所提出的 2020 年碳排放强度目标和中国可能做出的 2020 年后的气候承诺都有着巨大影响。显然,中央政府需要建立适当的激励机制来获得地方政府的合作。

确保地方官员对其所在地区的节能和减污工作负起责任的一个办法,就是制定标准,将节能和环境绩效结合到对地方官员的综合绩效评价当中,并不断应用这些标准来确保节能和减污工作以合理的方式得到落实,避免为实现节能目标而不得不在最后一刻关闭全国工厂的运行。减轻地方政府的财政负担是激励他们不要只专注于经济增长的另一种方法。中央政府确实需要为地方政府培育稳定可观的收入来源。迫切需要为地方政府出台财产税或房地产税。扩大当前资源税的覆盖率以及大幅提高征收水平也有助于增加地方政府的收入,同时还能节约资源和保护环境。自 2011 年 11 月 1 日起,全国实行了按原油和天然气的收入而不是现有的开采量来征收资源税的办法,正是向正确方向迈出的第一步。然而,当前资源税的覆盖范围太窄,远远无法达到保护资源和环境的目的。因此,改革资源税就包括了扩大其覆盖范围以使更多的资源能够纳入资源税中。

此外,中国主要依靠行政手段来实现其 2010 年的节能目标。国家在实现该目标上取得的成功十分有限,并且接下来还要面临着能源需求不断上升和进一步削减能源和碳排放强度的难度不断加大的问题。利用市场的力量降低能源消耗并减少碳和其他常规污染物的排放对于中国来说愈加重要。为此,中国正在尝试低碳省份和低碳城市,目的在于到 2016 年确立一个全国性的碳交易方案。然而,就时机而言,由于中国尚未征收环境税,因此最好首先引入环境税,相当重要的原因是这将使中国能够不需要在通过广泛的节能和减污来实现碳消除方面再去做出更多的努力。

中国还需要大力加强对产业结构调整的力度,以控制高能耗、高污染和资源密集型产业的无度扩张,并进一步将产业结构和发展模式转变为更加节能和面向服务的经济结构。实际能源强度的下降在过去的 30 年里对于中国工业能源消耗的下降来说,是最主要的贡献者,并有望继续发挥重要作用,但结构性变化将成为决定中国是否能实现其未来节能和碳排放强度目标的一个关键因素(Zhang,2003 和 2011 b)。

中国政府还将可再生能源产业的发展确定为七个战略性新兴产业之一。中国目前准备在 2020 年以前将风力发电总装机容量增加到 200GW。然而,风力涡轮机通常需要等待几个月才能连接到电网上。因此,中国需要大力改进电网,将风力发电的发展规划与包括智能电网在内的电网建设协调起来。在更多风电厂建成的同时,必须要进行新的输电线路的建设。

发展核电是中国应对严峻的能源安全与环境挑战的必然趋势。福岛核事故不会影响中国对核电的立场。然而,中国应认真考虑使用国外核电技术的适用性,避免引进多个国外核技术样品。此外,确保铀资源供应是中国实现修订后的更高核目标的关键。而为适应核电更大规模的发展,中国还需要在核废物处理和存储领域同步发展。而且,中国尤其需要密切关注核安全问题,以确保施工质量和核电站的运行安全。

鉴于未来 20 年及以后,煤炭仍旧是中国能源和各种发电方式中的主角,中国采取了加速关闭小型、低效燃煤和燃油电厂的政策。目前,中国已经规定关闭发电机组容量为 50MW 及以下的小型、低效燃煤电厂。为有利于节能和环境保护,中国应考虑关闭两倍甚至四倍的机组容量即 100 MW 或 200 MW 以下的低效燃煤电厂。中国政府目前的政策注重鼓励建设更大、更有效和更清洁的机组。与此同时,中国需要加快建设更大、效率更高、超临界或超超临界的燃煤发电机组。由于未来几十年中国依然要依靠煤炭来满足大量的能源需求,碳捕获和储存技术的商业化和广泛应用在满足国内能源需要的情况下,对于中国乃至全球的二氧化碳排放都是至关重要的。直到 CCS 项目成熟到能实现规模经济并达到了成本的降低,中国才会对承诺的绝对温室气体排放上限目标感到有信心。目前趋势下,在2030 年之前这种技术不太可能在中国或其他地方获得大规模应用。这就是为什么期待中国在 2030 年之前能很好地限制其温室气体排放是不太可能的。

参 考 文 献

Ban J. 上海证券交易所要求上市公司及时披露环境信息,对那些违规者将实施处罚. 中国环境日报,2008,5,16. http://www. csfee. org. cn/ReadNews. asp? NewsID=149.

中国电力企业联合会(CEC). 2011 年中国电力行业年度发展报告. 北京,2011.

中国电力企业联合会(CEC)和环境保护基金会(EDF). 中国电力行业污染削减研究. 北京,2011.

中国新闻网. 世界银行:过去十年中国快速发展的能源管理行业与有效节能. http://news. sohu. com/20080116/n254683016. shtml.

中国新闻网. 中国"十一五"期间关闭 76.825 GW 小型老旧燃煤发电机组. http://www. chinanews. com/ny/2011/09-28/3358876. shtml.

中国科学院环境计划(CAEP). 关于环境经济与政策的国家研究和试点项目:2009 年报告. 北京,2009,12,30.

中国环境规划学院(CAEP). 2010 年中国绿色国民经济核算研究报告(公众版). 北京,2013.

Chung O. 中国公布了上市污染企业名单. 亚洲时报,2010,4,17. http://www. atimes. com/atimes/China_Business/LD17Cb01. html.

Dai L. 新疆石油和天然气生产地区要求调整资源税分配. 人民网,2010,11,29. http://finance. sina. com. cn/china/dfjj/20101129/07149023055. shtml.

Deng L. 环境保护部公布违规污染:华能集团和其他国有企业列入黑名单. 21 世纪经济报道,2010,4,3. http://finance. sina. com. cn/china/dfjj/20101129/07149023055. shtml.

Dasgupta S Wang H,Wheeler D. 污染控制信息披露策略//T. Tietenberg,H. Folmer. 国际环境与资源经济学年鉴 2006/2007:当前问题研究. Cheltenham,UK:Edward Elgar,2006:93-119.

地球政策研究所. 全球风力发电容量达到 100 000 兆瓦. 华盛顿特区,2008,3,4.

全球风能理事会. 2009 年全球风能报告. 布鲁塞尔,2010,3.

全球风能理事会. 全球风能报告:2011 年度市场更新. 布鲁塞尔,2012,3.

Guo L. 光伏项目或可得到国家批准,第一阶段容量确定为 3GW. 中国证券报,2012,1,13. http://finance. chinanews. com/ny/2012/01-13/3603897. shtml.

国际能源署.(IEA)2006 年世界能源展望. 巴黎:国际能源机构,2006.

国际能源署.(IEA)2007 年世界能源展望. 巴黎:国际能源机构,2007.

国际能源署.(IEA)中国的更清洁煤炭. 巴黎,2009a.

国际能源署.(IEA)技术路线图:碳捕获与存储. 巴黎,2009b.

Jin Y,Wang H,Wheeler D. 环境绩效评级和披露:中国"绿色观察"计划实证调查. 政策研究工作论文5420. 华盛顿,DC:世界银行,2010.

中国国务院法制办公室. 江苏省试点企业环境绩效信息披露报告 2007,6. http://www. chinalaw. gov. cn/article/dfxx/dffzxx/js/200706/20070600021431. shtml.

Li Y Q. 发改委:中国核电的总体目标不变,但安全评估后会进行计划的完善. 东方早报,2011,3,31. http://finance. eastmoney. com/news/1355,20110331127693240. html.

Liu S X. 为什么有 40% 带烟气脱硫装置的发电机组未使用该装置?. 中国青年报,2006,8,8. http://zqb. cyol. com/content/2006-08/08/content_1471561. htm.

中国环境保护部.(MEP)2009 年城市环境质量评估报告. 北京,2010a,11,8. http://www. gov. cn/gzdt/att/att/site1/20101105/001aa04b79580e3d8a6301. pdf.

中国环境保护部.(MEP)中国环境保护部公布 2009 年城市环境质量评估结果.北京,2010b,11,8.http://www.mep.gov.cn/gkml/hbb/qt/201011/t20101108_197235.htm.

中国环境保护部.(MEP)2010b,11,8.2009 年中国环境.2010c,5,31.http://www.gov.cn/gzdt/2010-06/04/content_1620569_14.htm.

中国财政部和国家发展改革委员会.(NDRC)关于节能技术改造基金管理奖励暂行办法的通知.北京,2007,8,10.http://www.mof.gov.cn/zhengwuxinxi/caizhengwengao/caizhengbuwengao2007/caizhengbuwengao200711/200805/t20080519_27902.html.

中国住房和城乡建设部(MOHURD).关于建筑节能"十五"计划纲要的通知.北京,6,20.http://www.cin.gov.cn/zcfg/jswj/jskj/200611/t20061101_158478.htm.

中国住房和城乡建设部(MOHURD).关于要求新住宅建筑符合节能设计标准的通知.北京,2005,4,15.http://www.cin.gov.cn/zcfg/jswj/jskj/200611/t20061101_158471.htm.

中国国家统计局(NBS).2010 年中国统计年鉴.北京:中国统计出版社,2010.

国家发展和改革委员会(NDRC).1000 强企业节能行动计划.北京,2006,4,7.http://hzs.ndrc.gov.cn/newzwxx/t20060414_66220.htm.

国家发展和改革委员会(NDRC).关于提高风力发电上网电价的通知.2009,7,22.http://www.fenglifadian.com/zhengce/512169872.html.

国家发展和改革委员会(NDRC).当前的能源和资源价格改革最新资料.北京,2009b,8,3.http://www.sdpc.gov.cn/xwfb/t20090803_294551.htm.

国家发展和改革委员会(NDRC).关于提高太阳能光伏上网电价的通知.北京,2011,7,24.http://www.ndrc.gov.cn/zcfb/zcfbtz/2011tz/t20110801_426501.htm.

国家发展和改革委员会(NDRC).能源服务产业的快速发展:"十一五"规划期间节能和污染削减回顾.211b,10,8.http://zys.ndrc.gov.cn/xwfb/t20111008_437224.htm.

国家发展和改革委员会(NDRC)."十一五"规划期间超额完成节能目标的一千家企业.2011c.http://zys.ndrc.gov.cn/xwfb/t20110314_399361.htm.

国家发展和改革委员会(NDRC).万家企业承诺节能低碳活动名单与节能目标,北京,2012,5,12.http://www.ndrc.gov.cn/zcfb/zcfbgg/2012gg/t20120521_480769.htm.

国家发展和改革委员会(NDRC)环境保护部(MEP).关于配备烟气脱硫装置的燃煤电厂烟气脱硫装置运行时的价格补贴临时行政措施的通知.北京,2007,5,29.http://www.ndrc.gov.cn/zcfb/zcfbtz/2007tongzhi/t20070612_140883.htm.

国家发展和改革委员会(NDRC)和 11 个其他中央政府组织(2011).关于万家企业承诺节能低碳活动实施意见的通知.北京,2011,12,7.http://www.ndrc.gov.cn/zcfb/zcfbtz/2011tz/t20111229_453569.htm.

Rawski T G.中国的 GDP 统计数据怎么了?.中国经济评论,2001,12(4):347-354.

Schreifels J,Fu Y,Wilson E J.中国控制二氧化硫:"十五"和"十一五"规划期间政策的演变以及对今后的经验教训.能源政策,2012,48:779-789.

新浪网.7 月 1 日起江苏将对大气污染物加倍收费.2007,6,11.http://news.sina.com.cn/c/2007-06-11/012711994856s.shtml.

国家发展计划委员会(SDPC)、财政部、国家环境保护署、国家经济贸易委员会.污染收费标准行政措施.北京,2003,2,28.http://www.sepa.gov.cn/epi-sepa/zcfg/w3/ling2003-31.htm.

中国国家环境保护局(SEPA)国家环保总局明确规定高污染企业上市需进行审计.北京,2007b,8,19.http://www.gov.cn/banshi/2007-08/20/content_721678.htm.

中国国家环境保护局(SEPA)和国家统计局(NBS).2004 年中国绿色国家经济核算研究报告(公众版)北京,2006.

Streets D G,Yu C,Bergin M H,Wang X,Carmichael G R.中国珠江三角洲出口商品生产所造成的空气污染模式研究.环境科学与技术,2006,40(7):2099-21107.

国务院.关于国家发展和改革委员会会同其他部门加快实施能源管理合同促进能源服务行业的通知.

2010,4,2. http://www.gov.cn/zwgk/2010-04/06/content_1573706.htm.

国务院. 国家"战略性新兴产业的'十二五'发展规划". http://www.gov.cn/zwgk/2012-07/20/content_2187770.htm.

Wan X. 天然气价格改革出台:一次性上调25%. 每日经济新闻. http://finance.sina.com.cn/roll/20100601/03408034884.shtml.

Wang P,Ye Q. 中国即将发布到2009年底的新能源发展计划. 新华网. http://news.sina.com.cn/c/2009-08-09/140918397192.shtml.

Williams J H,Kahrl F. 中国电力改革和可持续发展. 环境研究快报,2008,3(4):1-14.

世界银行. 绿色产业:社区、市场和政府的新角色. 纽约:牛津大学出版社,2000.

世界银行. 中国的污染成本:经济预测的自然损害. 华盛顿特区:世界银行,2000.

世界核能协会. 中国的核能. http://www.world-nuclear.org/info/inf63.html.

新华网. 国家环保总局与中国人民银行和银监会限制高耗能和高污染企业的贷款. http://news.xinhuanet.com/newscenter/2007-07/30/content_6451563.htm.

Xu Y. 中国煤炭发电厂二氧化硫洗涤塔的运行改善. 环境科学与技术,2011,45(2):380-380.

Xu Y,Williams R H,Socolow R H. 中国二氧化硫洗涤塔的快速发展. 能源与环境科学,2009,2(5):459-459.

Yu Z F. 洁净煤技术在中国大陆的开发和应用//张中祥,Bor Y. 中国大陆和台湾的能源经济学与政策. 北京:中国环境科学出版社,2006:67-67.

Zhang D,Aunan K,Seip H M,Vennemo H. "十一五"规划中的能源强度目标——山西省的地方落实与成就. 能源政策,2011,39(7):4115-4124.

Zhang K. 环境保护部根据污染物削减评估对8个城市和5家电厂进行惩罚. 中国商业新闻. http://finance.sina.com.cn/roll/20090724/04006522664.shtml.

Zhang X,Schreifels J. 中国发电厂的连续排放监测系统:改善二氧化硫排放测量. 能源政策,2011,39(11):7432-7438.

张中祥. 为什么20世纪90年代中国工业部门的能源强度下降:结构和强度变化的相对重要性. 能源经济,2003,25(6):625-638.

张中祥. 中国红与绿的拥抱. 远东经济评论,2007a,170(5):33-37.

张中祥. 绿化中国:胡锦涛和温家宝能否将他们的领导试验转变为遗产?. 哈佛学院中印发展和关系研讨会第一次全体会议. 纽约,2007b.

张中祥. 亚洲能源和环境政策:促进经济增长的同时保护环境. 能源政策,2008,36:3905-3924.

张中祥. 中国向低碳经济的过渡. 能源政策,210,38:6638-6653.

张中祥. 2020年中国碳排放强度承诺评估:严谨和信誉问题及其影响. 环境经济学和政策研究,2011a,13(3):219-235.

张中祥. 中国的能源与环境政策:走向低碳经济. 环境经济学系列新视野. 英国,Cheltenham:Edward Elgar,2011b.

张中祥. 中国会在什么时间以什么方式实现气候承诺?2050路线图. 国际环境协定:政治、法律和经济学,2011c,11(3):245-259.

张中祥. 谁应该承担中国出口商品导致的碳排放成本?. 矿产经济学,2012,24,(2-3):103-117.

张中祥,Assunção L. 国内气候政策和世贸组织. 世界经济,2004,27(3):359-86.

张中祥,Baranzini A. 我们对碳排放税了解吗?其对竞争力和收入分配影响的调查. 能源政策,2004,32(4):507-518.

Zhou N,Levine M D,Price L. 中国当前节能政策概述. 能源政策,2010,38:6439-6452.

Zhu X R. 中国电力企业联合会公布2009年化石燃料发电厂数据. 中国能源报. http://paper.people.com.cn/zgnyb/html/2010-07/19/content_572802.htm.

第18章

中国经济的未来

作者：李稻葵

为了对中国经济的未来形成一些有根据的推测，本章首先概述了当今中国经济最主要的特点，以及到 2012 年底新一届中央领导集体所面临的最根本挑战。在此基础上，我大胆预测了中国经济未来几十年的发展蓝图。蓝图预示了未来几十年中国经济很可能会继续快速地增长。与此相伴的是，受到劳动力相对短缺及随之而来高工资率的主要驱动，经济结构将发生深远的变化。同时，中国的社会经济制度也将继续发展。其发展方向不太可能是英美现代市场经济模式。而类似于德国、新加坡的独特模式或许更接近未来的中国经济。

这一章我将论述中国经济的未来这个受广泛关注的主题。然而，这也是一个非常难进行的题目。在经济学家们涉及的所有问题中，对未来了解得最少。为了合理预测中国经济的未来，我将首先概述当今中国经济的最主要特点，以及到 2012 年底新一届中央领导集体所面临的最根本的挑战。在此基础上，我大胆预测中国经济未来几十年的发展蓝图。其包括三个方面：经济持续且相对快速的增长；劳动力成本增加引起的结构性变化，以及持续的制度改变。

18.1 改革 33 年后的中国经济格局

中国经济格局的变化超过了 33 年前大多数世人的预期。这绝不是夸张。主要基于以下三个观点：

18.1.1 中国目前是世界第二大经济体，也是世界经济增长的最主要贡献者

截至 2011 年底，中国内地 GDP 约为美国的 50％，占全球 GDP 的 10％，(见图 18-2)对全球 GDP 增长的贡献率为 20％。以上计算基于人民币名义汇率。如果我们使用购买力平价(PPP)汇率计算，那么截至 2011 年中国经济的相对规模将是美国的两倍。也就是说，中国 2011 年的经济规模几乎和美国一样大，约占世界经济的 20％(见图 18-1)。

有趣的是，基于 GDP 的统计数据很可能极大地低估了中国经济的规模和对全球的影响。其原因是，人民币对美元的市场汇率(截至 2012 年 11 月约为 1/6.2)低估了人民币在中国的实际购买力。换句话说，相比在美国或世界其他地区的 1 美元，6.2 元人民币可以在中国进行(或体现)更多的经济活动。2007 年世界银行确定的 2.3 元人民币兑 1 美元的汇

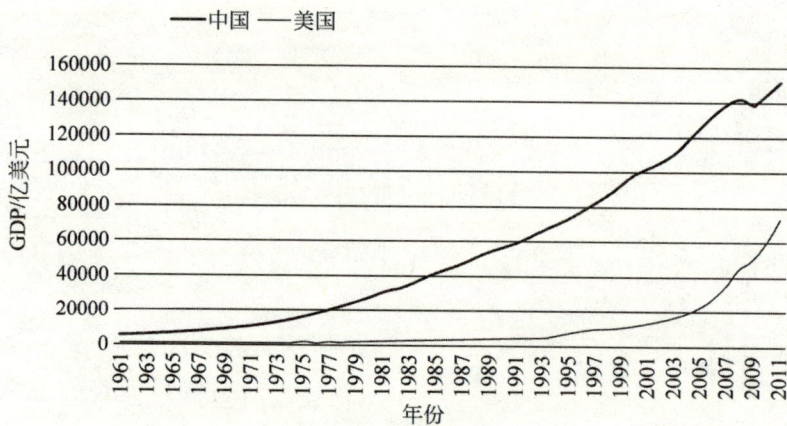

图 18-1 中国与美国 GDP 对比

资料来源：《2012 年世界发展指标》。

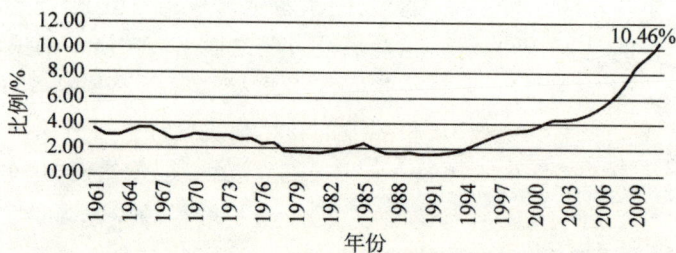

图 18-2 中国 GDP 在全球的比例（使用人民币市场汇率计算）

资料来源：《2012 年世界发展指标》。

率等同了两种货币在各自经济体内的购买力。

抛开购买力与人民币美元汇率等价与否的问题（购买力平价汇率），为了正确评估中国经济的实际规模，让我们来看几类产品。

表 中国产品产量占世界经济的比例（2011）

产　品	生　产　力	占世界比例	世　界　排　名
钢铁	7 亿吨	33％	第一
水泥	29.4 亿吨	65％	第一
机床	400 万吨 （矿山机械）	50％	第一
汽车	1 840 万辆	23％	第一
家用电器	1.5 亿部 （空调）		第一

资料来源：中华人民共和国商务部。

值得注意的是，过去 30 年中国经济的增长不仅快速，而且相对平稳。这与日本明治维新后的经济崛起，以及 20 世纪初美国的经济崛起是一样的（见图 18-3、图 18-4、图 18-5）。

尽管过去的十年中国经济增速惊人，但需记住的是直到 2012 年中国经济仍然是一个"穷困的"经济（见图 18-6）。

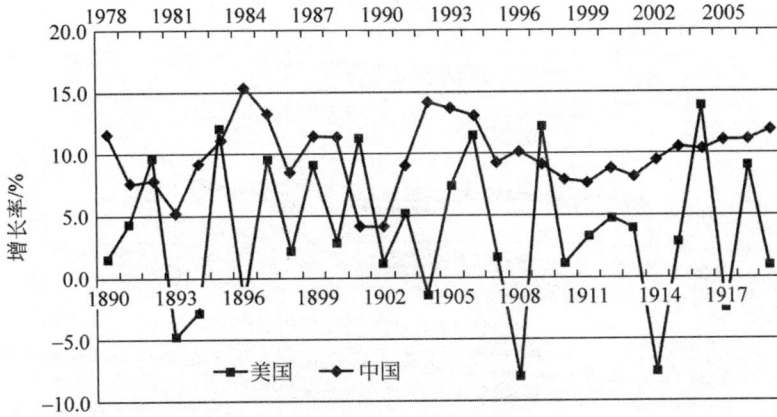

图 18-3 中国和美国经济崛起的比较

资料来源:《帕尔格雷夫世界历史统计数据》。

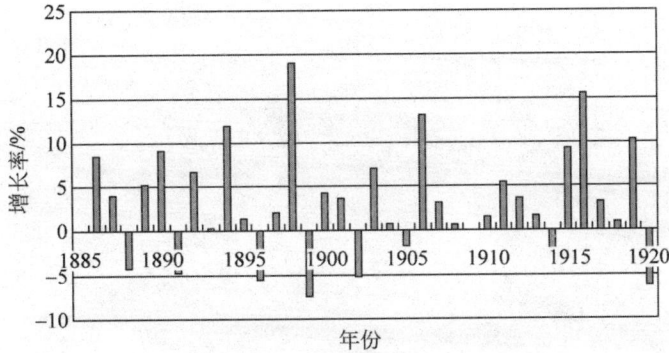

图 18-4 明治维新后日本经济的崛起

资料来源:《帕尔格雷夫世界历史统计数据》。

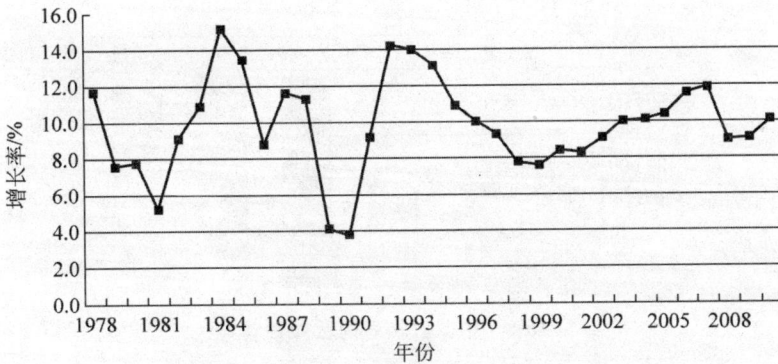

图 18-5 中国 GDP 增长率(1978—2010 年)

资料来源:中国国家统计局。

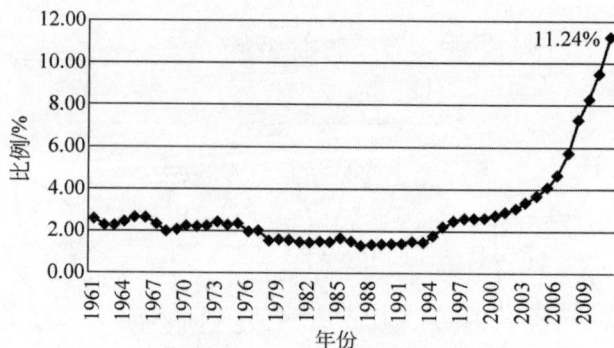

图 18-6 中美人均收入对比

资料来源:《2012 年世界发展指标》。

18.1.2 巨大的经济差距

尽管有计划经济的底子,但中国依然是世界上人口间与地区间经济差异巨大的国家之一(见图 18-7、图 18-8)。

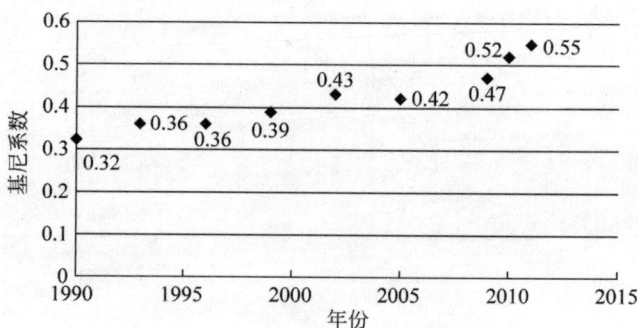

图 18-7 中国基尼系数的快速增长

资料来源:国际货币基金组织和世界银行。

中国人均国内生产总值:最低值与最高值(2010)

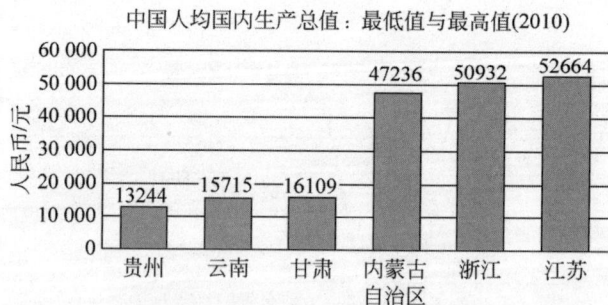

图 18-8 中国省份间的区域性差异

资料来源:中国国家统计局。

巨大差异的原因是什么?根本原因非常简单:人口自由流动的缺乏。即,由于政策的限制,人口无法轻易从低收入地区迁移到高收入地区。而一个成熟的市场经济能够确保人口从人均收入水平较低的地区向人均收入更高的地区流动,以此来调节环境和其他非经济因素。这可以起到平衡人均收入的作用。尽管在改革开放时期,中国跨地区的人口流动有所增加,特别是自 20 世纪 90 年代以来,但政府还是极大地放松了强迫资本流入相对欠发达地区的相关政策。例如,自 20 世纪 90 年代末以来,中国央行已经基本取消了强制银行向贫困地区贷款的相关政策。在此之前由于银行的贷款额度不受存款数量支配,所以像广东省这样发达地区的银行就会将剩余资金流入贫困地区。

存在地区间巨大收入差距的另一个原因是经济不再有一个强大的社会福利制度作为支撑。许多基本的社会福利规定是缺乏的。

巨大经济差距的后果是社会的焦虑和不满。许多人担心过高的医疗费用以及退休后的生活费用等。

18.1.3 独特的经济制度

中国仍然有一套独特的经济制度。它的主要特点是政府在经济决策上的强大干预,尽管这种干预通常是"亲企业"和"亲投资",并有利于经济增长的。

政治制度仍然具有党政体制的特征(Kornai,1992),这意味着重大的政治决策(其中最重要的是人事决策),是在国家层次实施之前先通过党内讨论和决定。所以,在很大程度上党和国家是重叠的。因此,我们可以得出这样的结论:这是一个相当集中的政治体制,在这个体制中地方政府对更高级别的政府机构负有责任。

但是在涉及政府内部经济决策方面,中国的制度又是非常分散的。中国经济发展的关键是权力下放。地方政府官员就像是本地国有或非国有企业控股公司的董事会成员一样,不断争取更多的投资并推动经济更快的增长。

18.2 中国的经济与制度所面临的挑战

尽管在过去的 30 年里中国经济取得了惊人的成功,但中国在努力维持其经济增长方面正面临着一系列的挑战。我将讨论其中三个最重要的挑战。

18.2.1 发展的新模式

中国新一届领导集体所面临的第一个也是最迫在眉睫的挑战是寻找新的经济发展模式。其应当在三个非常重要方面有别于当前的模式。首先(相比当前模式),新的经济增长模式必须更少依赖外部需求。这不仅仅是由于世界经济的低迷状态不太可能很快改善并支持中国经济持续快速增长,同时全球贸易保护主义浪潮将会使中国越来越难以维持其与世界其他国家的高贸易顺差(见图 18-9、图 18-10)。

新经济增长模式的第二个方面是须更多地依靠国内消费,特别是家庭消费,减少对投资的依赖。以资本构成衡量的投资占 GDP 的比例一直在增加(见图 18-11)。但这是不可持续的,因为如果这样就意味着越来越多的国民储蓄将涌入投资,从而商业和社会的投资回报率将会下降,而这意味着在中国的金融和财政上的压力将会增加。

新经济增长模式的第三个方面是需要减少对资源和能源消耗的依赖。作为世界上最大的资源及能源的消费与进口国,中国投入了越来越多的国际外交资本以保障这些大宗商品的供应(见图 18-12)。或许更重要的是,对资源及能源的巨大消费会导致污染及温室气体

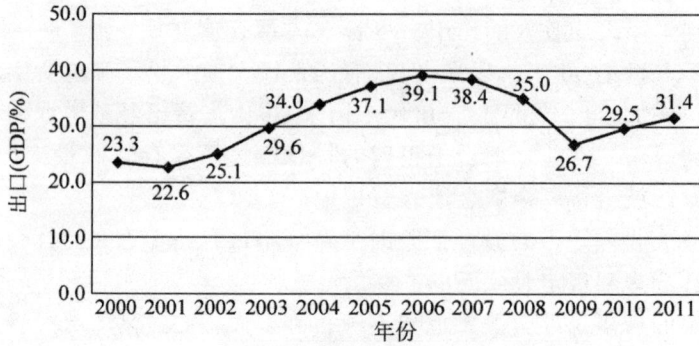

图 18-9　出口占 GDP 的比率

资料来源：中国国家统计局。

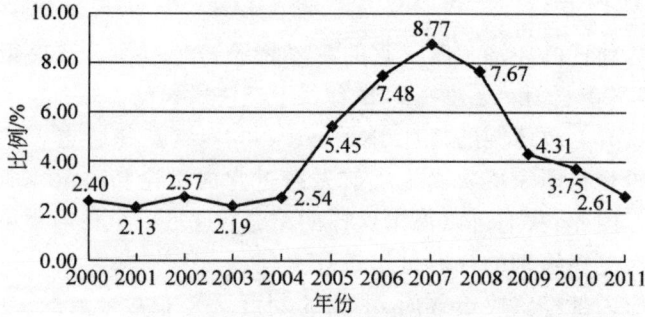

图 18-10　中国的贸易顺差占 GDP 的比例

资料来源：中国国家统计局。

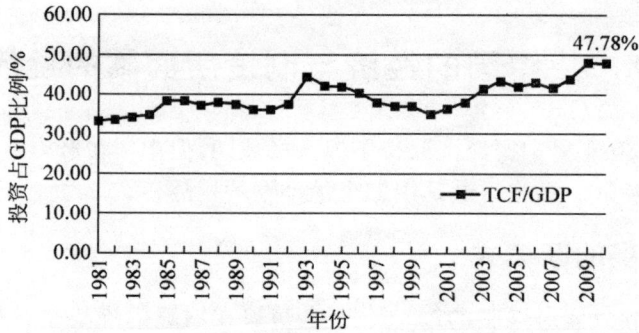

图 18-11　资本构成占 GDP 的比例

资料来源：中国国家统计局。

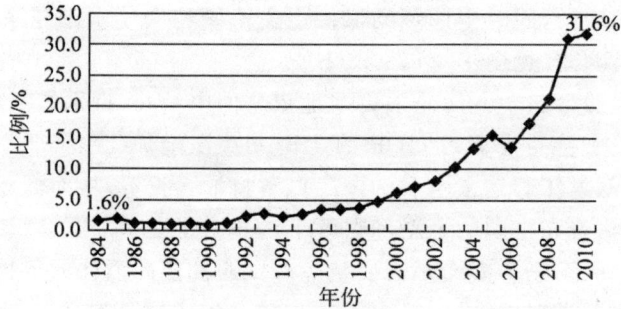

图 18-12　铁及其他矿石进口量占世界比例

资料来源：世界发展指标(2012)。

排放的迅速增加。事实上,中国已经是世界最大的二氧化碳排放国,这使中国成为涉及气候变化的国际谈判的目标(见图 18-13)。

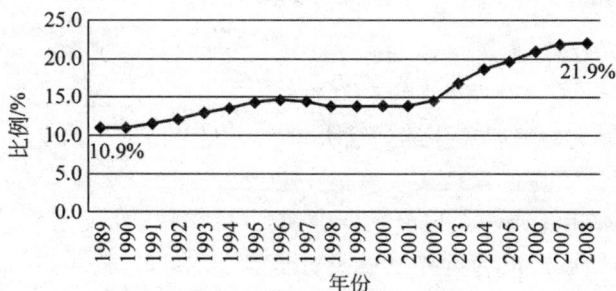

图 18-13　二氧化碳排放量占世界比例
资料来源:世界发展指标(2012)。

18.2.2　缓解社会和政治紧张局势

第二个挑战是如何缓解日益加剧的社会不满情绪,尤其是来自年轻且受过良好教育的人群。不平等在年轻人中产生的焦虑和不满。一个主要原因是自 1999 年以来中国的大学招生人数已经翻了两番多(见图 18-14),并且当今的年轻人更明白社会和政治问题。与此同时,经济的不平等也一直在扩大,通常以年轻人为代价。比如快速飙升的房价,这对那些在价格快速上涨之前或期间已经购买了住房的年长者更为有利。然而更糟糕的是在许多情况下,有钱有势之人的孩子与他们的同龄人相比,在起点上就占据了优势。也就是说,在年轻一代人之间明显出现了机会的不平等。互联网使得信息在全球快速流动,社会舆论频繁交流,这更加剧了社会的不满情绪。

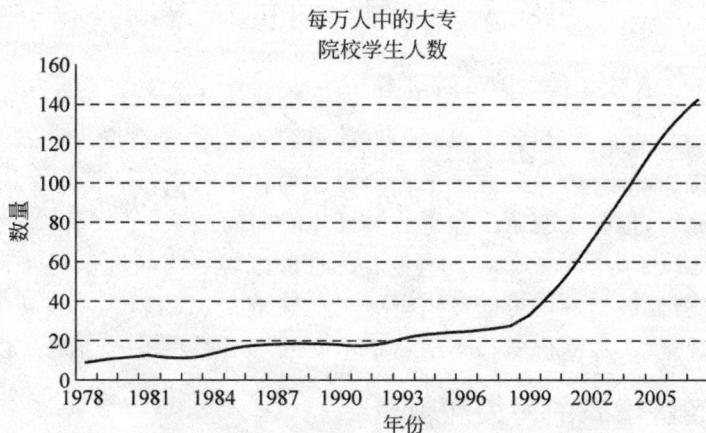

图 18-14　大学入学人数
资料来源:中华人民共和国教育部。

尽管社会不满情绪主要源自经济领域,并且可以通过更好的经济政策和制度得以缓解,然而社会不满情绪很容易转移到政治领域。例如近年来,在每年 3 月的全国人民代表大会和中国人民政治协商会议期间,一些年轻人已经不仅仅是批评政府的政策,而是质疑全国人大和全国政协与会代表的资格了。

18.2.3 缓解国际社会对中国经济崛起的担忧

第三个挑战源自中国的对外经济和政治关系。很明显,今天的中国面临着一个比10年前更为棘手的国际环境。10年前,中国刚刚加入了世贸组织,随后开启了中国的贸易和投资的流入。今天,中国成为了贸易争端的最大目标。人民币汇率已经成为争论的问题之一。针对中国产品和投资的贸易保护主义政策正在增加。

10年前,中国能够避免来自全球气候变暖谈判(援引《京都议定书》作为国际原则)的直接压力。而今天的中国已经成为世界上最大的温室气体排放国。中国面临着要承诺减少温室气体排放的巨大压力。

10年前,中国面临国际社会的质疑:其经济是否会跟随亚洲金融危机中其他经济体的脚步而崩溃。而今天,由于中国经济的巨大规模和快速增长,面临着关于地缘政治战略意图的质疑。通常,中国被认为是周边国家的一个威胁,这使得经济合作更加艰难。

大多数对世界有合理认知的中国人(包括我自己),认为世界误解了中国。诚然,中国在许多方面的增长都非常迅速。然而,这个国家的基本社会政治制度不可能实现扩张战略。国民的心态是如此的"以天朝自居",以致几乎毫无冒险精神。中国的历史从来都以实现和平及民族统一为主线;这样的心态不会产生向外扩张的渴望。当然,与邻国之间有关领土与海洋权益的争端还将继续出现,但是这些都是历史遗留的问题和分歧——在全球环境下,这些都是相对的小问题。

为了减轻世界对中国经济崛起的担忧,中国领导人将不得不更加明确地表明中国的长期发展意图。此外,他们还须通过务实的谈判展示其解决棘手问题的意愿和能力。

18.3 中国经济的未来

中国经济的未来这个主题本身就很主观,因为很显然我们没有未来的观测数据,因此解决这样的主题需要大量的主观判断。确实,目前有各种各样的观点。许多西方分析人士对中国经济的未来持悲观态度,声称经济增长即将放缓。珀金斯(Perkins)(2012)详细列举了这一观点背后的原因,但并没有给出经济放缓具体时间的预测。周(2012)的观点与此相反,认为约8%的增长率将在未来持续10~15年。他在评估中国的政治经济制度方面富有经验,预测到制度将会发展但不太可能成为类似于西欧或美国的模式。我接下来将要描绘的图景更接近周的观点(2012),但有很多论点是不同的。当然我也鼓励读者形成自己的观点。

18.3.1 经济增长的潜力和前景

尽管中国经济快速增长了30年,但仍然具有持续增长的巨大潜力。其主要原因是中国依然贫穷。人均收入仍只有美国的18%。当一个国家在仍远落后于技术和制度前沿的时代,就已经步入了经济快速增长的道路,那么增长的潜力将会是巨大的。图18-15表明了经济从如此低的人均收入水平开始腾飞。

中国具有经济快速增长潜力的第二个原因是,中国经济是一个大国经济;也就是说,国家幅员辽阔、人口众多。一个大国经济,类似美国却不同于韩国和日本,原则上,有潜力开发

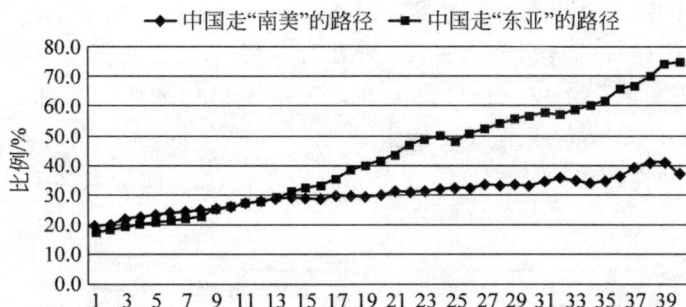

图 18-15　中国经济达到美国 GDP 的 18％后的增长预测

注：横轴是自 2012 年之后经过的年份,纵轴是中国人均国内生产总值相对于美国的比例.

资料来源：Li 与 Fu：“中国长期经济增长前景”工作报告,清华大学中国与世界经济研究中心(CCWE),2012。

巨大的国内市场,而非依赖国际贸易和贸易顺差。例如,像内陆省份四川和沿海省份江苏可以采取类似于马来西亚和日本之间国际贸易的方式进行相互贸易。在这方面中国目前是一个严重的后进生。一旦国内贸易的潜力被释放,中国将会大大降低对国外市场的依赖。

毋庸置疑,我们无法忽视中国掉入所谓中等收入陷阱的危险。即,世界上许多经济体一旦其人均 GDP 达到了 8 000～17 000 美元之间的中等收入水平,就停止了快速发展。目前中国的人均收入是 5 000 美元左右。经常被引用的例子包括像阿根廷等国家,人均收入约为 10 000 美元。为了论证,假设中国掉进了这个陷阱并成了另一个阿根廷。这些被困的中等收入国家的人均收入是美国的 35％左右。因此,中国在掉进陷阱之前,人均收入仍有翻番的空间。

更重要的是,与 20 世纪 90 年代末的日本或许多受困于中等收入陷阱的国家有很大不同,今天的中国在基层仍然充满了改革的能量。市场导向的经济改革被证明是提高效率的最重要引擎,因此才有了过去几十年中国经济的快速增长。年轻且受过教育的中国人都不满足于当前的经济和政治制度。他们呼吁进一步改革。在中国没有哪个领导人公开支持抑制改革。相反,所有的领导人都支持改革,尽管在改革实际是什么这个问题上,不同的阵营有不同的愿景。但在任何情况下,中国的改革热情仍然很高。

应该指出的是,仍有一定的（相当的？）可能,中国的快速增长会很快停止。珀金斯(2012)对这种可能性给出了详细的分析。他认为,世界经济近代史表明,没有一个国家的经济快速增长能持续 30 年以上(中国实现了这一点)。另外,生产力快速增长的不足以及对资本投资和出口的严重依赖将会导致不久以后中国经济的整体放缓。

18.3.2　经济的结构性变化

伴随着经济的增长,中国的经济结构将发生根本性的变化,并且一些变化的早期迹象已经显现。

布兰查德和吉瓦(Blanchard and Giavazzi)(2006)提出了中国经济的再平衡问题。他们在论文中基于中国的经济状况提出了一个所谓的“三管齐下的方式”作为解决方案：在财政和预算前沿行动的同时伴随着货币升值。拉迪(Lardy)(2007)建议,中国应该把促进消费驱动的经济增长作为带动整个经济的引擎,同时试图降低家庭储蓄率。普拉萨德(Prasad)(2009)将视野扩大到整个亚洲,并且同样建议应该着手进行经济发展模式的转变。诺顿

（Naughton）在其书中（2007）谈到了由投资驱动的经济增长的不可持续性。

事实上，中国的经济结构已经开始改变，并且我们可以从一些重大变化上看到一些迹象。其中最根本的变化是人口统计学的变化。中国人口的老龄化意味着储蓄率将逐渐下降，劳动力供给的增长也将逐渐减少。未来十年最明显的将是农村剩余劳动力的消失（见图 18-16）。从现在开始这将导致体力劳动工资率的增长快于名义 GDP，且快于许多情况下的劳动生产率。（Fang Cai，2011）

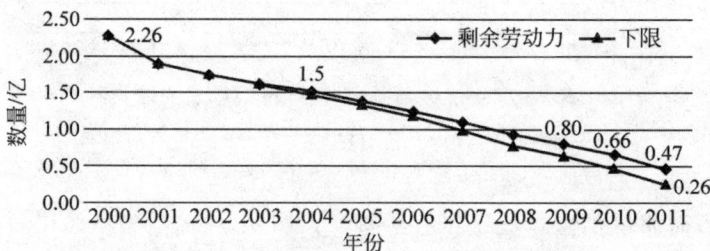

图 18-16　农村剩余劳动力数量（2000—2011）

资料来源：Li 与 Xu：“中国经济结构改革”工作报告，清华大学中国与世界经济研究中心（CCWE），2012。

工资率的上涨将削弱中国企业在国际市场的竞争力。因此，中国将不再是一个主要的贸易顺差经济体。事实上，自 2007 年以来中国的贸易顺差一直在下降。到 2012 年，贸易顺差已降至略高于 GDP 的 2%，这个数字远远低于 2010 年 G20 峰会 4% 的目标。

那么中国持续增长的工资率会导致其国际竞争力的降低，从而使中国经历一个长期而显著的贸易逆差吗？我认为这是不可能的。因为劳动生产率的提高会部分或全部地抵消工资上涨对贸易竞争力的影响。更重要的是，中国的决策者通常对贸易赤字非常谨慎，所以当出现显著的贸易赤字趋势时，决策者们很可能会实施政策的调整或改革以缓解该问题，比如采取更灵活的汇率，降低或消除出口企业的增值税等（世贸组织认可的政策）。

消费几乎肯定会增长，而且将会快于 GDP 的增长，由此暗示了中国将成为世界上最大的消费市场之一。也就是说，消费占 GDP 的比例将会增加。这是高工资率的结果。确实也显现了初期的迹象。在最近的一项研究中（Li and Xu，2012）我们发现，经仔细计算后，消费占 GDP 的比例自 2007 年以来就一直在增加。到 2012 年，这个比例已经超过了 41%，一年内提高了近 1%。此外，我们还发现这个增长是被剩余劳动力减少和工资率增长的趋势所驱动的。

消费占 GDP 比例的增加与西方训练有素的经济学家熟悉的传统消费理论并不矛盾。一个主流理论是米尔顿·弗里德曼（Milton Friedman）的“永久性收入假说”，他认为消费正比于永久性收入，而非暂时性收入。在中国这种背景下，经济的快速改变一直在推动着家庭永久性收入的增加，由此推高了消费。然而，根据 Li 和 Xu 的研究（2012），2007 年之前永久性收入的增长一直慢于 GDP，而 2007 年之后则超过了 GDP 的增速。这说明了在全球金融危机之后消费占 GDP 比例的上升。

与经济结构变化一样，中国的服务业增长与 GDP 也不成比例。图 18-17 说明了这一点。原因在于，当消费快速增长，许多消费者从基本消费需求升级时，服务作为消费集合中的一部分将比以前占有更高的分量。

最后，城市化的加速几乎是确定无疑的。中国的城市化率（定义为城镇人口占总人口的

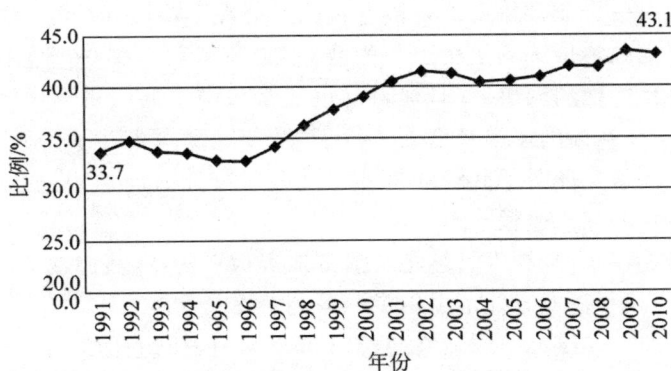

图 18-17　服务业占 GDP 的比重

资料来源：中国国家统计局。

比例）目前只略高于 50％（见图 18-18）。在一项研究（冯和李,2006）中我们发现,中国的城市化率为 11％,低于相似发展程度国家的水平。更重要的是,50％的城市化率包括那些长期工作在城市而没有居住许可的农民工,因此他们不能把在农村的家人也带入城市,他们至多是半城市居民。这些半城市居民通常认为他们不属于其所生活的城市,因此不会像普通的城市居民一样消费。也就是说,中国 50％的城市化率夸大了中国的城市化进程。中国的政策制订者们已经意识到了城镇化是未来经济增长的驱动力,并实施了许多促进城市化进程的政策举措。最重要的是,像服务行业的增长这种经济力量将使中国城市化加速。

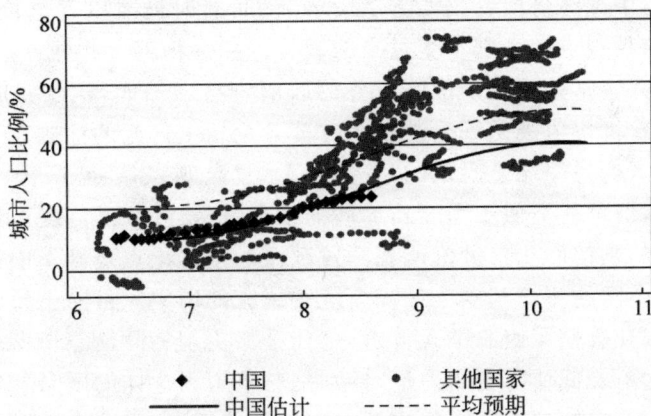

图 18-18　城市化率

资料来源：Feng,JX 与 Li,DD.城市化进程：中国的城市化会沉着起飞吗？

总之,中国的经济结构将发生根本性的变化,并且已经显现了变化的迹象。市场力量将是推动这些变化的最重要因素。

18.3.3　制度改革

毫无疑问,中国的经济、社会和政治制度将进一步改变。一个根本的原因是,中国社会目前不稳定,同时又充满改革活力。普通民众对经济和社会管理的许多方面并不满意,像不断增长的高房价、医保和教育等。与此同时,精英阶层迫切要求更多的个人自由。

而继续改革的另一个非常重要但常被忽视的原因在于中国共产党自身。中国共产党是一个深深植根于中国政治传统的土生土长的政党,它与东欧那些共产党有很大不同。在这一点上毛泽东一再提醒他的同事,并且他自己也经常从中国的历史书中吸收政治思想的营养。此外,它是一个在掌握国家政权之前进行了 22 年残酷军事斗争的政党,不存在理想主义和战略教条。这些事实证明了共产党是务实且有适应性的,同时共产党也深信唯有继续改革创新才是其生存的唯一途径。

中国的社会、政治和经济制度最终将会演变成类似于美国、英国或欧洲大陆那样吗?这是一个至关重要的问题,毫不意外地引出了一系列答案。

这一系列观点的一端认为中国最终会模仿当今美国和欧洲的制度。为简单起见,我们称这种观点为"趋同派"。中国国内的许多精英都持这种观点。西方大多数的观察家认为,尽管中国的经济取得了成功,但中国的制度在其他发展中国家是不可复制的,并且最终会趋同于西方自身的习俗。例如,见威廉姆森(Williamson)(2012)。非常有趣的是,法律学者和经济学家更倾向于成为中国国内支持该观点的,最乐于发声的精英们,而政治学家和社会学家的观点更趋于多元化。一个可能的解释是,中国的法学和经济学比许多其他学科受到更多西方文化的影响。

在对中国将发展出西方式的制度坚信不疑的背后,有两个隐含的观点。第一,存在一套全人类社会都奉为真理的普世价值观,包括个人自由、权利平等等等,而西方制度是这种价值观的庇护所。第二,今天的中国充满了基本的社会、经济和政治不安,而这只能通过改革建立西方式的制度并奉行普世价值观来解决。

因此,那些认为中国终将演变出西方制度的人们,有时被冠以普世价值的信徒的标签。毫不奇怪,许多持这种观点的人都是受过高等教育的社会精英。此外,这一阵营还包括许多有着广泛教育背景并经常处理复杂国际事务的政府官员。然而,执政党的意识形态机构公开谴责这些观点。普世价值观是一个被禁止在公共论坛上讨论的话题。

在这一系列观点的另一端是所谓的"发散派"。这种观点认为,中国将逐步采用一种完全不同于西方国家,但可能类似于当今新加坡的社会、经济和政治制度。这种观点背后的原因是对中国价值观的坚信而非普世价值观。发散派的基本论点是基于中国的历史和人们对当今中国的偏爱。中国的历史基本上是一个统一国家的历史。目前主流政治哲学是儒家思想,这种思想更强调社会秩序而非个人自由,这几乎与美国的政治意识形态完全相反。发散派认为,一个人永远不要低估历史的力量,特别是对于中国这样的国家。教育应该传承的媒介。因此,体现在历史中的政治传统形成了中国人的偏好,这与西方是不同的。

因此,根据发散派的观点,未来中国的社会、政治和经济制度很可能与美国不仅仅是不同,而是正好相反。中国制度的格局很可能是类似于今天的新加坡。

接下来我将根据发散派的观点描述未来的中国制度,而不考虑趋同派的观点。其原因是显而易见的:读者已经非常熟悉趋同派所认为的能代表着中国未来的西方制度。

1. 政党

党的官方意识形态经历了巨大的演变:从实现共产主义革命到代表大多数人的利益,到科学发展观。作为重要传统,随着每一届党的领导人创立新的意识形态,这种演变将继续下去。

党内民主已经受到广泛的讨论并逐步渗入。在这方面的共识是要推动自上而下的民主。从中央政治局常务委员会开始,不再以秘书长的意见为主,而采取集体决策制。政治局和中央委员会会议也广泛采取集体决策制,并且会议成员知道接下来的正式程序。在未来十年很有可能会有更多的变化,包括中央委员会成员的公开投票和对政治局工作的公开质询等。

根据发散派观点,党国制度的性质肯定会改变。关键的变化体现在更多的非共产党员将就职于政府的关键职位。更多的党外(无党派?)人士将进入人民代表大会(PC)和全国政协。政党将减弱其在政府决策中的主导地位(20世纪80年代中期邓小平强力推动的一个趋势,但随后有所减缓)。人大代表和全国政协委员已经变得越来越有主见,直言不讳且敢于批评政府。

2．法治

敦促国家遵循法治精神并付诸实践的压力越来越大。这种压力不仅仅要求市场经济更加良好的运行,包括金融体系和技术创新的正常运行,还要求党能合理地自我管理并更好地自我约束。几乎每天都有报道关于党员和政府机构有损整个政治体制的不良行为。

因此,政府将逐渐提高法律系统的独立及尊严,但在过去的十年里情况并非如此。法院和法律事务处在党委的严格控制下,这造成了精英甚至党员们极大的不满。薄熙来事件凸显了当党高于法时将会产生的损害,并且提醒人们,即使从党的自身利益考虑,法治也是重要的。

根据发散派观点,中国未来的法律体系不太可能是美国或英国制度的复制。像美国那样独立的司法体系可能性不大。在关键问题上,法院将与政府密切配合,保护政府和政党的根本利益。与新加坡的情况类似,政府和政党在法院的一些最关键的决定上仍有重要的话语权。暂且不去争论这个体系在推进经济繁荣及社会福利方面的优劣,我只想说,这是向改善当前事务状态迈出的一大步。

3．民主

民主化是一个趋势。这是非常明显的,因为社会的受教育程度更高、更开放、更多元化,并且随着涉及经济利益和权利冲突的日益加深,经济更为复杂。根据发散派的观点,中国未来民主化的发展不太可能将中国引向美国甚至欧洲式的体系。不如说新加坡式的体系可能是一个更好的参考。具体来说,将会有(更高一级)政府或党提名的候选人参加选举进入人民代表大会。人大还可能会为专业人士,如会计师、职业经理人等保留席位。

4．监管

在发散派看来,尽管在如投资项目批准等经济决策中,政府的直接干预可能会大大降低,但对那些经济事务中关键领域的管理可能会显著增强。例如,食品及其他产品的安全标准、环保标准、金融市场交易,以及医保产品和服务。在这些方面,中国政府监管会比今天更有力,甚至超过美国和其他西方国家政府。

5．资产的国家所有

发散派认为,与美国和大多数欧洲经济体不同,中国政府,不论是中央还是地方,很可能将继续持有大量的生产性资产。然而,生产性资产可能不是以国有企业多数股权的形式存在。取而代之的是,中国政府可能会退出当下对国有企业的持有,并用所得资金建立一系列的投资基金,这反过来将会跨行业投资到更多企业的股份中。这是新加坡的Temask模式。

这样的原因在于,中国政府不太可能完全退出对经济的干预。同时,遵循 Temask 模式是很有吸引力的,因为它不仅为公共财政提供了一个坚实的基础,而且也使政府干预经济不会造成太多的失真。

6. 社会福利

几乎可以肯定的是,中国经济中将会有更多针对社会福利的系统的规定。中国经济需要重建社会福利体系。针对社会福利的国家规定寥寥无几的现状在社会中是不可持续的。同样,根据发散派观点,中国的社会福利制度很可能会与美国及欧洲模式有很大不同。鉴于对改革前时期所造成的过度社会福利的强烈反感,中国未来的体系不会是无所不包的。另外,考虑到政府干预经济的愿望,体系可能是基于实物的福利,而非金钱的转移。

趋同派或发散派谁的愿景更有可能是中国制度的未来呢?就像通常情况一样,现实处在两个极端之间。中国未来的制度不太可能成为美国或其他西方国家的精确翻版。但也不会完全不同于西方。许多处在制度架构之下的基本原则,如权力的分离、监督和制衡,将是相同的。

7. 腐败

中国的腐败问题已成为一个主要的社会和政治问题,而非经济问题。它不是经济增长的阻力,因为在中国,与其他发展中国家不同,腐败主要发生在交易受到推动的时候。然而,腐败已经导致了急剧增长的社会不满。

对中国未来的腐败有两种观点。一种观点是,中国的腐败无法根除,因为这与一党制不相容。隐含的逻辑是,党内高级官员受益于腐败,因此期望他们消除腐败是不现实的。换句话说,摆脱腐败需要可靠的外部力量,而这正是目前所缺乏的。

另一种观点认为腐败是一种暂时现象。执政党有政治意愿要清除腐败,因为党充分意识到继续腐败的致命后果,同时经济的快速增长为党提供了良好的经济手段来实现该目的。例如,为了建立一个精英制度可以采取政府官员高薪制。

在新加坡,一个内阁部长的薪资与跨国公司的首席执行官相同。然而,中国共产党一直未能做到这一点。其部分原因是,这种做法与党的传统意识形态相冲突,即党的官员应该是勤勉的人民公仆,而人民的平均收入还很低,精英的平均收入要高得多。可以说,这需要时间来改变官方的意识形态。

哪种观点更接近中国未来的腐败问题?很难判断。同样,实际情况可能还是处于这两极之间。在 2012 年 11 月党十八大后,共产党新一届领导者不断地推动改革以控制腐败,认为这是关系到执政党生死存亡的问题。第二种观点似乎将成为主流。

结　　语

没有什么比预测未来更让分析师兴奋的了(最能让分析师们感到兴奋的就是预测未来),但预测未来(同时这又)是最具挑战性的任务。中国经济过去的三十几年不断证明了许多预测的错误。事实上,中国不仅从根本上不同于美国和西欧的制度,而且与那些曾经的西方殖民地,如印度和拉丁美洲的制度也相差很远。在我对中国经济未来预测的努力中,我的分析是基于这样的事实:中国经济仍是一个贫穷的经济,拥有在一个本土的、国家的、占主导地位的政党控制下持续制度改革的根本动力。因此,我认为中国经济将很可能继续以合理的高速度增长,同时受到劳动力相对短缺以及随后更高工资率的驱动,进行深远的结构调整。更重要的是,中国的社会经济制度将继续发展。其方向不太可能是现代市场经济的英美模式。而类似于德国、新加坡的模式可能更接近中国经济的未来。

参 考 文 献

Chow G. 中国经济和政治体系的未来是什么?(手稿). 普林斯顿大学经济学系,2012.

Kornai J. 社会主义制度:共产主义的政治经济. 牛津大学出版社,1992.

Feng J,李稻葵. 城市化的阶段:中国的城市化会沉着起飞吗? //工作论文. 北京:清华大学中国与世界经济研究中心(CCWE),2006.

李稻葵,L Fu. 中国长期经济增长前景//工作论文. 北京:清华大学中国与世界经济研究中心(CCWE),2012.

李稻葵,X Xu. 中国经济结构调整//工作论文. 北京:清华大学中国与世界经济研究中心(CCWE),2012.

Blanchard O,J Giavazzi. 中国的平衡增长:一个三管齐下的方法. 中国与世界经济,2006,14(4):1-20.

Lardy N. 中国:重新平衡经济增长. 中国2007年及以后的资产负债表,2007.

Prasad E. 亚洲的平衡增长. 美国国家经济研究局工作论文,2009.

Naughton B. 中国经济:转型与增长. 麻省理工学院出版社,2007.

Perkins Dwight H. 中国国内生产总值(GDP)和投资增长的繁荣:何时及如何结束. Masahiko Aoki, Jinglian Wu. 中国经济:一个新的转变,2012.

Williamson John. 北京共识如今占据主导地位吗?. 亚洲政策,2012,13:1-16.